★★★★★

越玩越聪明的 1000个 思维游戏

张祥斌　编

化学工业出版社
·北京·

图书在版编目（CIP）数据

越玩越聪明的1000个思维游戏/张祥斌编．北京：
化学工业出版社，2015.5（2024.1重印）
ISBN 978-7-122-23348-6

Ⅰ.①越… Ⅱ.①张… Ⅲ.①智力游戏-青少年读物
Ⅳ.G898.2

中国版本图书馆CIP数据核字（2015）第053690号

策　　划：丁尚林　　　　装帧设计：刘丽华　　　　文字编辑：林　丹
责任编辑：陈　曦　　　　责任校对：程晓彤

出版发行：化学工业出版社（北京市东城区青年湖南街13号　邮政编码100011）
印　　装：大厂聚鑫印刷有限责任公司
710mm×1000mm　1/16　印张24　字数589千字　2024年1月北京第1版第11次印刷

购书咨询：010-64518888　　　　　　　　　　售后服务：010-64518899
网　　址：http://www.cip.com.cn
凡购买本书，如有缺损质量问题，本社销售中心负责调换。

定　　价：35.00元　　　　　　　　　　　　　　　　　　版权所有　违者必究

前　言

科学家告诉我们，人类的大脑就像是一个沉睡的巨人，普通人终其一生也不过应用了4%～6%的大脑潜能，而其他绝大部分都处在沉睡状态！要知道，我们的大脑潜能是无穷的，假如能唤醒那些沉睡的大脑，那么每一个人都能成为天才！

如何让思维的"睡狮"猛醒，有效开发出大脑潜能呢？

国外一项调查表明，在哈佛、剑桥等世界级名校的高材生中，90%的人在童年或青少年时期自觉或不自觉地接受过思维游戏的训练。通过思维游戏，大脑的潜能得到了有力的开发，使处在成长期的孩子们的创造力、注意力、想象力和记忆力得到全面提高。这不是偶然的，因为思维游戏融合了色彩、图像和谜题等多种元素，结合了全脑的概念，让我们通过图画或文字的方式，清晰地描绘出我们思维的线路和层次。

游戏对人类最直接的益处，在于用最简单的方式揭示出智力思考的精髓，让你在智慧的宫殿中不断感受到创新思维的奇妙。不同的游戏能玩出人们的多元化智能，激发沉睡在大脑里的无穷潜能。在这个美妙的过程中，你会感到灵感在不断地涌现。这些生动有趣的小游戏，正一步步向你展示着其中的思维奥妙。其中一些貌似复杂的问题，可能会让你一时疑惑，然而，换一种思维方式，你的眼前会豁然开朗。这个过程，就是大脑潜能不断开发的过程。

本书精选自世界上各大名校流行的、深受青少年喜欢的思维游戏，经过认真设计与精心制作，按照由易到难、由基础到提高的思路，以适应不同年龄段读者的需要。同时，读者可以根据自己的年龄大小或智力开发进程，分阶段进行思维训练。

本书依据世界上普遍流行的思维方式分类组织编写，分为形象思维、抽象思维、实践思维、逻辑思维、概括思维、判断思维、认知思维、想象思维、演算思维、整合思维、创新思维、应变思维、发散思维、缜密思维和复合思维15种思维方式，可有意识地训练、测试读者不同的思维能力。

翻开此书，一段非凡的智慧之旅由此而开启，一场前所未有的思维革命由此而经历！当你为其中某些精彩的游戏而陶醉时，你会惊奇地发现：原来思维的空间竟然如此广阔，大脑的潜能如此惊人！你会明白，思维游戏是一种为了让普通人也能具有天才般的思考方式的思维工具。

相信通过思维游戏的训练，我们会拥有更为全能的大脑，让所有的人都聪明起来！

目录

第一阶段

第一章 形象思维

第一节 图像透视
1. 奥运五环一笔连 003
2. 完全相同的花瓶 003
3. 老鼠造反 003
4. 找100 004
5. 找出最下面的袜子 004
6. 快速分发弹药 004
7. 往返旅行 004
8. 找到起点 005
9. 扭曲的正方形 005
10. 平分土地 005
11. 四等分图形 005

第二节 文字寻幽
12. 带"口"的汉字 006
13. "上""下"之谜 006
14. 传统词谜 006
15. 传统数字镶边谜 006
16. 民女喊冤 006
17. 唐伯虎卖画 007
18. 有趣的"谜吃谜" 007
19. 郑板桥的谜语 007
20. 梅花字谜 007

第二章 抽象思维

第一节 数字迷宫
21. 切割菱形 009
22. 数字飘带 009
23. 数字金字塔 009
24. 数字金字塔之巅 010
25. 切割数字蛋糕 010
26. 数字三角形（Ⅰ） 010
27. 数字三角形（Ⅱ） 010
28. 数字路口 011
29. 数字摩天轮 011
30. 数字正方形 011
31. 数字密码本 011
32. 数字十字架 012
33. 数字向心力 012
34. 数字纵横 012
35. 数字兵营 012
36. 数字之窗 013
37. 数字转盘 013

第二节 字母探秘
38. 多余的字母 014
39. 破解字母密码 014
40. 字母卡片 014
41. 字母密码本 014
42. 字母转盘 014
43. 字母方圆 015
44. 字母瓶颈 015
45. 字母纵横 015
46. 字母正方形 015
47. 字母铺路石 016
48. 字母方阵 016
49. 为字母设定身份 016
50. 字母推理 017
51. "数字+字母"圆盘 017
52. "数字+字母"转盘 017
53. 数字和字母 017

第三章 实践思维

第一节 生活IQ
54. 锄禾为什么要在正午 019
55. 铝钉和铁钉 019
56. 变形木 019
57. 放错的电影票 019
58. 史前壁画 019
59. 区分猪宝宝 019
60. 何日出生 019
61. 魔术的奥妙 020
62. 谁先到家 020
63. 是聋子吗 020
64. 盲人分衣 020
65. 一把钥匙和三把锁 020
66. 滴水不减 021
67. 粮食哪里去了 021
68. 机智擒贼 021

第二节 悬疑探案
69. 一把扇子 021
70. 手电筒的光 021
71. 揭穿谎言 022
72. 气味的信息 022

- 73 被窃的自行车 022
- 74 故布疑阵 022
- 75 毒品在哪 023
- 76 看出了什么破绽 023
- 77 无赖的马脚 023
- 78 泄漏天机的火锅 023
- 79 深夜报案 024
- 80 被识破的伎俩 024
- 81 纰漏 024
- 82 烛火玄机 025
- 83 秘书与凶手 025
- 84 驯马师之死 025
- 85 秋日惨案 026

第三节 扑克牌·棋子·火柴

- 86 扑克牌谜语 026
- 87 猜猜第9张牌 026
- 88 牌色概率 027
- 89 明牌成偶 027
- 90 看不见的扑克牌 027
- 91 筷子连棋 027
- 92 添象棋游戏 027
- 93 圆凳上的棋子 027
- 94 杯垫上的棋子 028
- 95 不相称的棋子方阵 028
- 96 偶数游戏 028
- 97 妙手变字 028

第四章 逻辑思维

第一节 逻辑闪电

- 98 白帽子和红帽子 030
- 99 五人猜帽 030
- 100 帽子的颜色 030
- 101 多少人戴着黑帽子 030
- 102 测试人聪明吗 031
- 103 五色的珠子 031
- 104 卡片上是什么字 031
- 105 握了几次手 031

第二节 生活IQ

- 106 暗中取袜 032
- 107 抽屉里有多少只袜子 032
- 108 袜子和手套 032
- 109 天下着雨 032
- 110 小镇上的男人们 032
- 111 无法离婚 032
- 112 诚实的阿凡提 033
- 113 还我零花钱 033
- 114 关于个性的诡辩 033
- 115 智者的问话 033
- 116 智斗霸主 033
- 117 吹牛比赛 034
- 118 圆桌上的冤家 034
- 119 安排座次 034

第五章 概括思维

第一节 图像透视

- 120 猜图形 036
- 121 与众不同的图形 036
- 122 破译图像密码 036
- 123 规则的闪电 037
- 124 查漏补缺 037
- 125 符号对应 037
- 126 符号排列的顺序 037
- 127 取代问号的箭头组合 038
- 128 图像归组 038
- 129 表格接龙 038
- 130 不相称的图形 038
- 131 不相称的组合 038
- 132 特殊的墙面 038
- 133 不相称的马赛克组合 038
- 134 不相称的瓷砖组合 039
- 135 取代问号的瓷砖拼图 039
- 136 挑出圆中圆 039
- 137 推演图像 039
- 138 多米诺骨牌方阵 039
- 139 类比排列 040

第二节 逻辑闪电

- 140 谁差钱 040
- 141 谁"√"谁"×" 040
- 142 概括名次 041
- 143 各司其职 041
- 144 师徒下厨 041
- 145 科学家姓什么 041
- 146 胜了几场 041
- 147 谁射中了靶心 042
- 148 为老师定位 042
- 149 化妆品的效果 042
- 150 查理的懊恼 042
- 151 最好的类比 043
- 152 概括预测结果 043

第三节 悬疑探案

- 153 谁是罪犯 043
- 154 审讯嫌疑犯 043
- 155 抓惯偷 044
- 156 线索缉盗 044
- 157 超级市场失窃案 044
- 158 案卷引发的概括推理 044
- 159 谁偷了玉项链 045
- 160 张三有罪吗 045

161 死亡原因 045
162 律师们的供词 045

第六章 判断思维

第一节 钟表螺旋

163 12小时的亲密接触 047
164 长短针的重合 047
165 弄掉了针的闹钟 047
166 手表是快还是慢 047
167 教堂的钟声 047
168 总共敲多少下 047
169 要用几秒钟 047
170 挂钟的响声 048
171 切分钟面 048
172 破碎的表盘 048
173 走不准的表 048
174 真正的行凶时间 048
175 不同的时间 048
176 酒窖中的机械表 049
177 还原表针位置 049
178 弄巧成拙 050
179 盲人神枪手 050
180 破解钟表密码 050

第二节 逻辑闪电

181 阿凡提猜珍珠 051
182 找出水果 051
183 说真话的是谁 051
184 谁是哥哥 051
185 谁和谁结成了夫妻 051
186 中奖的彩票 051
187 谁的身后有红旗 052
188 "举一反三" 052
189 判断职业 052
190 判断国籍 052
191 判断房间号 052
192 哪两个人是同班 053
193 猜性别 053
194 猜舞伴 053
195 猜名次 053
196 谁能拿金牌 053
197 谁做的好事 053
198 是甲队的吗 053
199 开往哪儿去 054
200 6个露营者 054

第三节 悬疑探案

201 狡猾的走私者 055
202 一封恐吓信 055
203 喇叭盗窃案 055
204 白纸破案 056
205 糊涂的职业杀手 056
206 神秘的凶案 056
207 路遇抢劫犯 057
208 别墅吸烟者 057
209 拖延了的侦破 057
210 欲盖弥彰 058
211 救生筏上的疑团 058

第七章 认知思维

第一节 生活IQ

212 真假古画 060
213 特殊的谍报员——蜘蛛 060
214 江水上涨 060
215 直尺妙用 060
216 时间和地点的巧合 060
217 区分液体 060
218 巧分混合物 061
219 锉刀趣题 061
220 有污渍的照片 061
221 自己称自己 061
222 大画家的遗作 061
223 出发点在哪里 061
224 石子的提示 061

第二节 悬疑探案

225 树下的尸体 062
226 拣耳环 062
227 直升机的证言 062
228 鱼缸的证言 062
229 野营地的信息 063
230 毒酒命案 063
231 还差1厘米 063
232 谁是真凶 063
233 死亡约会 064
234 自杀？他杀 064
235 不翼而飞的戒指 064
236 假话 064
237 地毯上的弹壳 065
238 一尊青铜像 065
239 断箭 065
240 盛开的牵牛花 066
241 月季花的秘密 066
242 大丽花 066
243 毛玻璃"透视"案 066
244 脆弱的防盗玻璃 067

第八章 想象思维

第一节 图像透视

245 画出水杯 069
246 分月牙 069
247 不重叠的三角形 069

248 小鱼藏在何处 069
249 图形组合 069
250 拼出正方形（Ⅰ） 070
251 拼出正方形（Ⅱ） 070
252 图像等式 070
253 三棱锥的表面图案 070
254 相对的一面 070
255 立方体的表面图案 071
256 打开的立方体 071
257 折叠纸盒 071
258 扩建鱼池 072
259 黑球落在何处 072
260 上升还是下降 072
261 四只甲虫 072

第二节 扑克牌·棋子·火柴

262 位置推理 073
263 猜扑克 073
264 翻象棋游戏 073
265 倒转金字塔 073
266 摆放象棋 073
267 独行独列 074
268 移象棋游戏（Ⅰ） 074
269 移象棋游戏（Ⅱ） 074
270 移火柴游戏 074
271 倒出垃圾 075
272 火柴直角三角形 075
273 4个和5个 075
274 6个变3个 075
275 6个变4个 075
276 8个变4个 075
277 8个变5个 076
278 9个变5个 076

279 剩下4个 076
280 加根火柴仍然不变 076
281 巧拼红十字 076
282 小船变梯形 076

第九章 演算思维

第一节 数字迷宫

283 得出100 078
284 莲花有几朵 078
285 冷饮花了多少钱 078
286 最后的冠军 078
287 至少是多少 078
288 钢笔和圆珠笔的价钱 078
289 桥墩之间的距离 078
290 火灾的日期 078
291 勇敢的救火队员 079
292 知你所想 079
293 追帽子 079
294 撞车事件 079
295 鸡生蛋 079
296 能赶上火车吗 079
297 和尚吃馒头 079
298 烟鬼戒烟 079
299 多少人淘米 079
300 走扶梯的时间 080
301 哪两页 080
302 师生的年龄 080
303 祖孙三人的生日 080
304 求最大差 080
305 "牛吃草"的问题 080
306 疯长的水草 080
307 蜗牛爬墙 080
308 狮虎竞赛 080

309 青蛙捉虫子 080
310 猴子抬西瓜 081
311 猫兔赛跑 081
312 要喂多少米 081
313 鸡兔同笼 081
314 大小灯球 081
315 强盗和匹布 081

第二节 等式玄机

316 奇怪的等式 082
317 连环等式 082
318 动物等式 082
319 曲折等式 082
320 纵横等式 082
321 钟表等式 083
322 图形等式 083
323 图形竖式 083
324 字母竖式 084
325 交叉等式 084
326 找回等式 084
327 火柴等式方阵 084

第三节 扑克牌·棋子·火柴

328 心算点数 085
329 猜牌游戏 085
330 扑克牌三角形（Ⅰ） 085
331 扑克牌三角形（Ⅱ） 085
332 扑克牌等式方阵 085
333 摆数游戏 086
334 盒子里的棋子（Ⅰ） 086
335 盒子里的棋子（Ⅱ） 086
336 捡火柴 086
337 分装火柴 086
338 分火柴 086

第十章　整合思维

第一节　生活IQ

- 339 情侣散步　088
- 340 串门　088
- 341 相遇在何时　088
- 342 快速煎牛排　088
- 343 巧分黄瓜　088
- 344 等分苹果　088
- 345 巧分钥匙　088
- 346 互相换位　089
- 347 谁的力气大　089
- 348 三人过河　089
- 349 虎牛渡河　089
- 350 母子过河　089
- 351 快速连接锁链　090
- 352 焊接链条　090
- 353 安全的手术　090
- 354 一半唱片　091
- 355 球赛比分　091
- 356 匆忙的女演员　091
- 357 装错了信封　091
- 358 水和酒　091

第二节　数字迷宫

- 359 伪慈善家　092
- 360 海员之约　092
- 361 奇怪的食物　092
- 362 有几个球　092
- 363 大雁的队形　092
- 364 赶羊过关　092
- 365 赛场相遇　092
- 366 谁挣得多　092
- 367 最短时间过桥　093
- 368 阿凡提分马　093
- 369 海水"桶"量　093
- 370 小猴吃桃子　093
- 371 留下几头牛　093
- 372 三人分鱼　093
- 373 三人分梨　094
- 374 分油问题　094
- 375 怎样量出4公升水　094
- 376 分配工资　094
- 377 怎样分饭钱　094
- 378 瓜分投资　094
- 379 空瓶换汽水　094
- 380 卖了多少个鸡蛋　094

第三节　扑克牌·棋子·火柴

- 381 11、13交替　095
- 382 三张扑克牌　095
- 383 圆周取牌　095
- 384 跳成5撂　096
- 385 数字无序化　096
- 386 为数最多的偶数　096
- 387 取象棋游戏　096
- 388 圆周取棋　097
- 389 火柴归位　097
- 390 交错调转　097
- 391 智取火柴　097

第十一章　创新思维

第一节　生活IQ

- 392 巧放苹果　099
- 393 智斗莽汉　099
- 394 有惊无险　099
- 395 跳不出去的圆圈　099
- 396 找地方　099
- 397 钓到了几条鱼　099
- 398 大明拿鸡蛋　099
- 399 最短的距离　100

第二节　文字寻幽

- 400 秀才猜谜　100
- 401 钟表字谜　101
- 402 看棋局，猜成语　102
- 403 摆火柴，猜成语　103
- 404 图像字谜　103
- 405 数字成语谜　104
- 406 加法字谜　104
- 407 加法等式字谜　104
- 408 加法等式成语谜　104
- 409 乘法等式字谜　105
- 410 乘法等式成语谜　105
- 411 除法等式字谜　105
- 412 除法等式成语谜　105
- 413 字母谜语　105
- 414 拼音谜语　106
- 415 偏旁谜语　106
- 416 图文成语谜　106
- 417 符号谜语　106

第十二章　应变思维

第一节　生活IQ

- 418 孙膑请师出屋　108
- 419 孙膑吃馒头　108
- 420 哥伦布的鸡蛋问题　108
- 421 农夫做了个啥动作　108
- 422 死里逃生　108
- 423 酒鬼喝酒　109
- 424 拴苹果　109
- 425 如何通过　109

- 426 如何"瘦身" 109
- 427 安全过桥 109
- 428 挑瓜过桥 109
- 429 过独木桥 109
- 430 怎样过桥 109
- 431 洞中捉鸟 109

第二节 文字寻幽

- 432 "百担榆柴" 110
- 433 阿凡提染布 110
- 434 神奇的巫师 110
- 435 祝枝山写春联 110
- 436 微笑的弥勒佛 111
- 437 犹太人的智慧 111
- 438 安徒生的反击 111
- 439 丘吉尔的反击 111
- 440 这个城市的人很有钱 111
- 441 鳄鱼池边的标牌 111
- 442 智破暗语 112
- 443 接货时间 112
- 444 炸弹按钮 112
- 445 猜哑谜 112
- 446 奇怪的电报 112

第十三章 发散思维

第一节 生活IQ

- 447 不用浇水的花 114
- 448 找出另类 114
- 449 五只兔子 114
- 450 不寻常的医院 114
- 451 为什么不坐 114
- 452 电梯里的故事 114
- 453 上当了 115
- 454 汤姆是谁 115

- 455 火柴坠地 115
- 456 吃草的两只羊 115
- 457 汽车和火车 115
- 458 打不破的生鸡蛋 115
- 459 抓住皮带 115
- 460 巧取王冠 115
- 461 遗产安然无恙 116
- 462 南极探险家之死 116

第二节 文字寻幽

- 463 "新年快乐"成语方阵 116
- 464 数字成语谜 116
- 465 数字谜语 116
- 466 加法字谜 117
- 467 加法等式字谜 117
- 468 等式字谜组 117
- 469 不等式字谜组（Ⅰ） 117
- 470 不等式字谜组（Ⅱ） 117
- 471 符号谜语 117
- 472 八仙过八江 117
- 473 地理老师的谜语 117

第十四章 缜密思维

第一节 数字迷宫

- 474 加法的答案 119
- 475 多少个7 119
- 476 巧成100 119
- 477 可乐多少钱 119
- 478 欧阳修的年龄 119
- 479 一个都不能少 119
- 480 读了多少页书 119
- 481 共有几堆 119
- 482 渡河 119
- 483 上楼的时间 119

- 484 莲菜 120
- 485 银行的利率 120
- 486 到哪里存钱 120
- 487 不合格的售货员 120
- 488 为什么赔钱 120
- 489 假币带来的损失 120
- 490 狡猾的骗子 120
- 491 老太太买扇子 120
- 492 10元去哪里了 121
- 493 地球与乒乓球 121
- 494 画地为牢 121

第二节 生活IQ

- 495 王戎预知李苦 121
- 496 外国人与中国人 121
- 497 内科医生来干啥 121
- 498 相连的大月 121
- 499 互看脸部 121
- 500 狭路相逢 122
- 501 飞行员的姓名 122
- 502 裤子怎么不掉下来呢 122
- 503 戴大号帽子的人 122
- 504 偷吃粮食的马 122
- 505 最深处在哪里 122
- 506 应买哪一只 122
- 507 为什么不湿 122
- 508 吃饭问题 122
- 509 大鸟下蛋 122
- 510 能否见到太阳 122
- 511 站在列车顶上的人 123
- 512 怎样得到的满分 123
- 513 没有弟弟 123
- 514 我不是他爸爸 123
- 515 谁在吵架 123

- 516 为什么免费辩护 123
- 517 父亲与儿子的野鸡 123
- 518 没有受伤的人 123
- 519 蒙住眼睛的神枪手 123
- 520 什么属相都有吗 123
- 521 不是双胞胎 123
- 522 扔球 124
- 523 不可思议的赛马 124

第三节 悬疑探案

- 524 县太爷断案 124
- 525 书吏之死 124
- 526 凶器是什么 125
- 527 破绽在哪 125
- 528 奇怪的车号 125
- 529 谁的伪钞 125
- 530 被杀者的留言 126
- 531 失算的惯偷 126
- 532 指纹的秘密 126
- 533 狡猾的罪犯 126
- 534 一字辨凶 127
- 535 迷幻药与色盲 127
- 536 大门口的线索 127
- 537 车轮印迹 128
- 538 延迟的煤气 128
- 539 唐纳报案 128
- 540 绑票者的真面目 128
- 541 西格玛尔的车号 129
- 542 刺客 129
- 543 封闭的房间 129
- 544 浴缸断魂 130
- 545 浴缸里的谋杀 130
- 546 是否被"调包" 131
- 547 田径教练被杀案 131

第十五章 复合思维

第一节 数字迷宫

- 548 另类数字等式 133
- 549 "反正"都一年 133
- 550 多少个李子 133
- 551 当时的年龄多大 133
- 552 活了多少岁 133
- 553 跳跃的年龄 133
- 554 打铁罐比赛 134
- 555 如何最快 134
- 556 魔方的颜色 134
- 557 被污染的药丸 134
- 558 找坏球 134
- 559 蛀虫蛀书 134
- 560 燃香计时 135
- 561 烧绳计时 135
- 562 沙漏计时 135
- 563 记错的价钱 135
- 564 海盗分金币 135

第二节 扑克牌·棋子·火柴

- 565 黑牌和红牌 136
- 566 猜黑红 136
- 567 猜牌辨兄弟 136
- 568 王牌 136
- 569 有胜算吗 137
- 570 划分成两等份 137
- 571 镂空的黑棋子 137
- 572 "不三不四" 138
- 573 摆出"11" 138

第二阶段

第十六章 形象思维

第一节 图像透视

- 574 一笔画天线 141
- 575 什么样的影子 141
- 576 12顶帐篷 141
- 577 平分水果 142
- 578 四等分图形 142
- 579 直线切图 142
- 580 六等分图形 142
- 581 迷宫罚球 143
- 582 弯曲的回路 143
- 583 找到起点 143
- 584 平分字母正方形 143
- 585 图像方阵 144
- 586 冤家路窄 144
- 587 驱车寻宝 144

第二节 文字寻幽

- 588 智解"申"字 145
- 589 孔子猜谜 145
- 590 老父读信 145
- 591 板桥断案 145
- 592 直到清明方罢 146
- 593 缺少标点的谜语 146

- 594 一副挽联 146
- 595 天下第一长联 146
- 596 谁读得对 146
- 597 加字得字 147
- 598 图像字谜 147
- 599 梅花字谜 147

第十七章 抽象思维

第一节 数字迷宫

- 600 数字三角形 149
- 601 数字六边形 149
- 602 数字十字架 149
- 603 数字方向盘 149
- 604 数字路口 149
- 605 数字卡片 149
- 606 数字纵横 149
- 607 数字螺旋 150
- 608 数字地砖 150
- 609 数字曲径 150
- 610 数字明星 150
- 611 数字金字塔（Ⅰ）150
- 612 数字金字塔（Ⅱ）150
- 613 数字圆中方 151
- 614 数码大厦之门 151
- 615 数码大厦一角 151
- 616 数字密码本 151

第二节 字母探秘

- 617 差别最大的字母 152
- 618 多余的字母 152
- 619 字母通道 152
- 620 字母围墙 152
- 621 字母窗口 153
- 622 字母大厦 153
- 623 字母桥梁 153
- 624 字母向心力 153
- 625 按规则填字母 154
- 626 字母方阵（Ⅰ）154
- 627 字母方阵（Ⅱ）154
- 628 破解"数字+字母"密码 155
- 629 "数字+字母"罗盘 155
- 630 "数字·字母"正方形 155
- 631 "数字·字母"等式 155

第十八章 实践思维

第一节 生活IQ

- 632 使乒乓球跳起来 157
- 633 复写名字 157
- 634 回家 157
- 635 划拳游戏 157
- 636 小圆环与大圆环 157
- 637 哪一个方向错了 158
- 638 室温是多少 158
- 639 从沙漠归来 158
- 640 找到开关 158
- 641 沉入水中的气球 158
- 642 哪支蜡烛最先灭 159
- 643 精确的半桶水 159

第二节 悬疑探案

- 644 寻找凶器 159
- 645 沸腾的咖啡 159
- 646 是谁杀害了女教师 160
- 647 撞向路灯柱的自行车 160
- 648 凶手的去向 160
- 649 彩虹下的劫案 161
- 650 车号谜团 161
- 651 是因电失火吗 161
- 652 左眼被刺 162
- 653 谁被拘留 162
- 654 颠倒的太阳旗 162
- 655 小偷的诡计 162
- 656 判定逃跑方向 163
- 657 密封的蜘蛛网 163
- 658 单身女郎与金发男子 163
- 659 失踪的乘客 164
- 660 石膏鞋印 164

第三节 扑克牌·棋子·火柴

- 661 发牌游戏 165
- 662 装牌游戏 165
- 663 三张扑克牌 165
- 664 象棋蛙跳 165
- 665 象棋"花蕊" 165
- 666 9枚棋子 166
- 667 茶杯中的棋子 166
- 668 不一致的棋子组合 167
- 669 棋子方阵 167
- 670 不相称的棋子方阵 167
- 671 棋盘上的棋子（Ⅰ）168
- 672 棋盘上的棋子（Ⅱ）168
- 673 棋子队列 169
- 674 用火柴分田地 169
- 675 火柴"牢房" 169

第十九章 逻辑思维

第一节 逻辑闪电

- 676 三色球 171
- 677 土耳其商人和帽子 171
- 678 六人猜帽 171
- 679 十人猜帽 171
- 680 前额上系的是什么牌 172

681 墙纸 172

第二节 生活IQ

682 花裙子和红裙子 172
683 衣柜里的手套 172
684 鹿死谁手 173
685 毒酒和美酒 173
686 只爱穷骑士的姑娘 173
687 对号入座 173
688 昨天火腿，今天猪排 174
689 医务人员 174
690 并非腰缠万贯 174
691 小镇的一星期 174
692 尤克利的电话线路 175

第二十章 概括思维

第一节 图像透视

693 地砖拼图 177
694 图形方阵 177
695 不相称的马赛克组合 177
696 不相称的瓷砖组合 177
697 取代问号的瓷砖组合 178
698 按顺序选图形 178
699 三个问号位置 178
700 不相称的图形 178
701 不相称的圆圈组合 179
702 不相称的三角形组合 179
703 带锯齿的图形 179
704 地毯的图案 179
705 表格接龙 180
706 图形壁画 180
707 图像接龙 180

第二节 逻辑闪电

708 阴晴不定的放牧 181

709 最佳选手 181
710 导演姓什么 181
711 名次该如何排列 181
712 读书顺序 181
713 白马王子 182
714 只有一个漂亮 182
715 圆桌旁的位置 182
716 首次值班 182
717 爱因斯坦的难题 183

第三节 悬疑探案

718 谁是受害者 183
719 谁是无辜者 183
720 是否参与作案 184
721 叽里咕噜 184
722 个个撒谎 184

第二十一章 判断思维

第一节 钟表螺旋

723 不相称的钟 186
724 表针什么时候重合 186
725 钟摆的季节变化 186
726 猜时游戏 186
727 切分钟面 186
728 钟表队列 187
729 误差推时 187
730 作案时间 187
731 第二现场 188

第二节 逻辑闪电

732 杯子里的东西 188
733 藏宝图 188
734 粉笔的颜色 189
735 四个孩子赛跑 189
736 姻亲关系 189

737 玻璃碎了 189
738 谁在说谎 189
739 河水能喝吗 189
740 国会竞选 190
741 流氓·骗子·赌棍 190
742 四位古希腊少女 190
743 他是人，还是吸血鬼 191
744 向导 191
745 不朽的沃拉票 191
746 瓶子先生和门先生去参加会议 192
747 智力缺陷者 192
748 甘蔗和玉米 192

第三节 悬疑探案

749 谁是领头 193
750 是谋杀吗 193
751 信藏在哪里 193
752 失败的演出 193
753 谜样的绑票犯 194
754 被毒杀的特工 194
755 离奇的敲诈案 194
756 黑手党的枪战 195

第二十二章 认知思维

第一节 生活IQ

757 埃菲尔铁塔的谜团 197
758 雪地取火 197
759 杂技演员过桥 197
760 运西瓜的船 197
761 哪个影子大 197
762 热胀？冷缩 197
763 镜子·影像 197
764 向前还是向后 197

⑦⑥⑤ 引水上流　198
⑦⑥⑥ 火车的挂钩　198
⑦⑥⑦ 谁说得对　198
⑦⑥⑧ 谁会赢　198
⑦⑥⑨ 哪一块水泥硬　198
⑦⑦⓪ 电梯上称重量　198
⑦⑦① 倒出强酸　198
⑦⑦② 空中射弹　198
⑦⑦③ 机车与列车　198
⑦⑦④ 伽利略的问题　199
⑦⑦⑤ 水里的学问　199
⑦⑦⑥ 天平趣题　199
⑦⑦⑦ 过元旦　199
⑦⑦⑧ 不敲自鸣的磬　199
⑦⑦⑨ 环球旅行　199
⑦⑧⓪ 北极"英雄"　200

第二节　悬疑探案

⑦⑧① 照片的破绽　200
⑦⑧② 出租车奇案　200
⑦⑧③ 月夜命案　201
⑦⑧④ 离奇的爆炸案　201
⑦⑧⑤ 火车刚刚到站　201
⑦⑧⑥ "飞贼"之谜　201
⑦⑧⑦ 银碗中的头像　202
⑦⑧⑧ 曝光的底片　202
⑦⑧⑨ 医院凶案　202
⑦⑨⓪ 海底奇案　202
⑦⑨① 拘禁盲女的房子　203
⑦⑨② 深海探案　203
⑦⑨③ 逃犯的血迹　203
⑦⑨④ 谁是凶手　204
⑦⑨⑤ 难倒警探　204
⑦⑨⑥ 毒酒　204

第二十三章　想象思维

第一节　图像透视

⑦⑨⑦ 想象轮廓　206
⑦⑨⑧ 不可思议的正方形　206
⑦⑨⑨ 拆开立方体（Ⅰ）　206
⑧⓪⓪ 拆开立方体（Ⅱ）　206
⑧⓪① 折叠纸盒（Ⅰ）　207
⑧⓪② 折叠纸盒（Ⅱ）　207
⑧⓪③ 相同的咖啡杯　208
⑧⓪④ 什么样的物体　208
⑧⓪⑤ 想象全貌　208
⑧⓪⑥ 骰子的秘密　208
⑧⓪⑦ 齿轮传动　209
⑧⓪⑧ 上升还是下降　209

第二节　扑克牌·棋子·火柴

⑧⓪⑨ 摆牌游戏　209
⑧①⓪ 三子不同行　209
⑧①① 两两不相等　210
⑧①② 三点共线　210
⑧①③ 16枚象棋的魔法（Ⅰ）　210
⑧①④ 16枚象棋的魔法（Ⅱ）　210
⑧①⑤ 重新摆图形　211
⑧①⑥ 巧摆正方形　211
⑧①⑦ 火柴拼图形　211
⑧①⑧ 正方形翻番　211
⑧①⑨ 增加的菱形　211
⑧②⓪ 不论多少　211
⑧②① 火柴组合　211
⑧②② 6个变4个　212
⑧②③ 越变越少　212
⑧②④ 巧手剪拉花　212
⑧②⑤ 复合正六边形　212
⑧②⑥ 倒转梯形　212
⑧②⑦ 火柴梯形　212
⑧②⑧ 火柴三角形　213
⑧②⑨ 火柴正方形·火柴三角形　213
⑧③⓪ 蜗牛菜餐厅的火柴　213

第二十四章　演算思维

第一节　数字迷宫

⑧③① 有趣的水果问题　215
⑧③② 龟兔赛跑　215
⑧③③ 有趣的数字　215
⑧③④ 找电话号码　215
⑧③⑤ 祖孙三人的生日　215
⑧③⑥ 细菌分裂　215
⑧③⑦ 判断奇偶　215
⑧③⑧ 森林和小溪　216
⑧③⑨ 乐队到底有多少人　216
⑧④⓪ 两支蜡烛　216
⑧④① 要求加薪　216
⑧④② 心算最大数　217
⑧④③ 心算比大小　217
⑧④④ 男女各多少　217
⑧④⑤ 来多少客人　217
⑧④⑥ 吃鱼　217
⑧④⑦ 双人自行车　217
⑧④⑧ 昆虫的翅膀和腿　217
⑧④⑨ 蒂莫西的速算　217
⑧⑤⓪ 太硬的床铺　218

第二节　等式玄机

⑧⑤① 动物等式　218
⑧⑤② 图像等式　218
⑧⑤③ 图像竖式　219

- ⑧⑤④ 错误的图像等式 219
- ⑧⑤⑤ 六个A 219
- ⑧⑤⑥ 首位变末位 219
- ⑧⑤⑦ 诗句等式 219
- ⑧⑤⑧ 不变的值 219
- ⑧⑤⑨ 移动1根火柴，找回等式 220
- ⑧⑥⓪ 找回等式 220
- ⑧⑥① 一题三解 220
- ⑧⑥② 完成等式 220
- ⑧⑥③ 火柴等式 220
- ⑧⑥④ 扑克牌等式 221
- ⑧⑥⑤ 扑克牌等式方阵 221

第三节　扑克牌·棋子·火柴

- ⑧⑥⑥ 速算24（Ⅰ） 222
- ⑧⑥⑦ 速算24（Ⅱ） 222
- ⑧⑥⑧ 速算24（Ⅲ） 222
- ⑧⑥⑨ 商等于3 223
- ⑧⑦⓪ 和差平方 223
- ⑧⑦① 纵横平方 223
- ⑧⑦② 倒转三角形 223
- ⑧⑦③ 扑克牌三阶幻方 223
- ⑧⑦④ 黑白棋子 224
- ⑧⑦⑤ 填装火柴 224
- ⑧⑦⑥ 放火柴游戏 224

第二十五章　整合思维

第一节　生活IQ

- ⑧⑦⑦ 时间巧安排 226
- ⑧⑦⑧ 作息规则 226
- ⑧⑦⑨ 赛马 226
- ⑧⑧⓪ 多少人能获救 226
- ⑧⑧① 男女的概率 227
- ⑧⑧② 停业的酒店 227
- ⑧⑧③ 调饮料 227
- ⑧⑧④ 牛奶和咖啡 227
- ⑧⑧⑤ 如何换轮胎 227
- ⑧⑧⑥ 东印度公司的故事 227
- ⑧⑧⑦ 丈夫和妻子 227
- ⑧⑧⑧ 病人搬家 228
- ⑧⑧⑨ 上楼梯的走法 228
- ⑧⑨⓪ 七个链环 228
- ⑧⑨① 拆开链条 228
- ⑧⑨② 花瓣游戏 229
- ⑧⑨③ 冤家渡河 229
- ⑧⑨④ 侦察兵渡河 229
- ⑧⑨⑤ 调换位置 229
- ⑧⑨⑥ 环球飞行 229

第二节　数字迷宫

- ⑧⑨⑦ 高利贷者破产的故事 230
- ⑧⑨⑧ 只赚10两银子吗 230
- ⑧⑨⑨ 耕地能手和播种能手 230
- ⑨⓪⓪ 空瓶换酒 230
- ⑨⓪① 结婚蛋糕 231
- ⑨⓪② 重组序号 231
- ⑨⓪③ 后会有期 231
- ⑨⓪④ 追上了多少人 231
- ⑨⓪⑤ 房子·猫·老鼠·麦穗·麦粒 231
- ⑨⓪⑥ 分苹果 231
- ⑨⓪⑦ 粗木匠的难题 232
- ⑨⓪⑧ 分马 232
- ⑨⓪⑨ 平分一杯酒 232
- ⑨①⓪ 平分杯中水 232
- ⑨①① 分盐 232
- ⑨①② 分牲口 232
- ⑨①③ 酒鬼夫妻 233
- ⑨①④ 奥肖内西的家产 233
- ⑨①⑤ 首饰的数量 233
- ⑨①⑥ 海盗分宝 233
- ⑨①⑦ "溜号"的哨兵 234
- ⑨①⑧ 数字幻方 234
- ⑨①⑨ 如何称米 234
- ⑨②⓪ 如何称重 234
- ⑨②① 找出假金币 234
- ⑨②② 口袋称重 235
- ⑨②③ 找出异常的球 235

第三节　扑克牌·棋子·火柴

- ⑨②④ 移动棋子 235
- ⑨②⑤ 取象棋游戏（Ⅰ） 236
- ⑨②⑥ 取象棋游戏（Ⅱ） 236
- ⑨②⑦ 取火柴游戏 236
- ⑨②⑧ 调转火柴 236

第二十六章　创新思维

第一节　生活IQ

- ⑨②⑨ 树枝的形状 238
- ⑨③⓪ 奇怪的青年 238
- ⑨③① 旅游 238
- ⑨③② 剪不断的布 238
- ⑨③③ 废品 238
- ⑨③④ 难做的动作 238
- ⑨③⑤ 打杯子 239
- ⑨③⑥ "通用"的钥匙 239
- ⑨③⑦ 梦中的高招 239
- ⑨③⑧ 狭路超越 239
- ⑨③⑨ 拼成正方形 239
- ⑨④⓪ 失踪的面积 240
- ⑨④① 不变的方孔 240

942 吊在半空中的管理员 240

第二节 文字寻幽

943 宇文士及死里逃生 240
944 刘墉智答乾隆 241
945 卖关子的财主 241
946 加法字谜 241
947 减法字谜 241
948 加减法字谜 241
949 加法等式字谜 241
950 除法等式字谜 241
951 加法·乘法字谜 242
952 加法·除法字谜 242
953 等式字谜组 242
954 扑克牌字谜 242
955 钟表成语谜 242
956 日历字谜 242
957 图像字谜 243
958 拼音成语谜 243
959 英文单词字谜 243
960 偏旁谜语 243
961 反字谜 243
962 镂空字谜 243

第二十七章 应变思维

第一节 生活IQ

963 训练公鸡 245
964 为国王画像 245
965 河马与金币 245
966 山道上的和尚 245
967 被抓伤的男人 246
968 提水过桥 246
969 汽车过桥 246
970 如何过桥 246

971 巧打绳结 246
972 怎样才能出线 246
973 假如卢浮宫不幸失火 246
974 牺牲哪一位 247

第二节 文字寻幽

975 孔融的回答 247
976 到底谁骗谁 247
977 海水斗量 247
978 解谜高手 247
979 老人的反击 248
980 演讲时的条子 248
981 夸夸其谈的诗人 248
982 无奈之事 248
983 该关的都关了 248
984 丈母娘的考问 248
985 干什么都行 248
986 难倒智多星 248
987 刑警的破案秘诀 249
988 纸条上的暗号 249
989 联络暗号 249

第二十八章 发散思维

第一节 生活IQ

990 薄过纸的东西 251
991 什么影子最大 251
992 字母明星 251
993 找出另类 251
994 被困小岛 251
995 偷西瓜的人 251
996 兄弟姐妹 251
997 切馅饼 251
998 令人失望的"海归" 252
999 到巴厘岛去旅游 252

1000 什么声音 252
1001 两个机灵的朋友 252

第二节 文字寻幽

1002 难倒99.9%人的改字问题 253
1003 把被杀写成自杀的文章 253
1004 日历字谜 253
1005 扑克牌谜语 254
1006 看棋局，猜成语 254
1007 看棋局，猜军街 254
1008 看棋局，猜地名 254
1009 看棋局，猜古代职称（三个） 254
1010 火柴谜语 255
1011 钟表字谜（Ⅰ） 255
1012 钟表字谜（Ⅱ） 255
1013 加法字谜 255
1014 不定式字谜组 255
1015 拼音谜语 256
1016 偏旁谜语 256
1017 字母谜语 256
1018 图像谜语 256
1019 图文之谜 256
1020 《醒世恒言》中的连环诗谜 257
1021 数学名词谜 257

第二十九章 缜密思维

第一节 数字迷宫

1022 分钱 259
1023 赔还是赚 259
1024 贩马 259
1025 杯子与碟子 259
1026 平均速度 259

1027 谁说得对 259
1028 逆风而行 260
1029 剩下多少页 260
1030 少了100元 260
1031 青蛙和井 260
1032 繁忙的狗 260
1033 字典有多少页 260
1034 狱卒看守囚犯 260
1035 火车过桥 261
1036 哪一天相遇 261
1037 谁需要找零 261
1038 伤脑筋的合伙 261
1039 小狗与老鼠 262
1040 谁怀疑丈夫有外遇 262

第二节 生活IQ

1041 奇怪的铅笔 262
1042 神射手 262
1043 不掉牙的老头 263
1044 铜匠和铁匠 263
1045 谁比他高 263
1046 什么关系 263
1047 他俩的关系 263
1048 错误的假设 263
1049 "错误" 264
1050 爬楼比赛 264
1051 叫喊几分钟 264
1052 应该找多少零钱 264
1053 沙漠生存 264
1054 我很丑吗 264
1055 失踪的正方形 264

第三节 悬疑探案

1056 女侦探之死 265

1057 被忽视的地方 265
1058 智取赃物 266
1059 车后的尸体 266
1060 现场的证言 266
1061 夜半奇案 266
1062 密室诡计 266
1063 售票员变侦探 267
1064 探长盯梢 267
1065 不攻自破的谎言 267
1066 消失的汽车 267
1067 行凶者的脚印消失了 268
1068 杰姆之死 268
1069 修女的唇膏 268
1070 同床异梦的夫妻 269
1071 酒店的服毒者 269
1072 杀手的失误 269
1073 苹果中毒案 270
1074 染血的沙滩 270
1075 不在场的证明 270
1076 溺水命案 270
1077 模特人形杀人案件 271
1078 电梯内的凶杀案 271
1079 谁装了窃听器 272
1080 无懈可击的谋杀 273

第三十章 复合思维

第一节 数字迷宫

1081 另类数字等式 275
1082 百鹿进城 275
1083 陶渊明的数学题 275
1084 李白买酒 275
1085 毕达哥拉斯的弟子 275

1086 汇率差 276
1087 动物王国里的跑道 276
1088 检查员的问题 276
1089 破译"字母·数字"
密码 276
1090 生日是哪一天 276
1091 有趣的猜数游戏 277
1092 是赔是赚 277
1093 电话号码是多少 277
1094 猜房间号 278
1095 两张小纸片 278
1096 中尉身上的密码 278
1097 破解情报密码 279
1098 三人决斗 279
1099 三角决斗 279

第二节 扑克牌·棋子·火柴

1100 完全相同的红黑牌数 279
1101 多少张牌（Ⅰ）279
1102 多少张牌（Ⅱ）280
1103 分堆游戏 280
1104 猜黑红 280
1105 第六号纸牌 280
1106 谁赢了 281
1107 旋转象棋 281
1108 马跳日字 281
1109 空缺的棋子组合 281
1110 纠正错误的不定式 281
1111 5变16 281
1112 变形的"9" 282
1113 单词变身 282
1114 100根火柴 282
1115 抓火柴定生死 282

第一阶段

1

第一章

形象思维

——观察力也有"三头六臂"

形象思维是用直观形象和表象解决问题的思维，其特点是具体形象性，属于感性认识阶段。形象思维是在对形象信息传递的客观形象体系进行感受、储存的基础上，结合主观的观察和认识进行识别，并用一定的形式、手段和工具创造和描述形象来解决问题的一种基本的思维形式。

训练形象思维能力的最基本手段是培养出敏锐的观察力。大凡智商高的人，其观察力都非常高。科学家从平常的现象中可以悟出非同一般的规律，艺术家可以抓住一刹那间的事物特征而构思出美好动人的艺术形象，经常是由于他们超人的观察力所带来的。

本章从图像类思维游戏和文字类思维游戏两个方面训练读者的观察力，培养读者的形象思维。

第一节 图像透视

1 奥运五环一笔连

北京在2008年成功地举办了奥运会。仔细观察奥运五环,你能否把它不间断地一笔不重复地画下来(交点处除外)?

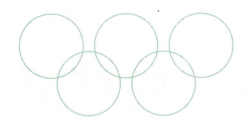

2 完全相同的花瓶

这名男子想买走4个完全相同的花瓶。他将选择哪一种样式的?

3 老鼠造反

不得了啦,老鼠造反啦!这两幅图里面有7个地方是不一样的,请把它们找出来。

越玩越聪明的 1000 个思维游戏

4 找100

在这幅风景画中，出现了一共12个"100"。其中有的隐藏得很好，睁大眼睛，把它们找出来吧。

5 找出最下面的袜子

图中七只袜子随便地摆放着，请你仔细地观察一下，放在最下面的是几号袜子呢？

6 快速分发弹药

阵地上有如图所示的10座兵营。有一车军火拉到了指挥部，确定了分发份额之后，军火车要从指挥部出发，分发其余9座兵营的弹药，最后从前沿营返回军火库。如何以最快的时间、最短的路线完成这一任务？

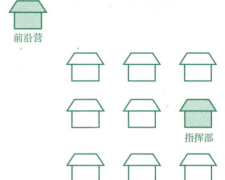

7 往返旅行

我们要通过这个格子中的圆点做一次往返旅行，每个圆点只能经过一次，最后要回到出发点。图中已经显示出了部分道路，你能把剩下的道路画出来吗？

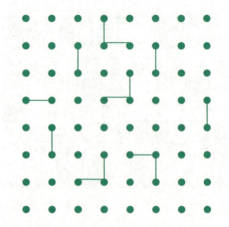

⑧ 找到起点

当你在1N的时候向北移一格,在2S的时候向南移两格,在3E的时候向东移三格,在4W的时候向西移四格,依此类推。★代表终点,你能找到它在这个方块中的起点吗?

2S	2S	1W	2E	4W	1S
4S	2S	2E	2W	3W	5W
2E	2E	2S	3S	1N	★
2E	2S	1N	2N	1W	5W
1N	2E	3E	2W	4N	1W
2E	3E	5N	2E	2N	3N

⑩ 平分土地

皇帝要把一块如图所示的不规则的土地分封给四位功臣,要求土地的面积、形状完全一致,该怎样做?

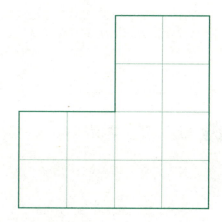

⑨ 扭曲的正方形

如图,这些由正方形组成的线条是平行的还是弯曲的?

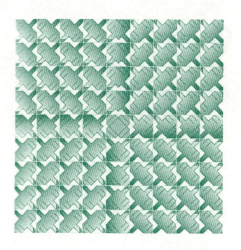

⑪ 四等分图形

将以下图形分为大小和形状均相同的四等份,且每份有一棵树。

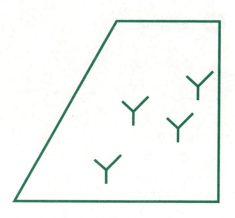

第二节 文字寻幽

12 带"口"的汉字

请你说出由1～10个"口"字各能组成哪10个字,比如1个口是"口",3个口是"品"。

13 "上""下"之谜

有一天,孔子召集了几个得意门生,讨论一个问题。
子路说:"在上位,不为上,则为下。"
子夏说:"在下位,不为下,则为上。"
子贡说:"上则不在上,下则不在下。"
颜回说:"不可在上,岂宜在下。"
他们讨论的实质是一个字,这个字是什么字?

14 传统词谜

你能猜出下面这个词谜吗?
忆江南,
两字同,
四竖又三横。
形状高低恰相反,
低者深下如池井,
高者以嶂屏。
(打两个字)

15 传统数字镶边谜

"数字镶边谜"是一种诗体字谜,即每句诗的第一个字都是数字,而且语义都与谜底相关。下面是一则我国古代传统数字镶边谜,打十个字,谜面复杂,谜底却十分简单,你猜猜看。
一分为二,
二人上天,
三颠四倒,
四人在下,
五人并坐,
六斤差点,
七进家门,
八把尖刀,
九个窟窿,
十有八九。

16 民女喊冤

一民女挡道喊冤,县令细问因由:"悲戚戚究竟要状告哪个?"
"背井离乡誓必告穿天!"
县令左思右想摸不着头脑。幸亏他的师爷才高识广,听出了其中奥妙。
民女要状告什么人?

17 唐伯虎卖画

唐伯虎在西湖边上开了一个画廊,这一天,画廊里又挂出了一幅画,画面上是一个人牵着一只狗,在西湖边散步。

唐伯虎对着众人宣布:"这是一幅字谜画,谁要是能猜出答案,这幅画就白送给他。"大家一听,都皱起眉头苦苦思考起来。忽然,有一个年轻人跑上前,一下子趴在地上,大家正感到奇怪呢,唐伯虎却大笑起来,然后把画取下来,送给了年轻人。为什么年轻人趴在地上,唐伯虎就把画送给他了呢?

18 有趣的"谜吃谜"

明末清初,江苏才子吴亮与友人尤安同游山水。吴亮出上联:"卧也坐,行也坐,立也坐,坐也坐",要尤安猜一田间小动物。尤安对下联:"坐也卧,行也卧,立也卧,卧也卧。"且说:"我的谜能吃掉你的谜。"你能猜出这两种小动物吗?

19 郑板桥的谜语

郑板桥是清代著名的文学家。有一天,他路过一座学堂,有个学生看他穿着布衣草鞋,还以为是个老农民,就傲慢地问:"我问你,你会写诗吗?"郑板桥说:"我不光会写诗,还会出谜呢!"他看到学堂旁边是厨房,里面有一样东西,就当场吟了一首咏物诗:"嘴尖肚大个不高,放在火上受煎熬。量小不能容万物,二三寸水起波涛。"郑板桥咏的什么东西呢?

20 梅花字谜

"梅花字谜"是我国古代传统灯谜的一种,它用梅花图案来表示谜面和谜目。最常见的一种形式是在花瓣上标明谜面,花心为谜目。由于多个花瓣上都有谜面,多个谜面对应一个谜目,所以给了许多提示。形式复杂,谜底其实非常简单,也很容易得出,你猜猜看。

(1)

(2)

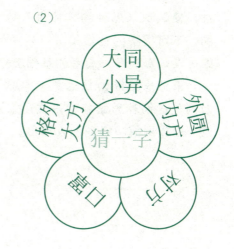

第二章

抽象思维

——由"蛛丝马迹"思考开去

抽象思维是人们在认识活动中对客观现实进行间接的、概括的反映的过程,属于理性认识阶段。抽象思维凭借"科学的抽象"对事物的本质和客观世界发展的深远过程进行反映,使人们通过认识活动获得远远超出靠感觉器官直接感知的知识。"科学的抽象"是反映自然界或社会物质过程的内在本质的思想,它是在对事物的本质属性进行分析、综合、比较的基础上,抽取出事物的本质属性,撇开其非本质属性,使认识从感性的具体进入抽象的规定,形成概念。空洞的、臆造的、不可捉摸的抽象是"不科学的抽象"。科学的、合乎逻辑的抽象思维是在认真观察、思考的基础上形成的。

形象思维能力是抽象思维能力培养和发展的基础,而敏锐的观察力则是这两种思维能力形成的基石。善于平中见奇,就能在"蛛丝马迹"中找到解决问题的突破口。

抽象思维　第二章　**第一阶段**

第一节　数字迷宫

㉑ 切割菱形

在这个菱形中画两条直线，使划分出来的四个区块数字总和相等。

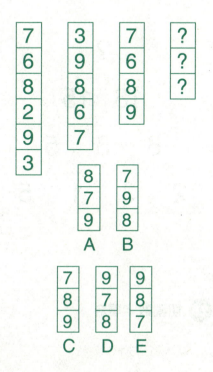

㉒ 数字飘带

图中标注问号的地方应该填上一列数字，从下列选项中选出合适的填上去。仔细找出题中数字隐藏的规律即可轻松完成。

㉓ 数字金字塔

求金字塔中A、B、C的值。

009

24 数字金字塔之巅

问号处应为什么数字?

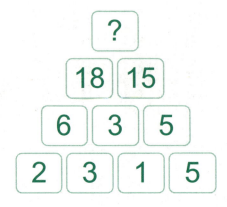

25 切割数字蛋糕

问号处应为什么数字?

26 数字三角形（Ⅰ）

问号处应为什么数字?

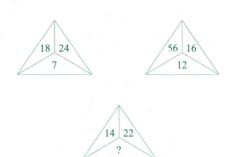

27 数字三角形（Ⅱ）

问号处应为什么数字?

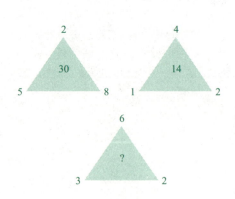

㉘ 数字路口

问号处应为什么数字?

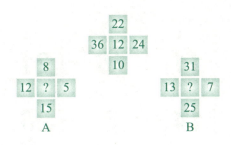

㉙ 数字摩天轮

问号处应为什么数字?

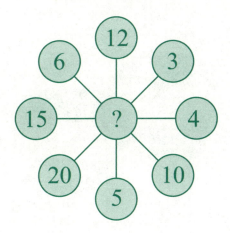

㉚ 数字正方形

问号处应为什么数字?

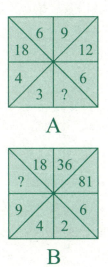

㉛ 数字密码本

问号处应为什么数字?

10	11	5
1	25	7
7	6	?

32 数字十字架

问号处应为什么数字?

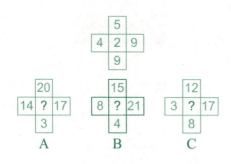

34 数字纵横

问号处应为什么数字?

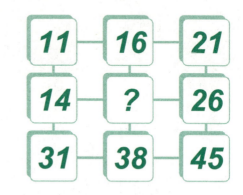

33 数字向心力

问号处应为什么数字?

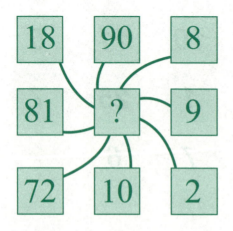

35 数字兵营

问号处应为什么数字?

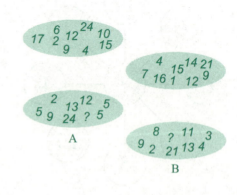

抽象思维 第二章 第一阶段

36 数字之窗

问号处应为什么数字?

37 数字转盘

问号处应为什么数字?

第二节 字母探秘

26个英文字母正序表

英文字母	A	B	C	D	E	F	G	H	I	J	K	L	M
对应序号	1	2	3	4	5	6	7	8	9	10	11	12	13
英文字母	N	O	P	Q	R	S	T	U	V	W	X	Y	Z
对应序号	14	15	16	17	18	19	20	21	22	23	24	25	26

26个英文字母反序表

英文字母	Z	Y	X	W	V	U	T	S	R	Q	P	O	N
对应序号	1	2	3	4	5	6	7	8	9	10	11	12	13
英文字母	M	L	K	J	I	H	G	F	E	D	C	B	A
对应序号	14	15	16	17	18	19	20	21	22	23	24	25	26

38 多余的字母

每个图形中都有一个字母是多余的，你能找出来吗？

39 破解字母密码

问号处应为什么字母？

C G J N Q ? X

40 字母卡片

问号处应为什么字母？

S	P	?	J	G	D
C	E	?	I	K	M

41 字母密码本

问号处应是什么字母？

C	E	G	I	K
M	P	S	V	Y
D	H	L	P	T
W	B	G	?	Q
W	C	I	O	U
C	J	Q	X	E

42 字母转盘

问号处应为什么字母？

43 字母方圆

问号处应为什么字母?

44 字母瓶颈

问号处应为什么字母?

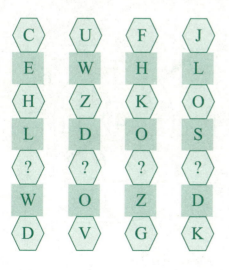

45 字母纵横

问号处应为什么字母?

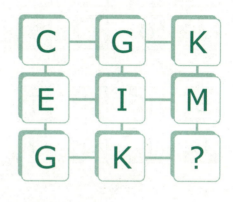

46 字母正方形

问号处应为什么字母?

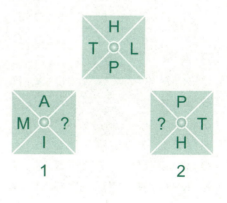

47 字母铺路石

（1）问号处应为什么字母？

M	V	S	K
J	Q	L	?

（2）问号处应为什么字母？

B	H	N	T
E	K	Q	?

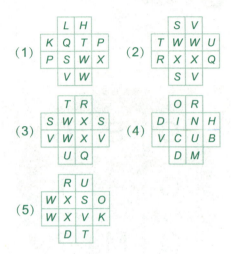

48 字母方阵

问号处应为什么字母？

A	J	B	K	C	L	D	M	E	N
I	S	Z	T	A	U	B	V	C	F
R	Y	G	L	H	M	I	N	W	O
H	F	K	X			U	J	D	G
Q	X	P		?		O	X	P	M
G	E	J				K	E	H	N
P	W	O	R			T	P	Y	S
F	D	I	N	H	M	G	L	F	I
O	V	C	U	B	T	A	S	Z	R
E	N	D	M	C	L	B	K	A	J

49 为字母设定身份

为从A到E的字母设定正确的整数或数学符号，按顺时针方向移动黑杠，顺序计算，使内、外圈内的最后结果均等于49。

50 字母推理

如果 D 等同于 P，那么 L 等同于什么？

是 A、M、W 还是 T？

51 "数字+字母" 圆盘

问号处应为什么数字？

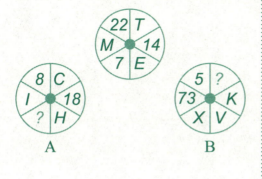

52 "数字+字母" 转盘

下图转盘中的字母和数字之间存在着某种联系，你能用一个字母来代替图中的问号吗？关键还是找出它们之间的某种规律。

53 数字和字母

你能找出正方形中字母和数字之间的联系，并用一个数字来替换图中的问号吗？

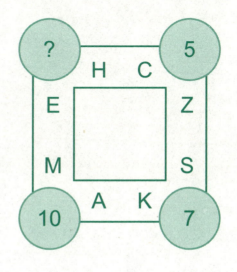

第三章

实践思维

——生活中的点滴智慧

实践思维是指围绕实践过程以思考和解决实践问题或现实问题为直接目的的理性思维。俗话说:"处处留心皆学问。"许多人即使没有太显著的教育背景也能取得成功,就是因为他们明白一个道理:生活是最好的老师。

无论是形象思维还是抽象思维,最后都要付诸实践。思维活动和实践活动是相互作用、相辅相成的。

第一节 生活IQ

54 锄禾为什么要在正午

"锄禾日当午，汗滴禾下土。谁知盘中餐，粒粒皆辛苦。"请问：锄禾为什么一定要选在正午时分、气温最高、天气最热的时候呢？

55 铝钉和铁钉

盒子里混杂形状、大小一样的铝钉和铁钉，现在需要用铝钉，你能把它们找出来吗？

56 变形木

某人宣称他有一种"变形木"，可以不经过切割、雕琢等加工手段，随心所欲地将它变形为立方体、圆柱体甚至圆锥体。你猜猜，他是怎么做到的？

57 放错的电影票

父亲叫小刚过来，说："你到书房里把一张电影票拿来，电影票夹在《故事会》杂志的57、58页之间。"小刚听了，马上对父亲说："您大概记错了。"小刚凭什么说爸爸记错了？

58 史前壁画

某失业青年整天想着发横财。一天，他递给古董商三张照片："我在西班牙的一个农庄发现了堪称无与伦比的史前古人壁画。这几幅壁画，是我钻入差不多有4000英尺深的暗洞才拍摄到的。"

古董商看了一眼，第一幅是披毛犀牛图，第二幅的画面是猎人在追赶恐龙，第三幅是奔驰的猛犸象图。

可是古董商立即指出失业青年在说谎。请问这是为什么呢？

59 区分猪宝宝

一农夫想给刚刚出生的9只猪宝宝打一周剂量的防疫针，需要把它们区别开来，于是便让儿子去商店买分别标有数字1到9的九种标签。可粗心的儿子竟然买错了，只买了分别标有数字1到5的五种标签，当然惹怒了父亲。但是聪明的儿子灵机一动，却用分别标有数字1到5的标签解决了区分9个猪宝宝的问题。怎样解决的？

60 何日出生

小明和小飞是双胞胎，今年小飞刚好过了第八个生日，但是小明今年才过了第二个生日。那么，你能算出他们的生日吗？

越玩越聪明的 1000 个思维游戏

61 魔术的奥妙

舞台上，相隔 1.5 米放着 2 张木椅，美人儿丽莎头脚着椅仰卧着。两助手将床单盖在她身上，只露头脚在外面。

魔术大师查理上台，"作法"一番，然后挥动双手，示意助手将两椅抽掉。顿时，奇迹出现了：丽莎小姐悬浮空中。

查理继续"作法"，手往上一抬，丽莎似被牵动而往上浮；当查理手往下压，丽莎又往下沉。

台下掌声雷动，观众啧啧称奇。

你可知这魔术的奥妙之处在哪里吗？

62 谁先到家

三兄弟从剧场回家，走到电车站，准备一有车就跳上去。可是，车子一直没有露面。哥哥的意见是等着。

"干吗在这儿等着，"老二说，"还不如往前走呢！等车赶上咱们再跳上去，等的时间已经可以走出一段路程了，这样可以早点到家。"

"要是走，"弟弟反对说，"那就不要往前走，而是往后走，这样我们就能更快地遇到迎面开来的车子，咱们也就可以早点到家。"

兄弟三人谁也不能说服别人，只好各走各的，大哥留在车站等车，老二顺着车行方向向前走去，弟弟则向后走去。

哥儿三个谁先回到家里？

63 是聋子吗

一天，一位住在纽约城的夫人招呼一辆路过的出租汽车。

在送她到目的地的路上，夫人喋喋不休，闹得司机很厌烦。

司机对她说："对不起，夫人，你说的，我一句也没听到，我的耳朵要完全聋了。"

夫人听他这么一说，就停止嘟囔了。但当她下车后，她突然明白司机在对她撒谎。她是怎么知道的呢？

64 盲人分衣

有两个盲人一起去买衣服，每个人各自买了一件黑衣服和一件白衣服。他们把四件衣服放在一起，回家后才发现衣服已经混了，而且黑衣服和白衣服的质地大小都是一样的，所以他们无法分开，你能想到一种方法，可以分开黑衣服和白衣服，让他们每个人都各有一件吗？

65 一把钥匙和三把锁

三位航海爱好者共有一只小艇。他们想做出一种安排，使每个人都可以随时取到小艇使用，而又不被别人偷去。为此，他们用三把锁和一条铁链把小艇锁在岸边。每人只有一把钥匙，但都能用自己的钥匙把锁打开，而用不着等待另外两人带着他们的钥匙前来协助。

这个巧妙的安排是怎样做的呢？

66 滴水不减

如果让你用手把装满水的杯子倒转过来，一直拿着，杯中的水一滴也不会减少，你能做到吗？当然，杯子上没有加盖子，而杯中一定是液态的水，而非冰或水蒸气。

67 粮食哪里去了

一斗黄豆与一斗小米刚混在一起，结果用斗一量，怎么不够两斗了？

68 机智擒贼

一老翁家中养了十几只鸽子。一天，他到粮店买了几斤黄豆回来喂鸽子，当他回到家门口时，发现门锁被撬，此时，室内的窃贼也听到老翁的脚步声，知道事情不妙，便急急忙忙冲出门往楼下急逃。

窃贼是个年轻人，长得高头大马，腰粗臂圆，而老翁是个年过七旬的瘦弱老人。但老翁灵机一动想了一个办法，很容易地捉住了窃贼。试问，老翁想的是什么办法呢？

第二节 悬疑探案

69 一把扇子

古代重庆府人胡生利，在外做生意很久没有回来。四月的一天，他的妻子一个人在家，晚上被盗贼所杀。那天晚上下着小雨，人们在泥里拾到了一把扇子，上面的题词是王名赠给李前的。

王名不知道是谁，但李前，人们都认识，平时言行举止很不庄重，于是乡里的人都认定是他杀的人，拘捕到公堂上，严刑拷打之下，他也承认了。

案子已经定了，一天，县令的夫人笑着对他说："这个案子判错了。"于是，说出了一番话……

县令听后果然心服口服，以此去找罪犯，果然得到了事情的真相。

70 手电筒的光

警长接到一个抢劫案的报警电话，便急忙赶到现场。

报案者对警长说："今晚我值班，大约一刻钟前断电，一伙人冲了进来。他们直奔财务室，撬开保险柜，偷走了里面的200万美金和经理的'劳力士'牌金表。他们一走，我马上给您打了电话。"

"当时您在什么地方？"警长问。

"我看见他们人很多，就躲在储藏室里了。"

"这些人有什么特征吗？"

"有。他们一共有5个人，为首的好像脸上有块疤。因为他手里拿着手电筒，当手电光从门缝射进时，我借着手电光一眼就……"

"住口，"探长厉声喝住了他，"你说谎的本领也太不高明了。窃贼就是你。"

警长为什么这样说呢？

71 揭穿谎言

T公路一座高层公寓的807房间发生了盗窃案。市刑侦队队员在勘查现场时，女佣人反映："我听到房间里有声音，就走到门口，因为害怕，我就透过门上的锁孔向里瞧，看到一个男人从房间左侧的暖炉里，把什么东西装到口袋里，然后穿过房子，从右侧窗户跳窗逃跑了。"刑侦队员听罢，立即作出判断：这是谎话。

他的依据是什么？

72 气味的信息

独居的老人去年摔断了腿，近一年时间没出门了，生活用品都是由一个超市送货员每星期送来。一个冬天的大雪之后，老人被发现死在床上，尸体半裸，伤在颈部。

警方判断是死者在换衣服时，一条狼狗扑过去咬住了咽喉。找来送货员讯问，送货员说他最后一次来这里是在6天前，那天刚下过一场雪，一进屋，老人的那条狼狗就向他猛扑过去。

警长在屋外找到了送货员的脚印，由北而来延至老人的小屋，又从小屋折回，证明送货员所说的是事实。这时，那条狼狗正嗅着这串脚印走过来，警长立刻判断出谁是凶手。

你知道谁是凶手吗？

73 被窃的自行车

某人骑着一辆自行车路过一个公共厕所，他停下来，用环形锁锁好自行车的前轮便进了厕所。周围只有几个男孩在溜冰玩。几分钟后，此人从厕所出来，发现自行车不见了。

他肯定是那几个男孩中的某一个偷走了自行车。于是他四处寻找，最后在几里路外的地方终于找到了，可是令人奇怪的是，自行车前轮上的环形锁依然锁着。

那男孩显然不可能把自行车扛到那么远的地方。那么，他究竟用什么办法擅自借用他人的自行车兜了一大圈呢？

74 故布疑阵

博物馆新运到一批出土文物，在开箱清点时，发现一件珍贵的青铜器不见了。经侦查，发觉有两个人相当可疑。这两个人一个是瘦高个子，一个是小矮胖子，当他们发现有人跟踪时，就朝海边一座山上匆匆逃去。由于雨过初晴，他们走过的山间小路留下了清晰的足迹。足迹延伸到一个陡坡边的乱草丛中消失了，之后又在坡上重新出现，一直到悬崖边上就不见了，望下去就是滔滔海浪。

警员仔细搜索，发现旁边草丛里丢着一个记录本，本子最后有字的一页上写的是：

"一切都将逝去，一切皆可抛弃……"一位警员看罢后说："可能是畏罪自杀了。"

警长仔细查看了脚印，果断地说："人就藏在土坡附近，分头搜索！"

果然在坡下百米外一个茅棚里揪出了这两个罪犯。在押回来的路上，警长悄悄地对警员说：

"脚印中的奥秘猜到了么？你想想那现场：土坡上大个子的步距比小个子的短；大个子的脚印是前掌使劲，而且大脚印有几次重在小脚印上，小脚印从来没有压上大脚印。这是个疑阵。"警员恍然大悟道："险些被他们骗了！"

请问，两个罪犯布了些什么疑阵？

75 毒品在哪

某夜，马尼拉—北京航线的CA972班机，降落在首都机场，海关人员开始检查旅客的行李。

女检查员小吴发现从飞机上下来的3个港商打扮的人，神色可疑，他们带有两个背包，一个帆布箱。

小吴查看了他们的护照，他们来京的目的是旅游，当天早上从泰国首都曼谷出发，经过菲律宾首都马尼拉，经过我国广州，然后飞抵北京。

小吴拿着护照看了一会，便让来客打开行李进行详细检查，果然在夹层中发现了毒品海洛因。什么原因引起了小吴的怀疑？

76 看出了什么破绽

10月的一天上午，北疆某山沟里的一个镇政府内发生了一起盗窃案。镇政府财务科的保险箱被撬，失窃现金4万余元。

刑警冒雪从县城赶来仔细勘查了现场，却没有发现什么有助于确定侦查方向、范围的线索。虽然昨天半夜里下了大雪，屋顶、树上、地上白皑皑的一片，但雪地上却没有留下脚印。

刑警们推断发案时间是在未下雪的上半夜，根据罪犯撬窗入室、左撇子作案的特点，排出了一批嫌疑对象。经过对嫌疑对象的排除侦查，最后剩下一名叫阿桂的男子。阿桂有盗窃前科，是个游手好闲之徒。当刑警来到他家找到他时，他说自己昨天晚上根本不在镇里，而是去了30里路外的姐姐家，今天上午刚刚回到家半小时。

刑警们商量了一下，决定向刑侦队长汇报，派人去阿桂姐姐家核实，看他有否作案时间。正在此时队长刘心勇来到阿桂家门口。听了汇报后，刘队长一言不发，对阿桂居住的草屋观察了一番。只见阿桂的草屋顶上覆盖着白雪，屋檐下挂着冰柱，没有什么异常迹象，刑警正要出发时，刘队长却拦住了他们，说不需要核实了，阿桂撒了谎，其实他昨晚是在自己草屋里度过的。刑警们一时面面相觑，不知所以。

刘队长看出了什么破绽？

77 无赖的马脚

无赖雪特打听到海滨别墅有一幢房子的主人去瑞士度假，要到月底才能回来，便起了邪念。他找到懒鬼华莱，两人决定去碰碰运气。

两天后的一个夜晚，气温降到了摄氏零下5度，雪特和华莱潜入了别墅，撬开前门，走进屋里。他们发现冰箱里摆满了食物，当即拿出两只肥鸭放在桌子上让冰融化。几个小时过去了，平安无事。雪特点燃了壁炉里的干柴，屋子里更暖和了。他们一边坐在桌边，转动着烤得焦黄、散发着诱人香味的肥鸭，一边把电视打开，将音量调得很低，看电视里的天气预报节目。突然，门铃响了，两人吓得跳起来，面面相觑，不知所措。门外进来了两个巡逻警察，站在他们面前，嗅嗅烤鸭的香味，晃晃两副叮当作响的手铐。

他们究竟在什么地方露出了马脚？

78 泄漏天机的火锅

大雪纷飞的一天，警长接到报案，说有人被枪杀了。警长急忙带人赶到现场。

案件发生在一对夫妻租住的一间小房屋内，死者是丈夫，头部中了一枪。妻子对警长说：

"我们正在吃火锅。大约半小时后，忽然闯进来一个戴墨镜的人，对着我丈夫的头部开了一枪后就逃走了。"

警长看了看桌子上摆着的还冒着热气的火锅，说道："别装了，赶快交代，你为何要谋杀你的丈夫？"

你知道警长怎么判断出死者是让他的妻子谋杀的？

越玩越聪明的1000个思维游戏

79 深夜报案

纽约的布隆克区。凌晨3时30分,值班警官史奈德床边的报警电话铃急促地响了。他被惊醒,迅速抓起听筒。

电话里传来了一个女人娇滴滴的声音:"你是警察局的值班警官吗?""是的,请问您是谁?""我是罗莎尼·阿诺德夫人,有人杀害了我的丈夫,因为我丈夫是个富翁。"史奈德记下了她的地址,立刻跳下床。门外北风呼啸,寒气刺骨。"这该死的鬼天气!"他缩着脖子钻进了警车。40分钟后赶到了阿诺德夫人家。

罗莎尼·阿诺德正在门房里等他。史奈德一到,她就开了门。房子里真暖和,史奈德警官不由得摘下了围巾、手套、帽子,并脱下大衣。阿诺德夫人穿着睡衣,脚上是一双拖鞋,头发乱蓬蓬的,脸上毫无血色。她说:"尸体在楼上。"史奈德边细看现场边问:"太太,您丈夫是怎么被杀的?""我丈夫是在夜里11时45分睡的,也不知道怎么的,我在3时25分就醒了。听听丈夫一点声息也没有。才发觉他已经死了,他是被人杀死的。""那您后来干什么了?"史奈德又问。"我就下楼给你们警察局打电话。那时我还看见那扇窗户大开着。"阿诺德夫人用纤纤玉手指了指那扇还开着的窗户,"凶手准是从这扇窗户进来,然后又从这逃走的。"史奈德走到那扇窗户前,只觉得猛烈的寒风"呼呼"地直往里吹,他缩了缩颈脖,忙关上了窗户,阿诺德夫人抽泣着说:"警官先生,你现在要验尸吗?"史奈德冷冷回道:"让法医来干此事吧。不过,在他们到这里之前,我想奉劝夫人一句——尽早把真相告诉我!"阿诺德夫人脸色变得更白了:"你这是什么意思?"史奈德严肃地说:"因为刚才你没说实话!"

请问,警官为何知道那女人说了谎?

80 被识破的伎俩

夏日的一个夜晚,威尔森在他的书房里死了。右手握着手枪,一颗子弹击中头部。桌上摆着一台电扇和遗书,遗书上说因丧偶后难耐孤独而自杀,赶去天堂会妻子。

警官克鲁斯在现场看到,电风扇的线已经从墙壁的插座上拔出。"是威尔森从椅子上翻倒时碰脱的?"克鲁斯心里滋生了一个假设,为慎重起见,他将插头插入,电风扇的开关开着,所以又转动了起来。克鲁斯警官心里有谱了:"这不是自杀,是他杀!凶手在射杀威尔森后,将假遗书放到桌上然后逃离现场。"

请问警官为何如此判断?

81 纰漏

著名侦探波尔博士出了个案例:我有个案子,被人动过手脚,看起来像是自杀。杜菲的尸体于晚上8时在公园的一张椅子上被人发现,一颗子弹穿过他的左鬓角。他的右臂自一月前的一次意外事故之后,从指尖到肘部都裹上了石膏。尸体被发现时,这只骨折的手臂摆在膝盖上,左手握着一把手枪,我判断凶案大约是发生在晚上7时,我从死者口袋中的东西,推断他是在浴室中被谋杀的,然后移尸到公园。我看出杜菲的衣服是他断气之后才穿上的,所以他断气时必定没有穿衣服,应该是在洗澡时被杀的。他浴室里的血迹,证明了我的推断,你一定会问,他口袋中什么东西证明他是被谋杀,而不是自杀?他的左裤袋里有4张1元的纸币折在一起,还有5个2分硬币;他的右裤袋里有一条纸巾和一个打火机。你能看出凶手出了什么纰漏吗?

实践思维　第三章　第一阶段

82 烛火玄机

"死因和死亡时间判断出来了吗？"警长问正在检查尸体的法医。

"是他杀，死者是躺在自己的卧室里，大概已经死亡24个小时了。奇怪的是，目前还没有发现任何作案痕迹。"法医回答。

"那就奇怪了。"

警长忽然注意到桌子上的蜡烛在燃烧。他马上按了一下电灯开关，却发现停电了。突然间，警长意识到了一个关键问题。

"这不是案发的第一现场，尸体是从别处移过来的！"

请问，警长为何做出这样的判断？

83 秘书与凶手

某公司的总裁被人枪杀在自己下榻的皇冠五星级饭店的一等客房里。警长闻讯赶来，看到客房布置得极其豪华，地上铺着厚厚的土耳其驼毛地毯，四周的墙上挂着著名经典的画作。总裁是在接电话时被人从背后开枪打死的，听筒垂在他的身边。

美貌的女秘书露丝显得手足无措，她说："当时是我在外面的公用电话亭与总裁通电话的，我听见话筒里传来枪声，便赶快问出了什么事，但只能听到总裁垂死的声音和凶手逃走时慌乱的脚步声。我意识到不妙，便赶快挂电话给警方，请求紧急救援。"

"心如蛇蝎的小姐呀，你的谎话编得可不太圆呀！"警长冷笑着说："老实交代你是怎么杀死总裁的吧。"

警长是从哪里看出来的呢？

84 驯马师之死

清晨，警长正在看骑手们跑马练习，突然马棚里冲出一个金发女郎，大叫着："快来人哪！杀人啦！"警长急忙奔了过去，只见马棚里一个驯马师打扮的人俯卧在干草堆上，后腰上有一大片血迹，一根锐利的冰锥就扎在他腰上。

"死了大约有8个小时了。"警长自语道，"也就是说谋杀发生在半夜。"

他转过身，看了一眼正捂着脸的那位金发女郎，说："噢，对不起，你袖子上沾的是血迹吗？"

那位金发女郎把她那骑装的袖口转过来，只见上面是一长道血印。

"咦，"她脸色煞白，"一定是刚才在他身上蹭到的。我叫盖尔·德伏尔，他，他是彼特·墨菲。他为我驯马。"

警长问道："你知道有谁可能杀他吗？"

"不，"她答道，"除了……也许是鲍勃·福特，彼特欠了他一大笔钱……"

第二天，警员告诉警长说："彼特欠福特确切的数字是15000美元。可是经营鱼行的福特发誓说，他已有两天没见过彼特了。另外，盖尔小姐袖口上的血迹经化验是死者的。"

"我想你一定下手了吧？"警长问。

"罪犯已经在押。"警员答道，谁是罪犯呢？

025

85 秋日惨案

秋日的森林中发现了一辆高级轿车，车上有少量落叶，一个衣着体面的人死在车里，手里还握着一瓶毒药。

"死者估计已经死亡两天。现场没有发现他杀痕迹，初步认定是自杀。"法医说道。

林地上铺满了落叶，看不到什么脚印。

警长沉思片刻，对大家说："这不是自杀，而是他杀后移尸到这里。估计罪犯离开这里不到一个小时，他一定会留下线索的。请大家排除自杀的主观印象，仔细勘查现场。"

警长为什么做出这样的判断呢？

第三节 扑克牌·棋子·火柴

86 扑克牌谜语

打一五字成语。

87 猜猜第9张牌

如果轮到你发第九张扑克牌，你该发哪张牌？

实践思维　第三章　**第一阶段**

88 牌色概率

晚上，几个人在玩一副扑克牌，当刚好将牌弄乱时，灯突然灭了，屋内一片漆黑，真是伸手不见五指。此时有人问最少要从桌子上取出几张牌，才能保证其中有两张颜色相同的牌？

89 明牌成偶

10张牌面朝上，为红桃A～10，6张牌面朝下的牌，共计16张牌，摆成4行4列方阵，使得每一行、每一列以及每一对角线上的明牌的张数为偶数。

90 看不见的扑克牌

如图，这是一幅由九张扑克牌摆放成的图案，有一张牌被故意隐藏起来了，你能找出这个牌型的规律，猜到那张看不见的牌是什么牌吗？

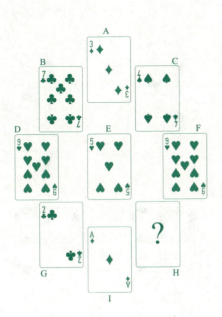

91 筷子连棋

3根筷子3枚象棋，每两枚象棋之间的距离都大于筷子的长度，3枚象棋之间怎样才能用筷子连起来？

92 添象棋游戏

图中有9个格子，除当中一格外每格里都放着两枚象棋，这样每边都是6枚。请你增加两枚象棋，重新排列一下，使每边还是6枚，中间格子不能放象棋。

帅将	卒兵		士仕
相象			馬馬
炮炮	兵卒		車車

93 圆凳上的棋子

图中的深色圆盘代表圆凳。前四个圆凳上面都按规律摆放了四枚白色棋子，第五个圆凳应该如何摆放？

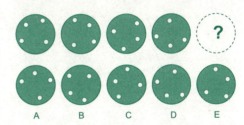

94 杯垫上的棋子

图中的深色方块代表杯垫,杯垫的上面都放上了一颗白色围棋子。其中有一组的摆放方式是和其他三组不一样的,请你找出来。

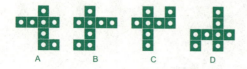

95 不相称的棋子方阵

下列四组棋子方阵中,有一组和其他三组是不相称的,请你找出来。

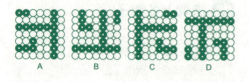

96 偶数游戏

16个方格内各放一根火柴,现在要从中拿去6根,还要使每行的排列仍然是偶数,能做到吗?

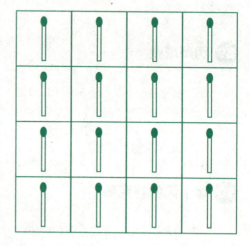

97 妙手变字

在每个字上移动一根,把它变成另一个汉字。

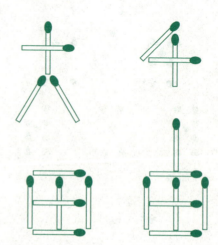

第四章

逻辑思维

——智慧保健品

　　逻辑思维是思维的一种高级形式。它以分析、综合、比较、抽象和具体化作为思维的基本过程，揭露事物的本质特征和规律性联系。只有经过逻辑思维，人们才能达到对具体对象本质规定的把握，进而认识客观世界。它是认识的高级阶段，即理性认识阶段。

第一节 逻辑闪电

98 白帽子和红帽子

春游的时候，大家戴的不是红帽子就是白帽子，在戴红帽子的人看来，戴红帽子和白帽子的人一样多。在戴白帽子的人看来，戴红帽子的人是戴白帽子的人的2倍。那么共有多少人参加春游？

99 五人猜帽

五个人站成一列纵队，从五顶黄帽子和四顶红帽子中，取出五顶分别给每个人戴上。他们不能扭头，所以只能看见前面的人头上的帽子的颜色。

开始的时候，站在最后的第五个人说："我虽然看到你们头上的帽子的颜色，但我还是不能判断自己头上的帽子的颜色。"这时，第四个人说："我也不知道。"第三个人接着说："我也不知道。"第二个人也说不知道自己的帽子颜色。这时，第一个人说："我戴的是黄帽子。"

你知道他是怎么判断的吗？

100 帽子的颜色

有10个人站成一队，每个人头上都戴着一顶帽子，帽子的颜色或者是红的或者是黄的。最后一个人能够看到前面9个人的帽子颜色，倒数第二个人能够看到前面8个人的帽子颜色，以此类推，第一个人什么也看不到。现在让这10个人事先商量好一种策略之后从后往前报自己帽子的颜色，每个人只能说一次，并且只能说"红"或者"黄"。

有一种策略，编号为偶数的人报前一个人的帽子颜色，编号为奇数的人将听到的颜色报出来，这样，至少有5个人报对了自己帽子的颜色。但采取什么样的策略能够让至少9个人报对自己帽子的颜色？

（注意：每个人报"红"或"黄"的音调没有任何区别，所以不要采取升调的红和降调的红。）

101 多少人戴着黑帽子

一群人开舞会，每人头上都戴着一顶帽子。帽子只有黑白两种，黑的至少有一顶。每个人都能看到其他人帽子的颜色，却看不到自己的。主持人先让大家看看别人头上戴的是什么帽子，然后关灯，如果有人认为自己戴的是黑帽子，就拍一下手。第一次关灯，没有声音。于是再开灯，大家再看一遍，关灯时仍然鸦雀无声。一直到第三次关灯，才有劈劈啪啪拍手的声音响起。问有多少人戴着黑帽子？

逻辑思维　第四章

102 测试人聪明吗

甲、乙、丙三人都很擅长逻辑推理。有人为了证实这一点，设置了测试办法。他先让三人依次坐在三把椅子上，然后取出三顶白帽子，两顶黑帽子，让三人都过目后，给每人戴上一顶。由于座位设置的缘故，坐在最后的丙可以看到甲、乙戴的帽子的颜色，坐在中间的乙可以看到最前面的甲所戴帽子的颜色，而坐在最前面的甲则什么也看不到。在这样安排好后，测试人先问丙，是否知道自己戴的帽子的颜色，丙看看甲、乙戴的帽子，然后回答说："不知道。"测试人又问乙同样的问题，乙犹豫了一会儿后，也说："不知道。"最后，当测试人问甲同样的问题时，甲正确答出了自己所戴帽子的颜色。测试人说，甲最聪明。请问，第一，甲的帽子是什么颜色的？第二，测试人的说法有根据吗？

103 五色的珠子

五色的珠子红、蓝、黄、白、紫五种颜色的珠子各一颗，都用纸包着，摆在桌上。有甲、乙、丙、丁、戊五个人，猜纸包里的珠子的颜色，每人限猜两包。

甲猜：第二包是紫的，第三包是黄的；乙猜：第二包是蓝的，第四包是红的；丙猜：第一包是红的，第五包是白的；丁猜：第三包是蓝的，第四包是白的；戊猜：第二包是黄的，第五包是紫的，猜完后打开纸包一看，每人都猜对了一种，并且每包都有一个人猜对。

请你也猜一猜，他们各猜中哪一种颜色的珠子？

104 卡片上是什么字

四张卡片上分别写着"努、力、学、习"四个字（一张上写一个）取出其中三张扣在桌面上，甲、乙、丙分别猜每张卡片上是什么字，具体如下表：

	第一张	第二张	第三张
甲	力	努	习
乙	力	学	习
丙	学	努	力

结果每张上的字至少有一人猜中，所猜三次中，有一人一次也没猜中，有两人分别猜中了两次和三次，问：这三张卡片上各是什么字？

105 握了几次手

明明、冬冬、蓝蓝、静静、思思和毛毛六人参加一次会议，见面时每两人都要握一次手，明明握了五次手，冬冬握了四次手，蓝蓝握了三次手，静静握了两次手，思思握了一次手，问毛毛握了几次手？

	明	冬	蓝	静	思	毛
明		√	√	√	√	√
冬	√		√	√	×	√
蓝	√	√		×	×	√
静	√	√	×		×	×
思	√	×	×	×		×
毛	√	√	√	×	×	

第二节 生活IQ

106 暗中取袜

抽屉里有黑白袜子各10只,如果你在黑暗中伸手到抽屉里,最少要取出几只,才一定会有一双颜色相同的?

107 抽屉里有多少只袜子

我的抽屉里放着一些红袜子和黑袜子,两种颜色的袜子的数目一样多。

我的朋友问我,为了保证取出一双同样颜色的袜子,你闭着眼睛至少要从抽屉里摸出多少只袜子?我想了一下,告诉他一个数目。我的朋友又问我,为了保证取出两只不同颜色的袜子,你闭着眼睛至少要从抽屉里摸出多少只袜子?我想了一下,又告诉他一个数目。

我的朋友表示惊奇:这两个数目是一样的?我确认:是的。假设我的计算是完全正确的,想想看,抽屉里有多少只袜子?

108 袜子和手套

一个抽屉里有十双白袜子、十双花袜子,另一个抽屉里有十副白手套、十副花手套。现在要从中选出一双同色的袜子和一副同色的手套。如果你闭着眼睛拿,至少需要从每个抽屉里取几只袜子和几只手套才一定可以?

109 天下着雨

毛毛与小明是邻居。小明问:"明天你去哪里?"毛毛说:"要是不下雨,准备乘89次列车出去旅游。"第二天,天下着雨。毛毛在车厢门口却碰到了小明。小明奇怪地问:"你怎么也上车了?你不是说下雨不出门了吗?"毛毛说:"没有呀,我没说过下雨不出门啊!"小明气愤地说:"强词夺理!"车上,月哥听了各自的陈述后,笑着说:"毛毛没有强词夺理!"请问,谁的意见有道理?

110 小镇上的男人们

在某个小镇上,每100个男人中有85人已婚,70人有电话,75人有汽车,80人有自己的房子。我们总以100个男人为基数,试问:每100个男人中拥有电话、汽车与住房的已婚男人至少有多少人?

111 无法离婚

一对夫妻决定离婚,并且请了一位法官作离婚判决。

"法官先生,我们的观点从不一致,所以我们要离婚。"

夫妻二人均向法官表达了上述观点。法官听完之后说道:

"非常遗憾,你们两位只能继续生活在一起。因为你们的意见并非总是不一致,所以无法分离。"

法官何出此言啊?

112 诚实的阿凡提

国王把阿凡提叫来说:"阿凡提,听说你从来没有撒过谎,是真的吗?""是真的,"阿凡提说,"将来我也不会撒谎!"几天后,国王召集了很多人准备去打猎,上马前对阿凡提说:"你去王宫告诉王后,就说我中午到她那里去,叫她准备好饭。"阿凡提鞠躬答应后就去告诉王后。国王哈哈大笑,对大臣说:"我不去吃饭了,这一来,阿凡提就要对王后撒谎了,明天就可以讥笑他。"虽然国王中午没有去王宫吃饭,但是阿凡提又没有说谎。请你说一说,阿凡提应当怎样说才能做一个不撒谎的人?

113 还我零花钱

母亲没收了孩子的零花钱,孩子却纠缠不休。于是母亲对孩子说:"我是会把零用钱还给你,还是不还给你?你答对了,我就把零用钱还给你。"

聪明的孩子对母亲说了一句话,让母亲无奈地把零花钱还给了孩子。这句话该怎么说?

114 关于个性的诡辩

从前世界尚未太平时,有位母亲制止一心一意想出外旅行的儿子。她说:"如果你的个性过于正直,会受到别人的伤害,若是不正直,会引起神的愤怒招来伤害。所以,不论怎么样都会受伤,还是打消出去的念头吧!"儿子立刻针对母亲理论的盲点加以反驳,说服母亲出外旅行。他究竟是如何回答的呢?

115 智者的问话

一个智者被判处死刑,执政官要看看这个智者是否真的富有智慧,便给他出了一道题:在他面前站着两个卫兵,每人手里捧一杯酒,一杯是美酒,一杯是毒酒,条件是他们一个说真话,一个说假话,有问必答,并且相互知道内情。智者只能向卫兵问一句话,然后根据卫兵的回答来判定他们谁拿的是美酒,谁拿的是毒酒。如果判断错了,智者只得饮毒酒而亡,如果判断正确,他就可以喝美酒活命。但智者设计了一句十分巧妙的问话,终于解决了难题,挽救了自己的生命。你能猜出其中奥妙吗?

116 智斗霸主

有一个霸主,霸占着一条河和河上的桥。他派全副武装的士兵守卫着大桥,并规定:过桥的人都要说出做什么去。若说的是假话,守卫的人就将过桥的人绞死;如果说的是真话,守卫的人就立刻将他推到河里去淹死。这种残酷的规定,使得人们不敢过这座桥。可是有位聪明的人,竟大摇大摆地走到桥边。守卫的人问他:"做什么去?"问完就准备将他处死。这位聪明的人回答了守卫人的问话。守卫人听了竟束手无策。请你说,这位聪明人是怎样回答的?

117 吹牛比赛

酒鬼崔冠邀请几个酒友举行了一场吹牛比赛，看谁吃的东西大。前来参加比赛的人，被一个个地叫到崔冠的房间里，各自胡吹瞎编说自己吃了什么硕大之物，如："我把地球当作一个糯米丸子，裹上豆沙吃掉了。""我把天上的星星扒拢在一起，用锅炒来吃了。"但却没有一个人说得过崔冠的。

其实，崔冠对谁都只是淡淡地重复着一句话。这句话是什么呢？

118 圆桌上的冤家

一家中有六个兄弟，他们的排行从上到下分别是老大、老二、老三、老四、老五、老六，每个人都和与他年龄最近的人关系不好。例如，老三与老二和老四关系不好。他们围着一个圆形的桌子吃饭，他们一定不与和自己关系不好的人相邻而坐。现在又出了点事情，老三和老五因为一点小事吵了起来，这回排座位就更难了。你能帮助他们排一下座位吗？

119 安排座次

在一个国际学生联谊会上，每五人围坐一桌，其中2号桌是A、B、C、D、E五人，每人都会两种语言。已知A是中国人，会说英语；B是法国人，会说日语；C是美国人，会说法语；D是日本人，会说汉语；E是法国人，会说西班牙语。请你安排一下这桌人的座次，使他们彼此间都能交谈。

第五章

概括思维

——准确"过滤"信息

心理学家认为,思维的基本过程包括分析、综合、比较、抽象、概括、具体化。分析,是在思想上把事物的整体分成各个组成部分或个别属性;综合,是在思想上把组成部分或个别属性综合为一个整体,通过分析综合,在思想上把不同的对象或对象的个别部分区分出来,人就有加以比较,找出相同点和不同点;比较,是在思想上把各种对象或现象加以对比,并确定它们之间的异同,它是分类的前提,有了比较之后才能进行抽象与概括;抽象,是在思想上把同一类事物中的一般的、本质的属性抽取出来,加以考虑的过程;概括,是把抽象出来的、一般的、本质的属性进行归类的过程;具体化,就是把抽象出来的一般的认识,运用到具体的、特殊的事物上。

不难看出,在思维的基本过程中,"概括"处于"抽象"和"具体化"两个过程中的过渡阶段,起到了承上启下的关键作用。因此,培养、训练概括思维的重要作用显而易见。

第一节 图像透视

120 猜图形

根据图形的排列规律,猜一猜问号处该是一个什么图形?

121 与众不同的图形

(1)概括下列5幅图形的特点,从中找出一个与其他图案不同的选项。

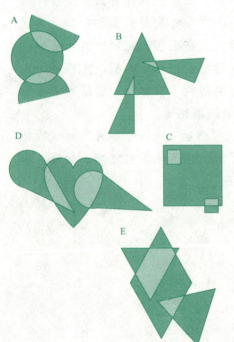

(2)概括下列6幅图形的特点,从中找出一个与其他图案不同的选项。

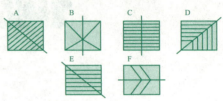

(3)下列7幅图形中,至少有2个是相同的,只有1个是和其他任何1个都不相同。哪一个是与众不同的?

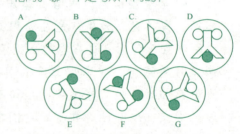

122 破译图像密码

概括图形的排列规律,找出替代问号的图形。

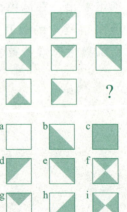

概括思维　第五章

123 规则的闪电

如果天空中的闪电是按照规律出现的，那么下一道闪电应该是A、B、C、D、E中的哪一个？

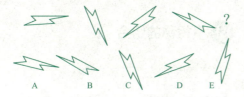

124 查漏补缺

先概括下图的图案规律，然后猜猜看，缺掉的图形是哪一块？

125 符号对应

参照图1和图2的对应关系，那么图3应该和哪一项是对应的？

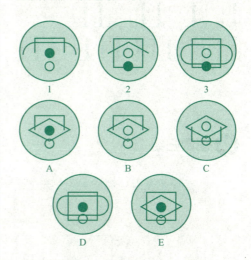

126 符号排列的顺序

以下选项中，哪一个图可以放在空白圆圈内以完成下面的符号序列？

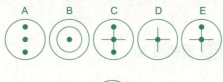

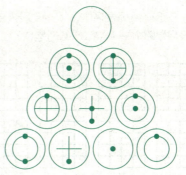

127 取代问号的箭头组合

A、B、C、D中的哪一个应该取代问号?

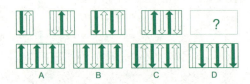

128 图像归组

4个选择图案哪些属于A组,哪些属于B组?

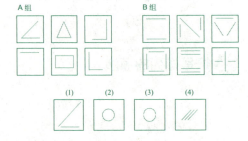

129 表格接龙

在这一系列表格中,下一个应该出现的表格是哪个——A、B、C还是D?

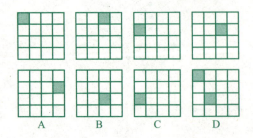

130 不相称的图形

下图哪个图与其他图不相称?

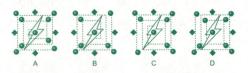

131 不相称的组合

下面哪种组合与其他三种不相称?

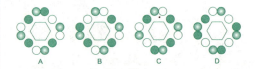

132 特殊的墙面

下图是一位艺术家房间里的四面墙的示意图,其中有一面墙是特殊的,你能找出来吗?

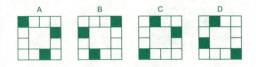

133 不相称的马赛克组合

下图哪种马赛克组合与其他三种不相称?

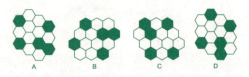

概括思维　第五章

134 不相称的瓷砖组合

下面哪种黑白瓷砖组合与其他三种不相称?

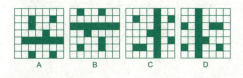

135 取代问号的瓷砖拼图

A、B、C、D、E中的哪一种瓷砖拼图应该取代问号?

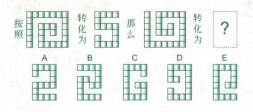

136 挑出圆中圆

何图有别于其他四图?

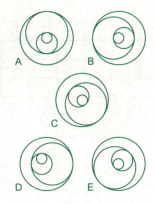

137 推演图像

如果由图像（1）可以推演出图像（2），那么由图像（3）可以推演出哪个图像?

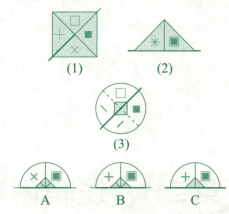

138 多米诺骨牌方阵

问号处应为哪张骨牌?

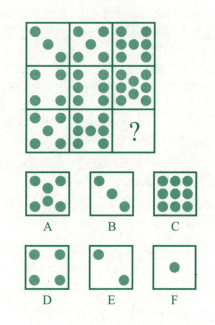

139 类比排列

按照A转化为B，那么C转化为D、E、F、G、H中的哪一个？

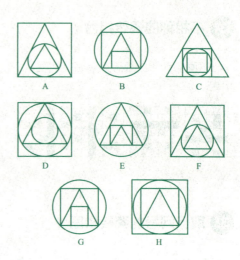

第二节 逻辑闪电

140 谁差钱

有个农夫，他的五个儿子都已成家立业。一个灾荒之年，农夫面临断顿，不得不求助于他的儿子们。他不知道哪个儿子有钱，但是他知道，兄弟之间彼此知道底细。且有钱的说的都是假话，没钱的才都说真话。

老大说："老三说过：我的四个兄弟中，恰有一个有钱。"

老二说："老五说过：我的四个兄弟中，恰有两个有钱。"

老三说："老四说过：我们兄弟五个都没钱。"

老四说："老大和老二都有钱。"

老五说："老三有钱，另外老大承认过他有钱。"

你能否帮助农夫分析一下，他的儿子中哪个有钱？

141 谁"√"谁"×"

A、B、C三个人回答同样的七个正误判断题，按规定凡答案是对的，就打一个"√"，相对，答案是错的，就打一个"×"。回答结果发现，这三个人都只答对5题，答错2题，A、B、C三人所答题的情况如下所示：

	1	2	3	4	5	6	7
A	×	×	√	×	×	×	√
B	√	×	×	×	×	√	×
C	√	√	√	√	×	√	√

请你根据上面的表格概括、判定一下，这七道题目的正确答案是什么？

142 概括名次

小胖去观看比赛，回学校后，他告诉同学有穿红、黄、蓝、白、紫五种不同运动服的五支运动队参加长跑比赛，让A、B、C、D、E五个小朋友猜名次，每人只准猜两支运动队的名次，同学们猜比赛的名次：

A猜：紫队第二，黄队第三。
B猜：蓝队第二，红队第四。
C猜：红队第一，白队第五。
D猜：蓝队第三，白队第四。
E猜：黄队第二，紫队第五。

猜完后发现每人都猜对了一个队的名次，并且每队的名次只有一人猜对。请根据以上信息概括、判定一下，他们各猜对了哪个队的名次。

143 各司其职

陈、李、王三位老师担任五（1）班的语文、数学、思品、体育、音乐和美术六门课的教学，每人教两门，现在知道：

（1）思品老师和数学老师是邻居；
（2）李老师最年轻；
（3）陈老师喜欢和体育教师、数学老师交谈；
（4）体育老师比语文老师年龄大；
（5）李老师、音乐老师、语文老师三人经常一起去游泳。

根据以上信息，你能概括、分析出各人分别教的是哪两门课吗？

144 师徒下厨

唐僧师徒四人一天来到一个小客栈，店里的人一见悟空兄弟相貌可怕，吓得都跑光了。师徒四人只得自己动手下厨做饭。他们一个在烧水，一个在洗菜，一个在淘米。

已知：A、唐僧不担水也不淘米，B、悟空不洗菜也不担水，C、如果唐僧不洗菜，那么沙僧就不担水，D、八戒既不担水也不淘米。

你知道他们各做什么吗？

145 科学家姓什么

少先队三小队要去科技会议驻地采访一位电子科学家，可他们不知道科学家姓什么，看门的老伯伯说了下面一段话，请他们猜猜科学家姓什么。老伯伯说，二楼住姓李、姓王、姓张的三位科技会议代表，一位是科学家，一位是技术员，一位是科学杂志编辑。二楼还住着三位来自不同地方的旅客也是姓王、姓李、姓张。

（1）姓李的旅客来自北京。
（2）技术员在广州一家工厂里工作。
（3）姓王的说话有口吃的毛病。
（4）与技术员同姓的旅客来自上海。
（5）技术员和一位教师旅客来自同一个城市。
（6）姓张的代表赛乒乓球总是输给编辑。

如果让你概括一下上述信息，你知道科学家到底姓什么？

146 胜了几场

甲、乙、丙、丁比赛乒乓球，每两个人要赛一场，结果甲胜了丁，并且甲、乙、丙三人胜的场数相同。问丁胜了几场？

147 谁射中了靶心

甲、乙、丙三人用气枪射靶,每人射五发子弹,中靶的位置如图所示(图上黑点处),其中只有一发射中靶心(25分)。计算成绩时发现三人得分相同。甲说:"我有两发子弹共得18分。"乙说:"我有一发子弹只得3分。"

根据上述情况,你能判定出是谁射中了靶心?

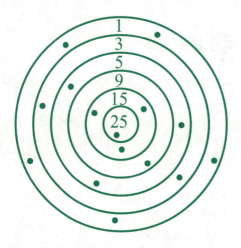

148 为老师定位

张老师、李老师、刘老师三人在北京、上海、广州中学教不同的课程:数学、语文、外语。又知道:
(1)张老师不在北京工作;
(2)李老师不在上海工作;
(3)在北京的不教外语;
(4)在上海工作的教数学;
(5)李老师不教语文。
问:三位老师各在哪个城市?各教什么课程?

149 化妆品的效果

甲、乙二人之间有以下对话:
甲:"张琳莉是爱丽丝祛斑霜上海经销部的总经理。"
乙:"这怎么可能呢?张琳莉脸上长满了黄褐斑。"
如果乙的话是不包含讽刺的正面判定,则它预设了以下哪项?
(1)爱丽丝祛斑霜对黄褐斑具有良好的祛斑效果。
(2)爱丽丝祛斑霜上海经销部的总经理应该使用本品牌的产品。
(3)爱丽丝祛斑霜在上海的经销领先于其他品牌。
A.仅(1)。B.仅(2)。C.仅(3)。D.仅(1)和(2)。E.(1)、(2)和(3)。

150 查理的懊恼

我们所在的这个世界是个竞争的世界,所以希望大家抓紧良机,树立并发挥竞争精神。在这方面,查理(C)得到了充分的发展。一天早上,查理(C)非常懊恼地告诉我,在一场与阿尔夫(A)、巴特(B)、达吉(D)和欧尼(E)的竞赛中,他没能获得第一名。

他还告诉我,D比E低二个名次,而E不是第二名;A既不是第一名,也不是最后一名。后来,我从B那里听说,他比C低一个名次。

根据上述信息概括、判定一下,他们比赛结果的名次(没有并列的)是如何排列的?

151 最好的类比

（1）"大大小小小大小小大"对于"2 2 1 1 1 2 1 1 2"
相当于"大大小小大小小大"对
A. 2 2 1 2 2 1 1 1 2 2
B. 2 2 1 1 2 1 2 2
C. 2 2 1 1 2 1 1 2
D. 1 1 2 2 1 2 2 1 1
E. 2 1 2 2 1 1 2 1 2

（2）五个答案中哪一个是最好的类比？
水对于龙头相当于电对于：
A.光线 B.开关 C.电话 D.危险 E.电线

152 概括预测结果

肆意滥伐——无计划——暴雨——秃岭——山岳地带山崩——人口稀少地区——浅河——砂砾——采集。如果上述的现象同时存在，将会产生的必然结果是：
（A）住宅需求量增加；（B）交通阻塞；（C）房屋破坏；（D）洪水暴发。

第三节 悬疑探案

153 谁是罪犯

有一天，某城市的珠宝店被盗走了价值数万元的钻石。报案后，经过三个月的侦察，查明作案人肯定是甲、乙、丙、丁中的一人。经审讯，这四人的口供如下：

甲：钻石被盗的那天，我在别的城市，所以，我不是罪犯；

乙：丁是罪犯；

丙：乙是盗窃犯，三天前，我看见他在黑市上卖一块钻石。

丁：乙同我有仇，有意诬陷我。

因为口供不一致，无法判定谁是罪犯。经过测谎试验知道，这四人中只有一人说的是真话。如果概括一下上述已知条件，你知道谁是罪犯吗？

154 审讯嫌疑犯

5月12日，N市的一家银行被盗了。警察抓到了四名嫌疑犯，对他们进行了审讯。每个人都只讲了四句话，并且都有一句是假话。现照笔录记述如下：

甲："我从来就没有到过N市。我没有犯盗窃罪。我对犯罪过程一无所知。5月12日我和瑞利一起在P市度过的。"

乙："我是清白无辜的。我在5月12日那天与瑞利闹翻了。我从来也没有见过甲。甲是无罪的。"

丙："乙是罪犯。瑞利和甲从来也没有到过P市。我是清白的。是甲帮助乙盗窃了银行。"

丁："我没有盗窃银行。5月12日我和甲在P市。我以前从未见过丙。丙说甲帮助乙干的是谎言！"

请你概括、分析一下四名嫌疑犯的上述供词，指出谁是盗窃犯。

155 抓惯偷

古时有个县官喜欢微服私访。一天他到码头上察访，这时一艘渡船刚刚靠岸，旅客们纷纷下船登岸。突然有个老汉急匆匆地追上一个后生，一把抓住他的包袱说："你为什么拿我的包袱。"后生说："对不起，我拿错了。"把包袱交还老汉，扭头便走。

县官看到这个情景，立即逮捕了后生，将后生带回县衙审讯，后生果然是个惯偷。县官是如何判断的呢？

156 线索缉盗

某珠宝店被盗，警方发现以下确定无疑的线索：

（1）甲、乙、丙三人至少有一个是罪犯。

（2）如果甲是罪犯，则乙必为同案犯。

（3）在案发之前一个小时丙到过这家珠宝店。

（4）案发时乙正在附近一家咖啡馆里喝咖啡。

综合分析一下这些线索，你知道谁是罪犯吗？

157 超级市场失窃案

某超级市场失窃，大量的商品在夜间被罪犯用汽车运走。三个嫌疑犯被警察局传讯。警察局已经掌握了以下事实：

（1）罪犯不在ABC三人之外；（2）C作案时总得有A作从犯；（3）B不会开车。

概括一下上述线索，你认为A是否卷入了此案？

158 案卷引发的概括推理

德国的汉堡警察局。

警官史特勒手持一份案件的卷宗走进了警长格奥格的办公室，将其恭恭敬敬地放在上司的桌上。

"警长，4月14日夜12时，位于塔丽雅剧院附近的一家超级商厦被窃去大量贵重物品，罪犯携赃驾车离去。现已捕获了a，b，c三名嫌疑犯在案，请指示！"

格奥格警长慈祥地看了得力助手一眼，翻开了案卷，只见史特勒在一张纸上写着：

事实1：除a，b，c三人外，已确证本案与其他任何人都没有牵连；

事实2：嫌疑犯c假如没有嫌疑犯a作帮凶，就不能到那家超级商厦作案盗窃；

事实3：b不会驾车。

请证实a是否犯了盗窃罪？

格奥格警长看后哈哈大笑，把史特勒笑得莫名其妙。然后，格奥格三言两语就把助手的疑问给解决了。

请问，警长是怎样判案的呢？

159 谁偷了玉项链

广东某玉器厂,中午时分,店内人头攒动,川流不息地在挑选玉器,而玉器商亦忙着兜售。

这时,一名打扮时髦的女子,走入店内,流连片刻,乘人不觉,突然在橱窗内偷了一条价值5000多元的玉项链,立即夺门而逃。

客人及店员见状,立即从后追赶。这时,一名正在附近巡逻的辅警闻声赶到,加入到追捕行列。最后,终于把该名女子逮捕,但搜查全身,仍找不到赃物,准备放走她的时候,突然,督察陈安带来了三名女性疑匪。她们身上都有一条玉项链,几经调查,终于发现真正的赃物是在其中一人手上,你知不知藏在谁的手上呢?

请仔细思考,利用下列线索,尝试侦破这宗偷窃案。

(1)打扮浓妆艳抹的风尘女子,手袋内发现一条用纸包着的玉项链。

(2)一名头戴丝巾,身穿破衣,精神似有问题的女子,颈挂玉项链。

(3)一盲眼的女子,她身旁的小孩正在玩着一条玉项链,坐在横巷内行乞。

160 张三有罪吗

有一家大百货商店被人盗窃了一批财物。警察局经过侦察,拘捕了三个重大的嫌疑犯:张三、李四与王五。后来,又经过审问,查明了以下的事实:

(1)罪犯带着赃物是坐车逃掉的;

(2)不伙同张三,王五绝不会作案;

(3)李四不会开汽车;

(4)罪犯就是这三个人中的一个或一伙。

请你概括分析一下,在这个案子里,张三有罪吗?

161 死亡原因

达纳溺水死亡,为此,阿洛、比尔和卡尔被一位警探讯问。

(1)阿洛说:如果这是谋杀,那肯定是比尔干的。

(2)比尔说:如果这是谋杀,那可不是我干的。

(3)卡尔说:如果这不是谋杀,那就是自杀。

(4)警探如实地说:如果这些人中只有一个人说谎,那么达纳是自杀。

达纳是死于意外事故,还是自杀,甚至是谋杀?

162 律师们的供词

艾伯特、巴尼和柯蒂斯三人,由于德怀特被谋杀而受到传讯。犯罪现场的证据表明,可能有一名律师参与了对德怀特的谋杀。这三人中肯定有一人是谋杀者,每一名可疑对象有两条供词。

艾伯特:

(1)我不是律师;

(2)我没有谋杀德怀特。

巴尼:

(3)我是个律师;

(4)但是我没有杀害德怀特。

柯蒂斯:

(5)我不是律师;

(6)有一个律师杀了德怀特。

警察最后发现:

Ⅰ.上述六条供词中只有两条是实话;

Ⅱ.这三个可疑对象中只有一个不是律师。

是谁杀害了德怀特?

第六章

判断思维

——透过迷雾，准确定位

　　一个人的行动能否取得良好的效果有赖于他能否对事物作出正确的判断，判断思维能力在人的实践活动中起着至关重要的作用。前面已经讲过，思维的基本过程包括分析、综合、比较、抽象、概括、具体化。"具体化"既是一个结果，也是一个判断思维能力的运用过程。

　　判断思维能正确反映事物的复杂性和多样性，从而能正确、有效地指导人们改造客观世界的实践活动。

第一节 钟表螺旋

163 12小时的亲密接触

从上午6点到下午6点,时钟的时针和分针共重合多少次?

164 长短针的重合

时钟的长短针不停地走。问长短针在一昼夜中有几次完全正好不差地重合?

165 弄掉了针的闹钟

星期天,淘气的孩子把闹钟拆开来摆弄,不小心把长针和短针都弄掉了,这下他自己着急了,因为他们小队还有活动,不知道时间怎么办!爸爸见了又好气又好笑,说:"别急,钟还在走着哩,没有指针,也可以知道一个大概时间的。"你知道怎么办吗?

166 手表是快还是慢

尼娜小姐买了一只手表,戴上的当天就发现它比家里的闹钟每小时要快2分钟。后来,她又发现家里的闹钟比电台播报的标准时间每小时要慢2分钟。因此:
(A)手表指示的时间是准的;(B)手表指示的时间比标准时间要快;(C)手表指示的时间比标准时间要慢。
哪一项是对的?

167 教堂的钟声

中世纪,欧洲教堂的报时钟声极为悠长。要知道是12点的话,不得不花很长时间数钟的敲击声。如果每一下钟声之间的间隔是5秒,那么要数12下需要多长时间?要判断出是6点,需要多长时间?

168 总共敲多少下

台钟如果每半小时敲一下,在连续12小时内总共敲多少下?

169 要用几秒钟

一挂钟敲三下需要6秒钟,那么敲6下要用几秒钟?

170 挂钟的响声

挂钟每逢整点的时候都会敲响整点的次数。在6点钟的时候要花30秒的时间，那么敲12点的时候要花多少时间呢？

171 切分钟面

有一个钟的钟面，将其切成你喜欢的任意6块，而要使每块切片中数字之和全部相等，怎么切呢？

172 破碎的表盘

一块用玻璃做的表盘掉到石头上摔碎了，碎片散落成了六堆，每堆上的数字之和都为10，请问这六堆碎片都分别包含哪些数字？

173 走不准的表

某表的时针和分针重合一次需65分钟（实际时间），问这个表是走得快了还是慢了？

174 真正的行凶时间

一天下午小军在郊外散步，忽然看见一幢别墅燃烧起来，便不顾危险闯入火窟，看见一个女人头部受伤直挺挺的躺在地上，在死者旁边放着一根高尔夫球杆。零乱的现场加速了火势的蔓延，这时小军发现地上有一个巨大的吊钟，好像是行凶者在挥击高尔夫球杆时无意碰到而坠落下来的，吊钟上的时针因为受不了振荡的缘故停了。小军判断钟停的时间也许是凶手行凶的时间，因为火势太猛，他只能用相机拍下了现场的照片，就匆匆逃了出去。

后来，小军把照片洗出来交给警方作为破案的线索。大概是他在慌乱中乱按快门的关系，所以重要的线索——时钟所示的时刻——只照了一部分。

照片上的时钟，长针与短针的正确差距是两刻度，如果，这个时间正是凶手行凶的时间，那究竟是几点几分呢？

175 不同的时间

某天夜里，在一个公寓里发生了一起枪击事件。住在这幢公寓的4个人同时被枪声惊醒，都各自看了自己的手表。当警察赶到现场询问4个人时，他们分别作了如下回答：

"我听到枪声是12点零8分。"
"不，是11点40分。"
"我记得是12点15分。"
"我的表是11点53分。"

4个人说的时间都不一样，因为他们的手表都不准。一个慢25分钟，一个快10分钟，还有一个快了3分钟，最后一个慢了12分钟。准确的作案时间到底是几点几分？

176 酒窖中的机械表

波衣德先生一向都是乘星期五上午9点53分的快车离开他工作的城市,在正好两个小时后到达他郊外的住宅。可是有一个星期五,他突然改变了他的习惯,在没有通知任何人的情况下,他坐上了那天夜里的火车。回到家里,已近午夜零点,他听见他的秘书阿必特正在地下室的酒窖里面喊"救命"。波衣德砸开门,将秘书放了出来。

"波衣德先生,您总算回来了!"阿必特说道,"一群强盗抢了您的钱。我听见他们说要赶今天午夜零点的火车回纽约市去,现在还剩几分钟,怕来不及了!"

波衣德一听钱被盗走,焦急万分,便请海尔丁探长来调查此事。

海尔丁找到阿必特答道,"然后他们又逼我服下了一粒药片——大概安眠药之类的东西。我醒来时,正赶上波衣德先生下班回来。"

海尔丁检查了酒窖。这是个并不很大的地窖,四周无窗,门可以在外面锁上,里面只有一盏40瓦的灯泡,发出不太明亮的光,但足以照明用了。

海尔丁在酒窖里找到了一块老式机械表,他问阿必特:"发生抢劫时你戴着这块手表吗?"

"呃,是——是的。"秘书回答。

"那么,请你跟我们好好说说,你把钱藏在哪儿了。你和那些强盗是一伙的。"

阿必特一听,顿时瘫倒在地

你知道探长是如何识破秘书的诡计的?

177 还原表针位置

某码头的工作人员上早班时发现保险箱被撬,失窃了一笔款子。守夜的老头子也不知去向,他是个老实人,谁也不会怀疑他监守自盗。

同日晚间,水上警察发现了看守者的尸体,经法医鉴定,他是被谋杀后抛入河中的。在死者的衣袋里发现了一只走时十分准确的高级挂表,但已经停了。无疑,表针所指示的时间是一个十分重要的线索。可是一个手脚十分笨拙的警察竟然忘记了要保持现场完好如初的规定,出于好奇,把挂表里的指针拨弄了几圈。他这种愚蠢的行径,当即遭到同事的严厉斥责。

后来,探长问他,是否还记得刚发现挂表时表针所指示的时间。警察听到长官向他问话,当即报告说,具体时间他没有细看,但有一点印象十分深刻,就是时针和分针正好重叠在一起。而秒针正好停在表面上一个有斑点的地方。

探长听后,看了看挂表。表面上有斑点的地方是49秒。他想了想,就确定了尸体被抛入河中的确切时间,并且与法医的验尸报告也是一致的。这一来,就大大的缩小了侦查范围,很快捉到了凶手。

你知道挂表究竟停在什么时间?

178 弄巧成拙

一天早上七点半，警长在办公室刚坐下，有一个人气喘吁吁地跑来报案。他说："警官，我是个单身汉，一个月以前，我因公出差，今日才回来。到家里一看，发现门被盗贼给撬了。"警长赶到那报案者的住所看作案现场，只见门锁被撬坏，两箱衣物被扔在地上，墙上的一只旧挂钟还在走着。警长认真审视了环境，断定报案者在说谎。

他是怎样作出如此判断的呢？

179 盲人神枪手

有位著名的大音乐家住在维也纳郊外时，常到他的好友——一位盲人家中弹钢琴。一天傍晚，他俩一个弹，一个欣赏。突然二楼传来响声，盲人惊叫起来："哎呀，楼上有小偷！"盲人立即取出防身手枪，知道二楼没有灯光，对盲人比较有利，就摸上楼去。

音乐家提了根炉条紧跟着。推开房门，房间里静得出奇，连座钟的声音都没有了。四周一片漆黑。小偷躲在哪里呢？气氛紧张极了，叫人透不过气来，突然，"乒"的一声枪响，"哎哟……"随即有人"扑通"倒在地上。音乐家急忙点灯一看，只见大座钟台前躺着一个人，正捂紧腹部，发出微弱的呻吟。银箱中的金钱撒了一地……

警察来了，抬走了小偷。音乐家很奇怪：在没有任何声响的情况下，盲人是怎么击中小偷的呢？

180 破解钟表密码

问号处应为几点？

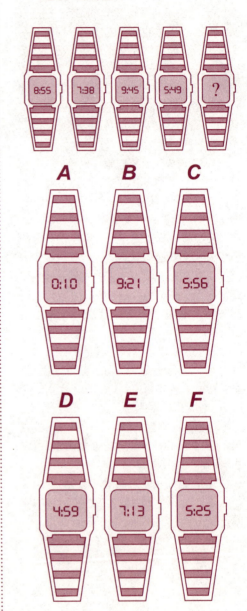

第二节　逻辑闪电

181 阿凡提猜珍珠

一天，国王让人拿来了三个盒子，对阿凡提说："这三个盒子中只有一个盒子里放着我的一粒珍珠。每个盒子上各写着一句话，但只有一句真话，其余都是假话。你给我找出珍珠在哪个盒子里。"阿凡提一看，第一个盒子是红色的，上面写着："珍珠在这里"；第二个盒子是蓝色的，上面写着："珍珠不在红盒子里"；第三个盒子是黄色的，上面写着："珍珠不在这里"。阿凡提看完了盒子上的字，略一沉思，马上就指出了珍珠在哪个盒子里。

你能找出珍珠在哪个盒子里吗？

182 找出水果

在桌子上放着四个盒子。每个盒子上都有一张纸条，分别写着一句话。A盒子上写着：所有的盒子里都有水果；B盒子上写着：本盒子里有香蕉；C盒子上写着：本盒子里没有梨；D盒子上写着：有些盒子里没有水果。如果这里只有一句话是真的，你能断定从哪个盒子里能拿出水果来吗？

183 说真话的是谁

张三说："李四在说谎。"李四说："王五在说谎。"王五说："张三、李四都在说谎。"那么说真话的是谁？

184 谁是哥哥

有兄弟二人，哥哥上午说实话，下午说谎话，而弟弟正好相反，上午说谎话，一到下午就说实话。有一个人问这兄弟二人：你们谁是哥哥？较胖的说：我是哥哥。较瘦的也说：我是哥哥。那个人又问：现在几点了？较胖的说：快到中午了。较瘦的也说：已经过中午了。请问：现在是上午还是下午？谁是哥哥？

185 谁和谁结成了夫妻

有3个男青年ＡＢＣ，即将与甲乙丙三位姑娘结婚。有好事者想知道他们谁和谁是一对，于是前去打听。

他先问A，A说他要娶的是甲姑娘，他又去问甲，甲说她将嫁给C，再去问C，C说他要娶的是丙。这可把这个人弄晕了，原来3个人都没有说真话。你能推出谁和谁结成了夫妻吗？

186 中奖的彩票

甲、乙、丙三人购买体育彩票，三人对自己作了如下的估计：甲："我肯定得大奖。"乙："我不可能得大奖。"丙："我至少会得一般奖。"结果三个人中，恰有一人得大奖，一人得一般奖，一人未得任何奖。而且三个人的预言只有一人是对的。问三人中谁得大奖，谁得一般奖？

187 谁的身后有红旗

甲、乙、丙、丁4人坐在一张方桌的4面，每人身后放着一面彩旗，红色或黄色的，他们都能看到别人身后的彩旗，但看不到自己身后的彩旗，丁问："你们每人看到了什么颜色的彩旗？"甲说："我看到了3面黄色的彩旗。"乙说："我看到了一面红色的彩旗和两面黄色的彩旗。"丙说："我看到了3面红旗。"这三个人的回答中，身后放黄色彩旗的人说了假话，而身后放红色彩旗的人说了真话。试问，谁的身后有红旗？

188 "举一反三"

在三只盒子里，一只装有两个黑球，一只装有两个白球，还有一只装有黑球和白球各一个。现在三只盒子上的标签全贴错了。问能否从一只盒子里拿出一个球来，就判断出这三只盒子里各装的是什么吗？

189 判断职业

赵、钱、孙、李四人，一个是教师，一个是售货员，一个是工人，一个是干部，请根据下面的一些情况，判断出每个人的职业是什么。

（1）赵和钱是邻居，每天一起骑车去上班；
（2）钱比孙年龄大；
（3）赵正在教李打太极拳；
（4）教师每天步行上班；
（5）售货员的邻居不是干部；
（6）干部和工人互不相识；
（7）干部比售货员和工人年龄都大。

190 判断国籍

A、B、C、D、E、F六人分别是中国、日本、美国、英国、法国、德国人。现在已知：

（1）A和中国人是医生；
（2）E和法国人是教师；
（3）C和日本人是警察；
（4）B和F曾当过兵，日本人从未当过兵；
（5）英国人比A年龄大，德国人比C年龄大；
（6）B同中国人下周要到中国去旅行，而C同英国人下周要到瑞士去度假。

问：A、B、C、D、E、F各是哪一国人？

191 判断房间号

少年宫一至四楼的八个房间分别是音乐、舞蹈、美术、书法、棋类、电工、航模、生物八个活动室。

已知：（1）一楼是舞蹈室和电工室；（2）航模室上面是棋类室，下面是书法室；（3）美术室和书法室在同一层楼上，美术室的上面是音乐室；（4）音乐室和舞蹈室都设在单号房间。请指出八个活动室的号码。

192 哪两个人是同班

初一有三个班,每班有正、副班长各一人。平时开班长会议时,各班都只有一人参加。第一次参加的是小张、小刘、小林;第二次参加的是小刘、小朱、小宋;第三次参加的是小张、小宋、小陈。他们中哪两个人是同班的呢?

193 猜性别

一家人有甲、乙、丙、丁、戊、己、庚兄弟姐妹七人。只知道甲有三个妹妹,乙有一个哥哥,丙是女的,她有两个妹妹,丁有两个弟弟,戊有两个姐姐,己也是女的,但她和庚没有妹妹,请想想,这七个人中,哪个是男,哪个是女?

194 猜舞伴

赵、钱、孙、李、周五家都有兄妹两个年轻人。哥哥都称作大赵、大钱等,妹妹都称作小孙、小李等。有一天他们10人在一起跳舞,每家的哥哥都不和自己的妹妹跳舞,又已知:
(1)大赵和某个女孩子跳舞而这个女孩子的哥哥和小周跳舞。
(2)大钱和小赵跳舞。
(3)而和小李跳舞的小伙子是和大孙跳舞的女孩子的哥哥。
问大李和谁跳舞?

195 猜名次

甲、乙、丙做出如下猜测:甲:小李第一,小刘第三。乙:小张第一,小陈第四。丙:小陈第二,小李第三。结果他们的猜测也都只对了一半。那么,正确的名次是什么?

196 谁能拿金牌

对于谁能得到四年级六个班文艺大奖赛的金牌,小明、小光、小玲、小红四个小朋友争论不休。
小明说:得金牌的不是一班就是二班。
小玲说:得金牌的绝不是三班。
小光说:四、五、六班都不可能是冠军。
小红说:得金牌的可能是四、五、六班中一个,比赛后发现这四个人中只有一个人猜对了,你能判断谁是冠军吗?

197 谁做的好事

小红、小芳、小惠三个同学中有一人帮助生病的小青补好了笔记。当小青问是谁做的好事时,三个人的回答如下。
小红说:"小芳做的。"
小芳说:"不是我做的。"
小惠说:"也不是我做的。"
如果知道三人中有两人说的是假话,有一个人说的是真话,能判断是谁做的好事吗?
分析:结论有三种可能,全部列出,进行判断。

198 是甲队的吗

少先队员做游戏,甲队只准说真话、乙队只准说假话,甲队在讲台西边、乙队在讲台东边。叫一个小朋友上来判断从两队中选出的一个人是哪个队的。这个小朋友叫这个队员去问一个队员是在讲台西边还是东边。这个队员回来说,那个队员说他在讲台西边。这个小朋友马上判断出来。这个人是甲队的,为什么?

199 开往哪儿去

公路上按一路纵队排列着五辆大客车。每辆车的后面都贴有该车的目的地的标志,每个司机都知道这五辆车有两辆开往A市,有三辆开往B市,并且他们都只能看见在自己前面的车的标志。调度员听说这几位司机都很聪明,没有直接告诉他们的车是开往何处的,而让他们根据已知的情况进行判断。他先让第三个司机猜猜自己的车是开往哪里的。这个司机看看前两辆车的标志,想了想说"不知道"。第二辆车的司机看了第一辆车的标志,又根据第三个司机的"不知道",想了想,也说不知道,第一个司机也很聪明,他根据第二、第三个司机的"不知道",做出了正确判断,说出了自己的目的地。问:第一个司机是开往哪儿去的?

200 6个露营者

六个露营者——爱丽丝、贝蒂、卡门、多拉、吉娜、哈里特在他们的六天露营生活中轮流洗碗,这样每个人洗一天碗就够了。洗碗的顺序按以下条件排列:

(1) 贝蒂在第二天或者在第六天洗碗;

(2) 如果爱丽丝在第一天洗碗,那么卡门就在第四天洗碗;反之,爱丽丝不在第一天洗碗,哈里特也不在第五天洗碗;

(3) 如果吉娜不在第三天洗碗,那么爱丽丝在第三天洗碗;

(4) 如果爱丽丝在第四天洗碗,那么多拉在第五天洗碗;

(5) 如果贝蒂在第二天洗碗,那么吉娜在第五天洗碗;

(6) 如果哈里特在第六天洗碗,那么多拉在第四天洗碗。

问题:

(1) 下列哪一个洗碗顺序符合从第一天到第六天的洗碗条件?

(A) 多拉、贝蒂、爱丽丝、吉娜、卡门、哈里特;

(B) 贝蒂、爱丽丝、哈里特、卡门、吉娜、多拉;

(C) 哈里特、吉娜、贝蒂、卡门、多拉、爱丽丝;

(D) 卡门、贝蒂、爱丽丝、多拉、吉娜、哈里特;

(E) 爱丽丝、贝蒂、多拉、卡门、吉娜、哈里特。

(2) 如果多拉在第六天洗碗,那么卡门在哪一天洗碗?(A) 第一天;(B) 第二天;(C) 第三天;(D) 第四天;(E) 第五天。

(3) 如果爱丽丝在第一天洗碗,那么下列哪个人在第二天洗碗?(A) 贝蒂;(B) 卡门;(C) 多拉;(D) 吉娜;(E) 哈里特。

(4) 如果贝蒂在第二天洗碗,那么哈里特可能在哪一天洗碗?(A) 第一天;(B) 第四天;(C) 第一天或第四天;(D) 第四天或第六天;(E) 第一天或第四天或第六天。

第三节 悬疑探案

201 狡猾的走私者

亨利的职责是在边卡检查那些入境车辆是否带有走私物品。除周末外，每天傍晚时分，他老是看见一个工人模样的汉子，从山坡下面用自行车推着一大捆稻草向入境检查站走，每当这时，亨利总要叫住那人，要他将草捆解开接受详细的检查，接着他的每个衣袋也被翻了个遍，然而却查不出走私物。退休的前一天，亨利对那人说："今天是我最后一班岗。我知道你一直在携带走私物品入境。你能否告诉我你屡屡得手，究竟贩运的是什么物品？"

那汉子沉吟片刻，最后，大笑着向亨利透露了底细。你能判断出走私物是什么吗？

202 一封恐吓信

深夜，某公寓失火。125房间里浓烟滚滚，住在一间套房里的郑小姐逃了出来，而另一面套房里的王小姐则烧死在里面。

经过验尸，发现王小姐在起火前已经被刀刺中心脏而死，她的房间里还发现有一个定时引火装置。

郑小姐说："我因为有点事很晚才回去，看到王小姐已经睡了，就回自己房间里休息。刚刚睡下，便感觉胸部郁闷而醒来，发现四周弥漫着烟雾，急忙大声喊叫王小姐，然后跑到室外。"

人们又找到平素与王小姐不睦的李先生。

李先生说："也难怪你们怀疑，我还收到一封恐吓信呢。"

他拿出一封信来，上面写着："我知道你是刺杀王小姐的凶手，如果不想被人知道，必须在5月1日下午6时，带100万现款，到xx车站的入口前。"这时，离案发时间只有3小时。

聪明的警察立即发现了凶手。凶手是谁？为什么？

203 喇叭盗窃案

星期六晚上，一家乐器商店被盗。盗贼是砸碎了商店一扇门上的玻璃窗后钻进店内的。他撬开三个钱箱，盗走1225克朗，又从陈列橱窗里拿了一只价值14000克朗的喇叭，放在普通喇叭盒里偷走了。

警方对现场进行了仔细调查，断定窃案是对乐器商店非常熟悉的人干的。警方把怀疑对象限在汉森、莱格和海德里三个少年学徒身上，认定他们三人中肯定有一个是罪犯。

三个少年被带到警官索伦森先生面前，桌子上放着三支笔和三张纸。索伦森对他们说："我请你们来，是想请你们和我合作，帮我查出罪犯。现在请你们写一篇短文，你们先假设自己是窃贼，然后设法破门进入商店，偷些什么东西，采取什么措施来掩盖罪迹。好，开始吧，30分钟后我收卷。"

半小时后，索伦森让他们停笔，并朗读自己的短文。

汉森极不情愿地读着："星期六早晨，我对乐器店进行了仔细观察，发觉后院是最理想的下手地方。到了晚上,我打碎了一扇边门的玻璃窗,爬了进去。我先找钱,然后从橱窗里拿了一个很值钱的喇叭,轻手轻脚地溜出了商店。"

轮到莱格说了:"我先用金钢刀在橱窗上剖了个大洞,这样别人就不会想到是我干的。我也不会去撬三个钱箱,因为这会发出响声。我会去拿喇叭,把它装进盒子里,藏在大衣下面,这样就不会引起人们的注意。"

最后是海德里:"深夜,我在暗处撬开商店边门,戴着手套偷钱箱里的钱,偷橱窗里的喇叭。我要用这钱买一副有毛衬里的真皮手套,等人们忘记这桩盗窃案后,我再出售这只珍贵的喇叭。"

索伦森听完,指着其中一个说:"小家伙,告诉我,你为什么要干这种坏事?"那个少年惊恐万状。

这个少年是谁?索伦森凭什么识破了他?

204 白纸破案

在市郊的一幢别墅里,一位孤身盲眼的老太太死在沙发上。她手里拿着缝衣针,茶几上还有几张白纸,法医断定为服毒身亡。

负责调查的警长巡视了所有房间,发现老太太被谋杀的可能性很大,但是室内没有留下任何线索,就连服毒用的器皿也找不到。

警长站在客厅中央,凝视着沙发里的老太太,推断出她是在跟别人谈话时死去的。凶手可能是老太太熟悉的人,但却找不到一点证据。突然,警长看见了茶几上的几张白纸,灵机一动,他想起一件事情,于是拿起白纸摸了摸……最后,警长就凭这几张白纸捉住了真凶。他就是老太太的侄儿,为了早日继承遗产,毒死了老太太。

为什么几张白纸就能破案呢?

205 糊涂的职业杀手

有一位职业杀手,受雇谋杀富翁戈尔布恩,并伪装成富翁自杀的模样。自杀当然需要遗书,雇主准备好了一张戈尔布恩签名的白纸,供职业杀手在枪杀富翁后用富翁的打字机留下遗书。

职业杀手依照雇主指示,完成任务后,把手枪塞到富翁戈尔布恩右手,打字留下遗书,然后满意地离开。作案始终,他都戴着橡胶手套,因此不担心会留下指纹。

第二天,清洁妇发现富翁尸体并报案。现场勘查后,警方认为遗书上的签名确实是富翁戈尔布恩的亲笔,但遗书上的字却非他本人所打。

职业杀手大感惊讶,打字机打出来的字不都一样吗?警方怎么知道不是死者打的字呢?

职业杀手糊涂在哪一点上?

206 神秘的凶案

退休的邮政局长汤逊,他每天都有早晨运动的习惯,这天早上,他在公园晨练时,被人袭击毙命。

警方的调查显示,这是一宗劫杀案,汤逊是被凶手用硬物击中后脑,受重伤而致死亡的。凶手还从他身上掠去了所有的财物。警方的调查又显示,凶手只有一个人。

在一连串的详细侦查之后,警方发现了三个有可能是凶犯的人:

A、麦根,他当日曾牵着狗在公园出现。

B、卡登夫人,她当日曾在公园织毛衣。

C、画家查理,他当日曾在公园写生。

警方相信,凶手是利用自己身边的工具,袭击汤逊的,你认为谁是凶手呢?

207 路遇抢劫犯

一天深夜,值勤的民警听到远处喊着"抓强盗"的急促呼救声。民警飞步赶到出事现场,只见一胖一瘦两个人正扭打在一起,见公安人员来了,都说自己的手表被对方抢了,民警问:"表是什么牌,何种表带?"那两人异口同声地回道:"上海牌,黑色人造革表带。"

富有破案经验的民警从地上捡起手表,只做了个简单的动作,便断定了二人中谁是拦路抢劫犯,并将他押回了公安局审问。

208 别墅吸烟者

在一间别墅里面,发生了一宗杀人案件。死者是一位富有的商人。警方到现场进行调查,凶手已经逃去无踪,于是便向周围的人查询,并发现屋外栽有矮树。一位刚巧在凶案发生时经过现场的男子,向警方提供了以下的情况。他表示,在较早时,他经过了现场,由屋外的磨砂玻璃向窗内观望时,见到有一阵阵的烟由磨砂玻璃处显现,似乎有一个人在屋内吸烟,只是他并未看清楚凶手的真正面目。

警方经过调查,发现凶案发生时,有两个可疑的人物进入了屋内,一个是4尺9寸高的阿伦,一个则是身高6尺的米高,但两人之中,只有一个是凶手。

谁是杀人凶手?

209 拖延了的侦破

哈莱金接过一份报告,看了一会儿,对警长说:"根据验尸的报告,特里德太太是两天前在她的厨房中被人用木棒打死的。这位孤独的老妪多年来一直住在某山顶上破落的庄园里,与外界几乎隔绝。你想这是什么性质的谋杀呢?"

"哦,真该死!我昨天凌晨4点钟就接到一个匿名电话,报告她被人谋杀了,但我还以为这又是一个恶作剧,因此直至今天还没有着手调查。"警长莫纳汉尴尬地说道。"那么我们现在去现场看看吧。"

警长将哈莱金引到庄园的前廊说:"由于城里商店不设电话预约送货,而必须写信订货,老太太连电话都很少打。除了一个送奶工和邮差是这里的常客之外,唯一的来客就是每周一次送食品杂货的男孩子。"

哈莱金紧盯着放在前廊里的两摞报纸和一只空奶瓶,然后坐在一只摇椅上问:"谁最后见到特里德太太?"

"也许是卡森太太,"警长说,"据她讲前天早晨她开车经过时还看见老太太在前廊取牛奶呢。"

"应该说除了那个匿名电话之外,我们还没有别的线索。"哈莱金更正道:"凶手实在没料到你会拖延这么久才开始侦破!"

哈莱金怀疑谁是凶手?

越玩越聪明的1000个思维游戏

210 欲盖弥彰

已经很晚了，刑警队长赵某还在办公室里。有人给他拍来一封电报，电文如下："银星珠宝店的钻石项链被盗——友"。

赵某看完电报，马上驱车赶到银星珠宝店。在珠宝柜的旁边站着两个人：一个是衣着讲究的少女，另一个是穿着礼服的保管员。下面是他们的对话：

"我是公安局的。"赵某说，"刚才接到通知，说店里的钻石项链被盗，显然我是来晚了。你是营业员吗？"他问那女人。

"是的。"她回答，"几分钟前，老板来找我，说那条钻石项链被盗。"

"你对这一切的看法呢？"赵某又问那个女营业员。

"我想，是偷项链的人自己给你拍的电报，可能他故意要把水搅浑。据我所知，刑事案件里这种贼喊捉贼的事还是屡见不鲜的。"

"你说得对，不过情况已经摆在这里了，偷项链的就是你。"

赵某的根据是什么？

211 救生筏上的疑团

游览用的小型直升机载着一个乘客在海上飞行时，遇到了空中故障，还没来得及发出SOS遇险信号就坠到了海里。幸好，靠机翼的浮力，飞机没有马上下沉，所以飞行员和乘客才得到机会吹起救生橡皮筏转移到了上面。

海面上风平浪静。橡皮筏是4人用的，所以两人用绰绰有余。筏上有5罐紧急用的罐头食品，其中两个是果汁，以此来代替饮用水。

"如果这样漂上两三天，大概会有搜索飞机来救助的，无需担心。"飞行员劝乘客放心。

可是，半个月后，一艘国际货轮发现这个救生筏时，飞行员和乘客已经死了。飞行员是被用匕首刺死的，而乘客不知为什么用左手的一个手指抠住鼓起的空气管俯在筏上饿死了。船上还有一把带血的匕首和4个空罐头盒，另一个罐头没动过，装在被绑在安全把手上的口袋中。"这两个人是为抢夺最后的一盒罐头而用匕首互相残杀的吧？""可如果是这样，活着的凶手为什么不吃罐头而活活饿死呢？"货轮上的船员们感到不可思议。

那么，漂泊的救生筏上到底发生了什么事？

第七章

认知思维

——让大脑充实起来

认知思维是指人脑加工、储存和提取信息的思维能力，即人们对事物的构成、性能与他物的关系、发展的动力、发展方向以及基本规律的把握能力。与其他思维类型相比，认知思维的最大特点是需要一定的知识储备，才能得出正确的结论。储备在头脑中的知识，多数来源于自身所受的教育，也可以来源生活常识。头脑空空的人，是不会拥有很强的认知思维能力的。

第一节 生活IQ

212 真假古画

北宋的时候，有一个人在街头卖画，说是珍藏古画——百马图。画面上有一百匹马，有的在奔驰，有的嬉戏……真是千姿百态，特别是一匹红鬃烈马，一面低头吃草，一面圆睁双眼，招来了不少人围看。

忽然，人群中跳出一人，"唰"地抖开一幅画，叫道："百马图真本在这里！"众人一看，两幅画几乎一模一样，只差在红鬃烈马的眼睛上：后一幅马埋头吃草，双眼闭合。

这一下可热闹了。两个卖画的人都说自己的是真本。据传，"百马图"的作者是熟悉马的生活习性的。你能判断出哪幅画是真，哪幅画是假吗？根据是什么？

213 特殊的谍报员——蜘蛛

1794年深秋，拿破仑率兵进军荷兰。在强敌入侵的紧要关头，荷兰人开启了各条运河的水闸，想用洪水挡住拿破仑的进攻。不到半天的工夫，本来并不宽阔的瓦尔河波涛汹涌，难以逾越，而且水越来越大。正当拿破仑准备撤退的时候，有人报告说看见蜘蛛在吐丝织网。拿破仑听后大喜过望地说："真需要感谢这位特殊的谍报员。"他立即命令停止撤退。奇迹出现了，拿破仑的军队第二天便越过了瓦尔河，攻下了荷兰要塞乌得勒支城。为什么会出现这样不可思议的奇迹？

214 江水上涨

有一个小朋友站在船梯离江面42厘米的位置上，如果江水以每小时40厘米的速度上涨，经过多少时间，这个小朋友可能被淹？

215 直尺妙用

有一只酒瓶，其下半部分呈圆柱形，高度为整个瓶高的3/4；其上半部分形状不规则，占瓶高的1/4。现在瓶内只剩半瓶酒，在不打开瓶塞的情况下，利用一把直尺，怎样测定这些酒占整个酒瓶的百分之几？

216 时间和地点的巧合

某人一大早骑自行车从甲地去乙地。在乙地住了一晚后，第二天一大早又从乙地坐汽车沿相同路线返回甲地。这个人在往返途中，有没有一个地方是他前后两天同一时间经过的？

217 区分液体

老师把两种透明而又不相混的无色液体同装在一个烧瓶里，问学生："已知其中的一种是水，但不知道是在哪一层，你们谁能想一个最简单的方法来分辨？"

218 巧分混合物

有一堆黄豆、细沙、铁屑、木屑、食盐组成的混合物,你怎样用最简捷的办法把这五种物质各自分离开来呢?

219 锉刀趣题

你能用一把平锉刀,在薄铁皮上锉出圆形、正方形和长方形的孔吗?

220 有污渍的照片

一份珍贵的文件,在准备把它拍成黑白照片时,不小心洒上了红墨水,有什么简单的方法,能够使拍出来的照片上看不出红墨水的污迹吗?

221 自己称自己

要想知道物体的重量,只要用弹簧秤一称就行了。可是,现在没有其他的秤,又想要知道弹簧秤本身的重量,你有办法吗?

222 大画家的遗作

某人正向一位富商推销一幅据称是某著名大画家的遗作的名画,他对富商说:

"我父亲和大画家是交往多年的好友。十年前,大画家和我的父亲在旅行途中遇到暴风雪,大画家不小心摔坏了髋关节,大雪掩埋了他的画具和用品,一连几天气温在零下几十摄氏度。我父亲把他背进一个废弃的简陋木屋,用自己两只手套堵住窗上的破洞。大画家感到自己的伤势很重,挺不了多久,便叫我父亲在橱中找到一支旧钢笔和一瓶墨水,为我父亲这位忠实的朋友匆匆画了一张素描后就死了。这张素描,至少也值200万。"

富商说:"2元钱我也不买。"

富商怎样判断出那张素描不是画家遗作的?

223 出发点在哪里

有一个探险者,从某个地点出发,朝南走了一公里,接着朝东走了一公里,再接着朝北走了一公里,结果发现自己回到了原来的出发点。请问,这个探险者的出发点在什么地方?

224 石子的提示

一条考察船驶到了南极,在无边无际的冰海上找不到陆地。正在发愁时,捉到了一只企鹅,宰杀时发现嗉囊里有一块石子,考察队员高兴地喊了起来:"找到陆地了。"为什么说找到陆地了?

第二节 悬疑探案

225 树下的尸体

某天清晨,在一堵围墙外的一棵树下发现躺着一具尸体。树干旁有一双拖鞋。死者赤着脚,脚底有几条从脚趾到脚跟的伤痕,而且还有血迹。"死者是想爬树翻入围墙,但不小心摔死了。他可能是想行窃。"有人这样推断。但是老练的警长却说:"不,这个人不是从树上摔下来的,而是被人谋杀后放在这里的。凶手是想伪装成被害者不慎摔死的假象。"

警长为什么这样说呢?

226 拣耳环

农场主邀请警长到郊外林间的寓所共进晚餐,当警长到达时,农场主已被人枪杀了。警长急忙检查尸体,确认谋杀案发生在约一小时前。

警长接着察看现场,一个烤盒里有些无焰的炭块,上面烤着牛肉。托盘、刀叉、佐料散放在一旁。这时,一个年轻人从门前经过,警长便叫住了他。这位年轻人自称是农场主的邻居,刚才听到一声尖叫,赶来看看出了什么事。探长问:"一小时前你在什么地方?"年轻人说:"在那边工厂附近散步。"

还没说完,这位年轻人一眼看到炭块中有个金属制品,忙伸手从炭块里拣了出来,那是个烤得发黑的耳环。警长说:"跟我到警察局去一趟吧!"

这是为什么呢?

227 直升机的证言

某人乘坐朋友的直升机去一个海岛旅游。但十分钟后,直升机折回机场。直升机驾驶员向警方称,此人竟然在飞行途中自行打开机舱门跳了出去,而他的椅子上则留有一封遗书。遗书说他患了重病,觉得生无可恋,所以要了结自己的生命。

警长看完遗书后,深思一会儿,又打开直升机座舱看了看,便拘捕了直升机驾驶员。

警长发现了什么破绽呢?

228 鱼缸的证言

昨晚下了一场大雪,今早气温降到了零下5℃。刑警询问某案的嫌疑犯,当问到她有无昨夜11点左右不在作案现场的证明时,这个独身女人回答:"昨晚9点钟左右,我那台旧电视机出了毛病,造成短路停了电。因为我缺乏电的知识,无法自己修理,就吃了片安眠药睡了。今天早晨,就是刚才不到30分钟之前,我给电工打了电话,他告诉我只要把大门口的电闸给合上去就会有电了。"

可是,当刑警扫视完整个房间,目光落在室内的玻璃鱼缸上时,便识破了她的谎言。

刑警发现了什么?

229 野营地的信息

一件凶杀案的嫌疑人正在山里野营,警长驱车前往调查。在群山之间的一片绿茵上,进入嫌疑人居住的帐篷。在帐篷内一个吊床旁边,有两个金属制品在绿草地上闪着微光,是两颗步枪子弹壳,与杀害死者的子弹口径相同。嫌疑人却说这是他在山上捡到的,他在这个帐篷里已住了一个多月,根本没去市区。

警长说:"你需要重新编造谎言。"

警长看出了什么破绽?

230 毒酒命案

一天晚上,酒吧老板的弟弟来了。酒吧老板调了一杯加冰块的威士忌给弟弟。但弟弟不喝。原来,他们是同父异母兄弟,最近因为财产的继承问题闹得不可开交,弟弟怕被哥哥毒杀,所以根本不敢喝。

"我好意请你喝酒,你却怀疑我下毒?既然你怀疑,我先喝。"

哥哥说完,随即喝了半杯,然后说:"这下可以放心了吧!"

于是酒杯推到弟弟面前。

至此,弟弟也不便拒绝了,慢慢地喝着剩下的半杯酒。但是,他刚喝完,竟然倒地而死。

警长赶到现场,在勘察完现场、问明具体情况后,很快就判断出是哥哥在酒中下毒,谋杀弟弟的。可是,现场的许多工作人员和客人却证明,哥哥确实喝了弟弟杯中的半杯酒。

你知道警长是怎样分析的吗?

231 还差1厘米

一天,大个子警长和他的两个助手正在追捕一个罪犯。

他们追赶进一间地下室,里面什么也看不见,漆黑一团。这时,突然听到高处窗口传来罪犯得意的笑声。他们赶快返身出来,但地下室的门被反锁上了,他们被困在了地下室。他们见墙上有一扇窗,人完全可以从窗口爬出去。因窗户离地面很高,他们就用叠罗汉的办法向上爬,站在最上面的小个子助手无论怎样使劲,他的手离窗沿总差1厘米,就是够不着窗户。

怎么办,如果再爬不出去,罪犯就会逃脱,他们自己也就困在地下室出不去。这时,警长突然想出了一个办法,使他们爬出了窗口。

他想出了什么办法?

232 谁是真凶

一场混乱的枪战之后,某医生的诊所里冲进一个陌生人。他对医生说:"我穿过大街时,突然听到枪声,见到一个人在前面跑,两个警察在后面追,我也加入了追捕,就在你诊所后面的那条死胡同里,遭到那个家伙的伏击,两名警察被打死,我也受伤了。"医生从他背部取出一粒弹头并把自己的一件干净的衬衫借给他换上,然后又把他的右臂用绷带吊在胸前。

这时,警长和地方议员跑了进来,议员喊:"就是他!"警长拔枪对准了陌生人,陌生人忙说:"我是帮你们追捕逃犯而受的伤。"议员说:"你背部中弹,说明你是在逃跑!"

在一旁目睹一切的大胡子探长对警长说:"受伤的人不是真凶!"

那么,谁是真凶呢?

233 死亡约会

仙蒂自从这个炎热的周末晚外出后，至今没有回家。第二天她却被人发现倒毙在住所附近的公园内。

警察到仙蒂家中调查时，仙蒂的母亲哭得死去活来，当情绪较为稳定之后，若有所思地说："警察先生，我记起来了，昨晚5时30分左右，有一个男子打电话来，他自称是我女儿的男朋友，说是白天太热，约她18时30分，在他公司楼下的公园见面。后来我的女儿6时回来后，我告诉了她之后，她就换上衣服走了。"

警方最后搜查仙蒂的房间，结果找到一本电话簿，首页写着两个男子的姓名：
（1）陈昆（侦探社职员）；（2）张荣（电报局职员）

请问凶手是谁的机会较大呢？

234 自杀他杀

副局长周海泉贪污巨款案发后，逃离居所匿藏了3个多月，当检察官们寻踪觅迹侦查到周犯隐匿的别墅里时，却发现周犯已死在床上。

周犯的右太阳穴上有一个贴着肉开枪的枪洞，被子里的右手上捏着那把结束自己生命的手枪，脸上浮现出痛苦的表情。

床边的写字台上，摊着周海泉写的遗书，遗书中回顾了自己的成长经历和犯罪经过，流露出想自首又怕无颜见人难熬铁窗生涯，想自杀又留恋人生的矛盾心理。

检察官们一致判断周海泉是自杀，可后来赶到现场的法医却坚持认为周海泉绝不可能是自杀。

双方争论起来，你看是谁判断得对呢？

235 不翼而飞的戒指

收藏家将一枚上面镶有名贵钻石、价值连城的古代戒指放在一个很大的窄口玻璃瓶内。玻璃瓶自重70公斤，即使是一个大力士，搬走它也并非易事。而且，收藏家还在存放戒指的房间周围设置了很多防盗装置，如果有人移动玻璃瓶，这些装置就会发出尖利的警报声。

有一天，收藏家走进存放戒指的房间，大吃一惊，昨天还安静地躺在玻璃瓶里的戒指居然不翼而飞了！他急忙报了警。

警方调查得知，从收藏家最后看到戒指的时间到报案这段时间内，总共有三个人进入过这间房子：一个管家，一个保安，一个清洁地毯的小时工。你知道这三人中谁的嫌疑最大吗？

236 假话

大侦探布里克森，在街上溜达时遇上了同乡拉平。拉平牵着一条普通的牧羊犬。为了还赌债，拉平想将此狗高价卖给布里克森。"老兄，我这条狗的名字叫麦克，它可非同一般啊！"拉平接着绘声绘色地往下说，"在我家的农场旁边，有一条沿着山崖修建的坡度很大的铁路。一天，有块大石头滚到铁轨上，此时远远见一列火车飞快冲来。我想爬上山崖发警告讯号，可扭伤了脚摔倒在崖下。在这紧急关头，我这宝贝狗麦克飞奔回家，拽下我晒在铁丝上的红色秋衣，叼着它闪电般冲上山崖。那红色秋衣迎风飘扬，就像一面危险信号旗。司机见了立即刹车，这才避免了一场车翻人亡的恶性事故。怎么样，我这宝贝麦克有智有谋，非同一般吧？"

拉平正欲漫天要价，不料话头被大侦探布里克森打断："请另找买主吧，老弟，不过，你倒很会编故事，将来定是位大作家！"这显然是讽刺之言。

请问，大侦探为何要讽刺卖狗人拉平呢？

237 地毯上的弹壳

刑事专家霍金斯旅行来到纽约,住进一家高级酒店二楼的一套客房。突然,从走廊传来女人的呼救声。他循声找去,在213房间门前站着一个年轻妇女在哭喊着,从开着的门看到房间里一个男人倒在安乐椅上。对尸体做了简单检查后,确认此人刚死,子弹穿入心脏。

当地警署也派人来了。那个年轻妇女边哭边说:"几分钟前,听到有人敲门。我打开门时,门外一个戴面具的人,朝我丈夫开了枪,把枪扔进房间逃跑了。"地毯上有一支装着消音器的手枪,左侧两个弹壳相距不远,在死者身后的墙上有一个弹洞。

霍金斯告诉警署人员:"把这位太太带回去讯问。"他为什么对死者的妻子产生了怀疑?

238 一尊青铜像

张三和李四是同事。一天,两人扭打着到了公安局。

张三对警官说:"昨天晚上,家里的灯都熄了,我突然听到扭打声。于是,跳下床出去看个究竟,正撞上一个人从我女儿的房间里跑出来,顺着楼梯跑下去了。我跟在后面猛追,当那人跑到街口时,我借着路灯看清他是李四。他跑了大约50米远,扔掉了一个什么东西。那东西在路面弹了几下后掉进了阴沟,在黑暗中撞击出一串火花。我没追上他,回到家一看,女儿被钝器击中,倒在地上。"

警方按照张三说的地点,找到了一尊青铜像,青铜像底部沾的血迹和头发是张三的女儿的,而且青铜像上有李四的指纹。

李四辩解说:"指纹可能是我前几天在张三家玩时留下的。"

警长听了他们两人的述说和现场所见,沉思片刻,对着张三说:"你在诬陷李四。"为什么?

239 断箭

深夜,伦敦埃奇韦尔路的一幢大厦内发生了命案。警方根据目击证人的口供,很快便找到疑凶比希。以下就是负责侦破此案的科克林警官在审讯、盘问疑犯比希时所做的笔录:

科克林:"凶杀案发生时,你在哪里?"

比希:"我正在家中津津有味地看电视。"

科克林:"有证人吗?"

比希:"没有。但我可把节目内容说出来——当时正播映故事片《断箭》,情节是两枚核弹被人偷走,急需追回……"

科克林:"你是住在机场附近的,那时应该有一班客机经过你寓所的上空。"

比希:"喔,那有什么关系?"

科克林:"你的电视图像有什么变化吗?"

比希:"没有。我的电视机刚买了一个月,是名牌货。"

科克林:"你正式被逮捕了!"

请问,科克林警官为什么要这么做?

越玩越聪明的1000个思维游戏

240 盛开的牵牛花

某人独自到野外去写生,遭到匪徒的劫持。在小溪边的劫持现场,人们发现了此人的画夹、画笔等物品。画夹上只画了几朵盛开的牵牛花,画笔等撒得满地都是。看到这些,侦察科长很快就判断出了案发时间。

此案被侦破后,证明侦察科长的判断果然不错。

你知道侦察科长判定案发时间的依据是什么吗?

241 月季花的秘密

凌晨,江洪市刑警队收到春风旅社服务员王兰的电话,说住在203号房的两个毒品走私犯,正在把海洛因在一只月季花盆里埋,看来想溜。当甘剑秋队长和助手杨峰赶到旅社时,那两个狡猾的家伙已经坐出租车到祥镇去了。甘队长顿时明白,罪犯怕在市里上火车检查严格,想到祥镇去上火车。于是,他和助手于早上5点多钟,就赶到了祥镇。

"看,在那儿!"助手杨峰指着离车站不远的花圃。果然,空荡荡的花园里,一胖一瘦两个"港客"打扮的人正在"赏花"。

"站住,把白粉交出来!"缺乏经验的小杨跑到两个"港客"面前喝道。

"开什么国际玩笑!我们回大陆探亲,临走想买几盆花,这也有罪吗?"瘦子面不改色地说。

这下可把杨峰难住了,花圃里有几百盆月季花,哪一盆是呢?甘剑秋却像是在赏花,没事人似的,突然,他弯腰拿起一盆月季花。

"罪证就在这里面!"甘剑秋说罢,把那盆花一摔,里面果然藏着海洛因。

为什么能如此准确地找出罪证呢?

242 大丽花

某别墅里,住有一男子。这天清晨,被人枪杀了,现场唯一特殊之处在于,死者手中紧握一朵火红的大丽花。其他线索,简直太少了,警方费了九牛二虎之力,终于理出三条思路

1.与同父异母的姐姐争夺遗产而遭杀害;

2.与友曾发生争执,并被其杀害;

3.与邻居发生冲突而遭杀害。

三推断见报后,有一匿名小姐来电称:请愚蠢的警探先生查询一下大丽花的参考资料或书籍,真相自明。

请问你能解答这难题,为警探指明破案的方向吗?

243 毛玻璃"透视"案

某公司有三间连在一起的办公室,间隔它们的两扇门上都是毛玻璃,就是那种一面光滑一面粗糙、让人无法透视的玻璃,这两扇门平时都是锁着的。中间的一间办公室是财务室。一天,出纳上厕所回来后,发现保险柜中的现金少了一部分。原来,粗心的出纳虽然锁上了保险柜,却忘记了拔掉钥匙。

警方接到报案后,很快就将嫌疑犯锁定为旁边两间办公室的人。警长仔细地观察了两块毛玻璃,发现左边办公室的毛玻璃的光滑面不在财务室这一面,而右边的光滑面则在财务室的这一面。警长马上判断出是右侧办公室的人作的案。警长的根据是什么?

244 脆弱的防盗玻璃

某市一个大型珠宝展览会上,人山人海。突然,一个男子迅速走到装有一粒价值连城的钻石的玻璃柜前,抡起锤子一敲,玻璃"哗啦"一声破裂开来,男子抢出钻石,乘乱逃走。

警方赶到现场,珠宝商哭诉道:"柜子是用防盗公司制造的特别防盗玻璃做的,别说锤子,就是子弹打上去也不会破裂呀!"经过调查,警方认定那些碎玻璃的确是特别坚硬的防盗玻璃,珠宝商对其性能的描述也是实情,并无半点夸张。

警方百思不得其解,于是向名侦探皮特请教。皮特略一思索,便根据防盗玻璃的特性,指出了谁是罪犯。

你知道谁是罪犯吗?为什么?

第八章

想象思维

——创造神奇的动力

想象思维是人体大脑通过形象化的概括作用,对脑内已有的记忆表象进行加工、改造或重组的思维活动。想象思维可以说是形象思维的具体化,是人脑借助表象进行加工操作的最主要形式,是人类进行创新及其活动的重要的思维形式。

想象思维有再造想象思维和创造想象思维之分。再造想象思维是指主体在经验记忆的基础上,在头脑中再现客观事物的表象;创造想象思维则不仅再现现成事物,而且创造出全新的形象。文学创作中的艺术想象属于创造性想象,是形象思维的主要形式,存在于整个过程之中,即作家根据一定的指导思想,调动自己积累的生活经验,进行创造性的加工,进而形成新的完整的艺术形象。

虽然不是每个人都立志当作家,但是想象思维在我们的生活、学习、工作都发挥着重要的作用。可以说,正是因为有了想象思维,人类才能翱翔蓝天、登上月球,乃至探索整个宇宙。

第一节　图像透视

245 画出水杯

图中有3个水杯，如何在此图的基础上再添加一笔，使图中共有5个水杯呢？

246 分月牙

怎样用两条直线把一个月牙分成6个部分？

247 不重叠的三角形

用7条直线最多可能画出几个不重叠的三角形？

248 小鱼藏在何处

上图这条小鱼由几个小图形构成，你能在下图中将它找出来吗？并将小鱼儿涂上颜色，你只需涂上三个图形，就会发现它了。

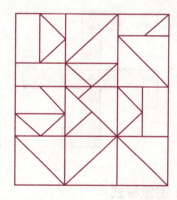

249 图形组合

图中的正方形边长和等腰直角三角形的两条直角边是等长的。如何利用这些图形，拼成一个三角形？

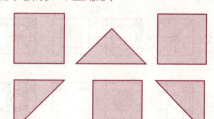

250 拼出正方形（Ⅰ）

将此图形分割后，再拼为正方形。

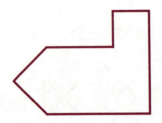

251 拼出正方形（Ⅱ）

将下图割成四块，然后拼出一个正方形来。

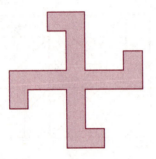

252 图像等式

哪一个等式是错误的？

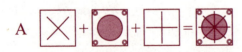
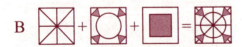
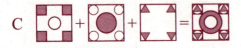

253 三棱锥的表面图案

将下图纸片折起之后，物体表面的图案将是怎么样的？

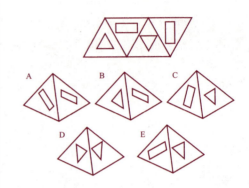

254 相对的一面

仔细观察四幅图，你能推算出第四个正方体与空白面相对的一面是怎么样的吗？

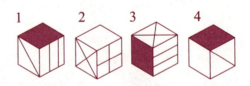

想象思维 第八章 第一阶段

255 立方体的表面图案

将左图纸片折成一个立方体,立方体的表面图案是怎样的?从A、B、C、D、E中选出正确的一幅。

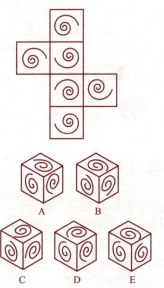

256 打开的立方体

下面四个平面图中哪一个能做成中间的立体?

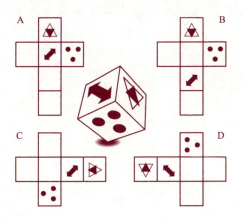

257 折叠纸盒

(1)下面哪个立方体纸盒可用下面这个图拼成?

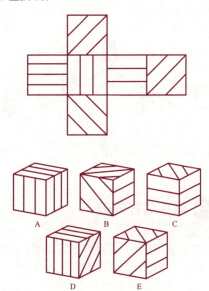

(2)下面的立方体中,哪一个不可能由上面的模板折叠而成?

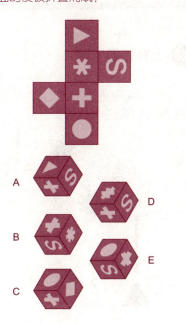

258 扩建鱼池

如图,一个菱形鱼池的4个角上分别有4棵桑树。如何不砍伐桑树,使鱼池的面积扩大一倍?

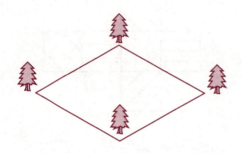

259 黑球落在何处

下图中所有的弧线都是固定的。问黑球朝箭头所指方向滚下会落在什么地方?

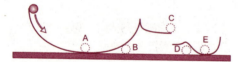

260 上升还是下降

(1) 如果黑色箭头向上拉,底下吊着的东西是上升还是下降?

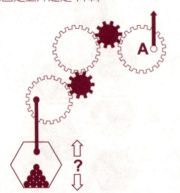

(2) 如果A处的轮子按照图示转动,下面的物体首先上升还是下降?

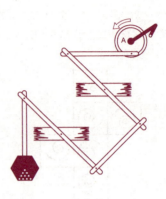

261 四只甲虫

四只甲虫A、B、C和D处于一个边长10厘米的正方形的四端。其中,A和C是公的,B和D是母的。A对准B,B对准C,C对准D,D对准A同时直接朝前爬。如果所有的甲虫的爬行速度都一样,那么,它们的爬行轨迹将是四条一样的螺旋曲线,最终相交于这个正方形的中心。

现在的问题是,当四只甲虫相聚时,它们各自爬了多长的距离?

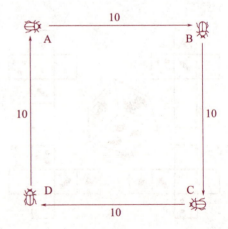

第二节 扑克牌·棋子·火柴

262 位置推理

三张扑克牌面朝下放在桌子上。有一张Q在一张K的右边；有一张Q在一张Q的左边；有一张黑桃在一张黑桃的右边；有一张黑桃在一张红桃的左边。请问这三张牌依次是怎么摆放的？

263 猜扑克

三张扑克牌，一张A，A右边的两张中至少有一张K，而K左边的两张中也有一张K，三张中有一张是红桃，红桃左边的两张中至少有一张是梅花，而梅花右边两张中，也是一张梅花。请问它们是哪三张扑克牌？

264 翻象棋游戏

下图是由10枚正面朝上的象棋组成的一个大三角形。现在请你把其中的4枚象棋翻过来，使得没有任何3枚正面朝上的象棋能构成等边三角形。你知道该翻哪4枚吗？

265 倒转金字塔

下图是10枚象棋组成的"金字塔"。如何只移动其中的3枚，把这个"金字塔"倒转过来？

266 摆放象棋

将7枚象棋按下图所示摆放。请你只移动其中的2枚象棋，使得每一横排和每一竖排都有5枚象棋。

267 独行独列

你能把5个象棋放在5×5规格的大正方形上，使5个象棋不同行、不同列，也不在同一条对角线上吗？

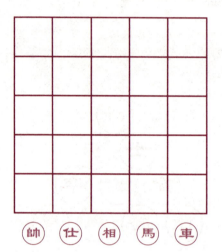

269 移象棋游戏（Ⅱ）

桌面上有四枚象棋。你是否有办法使它们形成如图所示的形状，使得如果有第五枚象棋置于其中的阴影部分，正好在同一平面上与其余四枚象棋同时接触？当然，前提是你不能使用第五枚象棋，只能移动这四枚象棋，把这四枚象棋中的任意一枚从一个位置紧贴桌面滑移到另一位置，最后给第五枚象棋留下一个大小正好的位置。

268 移象棋游戏（Ⅰ）

有12枚象棋，排成下列图形。每相邻的4枚象棋都是一个正方形的一个端点，这样的正方形共有6个。如何移走3枚象棋，使得只剩下3个正方形？

270 移火柴游戏

用24根火柴棍拼成一个"3×3"的正方形。如何移走8根，剩下两个正方形？

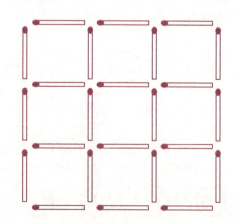

想象思维　第八章　**第一阶段**

271 倒出垃圾

火柴拼成的簸箕里面已装有垃圾。如何只移动其中两根火柴，将垃圾倒出去？

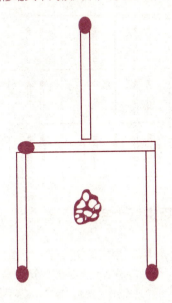

272 火柴直角三角形

你能只用六根火柴摆出12个直角三角形来吗？

273 4个和5个

爸爸给弟弟妹妹各9根火柴，让他们搭三角形，弟弟搭了4个，妹妹搭了5个，你知道他们是怎么搭的吗？

274 6个变3个

12根火柴排列成了6个三角形，你能只移动5根，将它变成3个三角形吗？

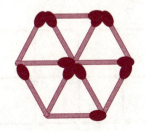

275 6个变4个

有一个用火柴棍摆成的汽车（6个相等的正方形）。拿掉其中的两根火柴，可以很简单地使其变成5个正方形。但是，如果要在先拿掉两根形成5个正方形之后，再移动另外两根，使其成为4个正方形的话，请问，应该先拿掉哪两根？

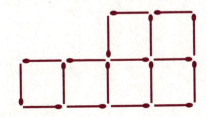

276 8个变4个

这是用22根火柴摆成的8个正方形，请抽走7根火柴，变成4个正方形。

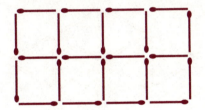

277 8个变5个

这是用8个相等的正方形，拿走4根，把它变成5个相等的正方形，和5个不相等的正方形。

278 9个变5个

下图是由20根火柴杆排成的大小9个正方形。试试看：移动3根火柴，放在适当的位置，使图中只有5个闭合的正方形。

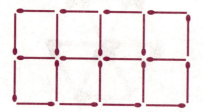

279 剩下4个

拿去16根火柴里的4根，把这个图变成4个大小相等的三角形。

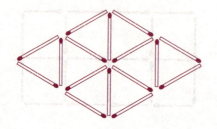

280 加根火柴仍然不变

在图中方格内，加上1根火柴，重新排列，使每边火柴仍然是6根，怎么排列？

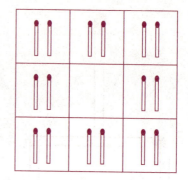

281 巧拼红十字

小淘用36根火柴拼成了一个由13个小正方形组成的红十字图案，请你拿走4根，去掉5个小正方形，而"十"字图案不变，你会吗？

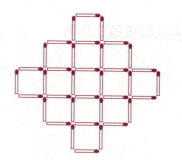

282 小船变梯形

动4根火柴，把小船变成三个梯形。

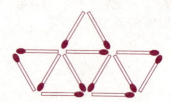

第九章

演算思维

——精打细算，细水长流

　　培根曾经说过："读书使人明智，读诗使人聪明智慧，演算使人精密……"培根这位哲学家、作家兼科学家不仅把"演算"同"读书"、"读诗"并列，在这句名言的后半部分，还把"演算"同"哲学"、"伦理学"、"逻辑修辞学"并列，足可见他对"演算思维"有多么重视了。

　　提起"演算思维"，多数人会马上想起数学。的确，演算思维和数学的关系最为密切，但它绝不仅仅停留在学科的角度，日常生活中也到处可以用到，比如我们天天都需要花钱，自然就天天需要演算思维，这应该是最能说明问题的例证了。

第一节 数字迷宫

283 得出100

老师在黑板上连续写了9个自然数字：
123456789
你能在这几个数字中间，只添上三个运算符号，就使算式的答案等于100吗？

284 莲花有几朵

印度神话说，有一束莲花，把这束莲花的1/3、1/5、1/6分别献给三位女神，还有1/4奉献给另一位女神，剩下的6枝献给声望最高的人。求这束莲花共有多少枝？

285 冷饮花了多少钱

一个人在饭店吃中午饭，再加冷饮，共付6元钱，饭钱比冷饮多5元钱，冷饮花了多少钱？

286 最后的冠军

某网球协会举办网球单打公开赛，共有1045人报名参加。比赛采取淘汰制。首先用抽签的方法抽出522对进行522场比赛，获胜的522人，连同轮空的那1个人，可以进入第2轮比赛。第2轮比赛也用同样的抽签方法决定谁与谁比赛，这样比赛下去，假如没有人弃权，最少要打多少场才可决出冠军？

287 至少是多少

未来中学，在高考前夕进行了4次数学摸底考试，成绩一次比一次好：第一次得80分以上的比例是70%；第二次是75%；第三次是85%；第四次是90%。请问在四次考试中都得了80分以上的学生的百分比至少是多少？

288 钢笔和圆珠笔的价钱

买2支钢笔的价钱等于买8支圆珠笔的价钱，如果买3支钢笔和5支圆珠笔共用去17元，问两种笔各几元？

289 桥墩之间的距离

一座桥长560米，中间有7个桥墩。平均每两个桥墩之间的距离是多少？

290 火灾的日期

一位同学在路过一座仓库时发现着火了，这位同学急忙拨电话119。拨完电话才发现，着火的那天和所在的月份数之积，恰好等于火警电话号码。你知道火灾发生在几月几日吗？

演算思维 第九章 第一阶段

291 勇敢的救火队员

有一座3层的楼房着火了，一个救火员搭了梯子爬到3层楼上去抢救东西。当他爬到梯子正中一级时，2楼的窗口喷出火来，他就往下退了3级。等到火过去了，他又爬上了7级，这时屋顶上有一块石头掉下来了，他又往后退了2级，幸亏砖没有打着他，他又爬上了6级。这时他距离最高一层还有3级。你想想看，这梯子一共有几级？

292 知你所想

先想一个数，把这数减1，将差数乘2，再加上原来想好的数，然后你把结果说出来，我就能知道你原来想好的是什么数。你说为什么我知道？

293 追帽子

兄妹两人在小河划船。一阵风把草帽吹到河里去了，可是他们两人谁也没有发觉。当他们逆流划船到离草帽3公里的时候，才发现草帽不见了。这时是下午一点半钟。于是他们掉过船头顺流而下追帽子。假设船速为每小时6公里，水流速度为每小时2公里，当他们追回草帽的时候已经是几点钟啦？

294 撞车事件

两辆汽车相距1500米。前面的车子以每小时65千米的速度前进，后面车子以每小时80千米的速度追赶。两辆车相撞前一分钟相距有多远？

295 鸡生蛋

9只鸡9天一共生9个蛋，3只鸡3天应该可以生几个蛋？

296 能赶上火车吗

我要在2分钟内在两英里外赶上火车。如果我以每小时30英里的速度走完头一英里，那么为了赶火车，我必须以什么样的速度走完后一英里的路程？

297 和尚吃馒头

100个和尚吃100个馒头，大和尚一人吃4个，小和尚4人吃1个，问：大、小和尚各多少人？

298 烟鬼戒烟

一烟鬼决定戒烟，他的朋友说烟瘾不可能一下子戒掉，需要慢慢戒。他的朋友解释说，如果他第一周可以戒掉所吸烟数的20%，而第二周又戒掉了第一周所吸烟数的25%，第三周只吸第二周所吸烟量的50%的话，那么，到那个阶段他将每天只吸3根烟。

现在，烟鬼每天要吸多少根烟？

299 多少人淘水

一只船发现漏水时，已经进了一些水，水匀速进入船内，如果10人淘水，3小时淘完；如5人淘水8小时淘完。如果要求2小时淘完，要安排多少人淘水？

079

越玩越聪明的1000个思维游戏

300 走扶梯的时间

某人沿着向上移动的自动扶梯从顶朝下走到底用了7分30秒，而他沿着自动扶梯从底朝上走到顶只用了1分30秒。如果此人不走，那么乘着扶梯从底到顶需要多少时间？如果停电，那么此人沿扶梯从底走到顶需要多少时间？

301 哪两页

兰兰看一本《安徒生童话》，翻到今天要看的页码，发现左右两页的页码的和为193。请问，兰兰打开的是书的哪两页？

302 师生的年龄

一天宋老师对小芳说："我像你那么大时，你才1岁。"小芳说："我长到您这么大时，您已经43岁了。"问他们现在各有多少岁？

303 祖孙三人的生日

有一家祖孙三人正好同一天生日。这一天他们的年龄加起来正好100周岁。又知道祖父的岁数正好等于孙子过的月数，父亲过的星期数恰好等于他儿子过的天数。请你算一算祖孙三人各有多少岁？

304 求最大差

有甲乙两个两位数，甲数的2/7等于乙数的2/3，这两个两位数的差最多是多少？

305 "牛吃草"的问题

有一片牧场，已知饲养牛27头，6天把草吃尽；饲养牛23头，则9天吃尽。如果饲养牛21头，问多少天吃尽？

306 疯长的水草

一种水草生长很快，一天增加一倍。如果第一天往池塘里投入一棵水草，第二天就发展为两棵，第28天恰好长满池塘。如果第一天投入4棵，几天长满池塘？

307 蜗牛爬墙

蜗牛爬墙，日升3米，夜降2米。墙高12米，几日到顶端？

308 狮虎竞赛

小狮子与小老虎赛跑，各跑100米后再次回到出发点。小狮子跳一次为3米，小老虎跳一次只2米；小狮子每跳两次，小老虎就跳三次。请回答谁先回到出发点？

309 青蛙捉虫子

大小两只青蛙比赛捉虫子，大青蛙比小青蛙捉得多。如果小青蛙把捉的虫子给大青蛙3只，则大青蛙捉的就是小青蛙的3倍。如果大青蛙把捉的虫子给小青蛙15只，则大小青蛙捉的虫子一样多。你知道大小青蛙各捉了多少只虫子吗？

演算思维 第九章 第一阶段

310 猴子抬西瓜

小猴子从300米远的地方往回抬一个大西瓜，需要2个小猴子一起抬。现在由3个小猴子轮流抬，请你算一下，每个小猴子抬西瓜平均走了多少米？

311 猫兔赛跑

兔子和猫进行百米赛跑，兔子到达终点时，猫只跑到90米的地方。为了让兔子和猫同时到达终点，决定让兔子后退10米起跑，这种想法能使兔子和猫同时到达终点吗？

312 要喂多少米

37公斤米喂37只母鸡吃了37天，而73只母鸡73天生了73公斤蛋。请问在同样条件下，要得到1公斤鸡蛋，需要喂多少公斤米？

313 鸡兔同笼

"鸡兔同笼"是我国古代流行的一道传统数学题。

（一）
鸡兔同笼不知数，
三十六头笼中露，
数清脚共五十双，
各有多少鸡和兔？

（二）
鸡兔同笼不知数，
头数相同已告诉，
知道脚共九十只，
请问多少鸡和兔？

314 大小灯球

有一次米兰芬到了一个阔人家里，主人请她观赏楼下大厅里五彩缤纷、高低错落、宛若群星的大小灯球。主人告诉她："楼下的灯分两种。一种是灯下一个大球，下缀两个小球；另一种是灯下一个大球，下缀四个小球。楼下大灯球共360个，小灯球1200个。"主人请她算一算两种灯各有多少。

你能算出来吗？

315 强盗和匹布

唐代有位尚书叫杨损，有学问，会算学，任人唯贤。一次，朝廷要在两个小官吏中提拔一个做大官，因为这两个人情况不相上下，所以负责提升工作的官吏感到很为难，便去请示杨损。

杨损出了一题："有人在林中散步，无意中听到几个强盗在商讨如何分赃。他们说，如果每人分6匹布，则余5匹；每人分7匹布，则少8匹。试问共有几个强盗？几匹布？"

听过题目后，一个小吏很快就算出了答案，被提升了。

你知道算法和答案吗？

第二节 等式玄机

316 奇怪的等式

什么情况下7+8=3？

317 连环等式

请将0至9这十个自然数填入"□"中，使之成为一道相等的连环等式。

□×□÷□+□-□=□×□÷□+□-□

318 动物等式

每个动物的值是多少？

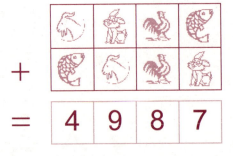

319 曲折等式

将数字1~9填入图中空白处，依次运算，使等式成立。要求9个数字都要用到，且只能使用一次。

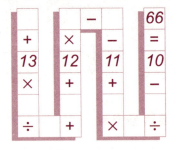

320 纵横等式

在第一行数字下面的空格里填写+、-、×、÷等运算符号，然后在符号下面的空格里面再填写上1~9中的一位数字……如此间隔出现，依次运算（不按等式写完后的四则运算规律）。请完成这个"纵横等式"。

9	+	5	×	2	-	3	=	25
							=	40
							=	20
							=	16
=		=		=		=		
18		40		10		54		

321 钟表等式

问号处应为几点？

 = 1500

 = 1245

 = 830

322 图形等式

（1）▨ 和 ⊖ 分别代表1～9中的一个整数，问 ⊖ 等于多少？

▨ × ⊖ = ▨

A.6 B.1 C.2 D.3 E.4 F.5

（2）□代表0～9中的一个数，○△代表10～99中的一个两位数，问□等于多少？

□ + □ = ○△

A.1 B.3 C.4 D.0 E.7 F.2

（3）△和○分别代表0～9中的一个数，问△等于多少？

△ + △ + △ + △ = ○

A.3 B.7 C.0 D.4 E.5 F.5

（4）问号处应为什么图形？

○ : □ = ⬭ : ?

323 图形竖式

（1）▲和○分别代表0～9中的一个数，问○等于多少？

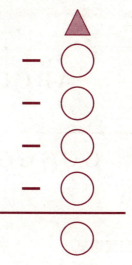

A.0 B.2 C.1 D.3 E.5 F.4

（2）△□和代表10～99中的一个两位数，问□等于多少？

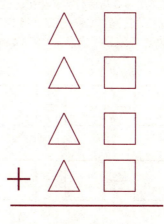

A.6 B.2 C.5 D.3 E.0 F.4

324 字母竖式

在下面这个乘式中，不同的字母代表不同的数字：这里G代表哪个数字？靠运气凑数是行不通的，只有借助分析。

```
      A B C D E
    ×         F
    ───────────
      G G G G G G
```

325 交叉等式

图中九个方框组成四个等式，其中三个是横式，一个是竖式，如何在这九个方框中填入1~9九个数字，使得这四个等式都成立，注意，1~9这九个数字，每个必须填一次，即不允许一个数字填两次。

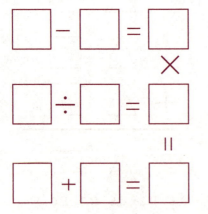

326 找回等式

（1）如何移动一根火柴，使下面的等式成立？

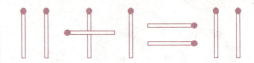

（2）如何移动一根火柴，使下面的等式成立？

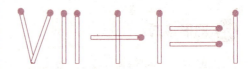

（3）拿走3根火柴，使算式成立。

327 火柴等式方阵

下面是一个由火柴组成的错误的等式方阵，你能移动其中的一根火柴，使每一横行和竖行里的数字相加之和都相等，使其成为一个正确的等式方阵吗？

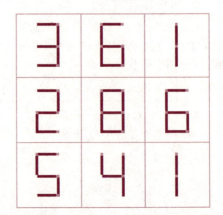

第三节 扑克牌 棋子·火柴

328 心算点数

三张扑克牌甲、乙、丙均面朝下放在桌子上。已知甲和乙的点数之和为15，乙和丙的点数之和为17。这三张牌中，没有一张牌点数是7，也没有一张牌点数大于9。这三张牌的点数各是多少？

329 猜牌游戏

有9张扑克牌，分别为A～9。A、B、C、D四人取牌，每人取2张。现已知A取的两张牌之和是10；B取的两张牌之差是1；C取的两张牌之积是24；D取的两张牌之商是3。请说出他们四人各拿了哪两张扑克牌，剩下的一张又是什么牌？

330 扑克牌三角形（Ⅰ）

用红桃A～9这9张牌摆成如下图所示的三角形形状，使得每条边上的4张牌的点数之和等于21。

331 扑克牌三角形（Ⅱ）

桌面上有一个三角形图案和点数1到9的9张扑克牌，其中点数为1、2、3的3张扑克牌已经摆放在三角形的三个角上。如何分配剩余的6张牌，使三角形的每条边上的扑克牌的数量、点数之和都相等呢？

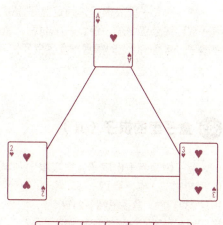

332 扑克牌等式方阵

用红桃A～K的点数分别代表1～13，用小王代表14，大王代表15，再用10张面朝下的牌，共计25张牌，摆成一个5行5列方阵，使每一行、每一列、每一对角线上的明牌点数之和为24。

333 摆数游戏

红桃A～9这9张牌摆成如下图所示的形式。只调换一次相邻的两张牌，使其牌点数组成的9位数成为能被19整除的最大数。

334 盒子里的棋子（Ⅰ）

往一只盒子里放棋子，假定盒子里的棋子数目每分钟增加一倍，一小时后，盒子满了。请问在什么时候是半盒子棋子？

335 盒子里的棋子（Ⅱ）

盒子里有若干枚棋子，每次拿出一半后再放进去1枚，算取一次，如此循环。取了832次后，盒子里剩下2枚棋子，那么，你知道在开始时盒子中有多少棋子吗？

336 捡火柴

桌子上散乱着一些火柴。如果5个人在5秒钟内能捡起5根火柴，用这样的速度，需要几个人才能在100秒钟内捡起100根火柴？

337 分装火柴

100根火柴，分装在6个火柴盒中，要求每个火柴盒中都含有"6"，应该怎样分装？

338 分火柴

某人手中有若干火柴，分别发给了四个人，情况如下：

首先把手中一半的火柴发给第一个人；

接着把手中剩下的火柴的一半发给了第二个人；

然后，第三个人拿走了剩下的火柴的一半；

最后，第四个人又拿走了剩下的火柴的一半。

这时，此人手中还剩下10根火柴。你知道他手中最初有多少火柴吗？

第十章

整合思维

——大脑的"集成电路"

整合就是把一些零散的东西通过某种方式而彼此衔接，从而实现信息系统的资源共享和协同工作。其主要的精髓在于将零散的要素组合在一起，并最终形成有价值有效率的一个整体。整合思维是头脑中同时处理两种或多种相互联系或对立的观点，并从中得出汇集多方优势的解决方案的思维能力。

如果说"概括思维"是"分总思维"、"判断思维"是"总分思维"的话，那么"整合思维"就是"分总思维+总分思维"，是一种典型的综合思维。一个人的成功靠优势、靠特长，但也离不开综合素质，更离不开整合思维的具体运用。

第一节 生活IQ

339 情侣散步

一对情侣在散步。男孩的步幅大，女孩的步幅小。男孩走2步的距离，女孩要走3步。如果他们正好都用右脚同时起步，女孩走出多少步后，能和男孩同时迈出左脚？

340 串门

某人有七位朋友。第一位朋友每天晚上都去他家看他，第二位朋友每隔一个晚上到他家去，第三位朋友每隔两个晚上去他家串门，第四位朋友每隔三个晚上去他家做客。依此类推，直到第七位朋友每隔六个晚上在他家出现。这七位朋友会时在同一个晚上在主人家中碰面吗？

341 相遇在何时

苏珊娜和格洛丽娅两人常去探望生病住院的好朋友盖瑟。苏珊娜隔6天来看望盖瑟一次。格洛丽娅则是隔2天就来住院部看盖瑟一次，这天，苏珊娜与格洛丽娅偶然在盖瑟所住的病房里相遇。

请问，下一次这两人再见面是什么时候？

342 快速煎牛排

煤气炉上有两个炉头，现在准备用两个煎锅煎三块牛排，但是一个煎锅上只允许煎一块牛排。如果煎一面要5分钟，两面都煎要花10分钟，最短需要多长时间，能把两块牛排的两面都煎好？

343 巧分黄瓜

甲、乙、丙、丁4个学生要平分3根黄瓜。老师让他们在不切断黄瓜的前提下，每人要得到相同的量。怎样做到？

344 等分苹果

小明家里来了6位同学。小明的妈妈发现家中只有5个苹果。她想把这5个苹果平分给这6个孩子，可是又不想把它们都切成碎块，她希望每个苹果最多只能切3块，你能想出方法吗？

345 巧分钥匙

有家工厂的技术科有三只资料橱，每只橱子各有两把钥匙，科里三个工程师随时都需要打开这三个橱子。请问，在不增加钥匙的情况下，怎样才能使每人随时都可以打开这三个橱子的任何一个？

346 互相换位

这是一座小型别墅的平面图，里面放着不少家具：办公桌、钢琴、床、酒柜和书橱。只有2号房间暂时没有放家具。

租用这座别墅的房客想把钢琴和书橱对调一下位置，但房子太小了，任何一个房间都不能同时容纳两件家具。幸亏有工人帮忙，可以把家具从一个房间移到另一个房间，这样依次移动下去，最后总能解决这个难题的。但是，怎样做才能用最少的搬动次数来达到钢琴和书橱互相换位的目的呢？

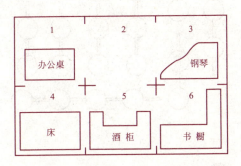

347 谁的力气大

甲、乙、丙、丁四个小组进行拔河比赛。当甲、乙两组为一方，丙、丁两组为另一方的时候，双方势均力敌，不相上下。但当甲组与丙组对调以后，甲、丁一方就轻而易举地战胜了丙、乙一方。然而，分组较量时，甲、丙两组均负于乙组。这四组中，谁的力气最大？

348 三人过河

一个大人带两个孩子过河。大人体重60公斤，小孩体重30公斤。河边只有一只船，船载重为60公斤，他们怎样过河？

349 虎牛渡河

三头牛和三只虎要渡河过去，只有一条小船，每次都运装两头过河，但不能空船回来，为了防止虎吃牛，在一边岸上的牛数不能少于虎数。应该怎样渡？至少需要渡几次？

350 母子过河

有6只猪过河。其中母子分为1队，分3队。第一队母子都会划船；第二队妈妈会，孩子不会；第三队妈妈也会，孩子不会。有一只船，每次只可以坐两人，妈妈要保护自己的孩子，不然别的母猪就会吃她的孩子，怎么做？

351 快速连接锁链

如图，一条锁链断成几截，剩下完好的8段。

若要将这8段锁链首尾相接，先需把每段链子末端开洞以接合另一条链子，然后再把开洞部分拉合，如此动作至少需8次。你能想出少于8次的更简单的方法吗？

352 焊接链条

如图共有9根链条，组成每根链条的环的数目不等。打开一个环需要5元，把一个打开的环重新焊接上需要10元。最少花多少钱能把这9根链条焊接成一根首尾相接的封闭的链条？

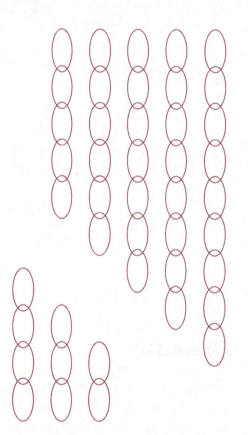

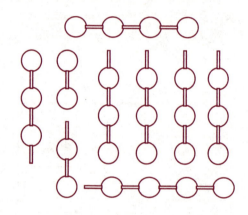

353 安全的手术

一个国王得了急性阑尾炎，国王请来了三位医术高明的医生，并要求他们在当天轮流给自己动手术。因为当时有瘟疫存在，任何人都有可能带有病毒，所以国王和三个医生之间，以及三个医生之间都不能有接触以防止感染。但是只有两双消过毒的手术手套，怎么做才是最安全的？

354 一半唱片

有一次，鲍勃和海伦经过一家唱片商店。这时，鲍勃问道："你那些西部田园音乐的唱片还在吗？"海伦回答说："没有了。我已经把一半唱片和一张唱片的一半送给了苏席。然后，我又把剩下的一半唱片和一张唱片的一半送给了乔。我现在只剩下一张唱片了。假如你能说出我原来有几张西部田园音乐的唱片，那么这一张唱片就送给你。"鲍勃给弄糊涂了，因为他怎么也弄不明白成两半的唱片还有什么用处。但是，他仔细思考了一下，突然喊了起来："啊哈！我明白了！"原来海伦一张唱片也没有掰开过。他答出了这一难题，于是海伦就把最后一张唱片送给了他。鲍勃到底有什么诀窍呢？

355 球赛比分

公元2200年，足球规则中的记分进行了改变：在一场比赛中，胜者得10分，平局各得5分，无论胜负，踢进一球就加1分。在一次采用循环制的国际大赛中，经过几场比赛，各队得分如下：日本队得3分，巴西队得7分，中国队得21分。请问共进行了几场比赛？每场比赛的进球比是多少？

356 匆忙的女演员

女演员要去寄四封信。四张信纸都已写好，四只信封也正确写上了地址。可是由于匆忙，她疏忽大意地把几张信纸套错了信封。不过，每只信封里她只装着一张信纸。而且不外乎三种可能：A、正好三封信套对了；B、正好两封信套对了；C、正好一封信套错了。请问她套对了几封信？

357 装错了信封

某人写了5封信，要分别寄给甲、乙、丙、丁、戊五人，信封都已写好，这时忽然停电灯都灭了。他就每个信封里放了一封信。等到电灯重新亮起来后，他发现信全装错了信封，例如给丁的信装在了给戊的信封里。而且，有一个信封装的是给丙的信，而应该装在此信封中的信却装进了给戊的信封。给乙写的信占据了他装在给甲的信封中的信的信封。他的信实际是怎样装的？

358 水和酒

有两个量杯，一个装着水，一个装着酒。先将一定量的水倒入酒中，再将同样数量的水酒混合物倒入水中，现在是水中的酒多呢，还是酒中的水多？为了不至在思考中引起歧义，不妨假设这里所说的酒是纯酒精。

第二节 数字迷宫

359 伪慈善家

慈善家洋洋得意地说:"在上个星期,我把 50 枚银元施舍给10个可怜的人。我不是平分给他们的,而是根据他们困难的程度进行施舍。因此,他们每个人得到银元的枚数都不相同。"一个聪明的青年听了很生气,说:"你是一个伪慈善家,你说的全是谎话!"这个青年为什么这样说?根据什么?

360 海员之约

甲、乙、丙、丁四人都是海员,今年1月1日同时乘不同的轮船出海。分别的时候,他们约好下一次四个人都回港的那一天相见。甲隔16个星期回港一次,乙隔12个星期回港一次,丙隔8个星期,丁隔4个星期。这四个海员那一天能见面呢?

361 奇怪的食物

有一种东西,吃2个要1元,吃4个要2元,吃9个要3元,你猜这是什么东西?

362 有几个球

某人手中有若干个球:除了两个球不是红的,其余都是红的;除了两个球不是绿的,其余都是绿的;除了两个球不是黄的,其余都是黄的,从上面的条件中可以得知:他手中有几个球?

363 大雁的队形

大雁在天空飞翔:1只在前,4只在后;1只在后,4只在前;1只在左,4只在右;1只在右,4只在左;1只在两只中间,3只排成一行,共排了两行。你能说出这群大雁共有多少只,是什么样的队形吗?

364 赶羊过关

有一个牧区,当地政府规定,牧民每赶一群羊经过一个关口,要没收一半的羊,再退还一只。有一个牧民,在经过十个关口之后,只剩下两只羊了,问牧民最初共有几只羊?

365 赛场相遇

甲、乙、丙三人在一条长900米的环形跑道上赛跑,甲的速度是每分钟360米,乙的速度是每分钟300米,丙的速度是每分钟210米,问:当他们第一次相遇时各跑了几圈?

366 谁挣得多

一个人第一年挣2000元,以后每年多挣250元;另一个人头半年挣1000元,以后每半年多挣50元;三年内谁挣的钱多?

367 最短时间过桥

在漆黑的夜里，四位旅行者来到了一座狭窄而且没有护栏的桥边。如果不借助手电筒的话，大家是无论如何也不敢过桥去的。不幸的是，四个人一共只带了一支手电筒，而桥窄得只够让两个人同时通过。如果各自单独过桥的话，四人所需要的时间分别是1分钟、2分钟、5分钟、8分钟；而如果两人同时过桥，所需要的时间就是走得比较慢的那个人单独行动时所需的时间。请你如何设计一个方案，让他们用的时间最少。

368 阿凡提分马

阿凡提有一次骑马来到一个牧场，正遇着三个人在为分马而大伤脑筋。

问题是这样产生的：一共有23匹马，甲应得这些马的1/2，乙应得1/3，丙应得1/8。一匹马分成两半，还能干什么用呢？他们不愿意这样分，可是又都坚持自己的份额不能少。

阿凡提问明缘由以后，立刻想出了一个主意，23匹马很快就分好了。

阿凡提想出一个什么办法？

369 海水"桶"量

海边一个3公升的提桶，一个5公升的提桶，两只提桶形状都不均匀，问你如何才能准确称出4公升的海水？

370 小猴吃桃子

一只小猴从山上采来一堆桃子。第一天，它先吃去其中的一半，还有些嘴馋，又吃了一个。第二天吃去剩余桃子的一半再加一个，第三天又吃去剩余桃子的一半再加一个，第四天再吃去剩余桃子的一半再加一个，刚好吃完。小猴从山上共采来多少个桃子？

371 留下几头牛

从前有个农夫，死时留下几头牛，在他的遗书上写道：

"妻子：分给全部牛的半数再加半头；长子：分给剩下的牛的半数再加半头；次子：分给还剩下的牛的半数再加半头；长女：分给最后剩下的半数再加半头。"

结果是一头牛也没杀，也没有剩，正好全部分完。请问农夫死时留下几头牛？

372 三人分鱼

一个山清水秀的村子里有三个好朋友：小明、小刚和小强，他们常在一起合伙打鱼。一次，他们忙碌了大半天，打了一堆鱼。实在太累了，就坐在河边的柳树下休息，一会儿都睡着了。小明醒了想起家里有事，看小刚和小强睡得正香，没有吵醒他们。他把鱼分成三份，自己拿一份走了。不一会儿小刚也醒了，要回家。他也把鱼分成三份，自己拿一份走了。太阳快落山了，小强才醒来。他想，小明和小刚上哪去了？这么晚了，我得回家劈柴去。于是，他又把鱼分成三份，自己拿走一份。最后还剩下8条鱼。

第二天，他们又合伙到河边打鱼，才知道昨天分的鱼不合理。小明立即把剩下的8条鱼给小刚3条，小强5条。你能算出他们原来共打多少条鱼吗？

373 三人分梨

小明、小刚和小强三个伙伴互相关心，他们每个人无论有什么好事都忘不了另外两个朋友。

一次，小明从山里运来了一筐山梨，他把小刚和小强找来，对他们说："我把这筐梨先分给你们一些，剩下的便是我的。"于是，他把山梨的一半给了小刚，然后又给小刚加了1个。接着，他又把剩下的给了小强一半，也同样给小强加了1个，最后剩下5个山梨，他自己留下了。

你来算算，小明这一筐山梨共有多少个呢？

374 分油问题

有24斤油，今只有盛5斤、11斤和13斤的容器各一个，如何才能将油分成三等份？

375 怎样量出4公升水

有一个人到河边去打水。他只带有两个没有任何测量刻度的容器，但是知道这两个容器的容量分别为3公升和5公升。如何只使用这两个容器，使他能打回恰好4公升的水？

376 分配工资

张、李和王三家门口共堆放一大堆垃圾。三家要求把它清理走。张家清理了5天，李家清理了4天，就全部清理干净了。王家有事，只好出9元钱顶了他们的劳动。请你来帮助分配一下，如何分这9元钱才合理？

377 怎样分饭钱

两位朋友在烧饭。一个人往锅里放了200克米，另一个人放了300克米。饭做好后，两人正准备就餐，一个过路人走了过来，参加到他们中间一起用餐。临走，留下了5元的饭钱。两位友人应当怎样分配这5元钱？

378 瓜分投资

布朗与琼斯两人合伙的老商行里，布朗投入的资本是琼斯的1.5倍，后来他们决定吸收鲁宾逊入伙，要他拿出2500美元的钱来投资。这笔钱要由布朗与琼斯两人来瓜分，瓜分原则是要使得三人的股份相等。他们该怎样分这2500美元？

379 空瓶换汽水

一瓶汽水一元钱，三瓶空汽水瓶可以换一瓶汽水。现在有12元钱，最多可以喝多少瓶汽水？

380 卖了多少个鸡蛋

一位买菜人问一位卖蛋的老妇人：今天早上卖了多少个鸡蛋？老妇说："我没有数，不过我记得：第一个人买了我鸡蛋总数的一半少半个；第二个人买了余下的一半少半个；第三个人又买了其余的一半多半个，最后把剩下的两个蛋卖给了第四个人。"你知道这位老妇人共卖了多少个蛋吗？

第三节 扑克牌·棋子·火柴

381 11、13交替

如图，将红桃A～10这10张牌摆成

一排，如何变换一下顺序，使相邻的两张牌的点数之和为11，13，11……

382 三张扑克牌

桌子上有三张扑克牌，排成一行。现在，我们已经知道：

1. K右边的两张牌中至少有一张是A；
2. A左边的两张牌中也有一张是A；
3. 方块左边的两张牌中至少有一张是红桃；
4. 红桃右边的两张牌中也有一张是红桃。

问：这三张是什么牌？

383 圆周取牌

将红桃A～K共计13张牌在桌子上摆成一圈，如下图所示。

甲乙二人玩取牌游戏，规则如下：
（1）甲乙二人轮流取牌。
（2）轮到谁取牌，他可以取1张，也可以取相邻的而且之间没有空位的两张牌，但不允许1张都不取。
（3）谁最后拿完桌子上的牌，谁为赢家。

如果你是甲，如何保证必胜？

384 跳成5摞

红桃A～红桃10共10张牌摆成如下图所示的形式。

现规定，每次只能跳1张牌，且要跳的这张牌只能跳过双张牌，即只能做如图A、图B所示的动作跳牌（弧线表示向左、向右跳都允许）。

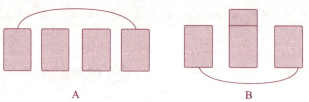

要求像上面规定那样跳5次，使10张牌成5摞，每摞2张。

385 数字无序化

下图所示的八张扑克牌中，点数1~8八个数字有序地排列在一起，这道题目要求你在这八个方块中重新排列这些数字，使它们处于完全无序的状态，也就是说，任何两个连续的数字必须完全脱离接触，在上下、左右和对角线方向上都不能有任何接触，你如何做到这点？

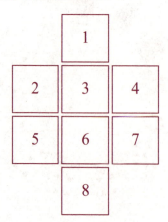

386 为数最多的偶数

把10枚棋子放在一张4×4规格的棋盘上，每格放一枚，要使它们形成10行，每行所放的棋子必须是偶数。计算行数时，横排、直排和斜排都算。

387 取象棋游戏

如图所示，把9枚象棋摆成三行，双方轮流取走象棋，一次可以取1枚或者多枚，但是每次取象棋必须都取自同一行。谁被迫取走最后一枚象棋，谁便是输家。

如果先手的第一着对了，并且继续玩得有理，他总能赢。你能找出这制胜的开局第一步吗？

388 圆周取棋

这种游戏的玩法是，取任意数目的筹码（可以是硬币、棋子、石子或小纸片等），把它们摆成一个圆圈。下图是用10枚棋子摆成的开局。两位游戏者轮流从中取走一枚或两枚筹码，但如果是取走两枚筹码，这两枚筹码必须相邻，即它们中间既无其他筹码，也无取走筹码后留下的空当。谁取走最后一枚筹码谁胜。

如果双方都玩得有理，谁肯定能获胜？他应该采用什么样的策略？

389 火柴归位

如图，桌面上放有4根长火柴和4根短火柴。现在要求你每次移动两根相邻的火柴，在标有编号的10个位置上，移动4次把长短相同的4根火柴放到一起。

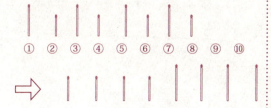

390 交错调转

有10根火柴排成一行，5根头向下，5根头向上。要求两根连在一起移动，移动五次，头向上的和头向下的火柴就会交错开来。请你想一想，怎样移？

391 智取火柴

两堆火柴，每堆两根或三根或更多，每次可以拿一根两根或整堆拿走。谁拿最后一根火柴谁输，你知道要怎样才不会输吗？

第十一章

创新思维

——独树一帜，标新立异

创新思维是指对事物间的联系进行前所未有的思考，从而创造出新事物的思维方法，是一切具有崭新内容的思维形式的总和。一切需要创新的活动都离不开思考，离不开创新思维，可以说，创新思维是一切创新活动的开始。

第一节 生活IQ

392 巧放苹果

一个毫无损坏的苹果已经装在一个肚大口小的玻璃瓶里，现在除了损坏苹果或瓶子外，没有别的办法能拿出苹果。你猜猜苹果是怎样放进瓶子里去的呢？

393 智斗莽汉

有一个目空一切、头脑简单的莽汉，众人都很厌恶他。一位少年一直想教训一下他。一天，他对莽汉说："你虽然厉害，但是我取一本书放在地上，你也未必能跨过去。"莽汉听了大怒，一定要试试看。少年取书放好后，那莽汉果然没有跨过去。这是怎么回事？

394 有惊无险

一位玻璃清洁工在清洗一座大楼第20层的玻璃时不慎坠落下来，但他却只受了点轻微的擦伤。他当时没系安全带，也没有东西接住他。发生这种情况可能吗？

395 跳不出去的圆圈

哥哥用绳子做一个直径三米的圆圈，弟弟一下子就跳出去了。哥哥说："好，我用这条绳子再做一个圆圈，让你永远跳不出去。"你知道哥哥做的是怎样一个圈吗？

396 找地方

一个人坐在屋中，另一个人能在屋中找到一个地方坐下来，并且第一个人永远不能坐在那里，这是什么地方？

397 钓到了几条鱼

一位同学钓鱼回来，老师问他："你钓到了几条鱼？"这位同学说："钓了六条无头鱼，九条无尾鱼，八条半个身体鱼。"这位同学共钓了几条鱼？

398 大明拿鸡蛋

大明打完球，穿着背心、短裤，捧着篮球回家。路上遇到一个老大娘在卖鸡蛋："买吧，一共15个鸡蛋。"大明觉得合算，就买下了。可是，15个鸡蛋该怎么拿回家呢？大明灵机一动，啊哈，有办法了。结果，大明把15个鸡蛋放在篮球上拿回家了。这可能吗？

399 最短的距离

如图，在一条200米宽的河流两岸，有A、B两个点。假如A、B在如图所示位置的话，那么请问在河的什么部位建造一座桥，可以使A和B的距离最短？河流的宽度是固定的，桥也不能斜着架。

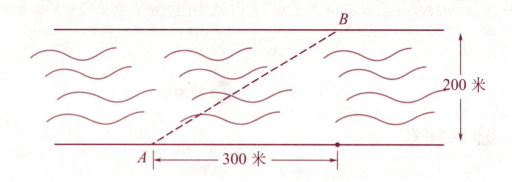

第二节 文字寻幽

400 秀才猜谜

几个秀才相聚一起，玩字谜游戏：

张秀才先说道："唐虞有，尧舜无；商周有，汤武无；古文有，今文无。"王秀才马上猜中说："听者有，看者无；跳者有，走者无；高者有，矮者无。"李秀才听了立即接口道："善者有，恶者无；智者有，蠢者无；嘴上有，手上无。"赵秀才也脱口说："右边有，左边无；后面有，前面无；凉天有，热天无。"刘秀才也高兴地接下去："哭者有，笑者无；骂者有，打者无；活者有，死者无。"说完，几位秀才发出会心大笑。

你知道是什么字吗？

钟表字谜

（1）

打一字

（2）

打一字

（3）

打一六字成语

（4）

打一字

402 看棋局，猜成语

（1）

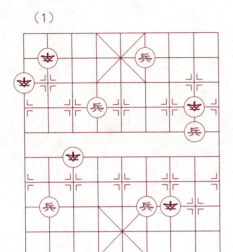

打一成语

（2）

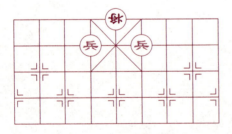

打一成语

（3）

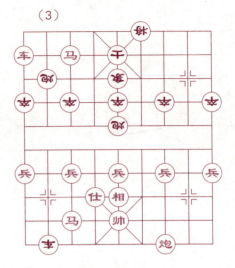

打一成语

（4）

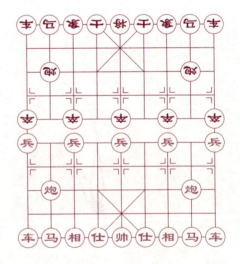

打一成语

创新思维 第十一章 第一阶段

403 摆火柴，猜成语

（1）

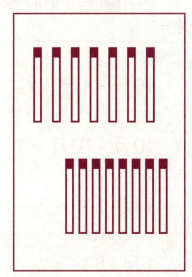

打一成语

（2）

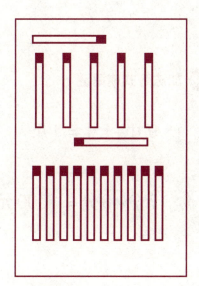

打一成语

（3）

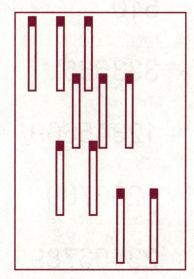

打一成语

404 图像字谜

（1）

打一字

（2）

打一字

（3）

打一成语

405 数字成语谜

(1) **510**
打一成语

(2) **333555**
打一成语

(3) **12345609**
打一成语

(4) **1256789**
打一成语

(5) **23456789**
打一成语

(6) **33**
打一成语

406 加法字谜

(1) **20+1**
打一字

(2) **20+3+8**
打一字

(3) **8000+1**
打一字

407 加法等式字谜

(1) 24小时+24小时+24小时=？
打一字

(2) 10斤+8斤=？
打一字

(3) 10斤+10斤=？
打一字

(4) 1尺+1寸=？
打一字

(5) 1尺+8寸=？
打一字

(6) 500里+500里=？
打一字

408 加法等式成语谜

(1) 9寸+1寸=1尺
打一成语

(2) 7分+8分=1000元
打一成语

409 乘法等式字谜

$$18 \times 6 = ?$$

打一字

410 乘法等式成语谜

(1)

$$1 \times x = x$$

打一成语

(2)

$$\boxed{1} \times \boxed{1} = \boxed{100}$$

打一成语

(3)

$$1000^2 = 100 \times 100 \times 100$$

打一成语

411 除法等式字谜

(1) ? ÷ 森 = 3

打一字

(2) 多多多多 ÷ 2 = ?

打一字

412 除法等式成语谜

(1) 1/2

打一成语

(2) 2/2 = 1

打一成语

(3) 7/2 = 3.5

打一成语

413 字母谜语

(1) W

打一成语

(2) q(le)i

打一成语

(3) Zhang

打一成语

414 拼音谜语

（1）dìng

打一成语

（2）pò

打一成语

（3）Zhī

打一成语

415 偏旁谜语

打一成语

416 图文成语谜

打一成语

417 符号谜语

打一字

第十二章

应变思维

——车到山前必有路

应变思维能力是指人在外界事物发生改变时控制自己所做出的反应的思维能力。应变能力是当代人应当具有的基本能力之一。在当今社会中，我们每个人每天都要面对比过去成倍增长的信息，如何迅速地分析这些信息，是人们把握时代脉搏、跟上时代潮流的关键。它需要我们具有良好的应变思维能力。

第一节 生活IQ

418 孙膑请师出屋

鬼谷子出了个题目考验孙膑和庞涓两人,看谁有办法请他出门。庞涓威逼利诱,想尽方法不能使鬼谷子出来,甚至说要烧房,鬼谷子笑言:这是我的唯一身家,你还没接近,我就飞剑取你性命了。庞涓束手无策。轮到孙膑想办法了。孙膑说出了自己的办法,鬼谷子果然自己走了出来。这是什么办法呢?

419 孙膑吃馒头

鬼谷子对徒弟孙膑和庞涓说:"这里有五个馒头,你们每人每次最多只能拿两个,吃完了才准再拿,现在你们比赛看谁能多吃到馒头。"话声未落,庞涓就抢先抓起两个馒头大吃起来。孙膑已慢了一步,而且一向没有庞涓吃得快,但他最后却赢了,你能想出孙膑怎么赢的吗?

420 哥伦布的鸡蛋问题

哥伦布发现美洲之后,有一绅士对哥伦布表示不服气,说:你不过只是保持向西的航向,一直航行过去罢了,这一点随便什么人都可以做到,哥伦布听了,从盆子里拿起一个煮熟的鸡蛋,说:亲爱的先生,你能不能设法让这个鸡蛋直立在桌面上呢?那位绅士费了一番心思,怎么也不能让鸡蛋直立起来,弄得面红耳赤。哥伦布见了,接过鸡蛋,一下子就使鸡蛋直立在桌上。你知道哥伦布直立鸡蛋的方法吗?

421 农夫做了个啥动作

从前,有一对勤劳的夫妻在山坡上开垦了几块田地,种了小麦,可贪财的地主看见了,每天把家里的鸡全赶到农夫的地里。农夫看到自己的庄稼被糟蹋,非常心痛。妻子知道后,说:"明天,你只要到地里做个动作,要让地主看见,又不要让他看清,他就不会再放鸡了。"第二天,农夫一试,果然有效。请你猜猜,农夫做了个什么动作?

422 死里逃生

有位国王定出一条法律:凡是罪犯处死前,叫犯人在木箱里抓阄,一个写着"生",一个写着"死"。如摸到写"生"字的纸卷,当众就释放;如摸到写"死"字纸卷,就立刻杀头。有位正直的大臣遭到得宠宰相的诬告陷害而被强加了罪名。宰相为了使大臣在抓阄时没有生的希望,他用重金收买了掌管木箱的法官,法官同意两张都写死字。一个有正义感的仆人把这事告诉了狱中的大臣,大臣很感激他。抓阄的时间到了,法官把木箱放在国王面前,大臣泰然地走到木箱前,伸手摸了一张。可是结果呢,大臣并没有死,国王依据法律把他放了。请你猜一猜,大臣用什么办法免除一死呢?

108

423 酒鬼喝酒

有半瓶酒，瓶口用软木塞塞住。不敲碎酒瓶，不拔去塞子，也不准在塞子上钻孔，酒鬼如何将瓶内的酒喝光？

424 拴苹果

6个苹果，用一根5米长的绳子，每隔一米拴一个，正好。现在吃掉了一只苹果，要求还用这根绳子，仍然是每隔一米拴1个苹果，绳子不剩，应该怎样拴？

425 如何通过

船顺水而下，通过一座桥洞时，发现货物装得多了一点，约高出2厘米。若要卸掉一些货物吧，无奈货物是整装的，一时无法卸下。有什么办法能够不卸货，使船通过呢？

426 如何"瘦身"

两只装满货物的木船，相遇在一条宽3.9米的航道上。两只船最宽的地方都是2米。请问用什么方法才能使两只船通过？

427 安全过桥

有一座短桥，载重不能超过三吨。开来一辆汽车，满载了三吨半的铁链，再加上汽车本身的重量，不是大大超过三吨的限定了吗？应该怎样才能安全通过呢？

428 挑瓜过桥

有一个人挑一担西瓜要过桥去，桥宽一米，河水离桥面半米，桥能承受200斤的重量，可是，挑瓜人体重120斤，两筐西瓜，每筐重50斤，怎么才能一次把两筐西瓜挑过桥？

429 过独木桥

一个小孩跟在一个挑着箩筐的大人后面，过独木桥，中间遇见迎面走来一个小孩，两个小孩谁也不肯让谁，大人从中劝说也不行，他急中生智，想出了一个办法，使他们各自过去了。你知道这是什么办法吗？

430 怎样过桥

一支炮兵部队开往前线，火炮均由卡车牵引。行军途中遇到一座桥，桥头的标志牌上写着：最大载重量25吨。然而，每辆卡车重10吨，火炮重20吨，明显超过了桥的载重量，你知道怎样过桥吗？

431 洞中捉鸟

一只小鸟不慎飞进一个矩形小洞。小洞很狭窄，手臂伸不进去，若用树枝夹它，又要伤害小鸟。你能不能帮助想一个简便的办法，把小鸟从洞里捉出来？

第二节　文字寻幽

432 "百担榆柴"

鬼谷子教了两个弟子：孙膑和庞涓。一天，鬼谷子让他们每人一天拾回"百担榆柴"。

第二天，庞涓一大早就上山去了，他拼命劳作，到天黑才砍了99担榆柴。孙膑却从从容容地吃了早饭，背了些书，在山上找了个僻静地方读起来。直到天色晚了，才收拾起书，砍了一根粗柏树枝做扁担，又砍了两捆榆枝，挑着下山了。

鬼谷先生却夸奖了只砍了一担柴的孙膑，这是为什么？

433 阿凡提染布

一天，财主老爷拿出了一块布料，来到阿凡提开的染布店，说道："阿凡提，给我这块布染色。"阿凡提问他想要什么颜色，财主刁难道："我不要白色的，不要黄色的，不要蓝色的，也不要红色的，更不要黑色的……"他把所有的颜色都说了一遍，故意为难阿凡提，聪明的阿凡提想了一下说："不要紧，到时来取吧！"财主连忙问："什么时候？"阿凡提巧妙地回答了一句，让财主悻悻而归。请问，阿凡提是怎样回答财主的呢？

434 神奇的巫师

国王把一位据说十分神奇的巫师叫到大臣面前说："听说你聪明机智，我想考考你。"接着问诸位大臣："考他什么？"一位大臣说："就考考他，我们各位在想什么，如猜对了，我们每人给他10两黄金，如猜错了，他就给我们每人10两黄金？"国王答应了。巫师说出了一段话，大臣们听了，没有一个不说"是"的，乖乖地给了金子。你认为巫师说的是什么话？

435 祝枝山写春联

某年除夕，明代书画家祝枝山应邀为一刘姓赃官题写了两副春联：
明日逢春好不晦气　终年倒运少有余财
此地安能居住　其人好不悲伤
赃官看后恼羞成怒，即刻扭了祝枝山要问罪。

祝枝山抱拳一笑："大人差矣！学生写的全是吉庆之词啊！"

于是，祝枝山抑扬顿挫地重又当众念了一遍。赃官和众人听得目瞪口呆，无言对答。

应变思维　第十二章　第一阶段

436 微笑的弥勒佛

清代第一才子纪晓岚，以博学多才、能言善辩而闻名。有一次，他陪乾隆皇帝观赏弥勒佛像。乾隆忽然问："这弥勒佛为什么看着我笑？"纪晓岚知道乾隆常常自比文殊菩萨，于是随口应："佛见佛笑。"乾隆听了很高兴，但又想刁难一下纪晓岚，便又问道："那弥勒佛为什么看你也笑？"面对这个极具刁难性的问题，纪晓岚给予了巧妙的回答，你能猜出他是怎么说的吗？

437 犹太人的智慧

德国著名诗人海涅是犹太人。一次，有个人想捉弄他一下，便对他说道："我去过一个小岛，那岛上什么都有，只缺犹太人和驴了。"面对这样带有侮辱性的语言，海涅只平静地说了一句话，那人听了之后立马灰溜溜地走了。请问海涅是怎样反击的？

438 安徒生的反击

闻名世界的丹麦童话作家安徒生生活非常俭朴，他经常戴着破烂的帽子在大街上行走。一天，一个路人讥笑他："你脑袋上边的那个东西是什么？能叫帽子吗？"面对这样的侮辱，安徒生予以了巧妙而犀利的回击，你能猜出他是怎么回击的吗？

439 丘吉尔的反击

英国议会大厅，一场激烈的演讲正在进行中。此时的演说者是保守党议员乔因森·希克斯，只见他在台上讲得唾沫四溅，声嘶力竭。而坐在台下的丘吉尔首相却不时摇头，表示反对。乔因森·希克斯于是颇为恼火，冲着丘吉尔不客气地说："我想提醒尊敬的先生们注意，我只是在发表自己的个人见解。"丘吉尔不慌不忙的回击让对方哑口无言。你知道丘吉尔是怎样巧妙反击这位演说者的吗？

440 这个城市的人很有钱

一次，一位闻名世界的钢琴家去某城市演出，结果他发现座位多半空着，这时的气氛颇为尴尬。钢琴家灵机一动，先向观众说道："我想你们这里的人一定都很有钱……"话音刚落，大厅里顿时充满了笑声，大家不由得为钢琴家鼓起掌来。音乐会就在和谐的气氛中开始了。

这位钢琴家用一句话就消除了尴尬的场面，你知道他是怎么说的吗？

441 鳄鱼池边的标牌

动物园的鳄鱼池边游人如织，经常有一些不文明的游客往鳄鱼池里面扔垃圾，工作人员想了好多办法都没有解决这个难题。一个聪明的工作人员想了一个办法，在鳄鱼池边立了一块标牌，上面写上了一句话，立刻杜绝了乱扔垃圾的现象。这是怎样的一句话呢？

越玩越聪明的1000个思维游戏

442 智破暗语

有一天，侦察员小王看见他所监视的一个敌特突然把一个东西放在一棵老樟树的树洞里。等敌特走后，小王仔细查看树洞里，发现一个小纸团。小王打开一看，上面写着四句话：

主人不点头，
十人一寸高，
人小可腾云，
人皆生一口。

小王看过纸团以后，仍搓成一团照样放进树洞里，立刻赶回向首长报告。当天，一批敌特鬼鬼祟祟地钻进了我方早已布好的包围圈，一个个束手被擒。

您知道树洞中的纸条上写的是什么内容吗？

443 接货时间

S市公安局截获了一份神秘的电文："朝：货已办妥，火车站交接"。经过周密分析，认定这是一伙犯罪分子在进行一项秘密交易，公安局立即召开会议，决定抓获这批犯罪分子。可是这份电文只有接货地址，没有接货的具体时间，使破案无从着手。

警长沉思片刻后，向大家说出罪犯的接货时间，根据警长的判断，果然在这天抓获了一个大走私集团。你能破译这份电文吗？

444 炸弹按钮

警察局技术科的考官在起爆器上设了四个按钮，按钮旁分别放着小刀、小圆镜、梳子和雪花膏。然后请考生根据这四件东西的含意去选定按钮，一次起爆成功。

有一个聪明的考生成功了，你能猜出他按的是哪个按钮吗？

445 猜哑谜

新春游艺会上，主持人请大家用封好口的一封信猜哑谜，并要求猜谜的人不准说话，做两个动作，猜一个成语和中国的一个地名。大家思考了一会儿，站在后排的小宋分开人群，走到桌子前面，拿起信并撕开封口。主持人看了说："小宋猜对了。"

他猜出的成语和地名是什么？

446 奇怪的电报

某县是全国有名的产粮大县。不久前，第八粮库中有一批大米被盗。县公安局的侦察员在破案的过程中，发现邮局里有人拍了一份电报，电文仅仅是"1、2、6、3"四个数字。侦察科长李德华分析情况后，立即布置了暗哨，终于将盗窃分子一网打尽。

你知道侦察科长是怎样发现线索的吗？

第十三章

发散思维

——思维"冲击波"

  发散思维是指从一个目标出发，沿着各种不同的途径去思考，探求多种答案的思维，与聚合思维相对。不少心理学家认为，发散思维是创造性思维的最主要的特点，是测定创造力的主要标志之一。

  发散思维是大脑在思维时呈现的一种扩散状态的思维模式，比较常见，它表现为思维视野广阔，思维呈现出多维发散状。可以通过从不同方面思考同一问题，如"一题多解""一事多写""一物多用"等方式，培养发散思维能力。

第一节 生活IQ

447 不用浇水的花

你能说出多少种不用浇水的花？越多越好。

448 找出另类

（1）A.南瓜 B.葡萄 C.黄瓜 D.玉米 E.豌豆

（2）A.触 B.视 C.听 D.吃 E.嗅

449 五只兔子

隆奇的爸爸拿了5只兔子到集市去卖。回来时，他不仅带回了钱，而且还带回了那5只可爱的兔子，请猜一猜，这是为什么？

450 不寻常的医院

卡奇和朋友在周末的晚上举行了一次聚会。会后，卡奇因为吃多了，肚子忽然难受起来。朋友们赶紧带着卡奇上医院，一路上天黑灯暗，忽然，他们看到"医院"两个大字，便"砰砰"地拍起了门。

"请开门，有病人！"

"什么？病人？这儿不给人看病！"

请问，这医院为何不给人看病？

451 为什么不坐

有一位孕妇在一辆车上，车上有不少空位，为什么她一直都不坐？

452 电梯里的故事

第二次世界大战中德军占领法国期间，有一天，巴黎的一家旅馆里有四个人共乘一部电梯下楼。其中一个是身穿军装的纳粹军官；一个是当地的法国人，是地下组织的秘密成员；第三个是一位漂亮的少女；第四个是一位老妇人。他们相互不认识。

突然电源发生了故障，电梯停住不动了，电灯也熄了，电梯内漆黑一团。这时发出了一声接吻的声音，随后是一掌打在脸上的声音，过了一会，电灯又亮了，纳粹军官的一只眼睛下面出现了一块猩红的伤痕。

老妇人想："真是活该！幸亏如今的年轻姑娘们学会了如何保护自己。"

少女寻思："这个纳粹分子真怪！他没有吻我，想必是吻了这位老妇人或者那位漂亮小伙子，真不知道是怎么回事！"

纳粹军官在想："怎么啦！我什么事情也没做，可能是这个法国男子想吻这位姑娘，她失手打了我。"

只有那个法国人对发生的事情知道得清清楚楚，你能推测出所发生的事情的真相吗？

发散思维　第十三章

453 上当了

有一个村落里的人们喜欢打赌比赛说谎，看谁能够骗得了谁，其中有一个人以素来不会上当而出名。有一天，一个小孩对他说："我有办法可以骗得了你，你相信吗？"这个人不相信，于是小孩说："我的方法在书本里面，你等我回去翻翻书。"这个人同意了，小孩回家了。你能想出这个小孩将怎样让这个人上当吗？

454 汤姆是谁

汤姆到处流浪，饱一餐饿一顿的。这天，亨达老板对他可怜又同情，就送给他两样东西——肉排和一千美金。汤姆看了看这两样东西，就高高兴兴地把那肉排拿走了，请问，汤姆为什么会这样做？

455 火柴坠地

把一根火柴从半米高的地方落下，你能让它落下后不再滚动吗？

456 吃草的两只羊

两只羊一只头朝东，一只头朝西，沿公路边走边吃草，它们之间的距离却越来越小，这是怎么回事？

457 汽车和火车

竞赛小汽车在什么时候能够和火车同一方向同一速度前进？

458 打不破的生鸡蛋

你站在水泥地上，手拿一个生鸡蛋，如何才能使鸡蛋向下掉落三尺不破碎？

459 抓住皮带

从天花板上垂下两根皮带，抓住一根，就够不着抓第二根。你有办法抓住两根皮带吗？

460 巧取王冠

一位记者应邀出席阿拉伯国王的招待会。国王在15米见方的豪华地毯正中放了一顶金光闪闪的王冠。

"各位，谁能不上地毯就拿到这顶王冠？只能用手，不准用其他任何工具。谁能拿到，就把它作为礼物送给谁。"

人们全都聚在地毯周围争先恐后地伸出手，但谁也够不到。这时，这位记者微笑着说：

"好吧，我来试试！"说着，便轻而易举地拿到王冠。

记者是用什么办法取到王冠的呢？

461 遗产安然无恙

一天,一位年轻的妇女慕名来找警长,说了这样一件事:

"我伯父单身一人,他的财产约有10万元,保存在银行的金库里。然后他把钥匙留给我,留下遗嘱,死后将遗产留给我。上个月,我伯父病故,我到银行去取遗产,金库中只放着个信封。"说着,她从手提包中拿出那个信封。

这是一个极为普通的信封。上面贴着两枚陈旧的邮票,没有收信人的姓名、地址。

警长把信封拿到窗前明亮处对着光线照看,一无所获。警长沉思片刻,笑着说:"小姐,请放心,你的遗产安然无恙。"

那么,10万元的遗产在哪里呢?

462 南极探险家之死

在冰雪封冻的极地雪原,发现了一具来观测极光的越冬队员的尸体,尸体旁留着一块好像玻璃熔化了似的奇怪石头。探险家就是被这块石头打中头部致死的,戴着防寒帽的脑袋被砸开花了。

然而,现场四周只留着被害人的足迹,却没有凶手的足迹。更令人奇怪的是石头凶器,这里是被逾千米的厚厚万年冰覆盖的南极大陆,不露地面,连个石头渣儿都没有。

那么,被害人究竟被何人所杀呢?

第二节 文字寻幽

463 "新年快乐"成语方阵

在下面的空格内填上适当的字,使其横读每组成为两条成语,共计16条成语。

		新	年		
	新		年		
	新			年	
新				年	
快				乐	
	快			乐	
	快		乐		
		快	乐		

464 数字成语谜

99

打两个成语

465 数字谜语

50+50

打一花卉名

发散思维 第十三章 第一阶段

466 加法字谜

(1) 10+10+10

打两个字

(2) 18+12+1

打两个字

467 加法等式字谜

24小时 + 24小时 = ?

打三个字

468 等式字谜组

(1) 吾 − 吕 = ?

（打一字）

(2) (杏 − 吕) ÷ 2 = ?

打两个字

469 不等式字谜组（Ⅰ）

(1) 1+1 ≠ 2（打两个字）

(2) 1−1 ≠ 0（打一字）

470 不等式字谜组（Ⅱ）

(1) 18+1 ≠ 十九

（打两个字）

(2) 18+1+1 ≠ 廿

（打一字）

(3) 18+1−1 ≠ 木

（打一字）

471 符号谜语

！！：：

打一疾病名称

472 八仙过八江

"八仙过海，各显神通"，但是他们这次却是逛了八条江河，七仙女见他们兴高采烈的，便问他们都到了哪些地方。

吕洞宾说："自古情思齐天地。"铁拐李说："红豆初发难知秋。"张果老说："世民泼墨勤书法。"汉钟离说："两岸放青牧鸭忙。"曹国舅说："昨夜浊梦匆匆去。"韩湘子说："今朝清歌玉盘妆。"蓝采和说："含苞欲放千姿美。"何仙姑说："洛阳一开百花羞。"

请问，你能说出这八条江的名字吗？

473 地理老师的谜语

地理课上，老师出了8个谜语，要求每个谜语打一个地名：日落西山、四季花开、海山绿洲、风平浪静、一路平安、大戈壁、夏天穿皮袄、航空信。这都是哪8个地名呢？

第十四章

缜密思维

——让思维"滴水不漏"

缜密思维是通过细致缜密的分析,从错综复杂的联系与关系中认识事物本质的思维能力。

为了完整地反映整个事物,反映事物的本质和内在规律性,更为了思维成果在付诸实践的过程得以顺利施行,必须多视角、多侧面、多因素、多方向地进行思考和论证,必须对可能出现的情况、可能起作用的因素、可能发生的后果逐一进行考察和预测,然后经过分析、综合,依据对主要矛盾和主要矛盾方面的基本判断做出科学的判断。判断的把握性取决于多方向思维的缜密性。没有"水银泻地"般的缜密思维做前提,便不可能有"闪电行空"般的判断。

第一节 数字迷宫

474 加法的答案

0加0除了等于0之外，还可以等于几？

475 多少个7

你能说出0到99的100个数字中，共有多少个7字吗？

476 巧成100

你能否用6个9来表示100？

477 可乐多少钱

阿聪和阿傻到公园去玩，他俩想买一瓶可乐喝，阿聪差1元，阿傻差1分。把他俩的钱合起来，钱还是不够。请问一瓶可乐多少钱？

478 欧阳修的年龄

有人问欧阳修高龄几何，他含蓄一笑说道："比六九略多，比七八略少。"他到底多大？

479 一个都不能少

一个纸盒子里有6个梨。要把它分给6名同学，使每人得到一个梨，但纸盒里还必须留下一个梨。你看如何分？

480 读了多少页书

某人一天读20页书，第三天因故没读，其他日子都按计划读了，问第八天他读了多少页？

481 共有几堆

5元钱一堆香蕉，3元钱一堆苹果，2元钱一堆橘子，合在一起，问共有几堆？

482 渡河

有37名战士要渡河，只有一只小船，每船能载5人，需要几次才能渡完？

483 上楼的时间

从一楼跑到四楼需要6秒，问以同样的速度再跑到八楼需要多少秒？

越玩越聪明的**1000**个思维游戏

484 莲菜

池塘里的莲菜每天长大一倍，15天长了半个池塘，那么多少天能长满整个池塘？

485 银行的利率

甲在A银行存款3万元，三年获利息3千元；乙在B银行存款4万元，四年获利息4万元，问哪个银行的利息更大？

486 到哪里存钱

甲银行办理储蓄业务，存期两年，每2000元可得利息200元。而乙银行每存3000元，存期3年，可得利息300元。如果你有6000元，你想存入哪一个银行？

487 不合格的售货员

售货员在卖西瓜，满8斤的每斤1元；8斤以下的，每斤8角。他给顾客称了一个西瓜后说："这个西瓜刚好7元。"顾客听了马上说："你算错了！"请问，顾客说得对吗？

488 为什么赔钱

一捆葱有10斤重，卖1元钱一斤。

有个买葱人说，我全都买了，不过我要分开称，葱白7角钱一斤，葱叶3角钱一斤，这样葱白加葱叶还是1元，对不对？卖葱的人一想，7角加3角正好等于1元，没错，就同意卖了。

他把葱切开，葱白8斤，葱叶2斤，加起来10斤，8斤葱白是5.6元，2斤葱叶6角，共计6.2元。

事后，卖葱人越想越不对，原来算好的，10斤葱明明能卖10元，怎么只卖了6.2元呢？到底哪里算错了呢？

489 假币带来的损失

某人用一张10元假币到商店购买了9元的货物，没有被店主识破。恰巧此时店主没有零钱找给他，就到隔壁饭店把这张10元假币兑换成零钱，找给了此人1元。但是此人刚走，饭店的老板就发现了这张假币，找到了商店店主并索要了10元钱（当然是真币）。请问，商店店主损失多少？

490 狡猾的骗子

狡猾的骗子到商店用100元面值的钞票买了9元的东西，售货员找了他91元钱，这时，他又称自己已有零钱，给了9元而要回了自己原来的100元。那么，他骗了商店多少钱？

491 老太太买扇子

有一位老太太去买扇子，选了一把值一元钱的扇子，买走了。第二天，她又到扇店，要求换一把。这次她挑了一把二元的扇子，拿了就走。店员叫住她说："老奶奶，您还没有付钱呢！"老太太说："我昨天不是付过了吗？"店员说："您昨天付的是一元钱，今天您拿的这把扇子是二元钱，还差一元呢！"老太太说："不错，我昨天付了一元钱，今天又给了你一把值一元钱的扇子，不是刚好吗？"店员说："那把值一元钱的扇子本来是店里的呀！"老太太说："对呀！我不是还给你了吗？"请问，老太太是真的不需要付钱了吗？

492 10元去哪里了

三位客人急着想住宿,找到一家酒店住下了,条件:单间,三张单人床,一晚共计300元人民币,第二天,三位客人每人交100元后退了房,那天正好是酒店店庆。老板决定收他们250元。于是把50元钱叫秘书还给他们三人,秘书觉得50元平均给三人不好分。于是只还给他们30元(即每人10元),另20元放进自己的腰包了,问题:三位客人每人拿出90元,一共是3×90=270元,加上服务员的20元。共290元。那么还有10元去哪里了?

493 地球与乒乓球

假若在地球赤道上缠着一道箍,在乒乓球上也绕一道箍,如果把两个箍都加长1米,问两个箍与它们所绕的球之间的空隙哪个更大?

494 画地为牢

用一条20米长的绳子在地上围一个长方形,作为一个游戏的"牢房"。怎样围能使围成的"牢房"面积最大?

第二节 生活IQ

495 王戎预知李苦

王戎出身于魏晋时代的高门。一次,他和小伙伴忽然看见路旁边有一棵李子树,一看就知道熟了。小伙伴争相跑去摘。王戎却说:"李子是苦的。"话音刚落,那些摘李子的小伙伴都让李子苦得直咧嘴。你想一想,王戎是怎样知道李子是苦的?

496 外国人与中国人

有一个人到外国去了,可是他周围的人都是中国人,这是什么原因?

497 内科医生来干啥

我们去找牙科大夫,内科医生却从里边出来了,这是怎么一回事?

498 相连的大月

哪两个相连的月份都是31天?

499 互看脸部

两个人一个脸朝东,一个脸朝西地站立着,不准回头,不准走动,不准照镜子,怎样能看到对方的脸部?

越玩越聪明的 1000 个思维游戏

500 狭路相逢

山涧上有一座独木桥,宽度只能容一个人通过。有两人来到桥头,一个南来的,一个北往的,要同时过桥,如何过?

501 飞行员的姓名

你是从北京飞往广州的一架飞机上的飞行员。北京距离广州1970公里,这架飞机每小时飞行900公里,中途在武汉作了半小时的停留。这位飞行员的名字叫什么?

502 裤子怎么不掉下来呢

王先生的皮带突然断了。他的裤子又松又大,也没有任何东西绑着吊着,整个上午裤子却始终没有掉下来。这是为什么?

503 戴大号帽子的人

北京火车站上戴最大号帽子的人是谁?

504 偷吃粮食的马

院子里有一棵树,在树根处有一匹马,鼻尖上牵着一根长2米的结实绳子。这时马的主人来了,他在距离树3米的地方放下了一堆粮食,然后又走了。当他回来时,发现粮食已经被马吃光了。他检查了一下绳子,发现绳子既没有被切断,也没有被松开的迹象。马是怎样偷吃粮食的?

505 最深处在哪里

某探险队向森林的最深处进发,但到达某地后,尽管道路仍然畅通无阻,他们再继续前进也不可能走向森林的最深处,这是怎么回事呢?

506 应买哪一只

表店有两只手表都不太好,一只表一天之内只有两次准确的时间,而另一只则连一次也没有。那么,如果你想买,应买哪一只?

507 为什么不湿

一次,父亲问儿子:"我的衣扣掉进了一杯咖啡里,我伸手把衣扣取出来了,你猜我的手是干的还是湿的?"
儿子毫不犹豫地说:"湿的。"
父亲摇了摇头,然后演示了一下。儿子恍然大悟。
你知道父亲是怎么演示的吗?

508 吃饭问题

什么饭不能在夜间吃?

509 大鸟下蛋

一只大鸟停在塔顶上,头朝北方,它忽然下了一个蛋,问蛋朝什么方向落?

510 能否见到太阳

午夜下大雨,再过72小时能否见到太阳?

511 站在列车顶上的人

在一列时速200公里的列车顶上，一个被风吹乱了头发的人，没有攀附着任何东西却悠闲地站着。这是怎么回事呢？

512 怎样得到的满分

30名同学参加考试，其中一道15分的题，全答对的反而没得满分，未全答对的却得了满分，但是老师阅卷里并未出任何差错，没有全答对的同学为什么得了满分？

513 没有弟弟

一位武警的哥哥叫李明，可是李明说他没有弟弟，这是怎么回事？

514 我不是他爸爸

有三个人在一起走。第三个人说：第二人是第一人的儿子，但第一人说，我不是第二人的爸爸。这是怎么一回事？

515 谁在吵架

一个公安局长在茶馆里与一位老头下棋。正下到难分难解之时，跑来一个小孩，小孩着急地对公安局长说：
"你爸爸和我爸爸吵起来了。"
"这孩子是你的什么人？"老头问。
公安局长答道："是我的儿子。"
请问：两个吵架的人与这位公安局长是什么关系？

516 为什么免费辩护

有一位非常有本领的律师。每有离婚诉讼，这位律师总是站在女方一边，免费为其辩护，为女方尽可能多地争取赡养费。一天，这位律师自己也要离婚。律师一如既往，仍然站在妻子一边，免费进行辩护工作，为妻子争得了巨额赡养费。可是，离婚之后，这位律师在经济上却丝毫无损，也没有从其他途径获得金钱。你能解开这个谜吗？

517 父亲与儿子的野鸡

两个父亲和两个儿子各自猎得一只野鸡，但是，他们一共猎得三只野鸡，为什么？

518 没有受伤的人

有一个人从十五层大楼的窗户跳下去了，可是他却没有受伤，这是怎么回事？

519 蒙住眼睛的神枪手

有一个人，并不擅长射击。现在将他蒙住眼睛，拿上一支手枪；另一个人把他的帽子挂了起来以后，让这个人向前走了30米，反身开枪，结果子弹打穿了那顶帽子，这有可能吗？

520 什么属相都有吗

有个小学生说："我们学校是全市最大的学校，学生中属牛、属马……属什么的都有。"他说得对吗？

521 不是双胞胎

有兄弟二人，他们都是同一父母所生，而出生的年、月、日也相同，但他们却不是双胞胎。你知道原因吗？

522 扔球

如果你手里有一只球,用力把球扔出去,不许往墙上扔,也不许在球上捆什么东西,而要使球又回到你的身边来,有什么办法吗?

523 不可思议的赛马

有甲、乙、丙、丁4匹马赛跑,它们共进行了4次比赛。结果是甲快乙3次,乙又快丙3次,丙又快丁3次。很多人会以为,丁跑得最慢,但事实上,丁却快甲3次,这看似矛盾的结果可能发生吗?

 悬疑探案

524 县太爷断案

酒仙范大,醉酒后常常称自己杀过人。这天,范大又多喝了酒。喝醉后对酒友说:"昨天我把一个有钱的商人推到了深沟里,得了很多钱。"酒友信以为真,就把范大告到了官府。

这时正好有一妇人来告状,说有人把她丈夫杀死扔到了深沟里,丈夫外出做生意赚的钱也都被人抢了。县令随妇人去验尸,尸体衣衫褴褛,没有头颅。于是县令说:"你一人孤苦伶仃地怎么生活呢?一找到尸体的头颅,定案之后,你就可以再嫁了。"

第二天,与妇人同村的李三来报告说他找到了尸体的头颅。

这时,县令忽然指着妇人和李三说:"你们两个就是罪犯,还敢诬陷范大?"

两人不服,待县令把证据摆出来之后,二人不得不承认勾结一起,谋害该妇人亲夫的事实。

请问:县令的证据是什么?

525 书吏之死

古时候,一个身在异地他乡的山东书吏,带着两个仆人回家探亲。

路上遇见一个少妇,书吏觉得路途寂寞,便找妇人搭话,得知妇人是同乡,此去婆家探亲。又是几回寒暄,不知不觉中便成了熟人。

天色渐晚,妇人正急着找不到投宿的地方。正巧书吏在此有佃户,妇人也就跟着书吏到了他的佃户家。半夜,两个仆人一起密谋要偷书吏的钱财包裹,就对佃户说:"我们先回去了!"佃户信了,后来听到书吏房里有很大的声音,急忙起来点起蜡烛去看,书吏和少妇都被强盗所杀。血泊之中,佃户找到了他们家的割草刀。

几天以后,妇人的家人来找她,找不到,就报了官。在官府面前,佃户不得不如实反映情况。众人都怀疑是两个仆人杀的。

县官到现场检查的时候,忽然听到隔壁有人说:"我恨那天夜里没有杀死你!"县官看了看凶器,叫人把隔壁的人抓过来。没想到说话的人却是佃户的女儿和与她私通的邻居的儿子。他们一男一女跪在县官面前,县官指着那个男子说:"你如实招认吧!"男子吓得面如土色,只得招认。

请问:县官凭什么说他就是罪犯?

124

526 凶器是什么

上午，李国兴正在家做午餐，忽闻隔壁传来打架声，他赶紧出门看，是隔壁夫妻俩又在吵架，他劝了几句后回了自己家。

不一会，隔壁又传来激烈的厮打声，李国兴刚走出门，就听见"梆"的一记沉闷声，接着是人体倒地的声音，他赶紧冲进隔壁厨房间，只见女主人双手空垂着，惊恐地瞪着已倒在地上咽了气的男主人。

作为刑警，李国兴得管这闲事。他未离现场，叫来妻子去打电话报案。片刻，刑警队的法医们到了现场，检验结果是男主人后脑勺被棍棒类的硬物击中，造成颅底骨折死亡。可法医惊讶的是现场竟找不到棍棒类的硬物，厨房间里灶台上只有砧板、菜刀和一条大青鱼。讯问女主人，女主人沉默不语。李国兴和到场的刑警们都纳闷了，女人没离开现场，不可能藏匿凶器，那么凶器究竟是什么呢？

请问，你知道是什么吗？

527 破绽在哪

气温零下5℃的一天，警长在湖边散步。

这时，突然有一个浑身湿漉漉的人，气喘吁吁地在树林中出现。他对警长说："我的朋友掉进湖里，凝结的冰突然破裂了，我吓了一跳，跟着跳了进去，可是已不见人影。请你快叫人来帮忙。"

于是警长马上和旅馆联系，请保安人员和村民来帮忙，大家一起朝出事地点走去。

他们走了一公里半路，看到了冰上的裂洞。

警长把视线转移到那人身上，说："我虽然不知道是何理由，但是，你就是杀害朋友的凶手。你以为我看不出你的破绽吗？"

破绽究竟在哪儿呢？

528 奇怪的车号

一辆汽车肇事后逃跑了，警长柳多维克立即赶到了出事地点。

一位见证人说："当时发现自己车的后面有一辆车突然拐向小路，飞驶而去，他顺手记下了那辆车的车牌号。"柳多维克说："那可能就是肇事的车，我马上叫警察搜捕这辆18UA01号车！"几小时后，警察局告知柳多维克，见证人提供的车号18UA01是个空号。现在已把近似车号的车都找来了，有18UA81号、18UA10号、10AU81号 和18AU01号共四辆车。柳多维克环顾了所有的车号，终于从四辆车中找出了那辆肇事车。

请问他是如何判断的呢？

529 谁的伪钞

凌晨1时45分，比尔旅馆夜班服务员克罗伯在核对抽屉里的现金时发现一张面额为100马克的钞票是伪钞……半小时后，探长霍尔赶到了这家旅馆。

"你是否记得是谁把这张100马克给你的？哪怕一点印象也好。"探长问，"我没留心。"克罗伯似乎在回忆什么，随即用不容置疑的语调说，"我值班时，只有3个旅客付过钱，他们都没有离开旅馆。"探长眼睛一亮，竖起双耳："不开玩笑？""决不会错！我今晚收到731马克现金，其中14马克是卖晚报、明星片等物品收进的，其余的现金都收自3位旅客。考纳先生给我一张100马克和24马克的零票；鲍克斯先生给我两张100马克加19马克零票；斯特劳斯先生给我3张100马克以及74马克零票。"

探长的手指在桌面上轻轻弹着，若有所思。"你能肯定他们都是付给你100马克票面的钞票？"他问。

克罗伯肯定地答道："请放心，凡涉及钱，我的记忆特别好。""那好吧，我想我已找到了我要找的人。"探长霍尔说。

你知道谁是使用伪钞的吗？

530 被杀者的留言

侦探博尼发现琼斯先生的身体倒在办公桌上,头部穿了一个弹孔。博尼斯还看见琼斯先生的桌上有一台录音机,当他按下放音键时,惊奇地听到琼斯的说话声:

"我是琼斯。史密斯刚才来电话说,他要到此来杀死我。本录音将告诉警察当局杀死我的是谁。我现在已经听到他在走廊里的脚步声,门开了……"接着咔嚓一声,说明琼斯把录音机关了。

"我们要不要去抓史密斯?"博尼斯的助手问,"不!"博尼斯说,"我确信是另一个能惟妙惟肖模仿琼斯说话声音的人杀死了他,然后弄了这个录音来陷害史密斯!"博尼斯的想法最后被证明是正确的。

你能说出是何原因吗?

531 失算的惯偷

有个惯偷,这天到地铁里来行窃。他贼眉鼠眼地观察四周,在乘客中挤来挤去,终于找准一个目标。

他先将一个肩挎皮包、身穿迷你裙小姐的钱包偷到手。接着又把手伸进一个男士的口袋,最后将一个穿休闲服的妇女的钱包掏了出来。

车到站,他就赶紧下车溜了。来到一个僻静处,他从衣袋里掏出偷来的钱包查看,发现收获不大。"都是些穷光蛋!"他不满地嘟囔了一句。

可是此时,他突然发现和三个偷来的钱包放在同一衣袋里的自己的钱包不见了。不仅如此,他还从口袋里发现一张字条,上面写着:

"在偷别人东西之前,最好先看好自己的东西!"

在被偷的三个人中,是谁偷走了惯偷的钱包?

532 指纹的秘密

米高是一名私家侦探,这天的傍晚,他一个人到酒吧喝酒。他的目光很快被坐在隔邻的一个漂亮女子所吸引,这个女子大约二十五六岁,打扮入时,化了很浓的妆,而且手指甲上涂了透明的指甲油,独自在喝酒。米高觉得这个女人似曾相识,但又记不起是谁。直至那个女人离开座位,米高才突然记起这女人名叫苏珊,是个诈骗犯,正被警方悬赏通缉,米高立即起身追出去,但那苏珊已无踪影,米高于是向警方报案。

警察到场以后,立即展开了调查,他们把女子喝酒的酒杯加以检验,但是,上面竟然没有留下指纹,"奇怪,那个女犯喝酒时戴着手套吗?"警察问道。"不,她没有戴手套,而且,也不是贴上了胶纸那一类的东西。"米高回答说,"那到底是怎么一回事呢?"警察迷惑地自言自语。

你知道吗?

533 狡猾的罪犯

夕阳西下,美国弗吉尼亚州的原野上,阿伯纳策马而行,奔往G城。途中的一株枯树上,捆绑着一个死去的牧马人。牧马人的嘴被堵着,脖子是用三根牛皮条捆住的。显然是由于脖子被勒住后窒息而死的。阿伯纳大叔解开绳子,把尸体放在马上,运到G城的保安事务所。

经检验,保安人员推断死亡时间是当日下午4点钟左右。第二天,保安人员逮捕了一名嫌疑犯。但是,经过调查,这个人从昨天中午到死尸被发现这段时间,一直在G城。有人证明他一步也没离开G城,因为有人证明他不在场,所以,尽管嫌疑很大,也不得不释放。保安人员十分为难。

缜密思维　第十四章　第一阶段

"保安先生，所谓罪犯不在现场是一个骗局。"阿伯纳三言两语便真相大白。

罪犯使用什么手段制造骗局？并且，没有同案犯，罪犯是单独犯罪。

534 一字辨凶

一个没有月亮的夜晚，山田警长和一个年轻警官走近一座桥时，突然听到一个女人恐怖的喊叫声："救命！救命！"山田警长忙朝桥上冲去，只见一个缠着黑头巾的男人比他们抢先一步迅速跨过栏杆，跳进河里潜逃走了。桥面上横着一个漂亮的姑娘，胸口上刺着一把匕首，已奄奄一息了。年轻警官忙叫唤："喂，醒一醒，这是谁干的？""米町街……曲日大院……松……"姑娘说到这里就咽气了。

他们赶到米町街上的曲日大院，发现这个大院住着两个带"松"字的男人，一个是看手相的松助，另一个是木匠松吉。

松助是个剃着和尚头的矮胖子，他穿着皱巴巴的睡衣，一边喝着黄酒，一边开玩笑说："让我给你们算个卦，来猜猜凶手吧。嘿嘿嘿……"山田摇摇头，带着年轻警官来到木匠松吉的家里。只见松吉裹着被子正在睡觉，他的发型末梢有点斜，地上的水盆里泡着一堆衣服。

年轻警官一看，眼睛瞪圆了，大声喝道："喂，松吉，是你杀了姑娘跳河逃走的吧！"

松吉瞪着吃惊的眼睛，连连摇头，"你赖不掉，这盆衣服就是你犯罪的证据！"

松吉急忙辩护说："别开玩笑，这衣服是我明天准备洗的。"

年轻警官用眼光盯着他说："别装傻，这衣服是你跳进河里弄湿的！"

这时，在一旁观察的山田警长止住了警官，说："真正的凶手是松助！"

535 迷幻药与色盲

美国阿肯色州歌剧院女高音希尔是迷幻药集团的一个成员，不久前遭暗杀身亡。

警方经过一番调查和排查，筛出了两名嫌疑犯，一个叫亚森一个叫哈利。他们都与迷幻药走私有关，希尔生前有收藏鞋子的嗜好。在她的房间里，存放着120双鞋子，分门别类地摆放在鞋箱内。

警长霍士发现一个奇怪的现象：在标示红色的鞋箱内，有20双绿色的鞋子和红色的鞋子整齐地放在一起；而在标示绿色的鞋箱内，则有36双红色的鞋子和绿色的鞋子同放。

显然，凶手先是将鞋子全部取出，查看是否藏有迷幻药，然后放回箱内。

霍士警长问："你们两人当中谁是色盲？"

哈利不吭声，亚森则回答说："他是色盲，分不清红色与绿色！"

"好，那么，真正的杀人凶手就是你！"

请问，警长为什么如此断言？

536 大门口的线索

一天，比利时大侦探贝洛接到一个电话，说本地著名钢琴家的妻子被杀。

贝洛赶到现场，发现除了钢琴家大门口的地上有一支才吸了几口的香烟外，没有任何线索了。法医鉴定说，死者是两天前的下午1点30分到2点之间被害的，这个时间是钢琴家年轻貌美的妻子独自一人在家的时间。贝洛一调查，只有两个人有杀人嫌疑，而且这两个人抽的香烟都是和在大门口拾到的烟头是同一牌子。这两个人其中一个是被害者的情夫，他与被害人关系十分密切，但最近不知发生了什么事，经常争吵。

另一个是当地的推销员。他常常乘钢琴家不在家，跑来引诱被害者，但均遭女方的拒绝。

贝洛低着头，深深地吸了几口烟，忽然眼前一亮，回身对助手说："凶手一定是推销员。"

你知道为什么吗？

537 车轮印迹

一天晚上，在郊外有一户人家失窃了。小偷是开着车子来的。在现场地面上，留有十分清晰的轮胎印，警察以石膏将此车轮印采取了下来。

搜查的结果，找到一辆和这车轮印完全相同的车子，于是便找到它的车主来查问。

然而，车主表示整晚都待在家里。而车也一直停在附近的收费停车场内。同时，停车场的管理员亦证明车子整夜都停放在停车场里。

这辆不在场的车子，怎么会在案发现场留下车轮印呢？

538 延迟的煤气

普来西丝在服了安眠药熟睡后，被煤气毒死。煤气从连接煤气栓的胶管中大量涌出，连同她养的一只波斯猫一块儿被毒死了。

警长法布尔和助手巴斯德来到现场，发现了一件怪事——那只被毒死的猫尾巴上绑着一小截软木。

法布尔经过一番勘查，推定普来西丝的死亡时间在晚上十点半左右。房间门窗紧闭，是完完全全的密室，所以打开煤气阀，30分钟之内就会致人死亡，也就是说，凶手是在晚十时左右打开煤气阀后逃离公寓。

然而，对抓获的嫌疑犯一审，其从晚上9点到第二天早晨，一直没有到过这座公寓，而且有确切的不在现场的证明。

请问，那狡猾的凶手到底用了什么手段，使煤气延迟了大约一小时才冒出呢？

539 唐纳报案

唐纳的邻居向警署报告：10分钟前，唐纳的住所里有人尖叫。警长温斯顿和刑事专家哈利驱车前往。他们是冒雨去的，雨已经下了3个多小时。在唐纳住所门前遇到了唐纳，他说有可能是邻居听错了，并说："10分钟前，我开车刚到家，一进门发现邻居的一只灰猫在门里睡觉，一脚把它踢了出去，它尖叫了一声。"

哈利向着门外雨中的货车走过去，蹲下身子，双手贴着干燥的沙土地，慢慢向前移动，突然捉出来一只灰猫，他放开猫，问唐纳："你一个人住在这里吗？"唐纳有些紧张地回答："还有我老婆。"哈利说："我希望你的妻子平安无事。如果有过叫声，一定不是猫叫。"

哈利根据什么做出这样的结论？

540 绑票者的真面目

一个深秋的夜晚，董事长的儿子被绑票了，凶犯开口要5万元赎金。他在电话里说："旧百元纸币500张，普通包装，在明天上午邮寄，地址是本市和平区解放大街200号，许静。"凶犯说完后，威胁说，"假使你事前调查地址或报警，就当心孩子的生命！"

董事长非常惊慌，考虑再三，他还是报案了。因为事关小孩的生命，警长也不能轻举妄动。于是，他乔装百科辞典的推销员，到凶犯所说的地址调查，发现地址和人名却是虚构的，难道凶犯不要赎金吗？绝对不可能。忽然他灵机一动，终于发现了这宗绑票凶犯的真面目。第二天，他捉到了那凶犯，安然救出被挟持的小孩。

你能知道凶犯是谁吗？

541 西格马尔的车号

两名武装歹徒冲进一家银行，抢了钱后，立即乘一辆福特车逃跑了。一个银行职员记下了车子的号码，一刻钟后，布伦茨警长就带着助手赶到了现场。正在他们谈论案情时，突然发现了要找的那辆福特车。它刚从警车旁掠过，警官克勒姆叫了起来："这不可能，车子的牌号、颜色、车号都对。"他们超到前面，将车拦下。

车中是一位年轻男子，名叫西格马尔。布伦茨警长对西格马尔进行了审问。虽然发现他跟这一起银行抢劫案有关，可是由于他不可能在现场，只能又将他放了。事后调查，歹徒从那家银行抢走75000马克新钞票。没过几天，又发生了一起银行抢劫案。案发不久，西格马尔开车通过一检查站径直往前开。警察拦下他说："你没有看见停车牌吗？得罚10马克！"

"下次一定注意。"西格马尔给了警察一张10马克的纸币，两天后，警方逮捕了他，理由是与银行抢劫案有关。

"不可能，"西格马尔说，"我不在现场！"

布伦茨警长伴笑道："但你是主谋。你找了两个朋友，弄了一辆完全相同的车。每次抢劫银行，你就将警方的注意力吸引到自己身上来，他们就趁机跑了。但是，这次你犯了个小小的错误，结果露了马脚！"

你能猜出西格马尔在何处露了馅吗？

542 刺客

星期天，公司总经理山田正在公园的林荫小道上散步。忽然，一个年轻漂亮的女子与他打招呼。山田问道："小姐，您是哪一位？"

那女子冷冷地说："我是一个刺客！"

山田脸色一下变得煞白，紧张地脱口而出："啊，你是那小子派来的吗？"并苦求饶命。那女子说："请别误会，我不会杀您的，我是来帮助您的。刚才您说的那个小子，是不是H公司的经理？"

"是，是，在商业上，他是我的最大敌人，我巴不得他早点死掉！"那女子用商量的口气说道："这件事就交给我办吧！请您放心，我要让他不留痕迹地无声无息地死掉，让他病死。至于采取什么办法，您最好别问了。而且，干掉他后再给钱，不要预付金，怎么样？"

"好！事成之后，重金酬谢！"3个月后，山田听说：H公司的经理因心脏病突发，治疗无效去世了。随后，在一个星期天的早晨，还是在那条林荫道上，山田再次碰到那位女子，他如数付给了酬金，那女子迈着轻盈的步子走了。

那个女子用什么办法使H公司经理病死，从而得到一笔数量可观的酬金呢？

543 封闭的房间

一天，一位满脸愁云的少女来到私人侦探段五郎的办事处，对段五郎说，在上周二的晚上，她姐姐被煤气灶里跑出来的煤气熏死了。奇怪的是，姐姐的房间不仅窗户关得严严的，连房门上的缝隙也贴上了封条。来调查的刑警认定：别人是不可能从门外面把封条贴在里面的，这些封条只有她自己才能贴。所以刑警认定她姐姐是自杀。可少女说，她了解姐姐的性格，姐姐决不会轻生。这一定是桩凶杀案。段五郎听了少女的陈述，试探地问道：

"谁有可能是嫌疑犯那？"

少女激动地说："姐姐有个恋人，但他最近却与别的女人订了婚。他一定是嫌姐姐碍事，就下了毒手。"

"这个男人是谁？"

"叫冈本，他和姐姐住在一个公寓里，出事那天他也在自己的房间里，可他说他什么也不知道。那肯定是谎言！"

于是，段五郎和少女一起来到那幢公寓。这是一幢旧楼，门和门框之间已出现了一条小缝隙。在出事的房门上，还保留着封条。段五郎四下里一瞧，便向公寓管理人员询问案发当夜的情况。管理人员回忆道：

"那天深夜，我记得听到一种很低的电动机声音，像是洗衣机或者是吸尘器发出的声音。"

段五郎眉头一皱，说："冈本的房间在哪里？"

管理人员引着段五郎走到冈本的房门前。打开房门，段五郎一眼就看到放在房间过道上的红色吸尘器。他转身对少女说：

"小姐，你说得对，你姐姐确实是被人杀害的，凶手就是冈本！"

段五郎是怎样识破冈本的真面目的呢？

544 浴缸断魂

一天夜晚，张大友接到其姐打来的电话，说有要紧事情让他马上到她家去。

原来她姐姐碰到一件棘手事情。她的朋友文芳今晚有事住在她家里，可是文芳睡觉前洗澡时，突然心脏病发作，死在浴缸里。大友姐姐不敢通知警察局，怕警方怀疑是她杀了文芳而引起麻烦，因此求大友把文芳送回她单身住的别墅的浴室里，就像在那里死的一样。

张大友把文芳送到她的别墅时，天已大亮。幸好别墅坐落在森林边缘，没有人发现。张大友悄悄地把文芳放到浴缸里，打开热水器，让浴缸放满温水。接着他把文芳的衣服挂在衣架上，把手提包和高跟鞋放到适当的位置，随后便悄悄地离开了别墅。

当天下午3点左右，文芳的尸体被同事发现了，很快报告了警察局。法医检查后说："死因是心脏病，自然死亡。"

正在现场调查原因的探长忙问："是什么时候死亡的？"

法医说："更详细情况需要解剖尸体才能断定，初步推测大约是在晚上10点到12点。"

探长环视四周，沉思片刻后说："如果肯定是死于心脏病，又是这个时间，那么这个浴室不是第一现场，肯定是谁怕尸体引起麻烦才运到这里来的。"

张大友有什么疏忽，使探长肯定尸体是从别处运来的呢？

545 浴缸里的谋杀

深夜11点钟，"110"接到报警，报案人发现自己新婚不久的妻子死在浴缸里。刑侦队队长郭新立即率侦技人员赶赴现场。

报案人系某机关干部，他说自己今晚在单位值班，9时45分许打电话回家，妻子在卫生间接电话，说刚进浴缸洗澡，让他过15分钟再打来，他也听到了洗澡的水声。半小时后，他打电话回家却没人接。又过了15分钟，他再打电话回家，依然没人接电话。于是，他担心地赶向家中，发现妻子死在浴缸里，鲜血把满是肥皂泡的浴水都染红了，浴缸边还有一个啤酒瓶。郭队长吩咐手下给报案人做笔录，可法医沈效强却走过来悄悄对他说，报案人在说谎，杀人凶手就是他。

您知道沈法医的证据何在吗？

546 是否被"调包"

珠宝店来了一个像是腰缠万贯的暴发户的人，举止粗野态度蛮横，用命令的口气指使店员要这要那，嘴里还嘎巴嘎巴地嚼着口香糖，并不时地吹起小泡泡。店员忍气吞声地应酬着。

"哎哟，怎么搞的？"暴发户拿在手里的钻石不小心掉到了地上。

店员慌忙拾起来一看，却是纯粹的假货。

"先生，非常抱歉，是您将钻石调包了吧？能让我搜一下你的身吗？"

直到这时，店员才强硬起来。可是，翻遍了暴发户的全身，也没有发现真钻石。

"像话吗？你们以假充真，卖冒牌钻石，还在我身上找碴儿！走，上警察局评理去！"

店员虽坚信是此人玩了调包计，可又查不出证据，拿不出物证，只得忍气吞声地连连鞠躬道歉，并给了暴发户一笔精神赔偿费，这才打发他出了珠宝店。

请问，真钻石是否真被暴发户"调包"了呢？他这"魔术"是怎么变的？

547 田径教练被杀案

在一个建有体育中心的公园里，田径教练身穿运动服倒在运动场的跑道上，是头部被击致死。发现尸体的是当日早晨和侦探一起散步的青年医生。"尸体还有体温，看来被害的时间不长。"医生摸了摸尸体说道。

"被害时间是从现在算起21分36秒前。"侦探很肯定地说。"什么？尽管您是位名侦探，可怎么会知道得那么准确呢？莫非是您目击到了作案现场？"医生非常吃惊地问。

那么，侦探是如何推测得如此精确呢？

第十五章

复合思维

——思维训练营

本书至此已经讲解了"形象思维""抽象思维""实践思维""逻辑思维""概括思维""判断思维""认知思维""想象思维""演算思维""整合思维""创新思维""应变思维""发散思维""缜密思维"共14种思维方式。讲解顺序大体是从简单到复杂,逐渐从理论性过渡到实践性。细心的读者一定会发现,每一种思维方式都不是孤立存在的,往往是"你中有我,我中有你";很多思维游戏,用到的不仅是一种思维方式,可以是两种、三种甚至更多种。多种思维的复合体,就是复合思维,是逻辑性、深刻性、全面性、严密性色彩最浓的思维方式。

复合思维　第十五章　**第一阶段**

第一节　数字迷宫

548　另类数字等式

问号处应为什么数字？

一	=	31
二	=	28
三	=	31
四	=	?
五	=	31
六	=	30

549　"反正"都一年

20世纪中有这样一年，把这一年的年份写在纸上，把纸倒过来时纸上的数还是这年年份数，请想出这个年份。

550　多少个李子

古书《九章算术》中有这样一道题，把文言文用白话文表示是这样的："一只篮子中有若干李子，取它的一半又一个给第一个人，再取其余一半又一个给第二人，又取最后所余的一半又三个给第三个人，那么篮内的李子就没有剩余，篮中原有李子多少个？"

551　当时的年龄多大

小军爷爷出生的年份数是他逝世时年龄的29倍，小军爷爷在1955年主持过一次学术会议，问小军爷爷当时的年龄多大？

552　活了多少岁

有一次，一位学者查阅古代文献时，发现一个人生于公元前十年，死于公元十年，死的那一天正好是他的生日的前一天。你说此人活了多少岁？

553　跳跃的年龄

有个人说："我后天22周岁，可去年元旦时我还不到20周岁。"这样的事可能吗？

554 打铁罐比赛

集市上的"办得到"货摊上摆着九个铁罐，每个上面都标有一个数字。三个、三个地垒在一起（见下图）：

比赛者每人只许打三枪，每枪只许打落一个铁罐，如果一枪打掉了两个或两个以上的铁罐，就算失败了。比赛者打掉第一只铁罐后，这个被打掉的铁罐上的数字就是他所得的分数；打掉第二个铁罐，他得到的分数是被打掉的第二只铁罐上的数字的2倍；第三个铁罐被打掉后，他所得分数是这个罐上的数字的3倍。三枪所得分数之和必须正好是50分——一分不多，一分不少，才能得奖。

问：比赛者应该打掉哪三个铁罐？按什么顺序打？

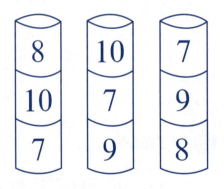

555 如何最快

A、B、C共3人，从P地到Q地的距离为3千米，每个人可以每小时3千米的速度步行。在P地有两辆自行车。如果骑自行车则速度可以达到每小时15千米。但每辆自行车只能一个人骑。问怎样才能使3个人各自在最短的时间内到达Q地？

556 魔方的颜色

魔方共有26个小块。现在问：有几个小立方块一面涂了色？有几个小立方块两面涂了色？有几个小立方块三面涂了色？有几个小立方块三面以上涂了色？

557 被污染的药丸

有4个装药丸的罐子，每个药丸的重量都是相同的，但后来被污染了一个罐子的药丸，已知被污染的药丸是没被污染的重量＋1，让你只称量一次，如何判断哪个罐子的药丸被污染了？

558 找坏球

在4个球中有一个坏球的重量与其他的球不一样，也不知是比其他球轻还是重，如果你有一架天平（没有刻度，只能比较两边的轻重），能在2次测量中找出这个坏球吗？

559 蛀虫蛀书

书架上摆着三本书，从左到右分别是Ⅰ、Ⅱ、Ⅲ卷。有一只蛀虫在里面啃书。每本书内页厚2英寸，封面（包括封底）是1英寸厚。如果蛀虫从第Ⅰ卷封面开始蛀，直到蛀穿第Ⅲ卷封底，蛀虫共蛀了多长？

560 燃香计时

有两根不均匀分布的香，香烧完的时间是一个小时，你能用什么方法来确定一段15分钟的时间？

561 烧绳计时

（1）烧一根不均匀的绳子需要一个小时，如何用它来判断半个小时？

（2）烧一根不均匀的绳，从头烧到尾总共需要1个小时。现在有若干条材质相同的绳子，问如何用烧绳的方法来计时1个小时15分钟呢？

562 沙漏计时

（1）有6分钟和8分钟的沙漏各一只，打算用这两个沙漏测出10分钟的沙子，假定沙子的下落速度与计时器颠倒过来是一样的，颠倒过来所需的时间可忽略不计。请问如何办？

（2）煮一个鸡蛋15分钟，而手边只有7分钟和11分钟的沙漏各一个，能想出什么办法利用这两个沙漏计时15分钟吗？假定沙子的下落速度与计时器颠倒过来是一样的，颠倒过来所需的时间可忽略不计。

563 记错的价钱

一位农夫建了一个三角形的鸡圈。鸡圈是用铁丝网绑在插入地里的桩子而围成的。

（1）沿鸡圈各边的桩子间距相等。

（2）等宽的铁丝网绑在等高的桩子上。

（3）这位农民在笔记本上作了如下的记录：

面对仓库那一边的铁丝网的价钱：10元；

面对水池那一边的铁丝网的价钱：20元；

面对住宅那一边的铁丝网的价钱：30元。

（4）他买铁丝网时用的全是10元面额的钞票，而且不用找零。

（5）他为鸡圈各边的铁丝网所付的10元钞票的数目各不相同。

（6）在他记录的三个价钱中，有一个记错了。这三个价钱中哪一个记错了？正确的应该是多少？

564 海盗分金币

有100个金币，5个海盗分，其中一个海盗分的金币最多，而没分到金币的会被扔下海，而且分到最多的金币还要通过一半人同意，请问分到最多的是多少个金币？

第二节 扑克牌·棋子·火柴

565 黑牌和红牌

有一副去掉了大、小王的扑克，在认真地洗了之后，分成甲、乙两组，每组26张，这时，甲组中的黑牌张数与乙组中的红牌张数相等。然后，再把扑克合在一起重新洗，然后再分成每组26张的甲、乙两组。请问在52次这样的情况中有几次甲组中黑牌的张数与乙组中红牌的张数相同？

566 猜黑红

有三个信封，第一个信封上写着"红，红"字样，第二个信封上写着"红，黑"字样，第三个信封上写着"黑，黑"字样。现有三对扑克牌，第一对为两张红牌，第二对为一红一黑，第三对为两张黑牌。现将这三对牌分别装入三个信封内，但结果阴差阳错，没有一对是装入对的，即每个信封上写的字样与里面装入的一对牌都名不副实。

如何只从某一信封里抽出一张牌，看后准确地猜出这三个信封内实际装入的分别是一对什么颜色的牌？

567 猜牌辨兄弟

大头和小头弟兄俩站在他家院子里的一棵树下咧开嘴笑着。小红见到他俩说："要不是你们的衣领不同，恐怕我分不清哪个是哥哥，哪个是弟弟呢。"

一个兄弟答道："你应当运用逻辑推理的方法。"这时他从口袋里掏出一张扑克牌，向小红扬了扬，那是一张方块皇后。他说道："你看，这是一张红牌。红牌表明持牌的人是讲真话的，而黑牌表明持牌的人是说假话的。现在我兄弟的口袋里也有一张牌，不是黑的就是红的。他马上要说话了。如果他的牌是红的，他将要说真话；要是他的牌是黑的，他就要说假话。你的事儿就是判断一下他是小头弟弟还是大头哥哥？"

这时候，另一位兄弟开腔了："我是哥哥大头，我有一张黑牌。"

请问，他是谁？

568 王牌

在一盘纸牌游戏中，某个人的手中有这样的一副牌。

（1）正好有十三张牌。
（2）每种花色至少有一张。
（3）每种花色的张数不同。
（4）红心和方块总共五张。
（5）红心和黑桃总共六张。
（6）属于"王牌"花色的有两张。

红心、黑桃、方块和梅花这四种花色，哪一种是"王牌"花色？

复合思维 第十五章 第一阶段

569 有胜算吗

有一个人经常玩扑克牌，而且是变着花样地玩。一天，他摆出做了标记的3张扑克（如图）。扑克正反两面分别画上勾或叉。他说他可以把这3张扑克给任何人，在不让他看到的情况下选出一张，放在桌上，朝上的是正面或反面都没有关系。只要他看了朝上那面后，会猜出朝下的是什么标记。猜对了，就请对方给他100元；猜错了，他就给对方200元。扑克上勾和叉占总数各半，也没有其他任何记号。你觉得他有胜算吗？

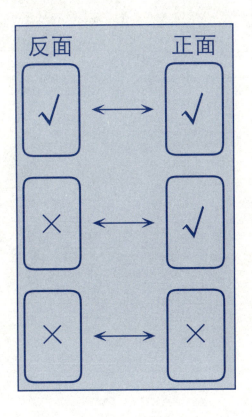

570 划分成两等份

图中横向、竖向各是六格的棋盘上放有黑、红象棋子各5枚，请你将黑、红象棋子分开的同时，将棋盘也分成相等的两份。

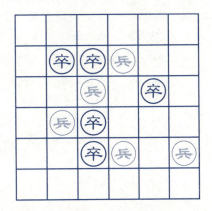

571 镂空的黑棋子

下面的五幅图中，左侧都是黑白棋子的组合，右侧是一种特制的魔术道具——镂空的黑棋子。按照摆放规则，这种特制的棋子与左侧黑白棋子组合有一种对应关系。但是有一种摆放却没遵循这个规则，你能找出来吗？

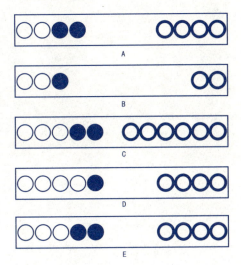

572 "不三不四"

如何用三根火柴摆出一个大于3小于4的数字?

573 摆出"11"

用3根火柴,摆出"11",怎么做呢?

第二阶段

第十六章

形象思维

——让你炼就"火眼金睛"

　　形象思维是用直观形象和表象解决问题的思维,其特点是具体形象性,属于感性认识阶段。形象思维是在对形象信息传递的客观形象体系进行感受、储存的基础上,结合主观的观察和认识进行识别,并用一定的形式、手段和工具创造和描述形象来解决问题的一种基本的思维形式。

　　训练形象思维能力的最基本手段是培养出敏锐的观察力。大凡智商高的人,其观察力都是不一般的高。科学家从平常的现象中可以悟出非同一般的规律,艺术家可以抓住一刹那间的事物特征而构思出美好动人的艺术形象,经常是由于他们超人的观察力所带来的。

　　本章从图像类思维游戏和文字类思维游戏两个方面训练读者的观察力,培养读者的形象思维。

第一节 图像透视

574 一笔画天线

通信工程师退休后搬到了山区，他确信他的电视天线足够可以接收到他喜欢看的节目。那么，你能否用一笔将这个天线画出来？前提是直线不能在任意点交叉或者与已画直线重复。

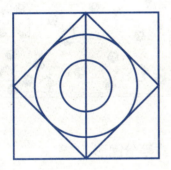

575 什么样的影子

会出现什么样的影子呢？

① ② ③

④ ⑤ ⑥

⑦ ⑧ ⑨

576 12顶帐篷

在图中所示的12顶帐篷中，只有两顶是一样的，你能找出来吗？

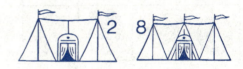
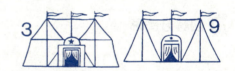
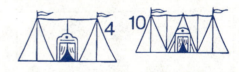

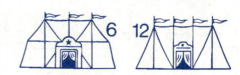

577 平分水果

一个16格的箱子里面装有4种水果。如果让你把这些水果分成四等份,你将如何去做?

579 直线切图

在下图中画四条直线,将图分割成七部分,使每一部分中有三个金字塔和七个球。线条无需从一边画到相对的另一边。

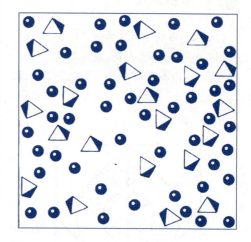

578 四等分图形

用两条直线把三种不同的图形分成四份,且每份中三种图形的数量相同。

580 六等分图形

将以下图形分为大小和形状均相同的六等份。

形象思维 第十六章 第二阶段

581 迷宫罚球

在下面的迷宫通道中，每一种障碍物都代表一次罚球得分，如中间图例所示，找出一条从A通往B的路线，使罚球总得分为36。

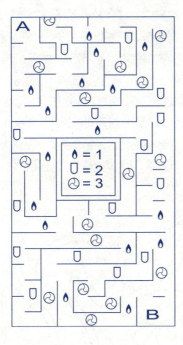

582 弯曲的回路

左图中有连回路连接了27个点，共有26次弯曲，你能从这个图中找到另一条具有26次弯曲的回路吗？

583 找到起点

下图中的移动规律为：在1N的时候向北移一格，在2S的时候向南移两格，在3E的时候向东移三格，在4W的时候向西移四格，依此类推。星星代表终点，你能找出起点吗？

5E	3S	1S	1S	2W	4S
1S	★	2W	4S	3W	3W
5E	1E	1S	1E	1N	1N
1S	1W	1E	3N	2S	1W
2E	2N	3N	1E	4N	4W
5N	3E	2W	1N	1E	2W

584 平分字母正方形

将此图分为面积相等、形状各不相同的六部分，使每部分均有"ABCDEF"。

A	C	D	E	A	B
B	F	A	B	D	E
C	A	B	C	E	F
D	B	C	F	C	D
A	E	D	E	F	E
F	A	B	C	D	F

585 图像方阵

在每个方框中填入这些图形中的任意一个，使不论横行、竖行，还是对角线上都有这五种图形，且不重复。

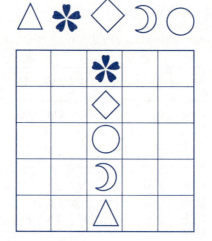

587 驱车寻宝

某地的慈善委员会组织了一次驱车寻宝活动，寻找一桶藏在 Z 村的啤酒。所有的车先在 A 村集合，然后竞赛者们分头去其他 9 个村子寻找线索。把这些线索集中在一起研究，才会知道那桶啤酒藏在 Z 村的什么地方。最先回来并宣布找到啤酒桶的是小威尔金斯。他最巧妙地安排了自己的路线，他从 A 村到达 Z 村，沿途获得了所有线索，却没有重复走进任何一个村子。而其余的人则一直在走弯路。下图是 11 个村子的分布图，村子与村子之间只有唯一的一条道路。小威尔金斯是怎么走的？

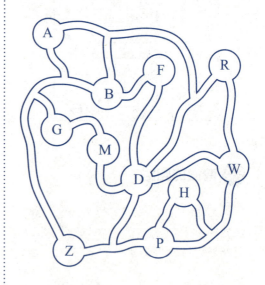

586 冤家路窄

如图所示，有 3 个关系不好的家庭住得很近。A 家的出入口在 a，B 家的出入口在 b，C 家的出入口在 c。但他们都想走互相不交叉的路，怎么走呢？

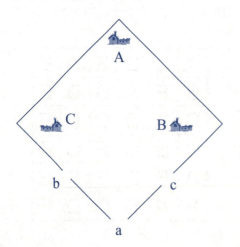

第二节 文字寻幽

588 智解"申"字

老师写出"申"字,请小明解答:"申"字里包含多少个汉字? 小明很快说出23个,即:一、二、三、十、工、土、士、王、干、丰、口、日、曰、田、由、甲、申、山、上、中、七、击、旧。然后得意地问老师:"我的回答全面吗?"老师只是点点头,没有回答。

请问,小明的回答全面吗?

589 孔子猜谜

有一天,孔子到乡村去讲学,走累了,就在一口水井边休息。这时候,有个老农挑着一副担子,也来到水井边休息。他站在井边,把扁担搁在井口上,然后问孔子:"我有一个字想请教先生。"孔子问:"是哪个字?"老农说:"就是我的动作呀!"孔子看了看,马上就笑着说:"这很简单,井口搁一条扁担,当然是中庸的中字啊!"那老农也大笑说:"先生是见物不见人,你猜错啦!"孔子认真一想,发现自己确实错了,心里后悔极了。

你能猜出是哪个字吗?

590 老父读信

有位背井离乡在外谋职的书生,逢年过节,便遥寄家书向爹娘报平安。这年,他的信是这样写的:"父母大人拜上新年好晦气全无人丁兴旺读书少不得五谷丰登。"

爹娘阅后老泪纵横,直咬牙跺脚不该让儿子孤身在外,以致流落到如此下场,遂匆匆派人去千里之外寻儿归乡。儿子好生奇怪,说:"我在信中不是已向父母禀告生活平安、万事如意了吗? 怎么老父还不放心?"家丁便把老父的信从怀中掏出展开,书生看见老父在自己的信上加了几个标点:"父亲大人拜上:新年好晦气,全无人丁兴旺。读书少,不得五谷丰登。"

书生读罢,恍然大悟,遂重新卷袖挥毫,在原有信上重又添了标点,让家丁带回。你知道书生是怎样添加标点的吗?

591 板桥断案

某地有位丧偶老者,续弦后为他又生一子。临终时,老者写下遗嘱,关照家人在他死后才许拆封。待老人死后,其家人打开遗嘱封鉴,可老者所写文字却不具标点符号,因此惹来一场争执。老者前妻所生女儿已出嫁,女儿女婿认为父亲的家产应归他们,照他们的读法是:七十老翁产一子,人曰非是也。家产尽付与女婿,外人不得干预。

后妻自然不服,遂带着幼子状告到典县太爷郑板桥那儿。郑板桥在对当事人实情做了调查后,对孤儿寡母甚表同情,遂用朱笔将遗嘱圈点了几下,当众诵读,老者的女儿女婿便再也无话可说。

你知道郑板桥是怎样点的标点吗?

592 直到清明方罢

这天，老管家就要走了，他将结好的账准备交给来接手的新管家。他们二人刚交接完，王员外走了进来，坐在新管家搬过来的椅子上，说："你是新来的，那我出道题考考你，让老管家帮忙看看，你合格当管家管账不？"随手将老管家的毛笔往算盘上一放，"古人留下一座桥，一边多来一边少，少的要比多的多，多的反比少的少。"

新管家听完，恭恭敬敬地答道："老爷，是这样的：五男二女分家，打得纷乱如麻，欲问何时了结，直到清明方罢。"

说完，老管家马上向员外说道："恭喜老爷！合格，合格。"

请猜猜，他们在说的什么谜？

593 缺少标点的谜语

有这么一个谜语难倒了很多人："一不出头，二不出头，三不出头。不是不出头，是不出头。"打一字。很多人看后不知道如何去理解，事实上，这句话是缺少标点的，请你为它加上标点，然后说出它的谜底。

594 一副挽联

在安庆的大观亭旁，有个文人题了一句话，用来纪念清朝革命者徐锡麟。

登百尺楼大好河山天若有情应识四方思猛士留一抔土以争光明人谁不死独将千古让先生

起先，人们以为这是一首诗，后来才知道这是一副颇有气势的挽联。请你断句加上标点，领会其意。

595 天下第一长联

云南昆明滇池大观楼的长联堪称"古今天下第一联"，为清朝孙髯翁所做，共180个字。请你给它断句，并加标点，便可领略滇池风貌了：

五百里滇池奔来眼底披襟岸帻喜茫茫空阔无边看东骧神骏西翥灵仪北走蜿蜒南翔缟素高人韵士何妨选胜登临趁蟹屿螺洲梳裹就风鬟雾鬓更苹天苇地点缀些翠羽丹霞莫辜负四围香稻万顷晴沙九夏芙蓉三春杨柳

数千年往事注到心头把酒凌虚叹滚滚英雄谁在想汉习楼船唐标铁柱宋挥玉斧元跨革囊伟烈丰功费尽移山心力尽珠帘画栋卷不及暮雨朝云便断碣残碑都付于苍烟落照只赢得几杵疏钟半江渔火两行秋雁一枕清霜

596 谁读得对

有这么一段文字："知止而后有定定而后能静静而后能安安而后能虑虑而后能得。"

空空每天诵念："知止而后有，定定而后能，安安而后能，虑虑而后能，得。"却怎么也不解其意，尤其是最后那个尾巴"得"字，更是画蛇添足，使他摸不着头脑。

牟尼也觉奇怪，他也是觉得后面那个"得"字绕口，且整个句子即使没有那个"得"也读不通："知止而后有定定，而能静静，而后能安安，而能虑虑，而后能得。"牟尼自知滑稽，摸着后脑勺笑了。

聪明的朋友，请你帮他们将这段文字加上正确的标点。

形象思维 第十六章 第二阶段

597 加字得字

在下面各组四个字的中心填入一个适当的字，使其分别组成另外四个新字。

(1)

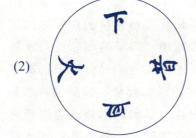
(2)

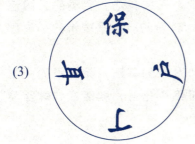
(3)

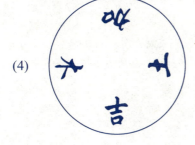
(4)

598 图像字谜

 = ？

打一字

599 梅花字谜

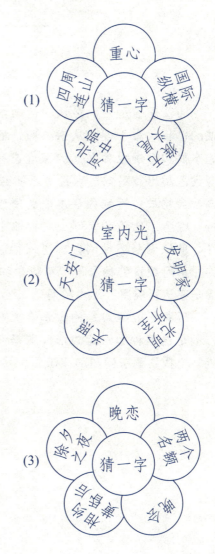

第十七章

抽象思维

——由此及彼，由表及里

　　抽象思维是人们在认识活动中对客观现实进行间接的、概括的反映的过程，属于理性认识阶段。抽象思维凭借"科学的抽象"对事物的本质和客观世界发展的深远过程进行反映，使人们通过认识活动获得远远超出靠感觉器官直接感知的知识。"科学的抽象"是反映自然界或社会物质过程的内在本质的思想，它是在对事物的本质属性进行分析、综合、比较的基础上，抽取出事物的本质属性，撇开其非本质属性，使认识从感性的具体进入抽象的规定，形成概念。空洞的、臆造的、不可捉摸的抽象是"不科学的抽象"。科学的、合乎逻辑的抽象思维是在认真观察、思考的基础上形成的。

　　形象思维能力是抽象思维能力培养和发展的基础，而敏锐的观察力则是这两种思维能力形成的基石。善于平中见奇，就能在"蛛丝马迹"中找到解决问题的突破口。

抽象思维 第十七章 第二阶段

数字迷宫

600 数字三角形

问号处应为什么数字？

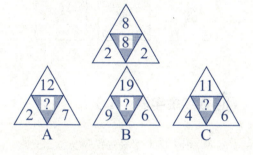

601 数字六边形

问号处应为什么数字？

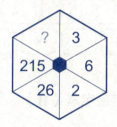

602 数字十字架

问号处应为什么数字？

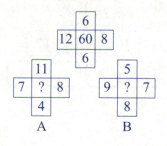

603 数字方向盘

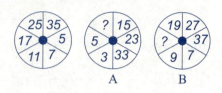

604 数字路口

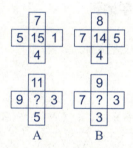

605 数字卡片

问号处应为什么数字？

4	6	8	10	12	?
37	26	17	10	5	?

606 数字纵横

问号处应为什么数字？

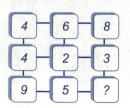

149

607 数字螺旋

问号处应为什么数字?

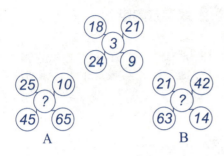

608 数字地砖

问号处应为什么数字?

609 数字曲径

问号处应为什么数字?

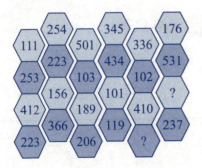

610 数字明星

问号处应为什么数字?

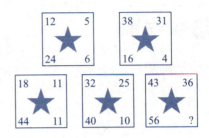

611 数字金字塔（Ⅰ）

问号处应为什么数字?

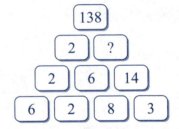

612 数字金字塔（Ⅱ）

问号处应为什么数字?

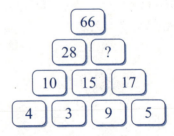

抽象思维 第十七章 第二阶段

613 数字圆中方

问号处应为什么数字?

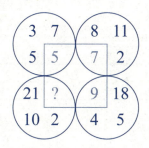

614 数码大厦之门

问号处应为什么数字?

425	155	456
801	360	873
1159	475	1254
482	?	505

615 数码大厦一角

问号处应为什么数字?

4	8	2	6
9	6	5	3
16	18	17	2
10	15	5	5
9	12	7	?

616 数字密码本

问号处应为什么数字?

A
7	6	3	4	8	1
9	2	5	4	8	?
2	4	4	4	2	4

B
5	3	2	6	5	3
5	2	3	4	0	7
2	4	?	2	4	2

C
6	3	9	8	8	7
9	3	?	7	2	8
4	10	8	4	6	4

D
1	7	2	8	9	3
7	5	4	8	3	5
6	4	8	3	?	6

151

第二节 字母探秘

26个英文字母正序表

英文字母	A	B	C	D	E	F	G	H	I	J	K	L	M
对应序号	1	2	3	4	5	6	7	8	9	10	11	12	13
英文字母	N	O	P	Q	R	S	T	U	V	W	X	Y	Z
对应序号	14	15	16	17	18	19	20	21	22	23	24	25	26

26个英文字母反序表

英文字母	Z	Y	X	W	V	U	T	S	R	Q	P	O	N
对应序号	1	2	3	4	5	6	7	8	9	10	11	12	13
英文字母	M	L	K	J	I	H	G	F	E	D	C	B	A
对应序号	14	15	16	17	18	19	20	21	22	23	24	25	26

617 差别最大的字母

（1）在A、Z、F、N、E五个字母中，哪个与其余四个差别最大？

（2）在A、N、E、F、H五个字母中，哪个与其余四个差别最大？

618 多余的字母

每个圆圈里都有一个数字是多余的，你知道是哪一个吗？

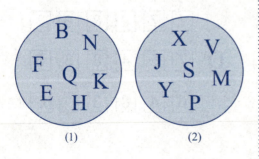

(1)　　　　　(2)

619 字母通道

问号处应为什么字母？

620 字母围墙

问号处应为什么字母？

C K
F O
? ?
L W
O A
R E

抽象思维 第十七章 第二阶段

621 字母窗口

问号处应为什么字母?

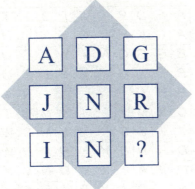

622 字母大厦

问号处应为什么字母?

623 字母桥梁

问号处应为什么字母?

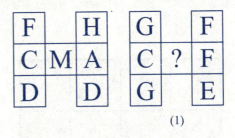

(1)

(2)   (3)

624 字母向心力

问号处应为什么字母?

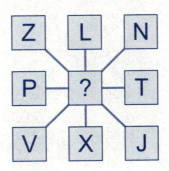

625 按规则填字母

请将A、B、C、D分别填在空格里，要求不论横行竖行、斜行都要有这四个字母，且不重复。

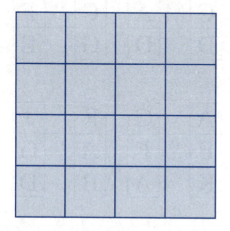

626 字母方阵（Ⅰ）

问号处应为哪些字母？

(1) 　(2)

(3) 　(4) 　(5)

627 字母方阵（Ⅱ）

问号处应为什么字母？

(1) 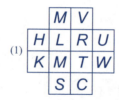　(2)

(3) 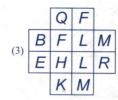　(4)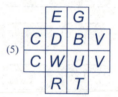

(5)

抽象思维 第十七章 第二阶段

628 破解"数字+字母"密码

问号处应为什么数字?

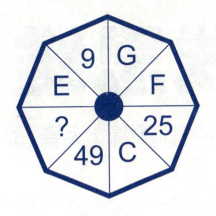

629 "数字+字母"罗盘

问号处应为什么数字或字母?

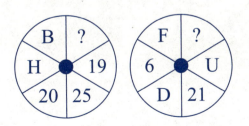

630 "数字·字母"正方形

如图所示正方形中的字母和数字是按照一定的规律排列的,你能推算出问号代表的是哪个数字吗?

631 "数字·字母"等式

问号处应为什么数字?

A = −19   F = ?

B = −16   G = 29

C = −11   H = 44

D = −4   I = 61

E = 5   J = 80

第十八章

实践思维

——小事情，大智慧

　　实践思维是指围绕实践过程以思考和解决实践问题或现实问题为直接目的的理性思维。俗话说："处处留心皆学问。"许多人即使没有太显著的教育背景也能取得成功，就是因为他们明白一个道理：生活是最好的老师。

　　无论是形象思维还是抽象思维，最后都要付诸实践。思维活动和实践活动是相互作用、相辅相成的。

第一节 生活IQ

632 使乒乓球跳起来

一个乒乓球放在桌面上,不许用手或任何东西触碰它,也不许搬桌子,你能令球跳起来吗?

633 复写名字

在两张纸的中间夹上一张单面复写纸,然后,想象把这叠纸上下对折,将下半部折向后面。如果你在第一张纸的上半部分写下你的名字,那么,你的名字将会复写出几份?它们会在哪里出现(正面、反面;上部、下部;第一张、第二张)?是朝什么方向的?你能否不用图解,而靠思考来解这道题?

634 回家

张涛预计上午九点骑自行车去某地办事,办事需要1个小时,回来时沿原路线骑自行车以同一速度返回,这样,可以在正午(12点)到家。结果去的时候路上很拥挤,自行车速度只有预想的一半。返回时道路空阔,为了弥补耽搁了的时间,张涛以预想速度的4倍往回赶,那么他能否在12点之前赶回家?

635 划拳游戏

在印度尼西亚也有划拳游戏,不过他们是用大拇指、食指、小拇指来分别表示人、蚂蚁、大象的(相当于石头、剪刀、布的关系)。当两人伸出相同的手指就算平局,因此经常决定不了胜负。

有一天,A对B说:"为了一次定局,让我们只伸出'人'和'蚂蚁'吧,如果咱俩同时伸出'人',就算我胜;如果同时伸出的是'蚂蚁',就算你胜。我看这样很公平,而且很痛快,一次就定局了。"

如果B同意这样赛法,那么,比赛五次的话,A能胜几次?

636 小圆环与大圆环

两个圆环,半径分别是1和2,小圆在大圆内部绕大圆圆周一周,问小圆自身转了几周?如果在大圆的外部,小圆自身又转几周呢?

越玩越聪明的1000个思维游戏

637 哪一个方向错了

四个齿轮互相咬合着转动，图中标示出了每个齿轮转动的方向，但是其中有一组的方向是胡乱画上去的，使它们成了一组不能转动的齿轮。你能找出哪一组齿轮的方向画错了吗？

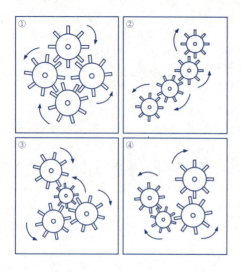

638 室温是多少

一支不准确的摄氏温度计，把它放在冰水（0℃）中其指示温度为1℃，把它放在沸水（100℃）中其指示的温度为107℃，用它测量现在的室温为27.5℃，你知道真正的室温是多少吗？

639 从沙漠归来

两人正在谈生意，其中一位满头金发、面孔黝黑、下巴呈古铜色的青年兴冲冲地对另一人说："昨天我才从沙漠探险归来，洗净一身尘垢，刮去长了好几个月的络腮胡子，修剪好蓬乱的头发，美美地睡了一觉。最值得庆幸的是我的化验分析报告，证实那片沙漠地带有个储量丰富的金矿。假如您愿意对这有利可图的项目投资的话，请到我公司细谈。"听罢此言，另一人讪笑着说："你若想骗傻瓜的钱，最好还是把故事编得真实一些！"另一人何出此言？

640 找到开关

有两个房间，一间房里有三盏灯，另一间房有控制着三盏灯的三个开关，这两个房间是分割开的，从一间里不能看到另一间的情况。现在要求你分别进这两房间一次，然后判断出这三盏灯分别是由哪个开关控制的。有什么办法呢？

641 沉入水中的气球

如图，大小一样的两个装水的气球放在两个相同的容器中。如果两个容器所装的水是相同的，为什么一个浮在水面上，一个沉入水中？

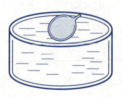 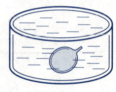

实践思维 第十八章 第二阶段

642 哪支蜡烛最先灭

4个敞开烧瓶中分别放置了长短、数量不相同的点燃了的蜡烛。第一个瓶子里面放了一支短的，第二个瓶子里放了一支长的，第三个瓶子里放了一支长的、一支短的，最后第四个瓶子里先倒了一些水然后放进了一支长蜡烛。4个瓶子里放着的5支蜡烛灭得最快的是哪一支呢？燃烧得最久的又是哪一支呢？

643 精确的半桶水

地主想克扣一个长工的工钱，让长工用一个木桶一次精确地打上半桶水，不能多也不能少，而且不能使用木棒或绳子来量。然而，这个长工却做到了。他是怎样做到的？

第二节 悬疑探案

644 寻找凶器

一天，在一个长满钟乳石、气温只有零下6℃的地下溶洞里，管理员发现有一少女被人谋杀，死因是被利器刺伤而流血过多。经搜查和验证指纹，在洞内抓获到唯一可能作案的男子，但他矢口否认，警方因尚未找到杀人的凶器，无法逮捕他。

负责调查此案的警长经过分析，指出了那男子杀人的凶器，男子也只好招认了自己犯罪的事实。

凶器是什么呢？

645 沸腾的咖啡

大侦探哈利到森林中打猎，见天色晚了，便在空地上支起帐篷，准备宿营。

忽然一个年轻人跑来告诉哈利，他的朋友卡特被人杀害了。哈利问他叫什么，他说："我叫菲尔特，一小时前，我和卡特正准备喝咖啡，从树林里突然钻出两个大汉，将我们捆了起来，还把我打昏了，醒来一看，卡特已经……"

哈利听完后，拍拍菲尔特的肩膀："走，一起去看看。"便跟着菲尔特来到了宿营地。卡特的尸体躺在快要熄灭的火堆旁，两条绳子散乱地扔在卡特的脚下，旁边的帆布包被翻得乱七八糟。哈利俯下身，见卡特的血已经凝固，断定是一小时以前死亡的，凶手是用钝器击碎颅骨才使他致命的。他的目光又回到火堆上，火烧得很旺，黑色咖啡壶在发出"嘶嘶"的声响，刚刚烧沸的咖啡从锅里溢到锅外，发出迷人的香气，滴落在还没烧透的木炭上。哈利默默地站了一会儿，突然掏出手枪对准菲尔特说："别演戏了，老实交代吧！"

你知道这是怎么回事吗？

646 是谁杀害了女教师

某中学的女教师小于上午没到学校上课，学校的教务主任在下午到小于的住所去探望。当他到了小于的住所后发现，室内的灯是开着的，可是他按了几下门铃，却没人来开门。

教导主任很奇怪，于是请管理员来开门，门开了，发现小于身着睡衣躺在地上，已经死去多时了。于是教导主任立即报警。

警方来了以后，就展开了调查。发现死者是胸口被刺身亡。根据伤口推断，死者可能是昨晚9点左右遇害的。警方又调查了左邻右舍以及管理员，知道在昨晚9点左右，有两个男子来拜访过小于，一个是小于的男友，另一个是一个学生的哥哥——当地的流氓。这两个夜访者说，先后按了门铃，都不见回音，就离开了。

教导主任仔细地观察了周围，然后目光停在了门上的猫眼，于是他指出了凶手。

你知道是谁吗？

647 撞向路灯柱的自行车

在大街上，发生了一件命案，一个男子倒毙在地上，后脑被硬物击中，自行车撞在一根路灯柱上。男子死亡的地点离路灯柱约两米，腿部微曲，身体后倾。

警长在现场调查，分别找到了两位证人。

证人甲指着乙说："我见到他用一块小石头掷向正在骑自行车的人的后脑，那个男人被石头击中后，倒在地上，接着自行车便撞向路灯柱。"但是，证人乙却说："简直是荒谬，我可不是那样无聊的人，我见到那辆自行车飞驰而来，撞向路灯柱，骑自行车的人被弹下车，后脑着地，刚好碰到地上的硬石，所以死了。"

两个人争执不下，但是，在现场找不出可疑的凶器，满地碎石，确是事实。可警长指着乙说他是说谎者。

警长为什么这样说呢？

648 凶手的去向

警长清晨驱车外出，在街旁发现躺着一位奄奄一息的警察。从他微弱的讲述中得知，几分钟前，警察被一名青年持刀刺伤，凶手夺了自行车逃跑，警察用手指示意逃跑的方向。

警长一面报警，一面沿着手指的方向追击，但是不远的地方（上坡处）出现了岔道，此处正在施工，路面铺有一层黄沙土。他仔细察看路面，发现两条岔道均有自行车压痕。左边路上两条轮印一深一浅，右边路上两条轮痕深浅一致，他略加思索，果断地从右边追击，不久刑警驱车赶到，在右边路上捕获了凶手。

警长是如何认定凶手逃窜路线的？

649 彩虹下的劫案

窗外忽然下起一阵大雷雨，驱散了街上的行人。不一会儿，雨停风歇，亮丽的晴空中出现了一道彩虹！

"哇！好漂亮的彩虹！"刑警队的刘队长打开窗户，笑着说道。他所面对的正好是东西向的交通要道，彩虹一览无遗地呈现在他的眼前。

就在这时候，路旁一家珠宝店忽然有几名歹徒闯入，抢了不少的金戒指和几十条金项链。

刘队长火速赶往现场，详细调查了歹徒的特征与外貌，下令全面追查刚刚逃走的歹徒。过了半天，捉回来三名外形符合的嫌犯。

第一个激动地说："什么抢劫？那是几点钟发生的事？5点30分？我正在南公园附近的小吃店吃面，突然下起雨，我躲了一会儿，雨停了，才走没多远就被抓了，为什么？"

第二个说："突然下起大雷雨，我很怕闪电和打雷，所以去附近的咖啡屋避雨。等到雨停了，我走到教堂前忽然看到彩虹，就停下脚步观赏。因为看得太久，而且阳光又很刺眼，所以就离开了。但是却被警察抓来，真不知是为什么？"

第三个男的也接着说："我和女朋友在书店买书，因为下雨，只好一直待在店里。出来之后，我们就分手各自回家了。什么？要找我女朋友？别开玩笑了，她只是我在书店认识的小女孩，连她叫什么名字我都不知道。什么彩虹我没看见，反正什么事我都没做。"

刘队长沉默了一会儿，断定这三个人中有一个人在说谎，各位，你们知道是谁吗？

650 车号谜团

一个正在穿越人行横道的男子被突如其来的一辆车撞倒，肇事汽车停都没停便逃之夭夭。被撞人奄奄一息，在被送往医院的途中，只说了逃跑汽车的车号"6198"，便断气了。

警察马上通缉了该牌号的车辆，虽然找到了嫌疑犯，但对方有确切的不在现场证明，而且车坏了，在案发前就已送修理厂修理。

如此说来，罪犯的车牌号不是"6198"。那么，它应该是多少号呢？

651 是因电失火吗

一天深夜，一家商店的财会室突然起火。虽经值班会计奋力扑救，仍有部分账簿被大火烧毁。

警官向浑身湿透的值班会计询问案情。"前几天，我就发现室内的电线时常爆出火花。今天，我将全部账簿翻了出来，堆在外面，准备另换一个安全的地方，不料电线走火，引燃账簿，酿成火灾。幸亏隔壁就是卫生间，我迅速放水，把火扑灭，才未酿成大祸。"

"你能肯定是走电失火吗？"警官追问。

"能。我们这里没有抽烟的，又没有能自燃的其他物品和电器。对了，我刚才进来救火时，还闻到了电线被烧后发出的臭味。"

"够了！"警官呵斥道，"你是因为担心自己的贪污问题暴露而故意纵火的吧？"请问警官是如何得出这一结论的？

652 左眼被刺

酒店客房之内，发现一具尸体，死者在反锁的房间内被杀，死因是左眼被毒针刺伤。

但事后警方经过多方调查，发现门锁并未被破坏，而且案发时，窗门也都是关着的。

现场没有发现毒针之类的凶器，所以可以排除死者是死于自杀的可能。

凶手是怎样杀害死者的呢？

653 谁被拘留

警长正漫步街头，突然听到一声枪响，看见不远处一个老人跌向房门，慢慢地倒了下去。警长和街上仅有的另外两个人，先后跑了过去，发现老人背部中弹，已经死去。

警长看见这两个人都戴着手套，便问他们刚才在做什么。

甲说："我看见这位老人刚要锁门，枪一响，他应声而倒，我便立即跑来。"

乙说："我听到枪声不知发生了什么事，看到你们俩往这儿跑，我也就跟着赶来。"

钥匙还插在房门上的锁孔里。警长打开锁，走进房间，打电话报案。警方人员来了以后，警长指着一个人说："把他拘留讯问。"

你知道谁被拘留了吗？

654 颠倒的太阳旗

"呜——"伴随着汽笛的欢叫，一艘日本货船准时地离开了某国的港口。约1分钟后，船长习惯地抬手看表，猛吃一惊，发现手表丢了。船长暗自寻思："起锚离港的命令是我对着表发出的，当时手表明明还戴着，怎么一会儿就不见了呢？"他觉得此事蹊跷，决心要查个水落石出。于是，他命令全体船员紧急集合，谁也不能例外。很快地，船员们都集合于甲板上。

这时，一位水手气喘吁吁地最后进入队列。船长把他叫到跟前责问道："你为什么迟到？"

水手回答："今天我值日升旗时，因为我把国旗挂颠倒了，就把它纠正过来，耽误了一会儿，所以……"

"所以你就迟到了。请回答，难道这就是你迟到的真正理由吗？"水手垂下头，不做声了。船长立即作出正确的判断，指着那个水手当众宣布："我的手表是他偷的！"

确实，手表是那水手偷的。可是，船长的根据是什么呢？

655 小偷的诡计

一天，警长在一所住宅的后门看见一个可疑男子。

"你等会儿再走。"警长见那人形迹可疑，便喊了一声。

那人听到喊声，愣了一下，便停下了脚步。

"你是不是趁这家里没人，想偷东西？"

"您这是哪儿的话，我就是这家的啊。"那个人答道。

正说着，一条毛乎乎的卷毛狗从后门里跑了出来，站在那个人身旁。

"您瞧，这是我们家的看家狗。这下您知道我不是可疑的人了吧？"他一边摸着狗的脑袋一边说。

那条狗还充满敌意地冲着警长"汪、汪"直叫。

"嘿！梅丽，别叫了！"

听那他一喊，狗立刻就不叫了，马上快步跑到电线杆旁边，跷起后腿撒起尿来。

实践思维　第十八章　**第二阶段**

警长感到仿佛受了愚弄，拔腿向前走去。可他刚走几步，好像突然想起了什么，又急转回身不由分说地将那个男子逮捕了，嘴里还嘟囔着："闹了半天，你还是个贼啊！"

那么，警长到底是根据什么识破了小偷的诡计呢？

656 判定逃跑方向

夏夜，两名侦查员追捕一名逃犯，当追到一片稻田时断了踪迹。两位侦查员稍停片刻，侧耳听了听就判明了罪犯的逃跑方向。你知道侦查员是怎样判定罪犯逃跑方向的吗？

657 密封的蜘蛛网

古董商铃木的仓库里放有10只装有珍贵古董的箱子。昨天一早他查看仓库时，发现箱子少了一只，于是立即报警。他对警长说，仓库的钥匙只有他一人有，而且整天贴身挂在脖子上，不可能有人动过。警长查看现场，发现这是个封闭式的小屋，只是在屋顶上开了个小天窗，窗上安装着拇指粗的铁栅栏。虽然铁栅栏已掉了两根，但上面有3只大蜘蛛织满了缝网，说明不会有人从这里钻进去。

警长找到刑事专家井上帮助分析案情。井上问："除了铃木本人，还有谁知道仓库里有古董箱子？"警长说："有个叫龟田的，是铃木的外甥，因为嗜赌，早已被铃木赶出去了。蛛网没破，他也钻不进呀！"井上说："如果确实没有第三人知道仓库藏有古董箱，那么，这箱古董就是龟田偷的。"侦破的结果证实了井上的推断。

那么，龟田是怎样进入仓库的？井上又是根据什么断定龟田是小偷的？

658 单身女郎与金发男子

在一个白雪纷飞的冬夜，京西路68号的房间里有一位单身女郎被人杀害，行凶时间为当夜8点左右。

警方一到现场就展开了深入的调查，发现现场的房间中，瓦斯炉被火烘得红红的，室内热得直流汗，电灯依然亮着，然而紧闭的窗子却只掩上了半边的窗帘。

这时被害人住所附近的居民，一个年轻人向警方提供了如下目击证据。

昨晚11点左右，我曾目击凶案发生，虽然我的房间离现场有20米，但发现凶手是个金发男子，戴着黑边眼镜，并且还蓄着胡子。

警方根据他提供的线索，逮捕了一位死者的金发男朋友。

在法庭上，这位金发嫌疑人的律师很有把握地为他辩护，并询问了目击者："年轻人，案发当时你是偶然在窗子旁看到了这个凶手，是吗？"

"是的，因为对面的窗子是透明的，而且那天晚上她的窗帘又是半掩的，所以我才能从20米外清楚地看见凶手的脸。"

这时，律师很肯定地说："法官大人，这位年轻人所说的都是谎话，也就是犯了伪证罪。以我的判断，他的嫌疑最大，他在行凶后，才把被害人家里的窗帘拉开逃走的。还给警方提供假口供，企图掩盖自己的罪行。"

结果，经过审查，证明了律师的推断是正确的。你知道律师是怎样推断的吗？

659 失踪的乘客

晚上从北京站发出的特快列车，于翌日上午正点到达终点站西安车站。可是某车厢的一名乘客却失踪了。

列车从北京站发出后不久，列车员检票时，那个乘客已换上了车上准备的睡衣，正在叠换下的西服。第二天早晨，当列车通过郑州，列车员来整理床铺时，那个乘客的铺已经空了。因为皮箱还在，所以列车员以为是去厕所或者是洗脸间了。然而，到了终点站，仍不见那个人的身影，所以列车员便报告了乘警。

"因车门不是手动的，所以不会是深更半夜去厕所，因睡迷糊了而从车门掉了下去。肯定是在中途某个车站停车时，到站台去而被车丢下了。"列车员对乘警说。

"可没接到任何车站的联络。如果是被绑架，强行在中途站被带下车，那么穿着睡衣下去不是太显眼了吗？"乘警对这一失踪案件也直摇头。

遗留物只有皮箱和一本周刊杂志及在北京站买的一盒点心。打开皮箱一看，里面装着一身西服和衬衣、领带及一套洗漱用具。西服上衣的兜里装有1000元现金和笔记本、名片夹、北京市内的公交卡、手帕、卫生纸等。根据名片夹里的名片得知，失踪者是某银行分行的一位业务经理。

"遗留物就这些吗？"

"是的，就这些。"

"看来此人既不是被绑架也不是被车丢下了，而是本人故意失踪的。如果是银行的人，那一定是贪污巨款躲藏起来了。"乘警断定。

那么，究竟根据什么证据下这样的判断呢？

660 石膏鞋印

离猎人尸体现场半英里远，有一座简陋的茅舍。茅舍的主人是一位隐士，蛰居森林以打猎捕鱼为生。他是这次谋杀案现场方圆30英里之内唯一的居民。因别无线索，他被拘留以待查清真相。

当地警长确定了如下事实：1.猎人遇害的时间大约是那场暴雨停止的前一天，或者是雨停之后不久；2.雨过天晴之后，即有一股反常的热浪袭击本地，烈日很快就将地皮晒干。

听说闻名遐迩的犯罪学博士哈莱金恰好在附近休假，警长就登门拜访，向他讲了搜索现场的发现："今晨我们在现场附近提取到一个相当完整的鞋印，已灌满了石膏模型。我们发现鞋印与那个隐士的新鞋子的大小和形状完全相同。"

哈莱金接过鞋印模型与隐士的鞋子认真对照，这鞋子是新的，它与鞋印吻合。"不过大部分猎人都爱买这种鞋子穿。警长，恐怕你的石膏鞋印对证明他无罪比证明他有罪更有说服力。"为什么？

第三节 扑克牌・棋子・火柴

661 发牌游戏

如果轮到你发第六张扑克牌,你应该发哪张牌?

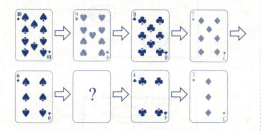

662 装牌游戏

如果有9张扑克牌,分别要装在4个塑料袋里,保证每个塑料袋里都有扑克牌,并且每个塑料袋里扑克牌都是单数,你能想出方法吗?

663 三张扑克牌

桌子上有三张扑克牌,排成一行。现在,我们已经知道:
(1)K右边的两张牌中至少有一张是A;
(2)A左边的两张牌中也有一张是A;
(3)方块左边的两张牌中至少有一张是红桃;
(4)红桃右边的两张牌中也有一张是红桃。
问:这三张是什么牌?

664 象棋蛙跳

如图所示,有10枚象棋由左至右排成一行。取其中任一枚象棋,越过它的某一侧相邻的两枚象棋,然后置于第三枚象棋之上。相同的过程重复五次,设法得到五沓象棋,每沓是两枚象棋。在上述过程中,你可以越过两枚单个的象棋,也可以越过叠在一起的两枚象棋。

665 象棋"花蕊"

桌面上有六枚象棋。你是否有办法使它们形成如图所示的形状,使得其中心的阴影部分正好能容纳第七枚象棋,并且使这枚象棋在同一平面上与其余六枚象棋同时接触?当然,前提是你不能使用这第七枚象棋,只能移动这六枚象棋,把这六枚象棋中的任意一枚从一个位置紧贴桌面滑移到另一位置,最后给第七枚象棋留下一个大小正好的位置。

666 9枚棋子

如图所示,四张棋盘上,每张上面都摆放了9枚棋子,其中哪种摆放方法与其他三种不相称?

A

B

C

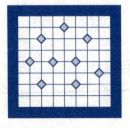

D

667 茶杯中的棋子

如图所示,将四枚棋子放入四个小茶杯中,其中有一种放法是与其他三种不相称的,请你找出来。

A

B

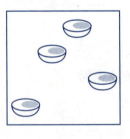

C

D

668 不一致的棋子组合

下面五组棋子组合中,哪两组和另外三组不一致?

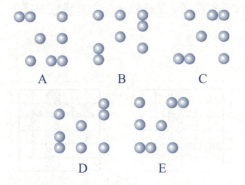

669 棋子方阵

一个人摆了四个棋子方阵,按着他的摆放顺序,问号处应该是A、B、C、D、E、F、G、H中的哪一个图形?

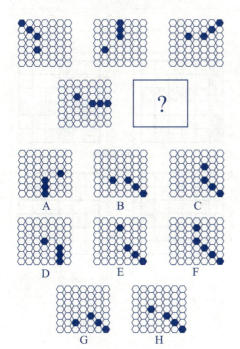

670 不相称的棋子方阵

下列四组棋子方阵中,有一组和其他三组是不相称的,请你找出来。

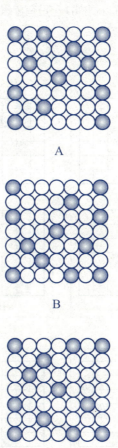

671 棋盘上的棋子（Ⅰ）

如图所示，八张棋盘分成了四组，每组两张，每张棋盘上都按照一定规则摆放了五枚棋子。请你找出没有按照规则摆放的一组。

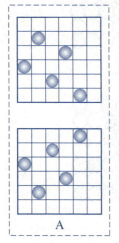
A

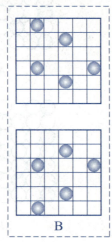
B

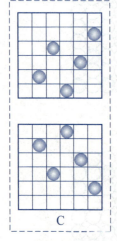
C

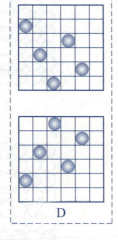
D

672 棋盘上的棋子（Ⅱ）

如图所示，八张棋盘分成了四组，每组两张。每一组都按照一定规则摆放了五枚棋子。请你找出没有按照规则摆放的一组。

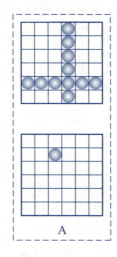
A

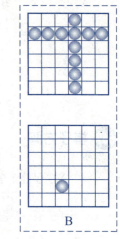
B

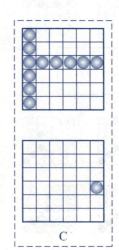
C

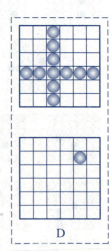
D

实践思维 第十八章 第二阶段

673 棋子队列

下图是四种棋子组成的交叉队列,哪一种是与众不同的?

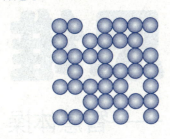
A

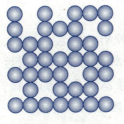
B

C

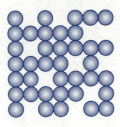
D

674 用火柴分田地

小迷糊家里开辟了一块田地,爸爸要他用7根火柴把田地分成形状和面积都一样的3块,他该怎么分呢?

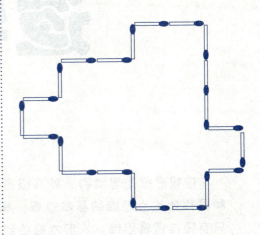

675 火柴"牢房"

用13根火柴组成6个相同大小的长方形,将这些长方形各自看作监狱中关押犯人的牢房,火柴棍看作阻隔犯人的铁栅栏。可是一排铁栅栏被犯人破坏了,只剩下了12排铁栅栏,如何做到?但即使这样也依然能做成6间大小相同的牢房。牢房的形状可以任意改变,但不可折断火柴棒,也不可以用火柴多余的一段作为铁栅栏的边。

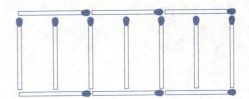

第十九章

逻辑思维

——智慧体操

逻辑思维是思维的一种高级形式。它以分析、综合、比较、抽象和具体化作为思维的基本过程，揭露事物的本质特征和规律性联系。只有经过逻辑思维，人们才能达到对具体对象本质规定的把握，进而认识客观世界。它是人的认识的高级阶段，即理性认识阶段。

逻辑思维　第十九章　**第二阶段**

第一节　逻辑闪电

676　三色球

一个袋子里有4个球，一个黑色，一个白色，其余两个为红色。一个人打开口袋，取出了两个球。他看了看这两个球，并说其中一个是红色的。另一个球是红色的可能性是多少？

677　土耳其商人和帽子

许多著名的科学家常常喜欢出一些有趣的题目，来考一考别人的机敏和逻辑推理能力。伟大的物理学家爱因斯坦就曾经出过这样一道题：土耳其商人和帽子的故事。

有一个土耳其商人，想找一个助手协助他经商。但是，他要的这个助手必须十分聪明才行。消息传出的三天后，有A、B两个人前来联系。

这个商人为了试一试A、B两个人中哪一个聪明一些，就把他们带进一间伸手不见五指的漆黑的房子里。商人打开电灯说："这张桌子上有五顶帽子，两顶是红色的，三顶是黑色的。现在，我把灯关掉，并把帽子摆的位置搞乱，然后，我们三人每人摸一顶帽子戴在头上。当我把灯开亮时，请你们尽快地说出自己头上戴的帽子是什么颜色的。"说完之后，商人就把电灯关掉了，然后，三个人都摸了一顶帽子戴在头上；同时，商人把余下的两顶帽子藏了起来。

待这一切做完之后，商人把电灯重新开亮。这时候，那两个人看到商人头上戴的是一顶红色的帽子。

过了一会儿，A喊道："我戴的是黑帽子。"A是如何推理的？

678　六人猜帽

六个学生围坐着，中间一人眼睛被蒙住。各人头上戴一顶帽子，四个白的，三个黑的。因为中间一个挡住了视线，六个人都看不见自己对面的人戴的是什么颜色的帽子。现在让各人猜自己头上戴的是什么颜色的帽子。六个人在沉思着，一时猜不出来，中间被蒙住眼睛的人反而说话了："我头上戴的帽子是白的。"

他是怎么知道的呢？

679　十人猜帽

十个人站成一列纵队，从十顶黄帽子和九顶蓝帽子中，取出十顶分别给每个人戴上。

站在最后的第十个人说："我虽然看见了你们每个人头上的帽子，但仍然不知道自己头上的帽子的颜色。你们呢？"第九个人说："我也不知道。"第八个人说："我也不知道。"第七个、第六个……直到第二个人，依次都说不知道自己头上帽子的颜色。

出乎意料的是，第一个人却说："我知道自己头上帽子的颜色了。"他为什么知道呢？

171

680 前额上系的是什么牌

A、B、C、D、E五人,每个人的前额上都系着一块白色或黑色的圆牌。每个人都能看到系在别人前额上的牌,但唯独看不见自己额上的那一块圆牌。如果某个人系的圆牌是白色的,他所讲的话就是真实的;如果系的圆牌是黑色的,他所讲的话就是假的。他们讲的话如下:

A说:"我看见三块白牌和一块黑牌。"
B说:"我看见四块黑牌。"
C说:"我看见一块白牌和三块黑牌。"
E说:"我看见四块白牌。"

根据以上的情况,推出D的前额上系的是什么牌。

681 墙纸

一种用来装饰房间的墙纸是由三种织物合成的。这三种织物必须按照以下条件,从七种织物F、G、H、J、K、L和M中选出。

此外,还已知:
(1)如果F和G其中之一被选中,那么另一个也一定被选上;
(2)H与J不能同时被选上;
(3)H和F之中,至少有一种选上。

问题:
(1)下列哪三种织物合成的墙纸符合以上条件?(A)F、H、J;(B)F、K、L;(C)G、J、M;(D)H、J、L;(E)H、K、M。
(2)如果J被选中,那么下列哪两种织物也同时被选上?(A)F和G;(B)F和M;(C)G和H;(D)H和K;(E)K和L。
(3)如果K被选中,下列哪两种织物也同时被选上?(A)F和H;(B)F和L;(C)G和H;(D)H和L;(E)L和M。
(4)如果H和M被选中,那么其余的织物中有几种织物能充当第三种材料?(A)1;(B)2;(C)3;(D)4;(E)5。
(5)如果L被选中,下列哪种织物不能被选上?(A)G;(B)H;(C)J;(D)K;(E)M。

682 花裙子和红裙子

某次舞会有87个姑娘参加。参加舞会的每个姑娘可能穿花裙子,也可能穿红裙子。此外,还知道下面两个事实:(A)这87个姑娘中,有人是穿花裙子的;(B)任何两个姑娘中,至少有一个姑娘是穿红裙子的。从上可知:有几个姑娘穿花裙子,几个姑娘穿红裙子?

683 衣柜里的手套

衣柜里放着一些红手套和黑手套,两种颜色的手套的数目一样多。

为了保证取出一双同样颜色的手套,你闭着眼睛至少要从衣柜里摸出多少只手套?

为了保证取出两只不同颜色的手套,你闭着眼睛至少要从衣柜里摸出多少只手套?

让人感到惊奇的是,这两个数目是一样的。假设这个计算是完全正确的,想想看,衣柜里有多少只手套?

684 鹿死谁手

古代有一个皇帝,命令姓赵、钱、孙、李、周、吴、郑、王的八员大将陪同他外出打猎。经过一番追逐,有一员大将的一支箭射中了一只鹿,是哪一员大将射中的,开始谁也不清楚。这时候,皇帝叫大家先不要去看箭上刻写的姓氏,而要大家先猜猜究竟是谁射中的。八员大将众说纷纭。

赵:"或者是王将军射中的,或者是吴将军射中的。"

钱:"如果这支箭正好射中鹿的头上,那么鹿是我射中的。"

孙:"我可以断定是郑将军射中的。"

李:"即使这支箭正好射中鹿的头上,也不可能是钱将军射中的。"

周:"赵将军猜错了。"

吴:"不会是我射中的,也不是王将军射中的。"

郑:"不是孙将军射中的。"

王:"赵将军没有猜错。"

猜完之后,皇帝命令赵将军把鹿身上的箭拔出来验看,证实八员大将中有三人猜对了。鹿是谁射死的?

又问:假如有五个人猜对,那么鹿又是谁射死的?

685 毒酒和美酒

战国时期,秦国实行商鞅变法,法度严明。秦孝公有一幕僚,号称天下第一智者,犯下过失,按律当斩。秦孝公惜才,想救他一命,但又不能破秦律。于是,他设计了一个特殊的行刑方式,希望智者能运用自己的智慧来拯救自己的生命。刑场上站着两个武士,手中各拿着一瓶酒。秦孝公告诉智者:第一,这两瓶外观上看不出区别的酒,一瓶是美酒,一瓶是毒酒;

第二,两个武士有问必答,但一个只回答真话,另一个只回答假话,并且从外表上无法断定谁说真话,谁说假话;第三,两个武士彼此间都互知底细,即互相之间都知道谁说真话或假话,谁拿毒酒或美酒。现在只允许智者向两个武士中的任意一个提一个问题,然后根据得到的回答,判定哪瓶是美酒并把它一饮而尽。智者略一思考,提出了一个巧妙的问题,并喝下了美酒。结果,他免于一死。

如果你是智者,你将如何设计问题,并找出美酒呢?

686 只爱穷骑士的姑娘

在一个岛上住着以下几种人:穷骑士、富骑士和无赖。骑士只讲真话,无赖只讲假话。有位姑娘只爱穷骑士,要求这三种人每人只能说一句话来表明自己的身份,姑娘根据他们所说的话判定谁是穷骑士。这位姑娘该怎样找到意中人呢?

687 对号入座

有A、B、C、D、E、F六人坐在一张圆桌周围打牌,已知E与C相隔一人,且在C的右面(如图),D坐在A对面,F与A不相邻,B在F的右面。A、B、D、F各坐什么位置?

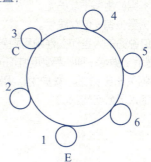

688 昨天火腿，今天猪排

甲、乙和丙三人去餐馆吃饭，他们每人要的不是火腿就是猪排。

（1）如果甲要的是火腿，那么乙要的就是猪排。

（2）甲或丙要的是火腿，但是不会两人都要火腿。

（3）乙和丙不会两人都要猪排。

谁昨天要的是火腿，今天要的是猪排？

（提示：判定哪些人要的菜不会变化。）

689 医务人员

医院里的医务人员，包括我在内，总共是16名医生和护士。下面讲到的人员情况，无论是否把我计算在内，都不会有任何变化。在这些医务人员中：

（1）护士多于医生。

（2）男医生多于男护士。

（3）男护士多于女护士。

（4）至少有一位女医生。

这位说话的人是什么性别和职务？

（提示：确定一种不与题目中任何陈述相违背的关于男护士、女护士、男医生和女医生的人员分布情况。）

690 并非腰缠万贯

甲、乙和丙是三位杰出的女性，她们各有一些令人注目的特点。

（1）恰有两位非常聪明，恰有两位十分漂亮，恰有两位多才多艺，恰有两位腰缠万贯。

（2）每位女性至多只有三个令人注目的特点。

（3）对于甲来说，下面的说法是正确的：

如果她非常聪明，那么她也腰缠万贯。

（4）对于乙和丙来说，下面的说法是正确的：

如果她十分漂亮，那么她也多才多艺。

（5）对于甲和丙来说，下面的说法是正确的：

如果她腰缠万贯，那么她也多才多艺。

哪一位女性并非腰缠万贯？

（提示：判定哪几位女性多才多艺。）

691 小镇的一星期

小镇有一家超市、一家百货商店和一家银行，每星期只有一天全都开门营业。

（1）这三家单位每星期各开门营业四天。

（2）星期日这三家单位都关门休息。

（3）没有一家单位连续三天开门营业。

（4）在连续的六天中：第一天，百货商店关门休息；第二天，超市关门休息；第三天，银行关门休息；第四天，超市关门休息；第五天，百货商店关门休息；第六天，银行关门休息。

在一星期的七天中，小镇的这三家单位哪一天全都开门营业呢？

692 尤克利的电话线路

直到去年，尤克利地区才消除了对电话的抵制情绪。虽然现在已着手在安装电话，但是由于计划不周，进展比较缓慢。

直到今天，该地区的六个小镇之间的电话线路还很不完备。A镇同其他五个小镇之间都有电话线路；而B镇、C镇却只与其他四个小镇有电话线路；D、E、F三个镇则只同其他三个小镇有电话线路。如果有完备的电话交换系统，上述现象是不难克服的。因为，如果在A镇装个电话交换系统，A、B、C、D、E、F六个小镇都可以互相通话。但是，电话交换系统要等半年之后才能建成。在此之前，两个小镇之间必须装上直通线路才能互相通话。

现在，我们还知道D镇可以打电话到F镇。

请问：E镇可以打电话给哪三个小镇呢？

第二十章

概括思维

——由此及彼，由表及里

心理学家认为，思维的基本过程包括分析、综合、比较、抽象、概括、具体化。分析，是在思想上把事物的整体分成各个组成部分或个别属性；综合，是在思想上把组成部分或个别属性综合为一个整体，通过分析综合，在思想上把不同的对象或对象的个别部分区分出来，加以比较找出相同点和不同点；比较，是在思想上把各种对象或现象加以对比，并确定它们之间的异同，它是分类的前提，有了比较之后才能进行抽象与概括；抽象，是在思想上把同一类事物中的一般的、本质的属性抽取出来，加以考虑的过程；概括，是把抽象出来的、一般的、本质的属性进行归类的过程；具体化，就是把抽象出来的一般的认识，运用到具体的、特殊的事物上。

不难看出，在思维的基本过程中，"概括"处于"抽象"和"具体化"两个过程中的过渡阶段，起到了承上启下的关键作用。因此，培养、训练概括思维的重要作用显而易见。

第一节 图像透视

693 地砖拼图

下列地砖拼图中,如果A转化为B,那么C则转化为D、E、F、G、H中的哪一个?

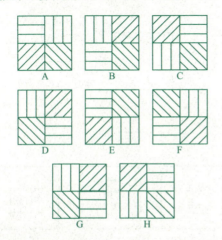

694 图形方阵

问号处应为什么图形?

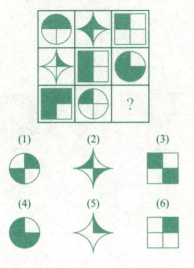

695 不相称的马赛克组合

下图哪种马赛克组合与其他三种不相称?

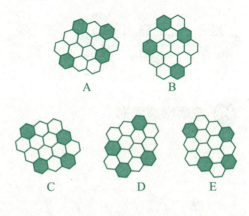

696 不相称的瓷砖组合

下面哪种黑白瓷砖组合与其他三种不相称?

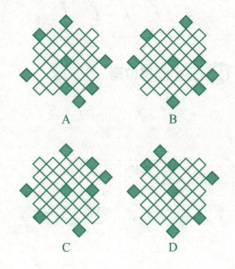

697 取代问号的瓷砖组合

问号的位置应是A、B、C、D中的哪一种黑白瓷砖组合?

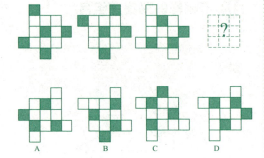

698 按顺序选图形

按次序接下来的应该是框框中的哪一个图形?

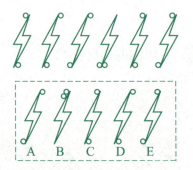

699 三个问号位置

A、B、C、D、E、F中的哪几个应该分别放在三个问号的位置。

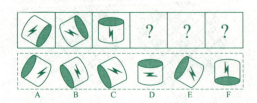

700 不相称的图形

（1）哪个图与其他图不相称?

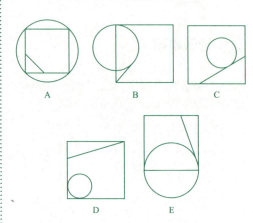

（2）哪个图与其他图不相称?

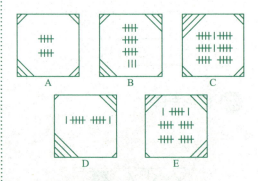

（3）哪个图与其他图不相称?

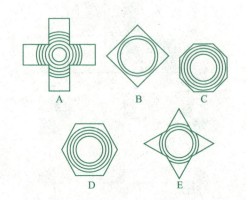

概括思维　第二十章

701 不相称的圆圈组合

下图哪种圆圈组合与其他组合不相称?

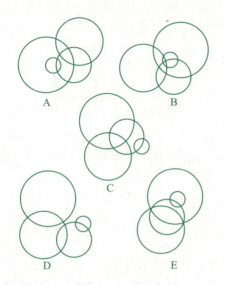

702 不相称的三角形组合

下图哪个图与其他图不相称?

703 带锯齿的图形

下面哪个图与其他图不相称?

704 地毯的图案

放入下面的哪一小块才能使地毯的图案一致?

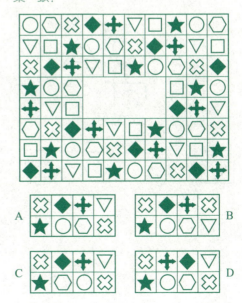

705 表格接龙

在这一系列方格中，下一个应该出现的表格是哪一个？

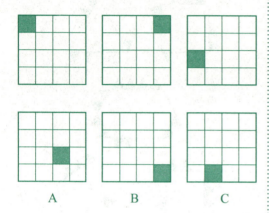

706 图形壁画

问号处应为什么图形？

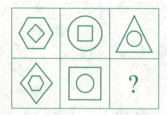

707 图像接龙

（1）按照前三个图的顺序，第四应该是A、B、C、D、E中的哪一个图？

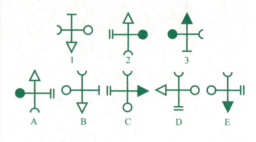

（2）按照前四个图的顺序，第五个应该是A、B、C、D、E中哪一个图？

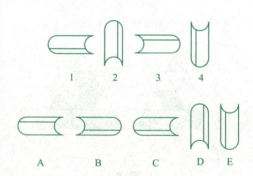

第二节 逻辑闪电

708 阴晴不定的放牧

有一位牧羊人在某地放牧若干天,这期间的气候是:
(1)上午和下午共下了7次雨。
(2)如果下午下雨,整个上午全晴天。
(3)有5个下午晴天。
(4)有6个上午晴天。
概括分析一下,他一共放牧几天?

709 最佳选手

王先生、他的妹妹、他的儿子,还有他的女儿,都是网球选手。关于这四人,有以下的情况:(1)最佳选手的孪生同胞与最差选手性别不同;(2)最佳选手与最差选手年龄相同。请你概括分析一下,这四人中谁是最佳选手?

710 导演姓什么

某"百花奖"评选结束了,甲电影制片厂拍摄的《黄河,中华民族的摇篮》获得最佳故事片奖,乙电影制片厂拍摄的《孙悟空和小猴子》获得最佳美术片奖,丙电影制片厂拍摄的《白娘子》获得最佳戏曲片奖。颁奖大会以后,丁电影制片厂邀请这三部片子的导演前去介绍经验。在火车上,甲厂的导演说:"真是有趣得很,我们三个人的姓分别是三部片子片名的第一个字,但是,我们每个人的姓同自己所拍片子片名的第一个字又不一样!"

这时候,另一个姓孙的导演笑起来说:"真是这样!"这三部片子的导演各姓什么?

711 名次该如何排列

某校举行作文比赛,甲、乙、丙、丁、戊五位同学得了前五名。发奖前,老师让他们猜一猜各人的名次排列情况。
甲说:乙第三名,丙第五名。
乙说:戊第四名,丁第五名。
丙说:甲第一名,戊第四名。
丁说:丙第一名,乙第二名。
戊说:甲第三名,丁第四名。
老师说:每个名次都有人猜对。
那么名次该如何排列呢?

712 读书顺序

甲、乙、丙、丁、戊五人各从图书馆借来一本故事书,约定读完后互相交换。这五本书的厚度及五人的阅读速度都差不多,因此总是五人同时交换书,经过数次交换后,他们五人都读完了这五本书。现已知:
(1)甲最后读的书是乙读的第二本书;
(2)丙最后读的书是乙读的第四本书;
(3)丙读的第二本书甲在一开始就读了;
(4)丁最后读的书是丙读的第三本书;
(5)乙读的第四本书是戊读的第三本书;
(6)丁第三次读的书是丙一开始读的那本书。
请综合以上情况,推断一下每个人读这五本书的顺序。

713 白马王子

玛丽心目中的白马王子是高个子、黑皮肤、相貌英俊。她认识甲、乙、丙、丁四位男士,其中只有一位符合她要求的全部条件。

(1) 四位男士中,只有三人是高个子,只有两人是黑皮肤,只有一人相貌英俊。
(2) 每位男士都至少符合一个条件。
(3) 甲和乙肤色相同。
(4) 乙和丙身高相同。
(5) 丙和丁并非都是高个子。

谁符合玛丽要求的全部条件?

714 只有一个漂亮

甲、乙和丙这三个青年中,只有一人是漂亮的青年。

甲如实地说:
(1) 如果我不漂亮,我将不能通过物理考试。
(2) 如果我漂亮,我将能通过化学考试。

乙如实地说:
(3) 如果我不漂亮,我将不能通过化学考试。
(4) 如果我漂亮,我将能通过物理考试。

丙如实地说:
(5) 如果我不漂亮,我将不能通过物理考试。
(6) 如果我漂亮,我将能通过物理考试。

同时:
1. 漂亮的青年是唯一能通过某一门课程考试的人。
2. 漂亮的青年也是唯一不能通过另一门课程考试的人。

请问谁是漂亮的青年?

715 圆桌旁的位置

史密斯夫妇、布朗夫妇和格林夫妇以相同的间隔围着一张圆桌就座。男人都没有坐在自己妻子的旁边;但每一个女士的两旁都坐着一个男人。已知:

(1) 三位男子和他们妻子的名字(不完全按相应的次序)为汤姆、狄克、哈里、南希、琼和玛丽。男人们的职业(也不按相应次序)分别为建筑师、政治家和机匠。
(2) 狄克和史密斯先生,常同建筑师的妻子和格林夫人一起打桥牌。
(3) 机匠是个独生子,坐在玛丽的左边。
(4) 政治家的座位离南希座位比离布朗夫人座位近一些。
(5) 哈里是建筑师的内兄弟,他坐在他唯一的妹妹的右边。建筑师没有姐妹。

请综合上述已知条件,推断出三位男子各人的职业、三对夫妇各人的名字以及他们在圆桌旁的位置关系。

716 首次值班

一家珠宝公司雇用了一批保安值夜班,刘亮是其中的一员。

(1) 值班是按轮流制进行的。刘亮首次值班至今还不到100天。
(2) 刘亮首次值班和最近一次值班遇上了他当值日期中仅有的两个星期日。
(3) 刘亮首次值班和最近一次值班是在不同月份的同一日子。
(4) 刘亮首次值班和最近一次值班所在的月份天数相同。

刘亮首次值班是在一年十二个月中的哪一月?

概括思维 第二十章 第二阶段

717 爱因斯坦的难题

爱因斯坦曾经出过一道世界性难题,据说难倒过许多科学家,题目如下。

有五间房屋排成一列;所有房屋的外表颜色都不一样;所有的屋主来自不同的国家,养不同的宠物,喝不同的饮料,抽不同的香烟。

（1）英国人住在红色房屋里。
（2）瑞典人养了一只狗。
（3）丹麦人喝茶。
（4）绿色房屋在白色房屋的左边。
（5）绿色房屋的屋主喝咖啡。
（6）吸Pall Mall（波迈）香烟的屋主养鸟。
（7）黄色房屋的屋主吸Dunhill（登喜路）香烟。
（8）位于最中间房屋的屋主喝牛奶。
（9）挪威人住在第一间房屋里。
（10）吸Blend（混合）香烟的人住在养猫人家的隔壁。
（11）养马的屋主在吸Dunhill香烟的人家的隔壁。
（12）吸Blue Master（蓝色大师）香烟的屋主喝啤酒。
（13）德国人吸Prince（王子）香烟。
（14）挪威人住在蓝色房子隔壁。
（15）只喝开水的人住在吸Blend香烟的人的隔壁。

问：谁养鱼？

第三节 悬疑探案

718 谁是受害者

有一女子在河边洗澡,当她洗完后发现放在岸边的衣服被人偷了。关于这件事,受害者、旁观者、目击者和救助者各有说法。她们的说法如果是关于被害者的就是假的,如果是关于其他人的就是真的。请你概括一下她们的说法,判定谁是受害者。

甲说："乙不是旁观者。"
乙说："丁不是目击者。"
丙说："甲不是救助者。"
丁说："乙不是目击者。"

719 谁是无辜者

甲、乙、丙三人涉嫌一件谋杀案被传讯。这三个人中,一人是凶手,一人是帮凶,另一人是无辜者。下面三句话摘自他们的口供记录,其中每句话都是三个人中的某个人所说：

（1）甲不是帮凶；
（2）乙不是凶手；
（3）丙不是无辜者。

上面每句话的所指都不是说话者自身,而是指另外两个人中的某一个。上面三句话中至少有一句话是无辜者说的,而且只有无辜者才说真话。那么,谁是无辜者呢？

实际上,从他们的话语中,就可以概括、判定凶手,为什么？

720 是否参与作案

某仓库被盗,大批商品在夜间被罪犯用汽车偷运。三个嫌疑犯甲、乙、丙被警方传讯。警方已经掌握了以下事实:
(1)罪犯不在甲、乙、丙三人之外;
(2)丙作案时总得有甲做从犯;
(3)乙不会开车。
甲是否参与作案?

721 叽里咕噜

有个法院开庭审理一起盗窃案件,某地的A、B、C三人被押上法庭。负责审理这个案件的法官是这样想的:肯提供真实情况的不可能是盗窃犯;与此相反,真正的盗窃犯为了掩盖罪行,是一定会编造口供的。因此,他得出了这样的结论:说真话的肯定不是盗窃犯,说假话的肯定就是盗窃犯。审判的结果也证明了法官的这个想法是正确的。

审问开始了。法官先问A:"你是怎样进行盗窃的?从实招来!"A回答了法官的问题:"叽里咕噜,叽里咕噜……"A讲的是某地的方言,法官根本听不懂他讲的是什么意思。法官又问B和C:"刚才A是怎样回答我的提问的?叽里咕噜,叽里咕噜,是什么意思?"B说:"禀告法官,A的意思是说,他不是盗窃犯。"C说:"禀告法官,A刚才已经招供了,他承认自己就是盗窃犯。"B和C说的话法官是能听懂的。听了B和C的话之后,这位法官马上断定:B无罪,C是盗窃犯。

请问:这位聪明的法官为什么能根据B和C的回答,做出这样的判断?A是不是盗窃犯?

722 个个撒谎

一个精神病医生在寓所被杀,他的四个病人受到警方传讯。

Ⅰ.警方根据目击者的证词得知,在医生死亡那天,这四个病人都单独去过一次医生的寓所。

Ⅱ.在传讯前,这四个病人共同商定,每人向警方作的供词条条都是谎言。

每个病人所作的两条供词分别如下。

甲:(1)我们四个人谁也没有杀害精神病医生;(2)我离开精神病医生寓所时他还活着。

乙:(3)我是第二个去精神病医生寓所的人;(4)我到达他寓所的时候,他已经死了。

丙:(5)我是第三个去精神病医生寓所的人;(6)我离开他寓所的时候,他还活着。

丁:(7)凶手不是在我去精神病医生寓所之后去的;(8)我到达精神病寓所时他已经死了。

这四个病人中谁杀害了精神病医生?

第二十一章

判断思维

——去粗取精，去伪存真

一个人的行动能否取得良好的效果有赖于他能否对事物作出正确的判断，判断思维能力在人的实践活动中起着至关重要的作用。前面已经讲过，思维的基本过程包括分析、综合、比较、抽象、概括、具体化。"具体化"既是一个结果，也是一个判断思维能力的运用过程。如果说概括思维是一个"分总思维"的过程，那么判断思维就是一个"分总思维"的过程。

判断思维能正确反映事物的复杂性和多样性，从而能正确、有效地指导人们改造客观世界的实践活动。

第一节 钟表螺旋

723 不相称的钟

下面哪个钟与其他的钟不相称?

A   B

C   D

E

724 表针什么时候重合

时钟12点整的时候,钟表的时针和分针重合在一起。但想必你一定已经注意到了,两枚指针不只在12点整的时候才重合,在12小时之内两者要重合好几次,你能说出在什么时候两枚指针会互相重合吗?

725 钟摆的季节变化

一个摆钟夏天走时准确,到了冬天将会变快还是变慢?应该如何调整?如果这个摆钟在北京走时准确,冬天运到上海将会变快还是变慢?应该如何调整?

726 猜时游戏

某人的两块表计时均有误差,一块表1小时慢2分钟,另一块表1小时快1分钟。多长时间后,走得快的表与走得慢的表相差1小时?

727 切分钟面

你能把这个钟表的表面打破,使之成为五块碎片,并使每一块碎片上的数字之和分别等于下面五个数字吗?

8   10   12   14   16

判断思维　第二十一章　**第二阶段**

728 钟表队列

（1）问号处应为几点？

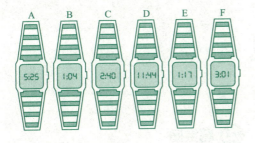

729 误差推时

甲、乙、丙、丁四个时钟表示的时间和目前的时间有2分钟、3分钟、4分钟和5分钟的误差（这一顺序并非对应他们的标号顺序）。你能够计算出现在的准确时间吗？

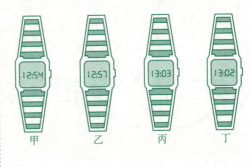

（2）问号处应为几点？

730 作案时间

在作案现场，警方发现有一堆支离破碎的手表残物。从中发现手表的长针和短针正指着某个刻度，而长针恰好比短针的位置超前一分钟。除此以外再也找不到更多的线索。可警方却从中推断出凶犯作案的时间。你能推断出作案时间吗？

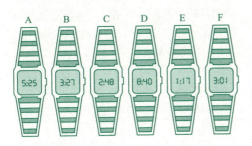

731 第二现场

一天上午,警长赶到案发现场时,屋里的挂钟正"当当"地响了七下。已在现场检查、搜寻的刑警报告说:"经认真检查与搜索,再未发现新的证据与情况。这一磁带是最重要的证据。它显示受害人被杀的时间是昨天晚上9点零3分。"

原来,刑警接到报案后,在现场发现收录机仍是开着的,处于录音状态。刑警倒带一听,得到了情况。"噢,那么准确?""磁带录的是昨晚两球队比赛情况。在进入第四球之前的时候,响了两下枪声,一共两次,接着是一阵呻吟声,经查询转播台,那时的时间就是9点03分。""如果事情果然是这样的话,这是第二现场。"警长示意再听一下录音带。"不会吧?我们听了好几遍了。"

请问,你知道是为什么吗?

第二节 逻辑闪电

732 杯子里的东西

桌子上有四个杯子,每个杯子上写着一句话。第一个杯子上写着"所有的杯子中都有水果糖";第二个杯子上写着"本杯中有苹果";第三个杯子上写着"本杯中没有巧克力";第四个杯子上写着"有些杯子中没有水果糖"。

如果其中只有一句真话,那么以下几句哪句是真的?(A)所有的杯子中都有水果糖;(B)所有的杯子中都没有水果糖;(C)有些杯子中没有水果糖;(D)第三个杯子中有巧克力;(E)第二个杯子中有苹果。

733 藏宝图

阿拉丁的哥哥阿拉丙,有一天走到了意大利,突然在地上捡到一张藏宝图。喜欢冒险的阿拉丙于是跑到古老的中国去找宝藏,并且找到了两个奇怪的大箱子和一张字条。

字条上面写着:"这是我生前珍藏的黄金宝物。我将黄金装在其中一个箱子。我希望能将黄金宝物传给有智慧的人。如果你的IQ(智商)有130以上,相信这个问题难不倒你,不过如果你没有,你还是趁早离开吧,否则开错箱子,你就将永远与我为伴了……哈!哈!哈!黄金老人留。"

阿拉丙接着看到两个箱子上也有字条:

甲箱:"乙箱上的字条是真的,而且黄金在甲箱。"

乙箱:"甲箱的字条是假的,而且黄金在甲箱。"

阿拉丙马上找来他的得力助手(就是你)。你决定打开哪一个箱子呢?

734 粉笔的颜色

有三个粉笔盒子,每个盒中装2捆粉笔。一个盒子里装着2捆白粉笔,一个盒子里装着2捆红粉笔,另一个盒子里装着1捆红粉笔和1捆白粉笔。三个盒子都用标签标好,分别是"白-白"、"红-红"、"红-白"的记号。现在弄乱了,每个盒子里所装的粉笔都跟标签不一致了。若允许你任意选一盒,仅拿出一捆来看,不看另一捆粉笔的颜色。你至少拿几次?拿哪一盒?

735 四个孩子赛跑

A、B、C、D四个孩子在操场上赛跑,一共赛了四次——其中A比B快的有三次,B比C快的也有三次,C比D快的也是三次。或许大家会想到D一定是最慢。可事实上这个判断是错误的,在这四次中,D也比A快三次。这是怎样一种情况呢?

736 姻亲关系

有A、B、C、D、E五个亲戚,其中四个人每人讲了一个真实的情况:
(1) B是我父亲的兄弟;
(2) E是我的岳母;
(3) C是我女婿的兄弟;
(4) A是我兄弟的妻子。
上面提到的每个人都是这五个人中的一个(例如:当有人说"B是我父亲的兄弟",你可以认为"我父亲"以及"我父亲的兄弟"都是A、B、C、D、E五人中的一个)。
上述四种情况各出自哪一人之口,这五个人的关系如何?

737 玻璃碎了

甲乙丙丁四个人中有一人打碎了玻璃。乙说:"是甲打碎的。"甲说:"是丙打碎的。"丙说:"不是我打碎的。"丁说:"甲说是我打碎的,他在说谎!"他们四个人中,其实只有一人说了真话。请你判断一下,究竟是谁打碎了玻璃?

738 谁在说谎

传说古代有一个"说谎国"和一个"老实国"。有一天,两个说谎国的人混在老实国人中间,想偷偷进入老实国。他们俩和一个老实国的人进城的时候,哨兵喝问他们三人:"你们是哪个国家的人?"甲回答说:"我是老实国人。"乙的声音很轻,哨兵没有听清楚,于是指着乙问丙:"他是哪一国人,你又是哪一国人?"丙回答道:"他说他是老实国人,我也是老实国人。"哨兵只知道三个人中间只有一个是老实国的人,可不知道是谁。他面对这样的回答,应该如何分析?

739 河水能喝吗

海洋中有一个谎话部落和真话部落共同生活的小岛。一个风和日丽的早晨,探险家来到了这个小岛。由于饥渴难耐,探险家决定先找水喝。他发现了一条小河,但是小河入海处,却漂浮着一些死鱼。探险家犹豫了,不知河水是否有毒。这时,来了一位岛上的居民,探险家决定询问一下。
"天气真好啊!"探险家说道。
"啊呜啊呜。"居民回答道。
探险家又问:"这水能喝吗?"同时捧起河水,做喝水状。

"啊呜啊呜。"

居民作出同样的回答,也不知是肯定还是否定。而且这个人也不知道是真话部落的还是谎话部落的。探险家陷入了沉思。

如果你是探险家,如何判断河水是否能喝?

740 国会竞选

国会议员竞选开始时,H曾为参加或不参加竞选的问题发愁了很久。想来想去拿不定主意,最后他想,还是听命于天吧。于是向两位高明的算命先生A、B请教。A讲完他的话之后,说:"我所说的有60%正确。"B讲完他的话之后,说:"我所说的只有30%正确。"结果,他就依照B的占卦去办了。为什么呢?

741 流氓·骗子·赌棍

监狱看守亨利对警官说:"真糟糕!伯金斯下班时留下一张便条,说昨天晚上,他逮捕了两个打扮成牧师的流氓,一个是骗子,一个是赌棍。可我今天早上上班时,却发现1号、2号、3号单人牢房关着的都是牧师打扮的人。现在看来,其中有一个人似乎是个真正的牧师,他是到监狱里来探望那两个误入歧途的人的。可是我实在分不清到底哪个是牧师,哪两个是打扮成牧师的流氓和骗子了。"

"想法子去问问他们嘛",警官建议道,"相信真正的牧师总是会讲实话的。"

"这话倒是不错,可我要是问到的那个人正好是一个骗子呢?据伯金斯说,这个骗子是个撒谎的老手,他从来不讲真话;而那个赌棍又是专门见风使舵的家伙,他撒不撒谎要看情势对他是否有利。"

警官和亨利一起来到了单人牢房跟前。

"你是什么人?"警官问关在1号牢房里的那个人。"我是一个赌棍。"这个人答道。警官又走到2号牢房门前,问:"关在1号的那个是什么人?""骗子!"警官又问3号牢房里的人:"你说,关在1号的那个是什么人?"3号牢房里的人回答说:"他是牧师!"警官转身对看守说:"很明显,你最好释放……"

请问:关在1号、2号、3号牢房里的分别是什么人?为什么?

742 四位古希腊少女

阿尔法、贝塔、伽玛和欧米伽四位古希腊少女正在接受训练,以便将来能当个预言家。实际上,她们之中只有一个后来当了预言家,并在特尔斐城谋得一个职位;其余三个人,一个当了职业舞蹈家,一个当了宫廷侍女,另一个当了竖琴演奏家。

一天,她们四个人在练习讲预言。

阿尔法预言:"贝塔无论如何也成不了职业舞蹈家。"

贝塔预言:"伽玛终将成为特尔斐城的预言家。"

伽玛预言:"欧米伽不会成为竖琴演奏家。"

而欧米伽预言她自己将嫁给一个叫阿特克赛克斯的男人。

可是,事实上她们四个人当中,只有一个人的预言是正确的,而正是这个人后来当上了特尔斐城的预言家。她们四个人各自当了什么?

欧米伽和阿特克赛克斯结婚了吗?

743 他是人，还是吸血鬼

在一个"说谎岛"上，住着两种居民：人和吸血鬼。有一年，这里发生了一场大瘟疫，有一半的人和吸血鬼都生了狂病而变得精神错乱了。这样一来，这里的居民就分成了四类人：神志清醒的人、精神错乱的人、神志清醒的吸血鬼、精神错乱的吸血鬼。从外表上是无法将他们区分开的。他们的不同在于：凡是神志清醒的人总是说真话的，但是，一旦精神错乱了，他也就只会说假话了。吸血鬼同人恰好相反，凡是神志清醒的吸血鬼都是说假话的，但是，他们一旦精神错乱，倒反说起真话来了。这四类人，讲话都很干脆，他们对任何问题的回答，只用两个词："是"或"不是"。

有一天，有位"逻辑博士"来到这个岛上。他遇见了一个居民P。"逻辑博士"很想知道P是居于四类居民中的哪一类。于是，他就向P提出一个问题。他根据P的回答，立即就推定P是人还是吸血鬼。后来，他又提出了一个问题，又推定出P是神志清醒的，还是精神错乱的。

"逻辑博士"先后提的是哪两个问题呢？

744 向导

在大西洋的"说谎岛"上，住着X、Y两个部落。X部落总是说真话，Y部落总是说假话。

有一天，一个旅游者来到这里迷路了。这时，恰巧遇见一个土著A。

旅游者问："你是哪个部落的人？"

A回答说："我是X部落的人。"

旅游者相信了A的回答，就请他作向导。

他们在路途中，看到远处的另一位土著B，旅游者请A去问B是属于哪一个部落的？ A回来说："他说他是X部落的人。"

旅游者糊涂了。他问同行的逻辑博士："A是X部落的人，还是Y部落的人呢？"逻辑博士说："A是X部落的人。"

为什么？

745 不朽的沃拉票

欠完美岛正在飞速前进。他们的领袖们对外部世界的治国方法逐渐感兴趣，尤其是该岛有一种采取现代化经济方法的趋势。每个部落都设有一个财政部长（三个部落是：总是讲真话的破卡族，从来不说真话的妖太族和真话、假话或假话、真话交替地说的西利撒拉族）。这三个部落的财政部长认为有必要建立一种货币制度。他们使用的货币将是布兰票、沃拉票和蒙兹票（与上述部落顺序不一定相对应）。确定这三种票的兑换率是比较困难的，但最后他们还是达成了协议（各种票的价值均不相同）。三位部长（A、B、C，与上面顺序不一定相对应）按照他们各自部落的特性向新闻界发表了如下谈话。

A：（1）二张沃拉票值五张蒙兹票；（2）我们的货币是布兰票；（3）妖太族的货币是沃拉票。

B：（1）A是破卡族；（2）三张蒙兹票值四张布兰票；（3）西利撒拉族的货币比妖太的货币更值钱。

C：（1）B的货币没有A的货币值钱；（2）一张布兰票值三张沃拉票；（3）我们的货币是沃拉票。

找出A、B、C各属哪个部落，各部落使用的货币名称以及这三种货币的相互兑换率。

746 瓶子先生和门先生去参加会议

最近，某工厂正在调整工作。工作人员A、B、C、D、E、F、G还都不太清楚在开门、关门、擦门把手、洗瓶子、扫地领班、福利干事和工人这七种工作中，谁在干什么工作。他们当中的四个人被选为工厂代表去参加有关今后十年发展方针的讨论会。他们四个人被称为福利先生、扫地先生、瓶子先生和门先生。尽管他们每个人知道了自己的头衔，但他们不知道别人的头衔。这四名代表参加会议时根据他们讲的话作了笔记如下。

福利先生：(1) F是洗瓶人；(2) B是工人；(3) D不是瓶子先生。

扫地先生：(1) A是工人；(2) C不是瓶子先生。

瓶子先生：(1) E是福利干事；(2) B是洗瓶人。

门先生：(1) D是工人；(2) C是洗瓶人；(3) G的工作与门无关。

很有意思但并不奇怪的是，如果上述每句话中提到的人在场，那么这句话就是对的，而如果话中提到的人是三个不在场的人中的一个，那么那句话就是假的（没有一个人说话中提到自己的名字，会上提到的头衔也不一定与他们现在的工作有关）。

参加会议的四个人是谁？他们现在的工作是什么？

747 智力缺陷者

人类中的智力缺陷者，无论经过怎样的培训和教育，也无法达到智力正常者所能达到的智力水平；同时，新生婴儿如果没有外界的刺激，尤其是人类社会的环境刺激，也同样达不到人类的正常智力水平，甚至还会退化为智力缺陷者。哪项作为这段叙述的结论最为恰当？

A. 人的素质是由遗传决定的。

B. 在环境刺激接近的条件下，人的素质直接取决于遗传的质量。

C. 人的素质主要受环境因素的制约。

D. 遗传和环境共同作用决定了人的素质状况的优劣。

E. 社会环境和自然地理环境都会对人的智力产生长远的影响。

748 甘蔗和玉米

用甘蔗提炼乙醇比用玉米提炼乙醇需要更多的能量，但奇怪的是，多数酿酒者却偏爱用甘蔗做原料。以下哪项最能解释上述矛盾现象？

A. 任何提炼乙醇的原料的价格都随季节波动，而提炼的费用则相对稳定。

B. 用玉米提炼乙醇比用甘蔗节省时间。

C. 玉米质量对乙醇产出品的影响较甘蔗小。

D. 用甘蔗制糖或其他食品的生产时间比提炼乙醇的时间长。

E. 燃烧甘蔗废料可提供向乙醇转化所需的能量，用玉米提炼乙醇完全需额外提供能源。

第三节 悬疑探案

749 谁是领头

警察在车厢里发现一伙人赌博,他们是张三、李四、王五、阿七。在审问他们谁是头儿时,他们的回答各不相同。

张三说:"头儿是王五。"
李四说:"我不是头儿。"
王五说:"李四是头儿。"
阿七说:"张三是头儿。"

经过了解,这一伙人中只有一个人说的是实话,其他三人说的都是假话。

警长问同来的警察:"知道谁是头儿吗?"

一个警察指着一个人说:"是他。"

你知道"他"是谁吗?

750 是谋杀吗

甲中毒死亡,三个嫌疑人乙、丙、丁被警方讯问。

乙说:如果这是谋杀,那么一定就是丙干的。

丙说:如果这是谋杀,凶手绝对不是我。

丁说:如果甲不是死于谋杀,那肯定就是自杀。

通过调查,警方了解到:如果这些人中只有一个人说谎,那么甲就是自杀的。

那么甲究竟是怎么死的?是自杀?是被谋杀?还是因意外事故而死?

751 信藏在哪里

黑社会头子准备派人把一封密函交给同党,通知他们在何时何地取毒品,却被对手知道,向警方报信。警员前来搜查,匪党在屋外应付警察,黑社会头子立即把信件收藏起来,并由后门跑往天台,跳往隔邻那幢大厦躲藏,伺机逃脱。警员合力破门,随即搜查全屋,但黑社会头子及密函都不翼而飞,警方只好将几人带回审讯。警长正想下令收队时,在无意间把黑社会头子书房的台灯开启了,竟发现了藏信的地点,因而侦破了一宗数亿元的贩毒案!

试猜猜密函藏在书房哪处呢?

752 失败的演出

格雷手脚麻利地将布兰顿的尸体悬挂在死者租用的小楼的顶楼上。当他想锁门离开时,才发觉锁门要用钥匙,急切中找不到,现在无法锁门了。两小时之后,他驾着车与哈莱金一道回到这幢房子。"布兰顿近来因离婚心情很不好。"格雷对哈莱金说:"本来我早该来看看他的,可是没人知道他把自己藏到哪儿去了。今天上午他突然打电话给我,说他不想活了,我这才问明了他的住址,我想您跟我一起来也许能开导开导他。他在电话里说他住在德拉维尔街126号一幢白色楼房里,我们大概已经到了。"

哈莱金先走下车子,见大门虚掩着,便推门而入,扭亮电灯。5分钟之后,两人在顶楼上发现了布兰顿。正当他俩面对

越玩越聪明的1000个思维游戏

悬在梁上的尸体瞠目结舌时，楼下传来"吱"一声开门的声响。哈莱金跟着格雷赶到楼下的后门，只见一个漂亮的小姑娘站在门口。

"我妈妈叫我把这瓶牛奶送给布兰顿先生。"她甜甜地说。

哈莱金接过牛奶，待女孩离去后，立即给警察局打了个电话。警察赶到之后，哈莱金立刻命令他们将谋杀嫌疑犯格雷拘捕候审。

格雷从哪里露出了破绽？

753 谜样的绑票犯

某董事长的孙子被人绑架了，犯人要求索取一千万元的赎金。犯人在电话中做了如下指示："把钱用布包起来后，放进皮箱。今晚十一点，放在M公园铜像旁的椅子下面。"

为了保住爱孙的性命，董事长按照犯人的指示，把一千万元的钞票放进箱子里，拿到铜像的椅子下。

到了十一点左右，一位年轻的女性来了。她从椅子拿了皮箱后就很快地离去了。完全不顾埋伏在四周的警察。那个女的向前走了一段路后，就拦下了一辆恰好路过的计程车。而埋伏在那里的警车，立刻就开始跟踪。不久后，计程车就停在S车站前。那个女的手上提着皮箱从车上下来。警车上的两名刑警马上就跟着她。那个女的把皮箱寄放在出租保管箱里，就空着手上了月台。其中的一位刑警留下来看着皮箱，另一人则继续跟踪她。但是很不凑巧，就在那个女的跳进刚驶进月台的电车后，车门就关了。于是无法继续再跟踪。然而，那个问题皮箱还被锁在保管箱里，她的共犯一定会来拿。刑警们这么想着，就更加严密地看守那个皮箱。

但是，过了好久之后，都不见有人来拿，于是警方便觉得不太对劲，便叫负责的人把保管箱打开。当他们拿出箱子一看，里面的一千万元已经不翼而飞了。

你知道钱怎么不见了吗？犯人又是谁呢？

754 被毒杀的特工

在一间幽雅、高级的餐厅里，有一位很文静的小姐在吃西餐。她喝了男侍应拿来的汤后，赶快叫男侍应拿一杯水来。男侍应拿来后，她一口气喝完，接着请他再送一杯来。不久男侍应又拿来一杯水，那位小姐喝了两杯水后死去了。大批警察到场调查，证实死者是死于中毒，而且是一种剧毒，但化验过死者餐桌上的一切食物、饮料和器皿，都没有毒。

警方经过进一步调查，发觉死者原来是某国一名特工，因为被另一国的特工发现，必须要置她于死地，因此遭毒杀。

杀人的特工是谁？他用什么方法下的毒呢？

755 离奇的敲诈案

上午9点20分，米西尔刚走进办公室，电话铃便响个不停。他拿起话筒，"约翰、约翰……"话筒里传来妻子狄娜的抽泣声。这时，话筒里又传出一个男子故意变调的声音："米西尔，要是你不想你太太受伤的话，就拿出两万英镑。10点15分，有个叫威克思的人来找你，把钱交给他，就没你的事了。否则，你的妻子……"说到这里，"咔嚓"一声，电话挂断了。

妻子的抽泣声一直萦绕在米西尔的耳边，好像鞭子抽打着他。他忙离开办公室，走进一家百货商店，买了一只蓝色的小皮箱，然后上银行取出两万英镑，回到了办公室。到了10点15分，一个男子走进办公室，两只蓝眼睛像狼眼，凶狠地盯住米西尔，说："我叫威克思，快把钱给我！""我的妻子？"米西尔试探地询问道。"她活着，你想报告警察也可以，不过那样的话"，说到这里，威克思眼露杀机，逼视着米西尔，"你的妻子就没命了！"

威克思一离开，米西尔便往家里挂电话，可是怎么拨也打不通。"妻子会不会……"他急疯了，横下心向警察局报了案。随后冲下楼，坐上汽车，火速开往家里。当他好不容易赶到家中的时候，惊魂未定的狄娜平安无事，正与赶来的警官在交谈。

"哦，米西尔先生，您太太已把事情经过全告诉我了，什么一个男人和一个您给那人的那只装钱的蓝色皮箱，但她怎么也讲不清。现在请您详细讲一讲，到您办公室去的那个男子的外貌特征，以及您给他的那只装钱的皮箱是什么样子。"米西尔忙把事情的经过从头至尾、原原本本地叙述了一遍。

半夜三更，夜深人静，米西尔和妻子狄娜一边喝酒，一边亲切地交谈着。突然米西尔"呼"地从椅子上弹了起来，给警察局打电话。

"约翰，怎么啦，你发现了什么新线索？"狄娜问道。

米西尔的脸变得铁青，说："是的，我请他们来审问你！"

狄娜大吃一惊："我？亲爱的，你喝多了！"

"别演戏了！我现在非常清醒，你和那个叫威克思的家伙串通一气来敲诈我。"米西尔怒不可遏地叫道。

果然，在警官的审问下，狄娜只好交代了实情。

你知道为什么吗？

756 黑手党的枪战

如图所示，七名黑手党徒大模大样地从酒店里出来，每个人都自以为在即将开始的枪战中占据了有利的位置。阿里、法亚、皮得、巴比、汤妮、胡安和奥费都在准备射击，上图表示他们各自的位置。可以看出，从任何一个人的位置上都可以向两个人瞄准。七个人谁也没有移动过位置，便射完了所有的子弹。巴比第一个倒下，他是被阿里射中的，阿里是那场枪战中唯一的幸存者。

请你仔细观察这幅图，然后推断：谁开枪打死了谁？他们是按怎样的顺序倒下的？

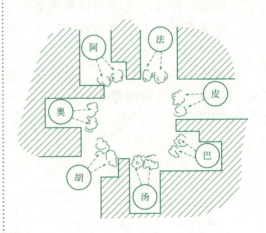

第二十二章

认知思维

——学以致用，认知无止境

认知思维是指人脑加工、储存和提取信息的思维能力，即人们对事物的构成、性能与他物的关系、发展的动力、发展方向以及基本规律的把握能力。与其他思维类型相比，认知思维的最大特点是需要一定的知识储备，才能得出正确的结论。储备在头脑中的知识，多数来源于自身所受的教育，也可以来源生活常识。头脑空空的人，是不会拥有很强的认知思维能力的。

第一节 生活IQ

757 埃菲尔铁塔的谜团

享誉世界的埃菲尔铁塔,是法国首都巴黎的代表性建筑。它高300米,总重量达7000多吨。但是在它建成之初,有三个谜团困扰了人们很久。

(1)这座铁塔只有在夜间才是与地面垂直的。

(2)上午,铁塔向西偏斜100毫米;到了中午,铁塔向北偏斜70毫米。

(3)冬季,气温降到零下10度时,塔身比炎热的夏季时矮17厘米。

当有人问铁塔的设计者埃菲尔时,他合理地解释了这些问题。你知道其中的奥妙吗?

758 雪地取火

在冰天雪地中没有火柴、打火机等常用的取火用具,有什么方法取火吗?

759 杂技演员过桥

一位杂技演员,带着两只大铁球,来到一座快要崩塌的旧桥前面,这座桥只能承受杂技演员再加一只铁球的重量。这位杂技演员利用杂技技巧,把两只铁球轮流地抛起来,这样,在同一时间内,他的手中就只有一只铁球,他安全地过了桥。你认为这个故事可信吗?

760 运西瓜的船

运西瓜的船到达岸边,没有系缆绳就开始卸西瓜了。工人从船尾向岸上的人抛西瓜,这样会发生什么事情?

761 哪个影子大

两架同样型号的飞机,一架飞行高度为50米,另一架飞行高度为30米,问哪一架飞机投在地面的影子大?

762 热胀冷缩

一枚硬币中间钻了一个孔,如果将硬币加热,孔径是变大还是变小?有人说:"金属受热后膨胀,把有孔的地方挤小了。"他说得对吗?

763 镜子·影像

当你面向镜子照看时,映出的常常不见得都是您的真实容貌。一人站在两块相对排放着的立镜中间,就会照出一连串很多的影像。假设有一间小屋,屋内上下、左右、前后都铺满了无缝隙的镜子,请问:当你走进这间小屋时,你能看到什么样的影像呢?

764 向前还是向后

在自行车下面位置的脚踏上,系一根绳子。将绳子往自行车后方移位,自行车会向前移动还是向后移动?

765 引水上流

有一碟水,一个杯子,一个软木塞,一枚大头针,一根火柴。你必须把碟中的水都装入杯子内,但不能移动碟子,也不能以任何方式使它倾斜,且只能用上述工具。你怎么办?

766 火车的挂钩

机车在前面牵引列车的时候,各车厢的挂钩都是拉紧的。当机车在后面推列车前进的时候,各车厢的挂钩则是顶紧的。有一列火车,前面有一个机车拉,后面有一个机车推,这时候,在车厢挂钩处由于拉和推的力量抵消,挂钩不就都是松浮的了吗?既然车厢前进的动力由挂钩传递,那么,松浮的挂钩怎么能使车厢前进呢?

767 谁说得对

接在电路上的整根铁丝已经热了。这时冷水滴在铁丝的左端,那么,铁丝右端的温度和刚才相比,会有什么变化?
甲说:"右端的比刚才要冷!"
乙说:"哪里的话,右端比刚才更热!"
丙说:"右端温度始终不变。"
你认为谁说得对呢?

768 谁会赢

一个大力士和一个小孩,在定滑轮上举行爬高比赛,他们哪一个先到达顶点而获胜?

769 哪一块水泥硬

生产队自制了一批水泥,需要试验一下这批水泥的硬度。有人说只要有一个小铁球就可以做这个试验。你知道怎样做试验,才能测出水泥的硬度吗?

770 电梯上称重量

在下降的电梯中分别用弹簧秤与天平称物体重量,其结果与电梯静止时相比有什么变化?

771 倒出强酸

一只不规则的透明玻璃瓶,上面只刻着5升、10升两个刻度,而里面盛了8升强酸,现在需要从中倒出5升,别的瓶子上都没有刻度,强酸的腐蚀性又大,请你帮忙想想,用什么办法一次就能准确地倒出需要的量?

772 空中射弹

飞机在天空飞行,向前、向后射出子弹,或者垂直丢下子弹,哪个先到达地面?

773 机车与列车

火车的机车依靠地面摩擦力牵引整个列车前进。但是,被牵引的列车的总重量比机车大得多,为什么重量较轻的机车的摩擦力,能够克服整辆列车的摩擦力而使列车前进呢?

774 伽利略的问题

伽利略曾经提出这样一个问题：在一个又高又暗的城堡顶端，挂着一根细绳，看不见它的上端，只能看见它的下端，可又无法爬到高处去测量长度，有什么办法测出绳子的长度？

775 水里的学问

（1）杯子里装有水，水上放一块冰，水已满杯。冰融化后水会溢到外面来吗？

（2）水池里有一条装满铅块的船，如果把铅块从船上拿出来，丢进水池，池水高度是否发生变化？

776 天平趣题

（1）在天平的两边，各放一个同样的密封瓶子。在瓶塞上同样用细线悬挂一个小沙袋。天平是平衡的。现在用透镜集中太阳光烧断一边的细线，使沙袋落下。问沙袋刚刚下落的一刹那，天平将向哪一边倾斜？

（2）天平的两边各放一个同样的水盆，盛一样多的水，天平保持平衡。现在用一只手指头浸入一边的水盆里，问天平将向哪一边倾斜？

（3）天平的两边各放一只盖紧的玻璃瓶，其中一只玻璃瓶里面有一只活苍蝇。当苍蝇停在瓶底时，天平是平衡的。那么，当苍蝇飞起来的时候，天平将向哪一边倾斜？

（4）天平的两边各放一个鱼缸，都盛了水，两边一样重。此时往右边的鱼缸内放进一条鱼，鱼自由地游着。天平将会怎么动？

（5）两个重量相等的袋子，一个充满空气，一个没有空气，将袋子放在天平的两边后，天平是否平衡？

777 过元旦

两个远航归来的人见面了。一个说："我年前离开上海，向东航行。当我到美国旧金山的时候，已经是年后数天了。我是在海上度过新年的，有趣的是，我连续过了两个元旦。"另一个说："我和你航线一样，只是方向相反，当我到上海的时候，也是年后几天，我竟没有赶上过元旦，真遗憾！"请想一想，他俩说的对吗？为什么？

778 不敲自鸣的磬

从前，有一个和尚，他的房间里收着一个磬。这个磬有时半夜三更或大白天突然发出响声。和尚以为是鬼在捉弄他，十分惊慌，终于得了病。

一天，和尚的朋友来看望他，就在探望时，传来了寺院里敲钟的洪亮响声，这时，和尚房里的磬也跟着响了起来。和尚吓得面色惨白，浑身哆嗦。这位朋友一下就明白了，他找来一把锉，把磬上锉缺几处地方。从此以后，磬就不再自鸣了，和尚的病也好了。这个磬不敲自鸣的秘密是什么呢？

779 环球旅行

有人从日本东京抵达上海，开始环球旅行。可是，在地球上怎样才算"环球"呢？他很茫然，主要是弄不清"环球旅行"的定义。后来有人假设："只要是跨过地球上所有的经度线和纬度线，就可以算环球旅行。"请问，在这样的假设下，环球旅行的最短路程大概是多少公里？为了简化，可以把地球看做是一个正圆球，周长是4万公里。

780 北极"英雄"

牛皮先生正在酒桌上侃侃而谈：那是圣诞节前的一天早上，我和海军上尉一同赶往他们在北极设下的气象观测点。突然，上尉摔倒了，大腿骨折，十分钟之后，我们脚下的冰层松动了，两人开始向大海漂去。我意识到如果没有火，我们就会冻死。怎么办？我取出放大镜，又撕碎了几张纸，用放大镜聚焦的办法点燃了纸片。啊，火拯救了我们。更幸运的是，24小时后，我们让一艘路过的快艇救起。因此，我获得了英雄的奖章。""可是，有谁相信你这假的北极英雄故事？"有人戳穿了他的谎言。静下来一想，酒友们无不开怀大笑。

请问，你能发现故事中的漏洞吗？

第二节 悬疑探案

781 照片的破绽

"上个星期天你在哪里？"警长询问一个嫌疑人。

"我在登山，你看，这就是当时我在山顶上的照片。登上山顶后，我很有成就感，就决定喝一罐啤酒，并把相机放在一个合适的位置，自拍下了开启啤酒的一瞬间。回来后，我把这张照片命名为'痛饮庆功酒'。"那个嫌疑人一边说一边拿出一张照片给警长看。

警长看了看照片说："风景很不错，山腰上还有云雾，你登上的那座山一定很高吧？"

"嗨，可高啦，有3500米。"

那人以为警长相信他不在场的证明，颇为得意地回答。

"可是"，警长突然脸色一变，声色俱厉地说，"你在撒谎！这张照片是假的！"

这张照片究竟有何破绽？

782 出租车奇案

夏日的一个夜晚，出租车司机小李开着"的士"与女友外出后一夜未归。直到第二天早上，人们才在郊外发现了他的汽车，他和女友相互依偎着坐在后排座位上，已双双命归黄泉。接到报案，公安局刑侦队刘队长立即率人前来勘察现场。

"的士"停在离公路不远的一块地势较低的草地上，发动机还在运转，车上的空调也开着。但门窗紧闭，车身、门窗完好无损，车内外也无搏斗的迹象，两人衣衫整齐，面容安详。因此可以断定，两人之死非外来袭击所致。那么究竟谁是凶手？凶手又是用什么方法把两人杀死的呢？一连两天，刘队长苦苦思索，却始终不得其解。正当冥思苦想之际，法医的尸检报告送来了。

"凶手原来是小李自己。"刘队长看过验尸报告，心里的一块石头终于落了地。你可知小李和女友的死因？

200

783 月夜命案

在我国东北地区的一个小镇，一天晚上9点发生了一起杀人案。第二天，警方锁定了一名嫌疑犯，并对他进行了审问：

"昨天晚上9点钟，你在哪里？"

"我在河边与女朋友谈话。"

嫌疑犯所说的这条河流，是由东向西流的。

警长接着审问：

"你坐在河的哪一岸？"

"南岸。昨夜是满月，河面上映出的月亮真美！"

"你说谎！如此说来，杀人犯就是你了！"

警长的根据是什么呢？

784 离奇的爆炸案

开春不久，香港郊外的一幢高级住宅的一个单位发生爆炸，烈焰波及左邻右舍多个单位。经过消防员抢救，终将大火扑灭。

事后警方调查，发现单位内有一名被烧焦的老妇尸体。经法医检验，证实她死于煤气中毒。"这么说，在发生爆炸前，这位老妇人已经煤气中毒死了？"一位警员向警长问道。警长点头道："对。但奇怪的是为何会发生爆炸呢？因为现场只有老妇一人，又没有点燃烟火的痕迹；加上爆炸当日，那一带正停电，也不可能是漏电而引起的。实在令人伤透脑筋！"正在沉思的警长，被阵阵电话铃声唤醒了，原来又有案件需要出动侦查。警长放下电话听筒后，随即与其属下一齐出发。

突然，警长右手拍打了后脑一下，然后说道："啊！我怎么这样蠢，这不是引起爆炸的原因吗！"

你知道警长为什么恍然大悟吗？

785 火车刚刚到站

这是一个气温超过34℃的炎热夏天，一列火车刚刚到站。女侦探麦琪站在月台，听到背后有人叫她："麦琪小姐，你要去旅行吗？"

叫她的人是和她正在侦查的一件案子有关的梅丽莎。

"不，我是来接人的。"麦琪回答。

"真巧，我也是来接人的。"梅丽莎说。

说着，她从手提包里掏出一块巧克力，掰了一半递给麦琪：

"还没吃午饭吧？来吃点巧克力。"

麦琪接过来放到嘴里，巧克力硬邦邦的。这时，麦琪突然想到什么，厉声对梅丽莎说："你为什么要撒谎，你分明是刚刚从火车上下来，为什么要骗我说你也是来接人的？"

梅丽莎被她这么一问，脸色也变红了。但她仍想赖，反问说："你怎么知道我刚下火车？你看见的？""不，我没看见，但我知道你在撒谎。"麦琪自信地说。

为什么麦琪断定梅丽莎在撒谎？

786 "飞贼"之谜

深夜，商业贸易中心大厦放在21楼的保险柜被人炸开，掠去一笔巨款。由于这家公司装有直通警署的警报系统，所以警察的巡逻车在1分钟内即到达了大厦的现场。

警察到场后，发觉这座大厦正在停电，四处漆黑一片。警察找到了大厦的管理员，管理员声称，由于电箱的保险丝断了，所以停电。警察守在大厦的出入口，又走到21楼失窃现场，却发现贼人已经逃去无踪。但是，大厦是密闭式的，根本没有出口可供匪徒逃走。警方经过实验，证明普通人由21楼跑到楼下，最少需要2分钟。但警车在1分钟内即到达现场，匪徒有什么办法能够逃走呢？真是煞费苦心。经过调查，发现管理员是匪徒的同谋人。为什么劫匪能在1分钟内即逃去无踪呢？

787 银碗中的头像

一家银店遭窃，营业员指控某人是作案者：

"银店刚开门，他闯进来了，当时我正背对着门。他命令说：'不准转过身来！'我觉得有支枪管抵在我的背上。他叫我把壁橱内陈列的所有银器都递给他，我猜想他把银器装进了提包。当他逃出店门时，我看见他提着包儿。"

警长问："这么说，你一直是背对着他，逃出店门时他又背对着你，你怎么认出他的？"

营业员说："我看见了他的影像。我们的银器总是擦得非常亮，在我递给他一个大水果碗时，我看到他映在碗中的头像。"

警长怒喝道："不要再演戏了，快把偷走的银器送回来，或许能减轻对你的惩处。"

警长为什么断定营业员是窃贼？

788 曝光的底片

虽然室外春风和煦，但名侦探杜夫发现助手还没回来，心情非常不好。因为助手奉他的指示，在中午前外出拍摄某名人的妻子与她的情夫在汽车中幽会的照片，以作为名人离婚的证据。不久，他的助手气喘如牛地回来了。

"喂！这么晚才回来，你死到哪里去了？"

"我在归途中因牙痛得厉害，所以到牙科医院照了X光，结果发现我得了牙周病。"

"你的牙痛不关我的事。照片呢？"

助手匆匆拿着袖珍型相机往暗房去了，不久照片冲洗出来。然而，令人惊讶的是，所有的照片竟全曝光了。杜夫顿时暴跳如雷，因为他已收取了雇主全部的调查费。

他的助手确定在拍摄过程中，并没有任何错误，为什么会如此，真是百思不解的事。在杜夫严厉查问下，他道出了底片曝光的原因。究竟是什么原因呢？

789 医院凶案

一个放高利贷的病人，有一天早晨在医院的病床上被人用水果刀刺死。

凶器是在医院的花园里找到的。由于凶手在行凶时用布裹着刀，刀柄上没有凶手的指纹，但在水果刀被发现时，细心的侦探发现刀柄上爬着许多蚂蚁。行凶时医院尚未开门，所以警方认为凶手很可能也是医院病人。

经调查，三个病人的嫌疑最大，他们是：5号病房的肠结核病人，7号病房的糖尿病人，9号病房的肾炎病人。侦探看到这份名单时，随即指着其中一个说："凶手就是这个病人。"

凶手是哪一个？为什么侦探这么断定？

790 海底奇案

姬丝、玛利、吉米和阿龙是好朋友，常常相约去游玩。他们都是潜水能手。这天，四人相约出海潜泳，阿龙的分工是负责氧气筒的充氧与分发。

船到海上预定地点，相约两个钟头回船会合返航。两个钟头后，姬丝、玛利、阿龙先后上船了，未见吉米。三人耐心等了一小时后还未见吉米潜出海面，因为氧气筒只够用三个钟头，于是报警。警方的蛙人在四人下水的水底找回吉米的尸体，已死亡多时。

吉米死亡的原因是呼吸停止和心脏停搏所引起的。法医的结论是：先在海中昏迷，然后才窒息的。警方检查氧气筒，发现完好无损，筒中氧气仍很充足且十分纯正。不料，警探对另外三人只说了一句，即拘捕了阿龙。

请问，警方是根据什么来拘捕阿龙的？

791 拘禁盲女的房子

夏天，一位双目失明的少女遭人绑架，匪徒要求其父母拿出5万元来。歹徒收到赎金后就把人放了。盲女除知道对方是对年轻夫妇外，还向警方提供了如下细节。

"那幢软禁我的房子好像在海边。我被绑在小阁楼里，虽然里面很闷热，但到了夜晚，透过小窗，会吹来阵阵清凉的海风。"据少女所述，警方挨家挨户去搜查海岸一带的房子。

结果，查出两家嫌疑最大的住宅但却空无一物。据查，这两家都曾住过一对年轻的夫妇，不过阁楼小窗一家朝南，一家朝北。周围的环境是大海在南方，北方是一片小山丘。

于是警方的李督察查核了少女被拘禁三天的天气情况，是晴天、无风、闷热的天气。又想到了少女曾说到了晚上，透过小窗会吹来阵阵海风。根据推断，李督察正确地查出了盲女被拘禁的房子。你能说出是哪一幢吗？

792 深海探案

在太平洋某处海底深40米的地方，有一个日本的水生动物研究所，专门研究海豚、鲸鱼的生活习性。研究所里有主任高森和三个助手清江、岛根、江山。那里的水压相当于5个大气压。

一天，吃过午饭，三个助手穿上潜水衣，分头到海洋中去工作。下午1点50分左右，陆地上的武滕来到研究所拜访。一进门，他惊恐地看到高森满身血迹地躺在地上，已经死去。

警察到现场调查，发现高森是被人枪杀的，作案时间在1点左右，据分析，凶手就是这三个助手之一。可是三个助手都说自己在12点40分左右就离开了研究所。

清江说："我离开后大约游了15分钟，来到一艘沉船附近，观察一群海豚。"

岛根说："我同往常一样到离这里10分钟路程的海底火山那儿去了。回来时在1点左右，看见清江在沉船旁边。"

江山说："我离开研究所后，就游上陆地，到地面时大约12点55分。当时增川小姐在陆地办公室里，我俩一直聊天。"增川小姐证明江山1点钟左右确实在办公室里。

听了三个助手的话，警察说："你们之中有一个说谎者，他隐瞒了枪杀高森的罪行。"

你能推理出谁是说谎者和谁枪杀高森的吗？为什么？

793 逃犯的血迹

美国加州奥克兰市。

一天下午，在当地两名警察的协助下，探长西科尔和助手丹顿小姐于森林公路中段截获了一辆走私微型冲锋枪的卡车。经过一场激烈的搏斗，4名黑社会成员有3名当场被擒获，而此次走私军火的首犯巴尔肯被丹顿小姐的手枪击中左腿肚后逃入密林深处。西科尔探长立即命令两位地方警察押送被擒罪犯去往市警署，自己带领助手深入密林追捕首犯巴尔肯。进入密林后，两人沿着点点血迹仔细搜捕。

越玩越聪明的1000个思维游戏

突然，从不远处传来一声沉闷的猎枪射击声和一阵忽隐忽现的动物奔跑声。看来，这只动物已经受了伤。果然，当西科尔和丹顿小姐持枪追赶到一块较宽敞的三岔路口时，一行血迹竟变成了两行近似交叉的血迹在左右分道而去。显然，逃犯和动物不在同一道上逃命。

怎么办？哪一行是逃犯的血迹？丹顿小姐看着，有些懊丧。但探长西科尔却用一个简单的方法，便鉴别出了逃犯血迹的去向，最终将其擒获。请问，西科尔探长用何法鉴别出逃犯的血迹？

794 谁是凶手

这是一宗十分奇妙的案件。有两兄弟，为了争夺家产结了仇，见面都互不理睬。

有一天，人们发现哥哥死在街头，而弟弟却失踪了。

警方在现场调查发现：死去的哥哥的血型是A型，而在他身上，发现有AB型的血迹，警方认为是凶手留下的。

据调查，死者的父亲的血型是O型，母亲的血型是AB型，但死者弟弟的血型是什么，却不清楚。有人认为杀人凶手一定是死者的弟弟。你根据上述材料想想看，失踪的弟弟会不会是凶手？

795 难倒警探

一具尸体躺在床上，法医在检查现场时竟从没有血迹的荞麦皮装制的枕头的枕套上验出了血型。开始他们以为是被害者的唾液等分泌物粘在上面造成的，但用抗原体检验后，发现了A型和B型两种抗原，无法确定是A型、B型、AB型的哪一种，而被害者是O型血。警察们绞尽脑汁，百思不得其解。

一波未平，一波又起。有一次，警察在撞伤人的车轮上验出了O、A、B几种血型，这辆肇事车是撞伤人后仓皇逃窜到山村的小路上，才被警察抓获的。这是怎么一回事？难道这辆车不止一次地出过事故？

警方面对前后两个谜，前往某科学研究所求教，这才找到了答案。

你能猜出问题出在哪儿吗？

796 毒酒

1932年3月，春寒料峭，大侦探霍桑应邀到苏州乡下做客。他和友人坐在一家小酒店饮酒，突然，隔壁桌上的一位丝厂老板呻吟着呕吐起来。他带来的两名保镖立刻拔出枪来，对准与老板同桌的一位商人。

霍桑急忙上前询问，才知道双方刚谈成一笔生意，丝厂老板已开出银票订货，双方共同喝酒庆祝，谁知老板竟中毒了。那位商人举着双手，吓得不知所措。

霍桑走上前，摸了摸温酒的锡壶，又打开了盖子，看清黄酒表面浮着一层黑膜，就说："果然是中毒了，我是霍桑，你们听我说……"

这时，丝厂老板摇晃着身子说："霍桑，救救我！他身上一定带着解毒药！搜出来……"

霍桑笑着说："他身上没带解毒药！这酒是你做东请客的，他怎么有办法投毒呢？"

大家惊呆了，难道酒里又没有毒了？

"有毒"，霍桑笑笑说，"凶手就在这里。"

究竟在哪里呢？

第二十三章

想象思维

——奇迹诞生的源泉

想象思维是人体大脑通过形象化的概括作用，对脑内已有的记忆表象进行加工、改造或重组的思维活动。想象思维可以说是形象思维的具体化，是人脑借助表象进行加工操作的最主要形式，是人类进行创新及其活动的重要的思维形式。

想象思维有再造想象思维和创造想象思维之分。再造想象思维是指主体在经验记忆的基础上，在头脑中再现客观事物的表象；创造想象思维则不仅再现现成事物，而且创造出全新的形象。文学创作中的艺术想象属于创造性想象，是形象思维的主要形式，存在于整个过程之中，即作家根据一定的指导思想，调动自己积累的生活经验，进行创造性的加工，进而形成新的完整的艺术形象。

虽然不是每个人都立志当作家，但是想象思维在我们的生活、学习、工作都发挥着重要的作用。可以说，正是因为有了想象思维，人类才能翱翔蓝天、登上月球，乃至探索整个宇宙。

第一节 图像透视

797 想象轮廓

想象一下,将所有包含了黑点的图形用深色笔涂满后,得到的是什么场景呢?

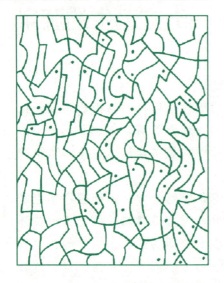

798 不可思议的正方形

下图是一个奇形怪状的"十字形"。你能否把它分为四部分,再拼成一个规则的正方形?

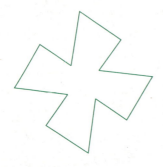

799 拆开立方体（Ⅰ）

中间那个立方体拆成平面应是A、B、C、D中的哪一个?

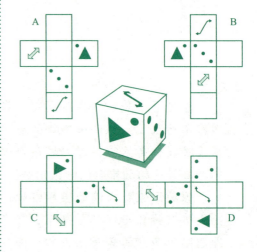

800 拆开立方体（Ⅱ）

此正方体由何图形成?

801 折叠纸盒（Ⅰ）

（1）A～E中哪个立方体纸盒可用下面这个图拼成？

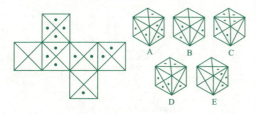

（2）把下面纸片折成立方体纸盒，应是A、B、C、D、E中的哪一个？

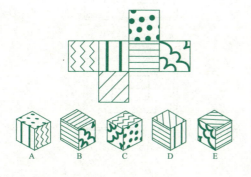

802 折叠纸盒（Ⅱ）

（1）下面的纸片能折叠成A～E中的哪个纸盒？

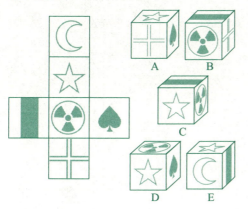

（2）下面的纸片能折叠成A～F中的哪个纸盒？

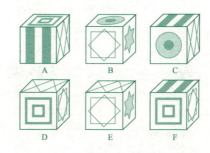

（3）下面的纸片能折叠成A～D中的哪个纸盒？

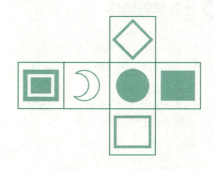

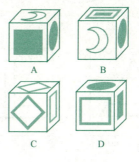

803 相同的咖啡杯

下图是从上面垂直往下看咖啡杯的样子。那么，请你仔细地观察一下与下图一样的咖啡杯是①~④四个咖啡杯中的哪一个呢？

804 什么样的物体

下图是从三个方向看到的某一个物体的投影。看完这些图形后，请想象并画出这个物体？

▲从底部看的样子

▲从侧面看的样子

▲从前面看的样子

805 想象全貌

想象一下这个物体实际的样子。

▲从上面看时的样子

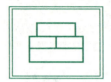

▲从侧面看时的样子

▲从前边看时的样子

806 骰子的秘密

下面三个骰子，垂直的隐藏的两个面（背面和侧面）上的点数之和是多少？

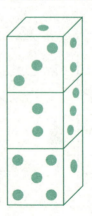

807 齿轮传动

拉动绳子时,每个标有字母的砝码将各自向哪个方向移动?仔细分析一下齿轮传动的过程即可得出答案。

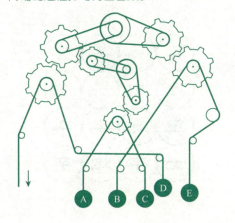

808 上升还是下降

在下面一组杠杆、齿轮和转轮的组合中,黑色的点是固定支点,灰色的点是不固定的支点。如果如图示转动摇把,上端A和B的物体哪一个上升哪一个下降?

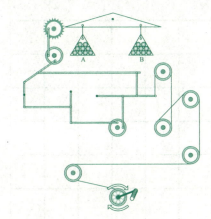

第二节　扑克牌・棋子・火柴

809 摆牌游戏

24张扑克牌要排成6排,每排要排5张,怎么排?

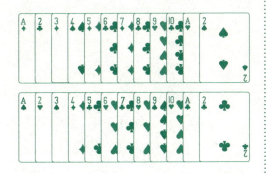

810 三子不同行

把6枚象棋放入6×6规格的大正方形中,使每一行、每一列或每一斜行都不包含3枚象棋吗?如果放入12枚呢?

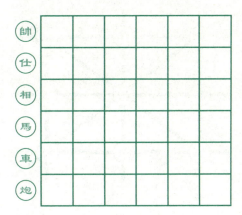

811 两两不相等

请你把6枚象棋放入6×6规格的大正方形中，使得每两枚象棋之间的距离都不相等。

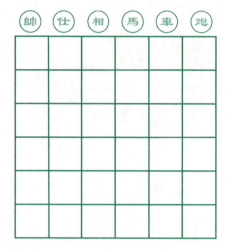

813 16枚象棋的魔法（Ⅰ）

在桌上平铺16枚象棋，条件是每枚象棋都与其他3枚相接触，且象棋之间不能产生重叠的现象，你可以办到吗？

812 三点共线

9枚象棋构成一个大正方形，用直线把其中的3枚连接成一组，一共是8组。如果让你移动其中的两枚变成10组，且还是3枚象棋连接在一起，一共有几种做法？

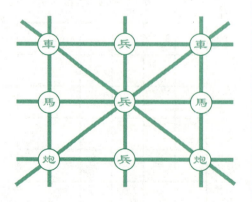

814 16枚象棋的魔法（Ⅱ）

如图，16枚象棋形成12行，每行4枚。变化一下位置，使这16枚象棋可以形成15行，每行4枚。应当怎样摆放？

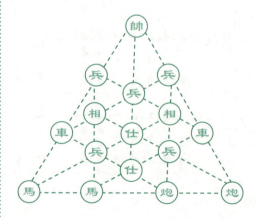

815 重新摆图形

用12根火柴拼一个图形，使它的面积是这个图的3倍。

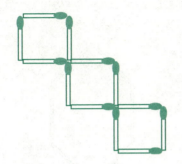

816 巧摆正方形

用12根火柴摆出2大3小共5个正方形，你有办法吗？

817 火柴拼图形

用8根火柴拼出由4个三角形和一大一小两个正方形组成的图形。

818 正方形翻番

用12根火柴能够摆出1大4小5个正方形，再给你4根，让你把正方形的数量翻一番，达到10个，行吗？

819 增加的菱形

每移动2根火柴增加一个菱形，连续5次直到变成8个菱形。

820 不论多少

用12根火柴摆出3个正方形，很容易。用11根火柴怎样摆出3个正方形呢？用10根呢？

821 火柴组合

如图，有8根火柴，短的4根的长度是长的4根长度的一半。在不能折断火柴的情况下，怎样利用这8根火柴摆成3个正方形？

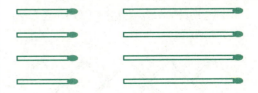

822 6个变4个

仅移动下图中的三根火柴棒，使之组成4个相同的三角形。所有的火柴棒都必须用到。

823 越变越少

图中用12根火柴搭成6个正三角形，每次移动2根，使图中的正三角形分别为5个、4个、3个、2个，该如何去移动？

（提示：正三角形不必一样大，但不能重叠。）

824 巧手剪拉花

结婚的洞房挂着颜色各异的拉花。图中用20根火柴摆出了5个正方形的拉花，请你移动其中8根，让他变成有9个正方形组成的拉花。

825 复合正六边形

下图是用12根火柴摆成的正六边形，如果再用18根火柴，可以在里面摆成6个相等的小六边形。你知道是怎么摆的吗？

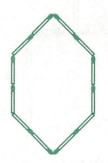

826 倒转梯形

下图是由23根火柴摆成的含有12个小三角形的梯形，最少移动几根可以让它倒转过来呢？

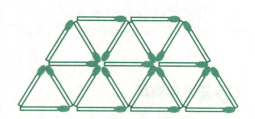

827 火柴梯形

用30根火柴组成9个小梯形，并且让这9个小梯形组成一个大的等腰梯形。

828 火柴三角形

6根相同长度的火柴组成了两个面积相等的正三角形,如何移动3根火柴,使其组成4个和原来的三角形同样大小的三角形?

829 火柴正方形·火柴三角形

如何用9根火柴组成3个正方形和两个三角形?

830 蜗牛菜餐厅的火柴

某蜗牛菜餐厅的老板在考虑餐厅招牌的图案时,将火柴棍摆成了螺旋形[图(1)]。一位客人开玩笑,移动了其中的3根火柴棍,使其变成了3个正方形。餐厅老板又增加了几个螺旋[图(2)],客人开玩笑,又挪动了其中的5根火柴棍,使其成为4个正方形。

请问:客人分别移动了哪几根火柴棍?

 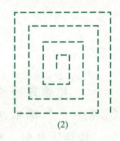

(1)   (2)

第二十四章

演算思维

——"神机妙算"不是神话

培根曾经说过:"读书使人明智,读诗使人聪明智慧,演算使人精密……"培根这位哲学家、作家兼科学家不仅把"演算"同"读书"、"读诗"并列,在这句名言的后半部分,还把"演算"同"哲学"、"伦理学"、"逻辑修辞学"并列,足可见他对"演算思维"有多么重视了。

提起"演算思维",多数人会马上想起数学。的确,演算思维和数学的关系最为密切,但它绝不仅仅停留在学科的角度,日常生活中也到处可以用到,比如我们天天都需要花钱,自然就天天需要演算思维,这应该是最能说明问题的例证了。

第一节 数字迷宫

831 有趣的水果问题

果盘里放着桂圆、荔枝和石榴三种水果，如果同一种水果的大小、重量一样，3个桂圆加1只石榴与10颗荔枝一样重，6颗荔枝加1个桂圆与1只石榴一样重，请问1只石榴与几颗荔枝一样重？

832 龟兔赛跑

一只爱好户外运动的小兔子同一只乌龟沿着直径100码的圆形跑道背向行走，进行比赛。它们从同一地点出发，但起先兔子根本不动，直至乌龟完成了全程的八分之一（即圆形跑道周长的八分之一）以后才开始行走。兔子低估了对手的竞走能力，因此它慢吞吞地闲庭信步，一边啃啃青草，直至它在途中碰到了迎面而来的乌龟，在这一点兔子已走完全程的六分之一。

试问：为了赢得这场比赛，兔子必须把它的速度提高到以前速度的多少倍？

833 有趣的数字

有一个有趣的数字，个位上的数字是3，如果把它换到这个数字的首位，所构成的新数比它的原数大一倍。请问你知道这个数具体是多少吗？

834 找电话号码

阿聪遇到一个走失的小男孩，当时他只记得起家里的电话号码是 $x471y6$。假设这个号码能被296整除，这个号码是多少？

835 祖孙三人的生日

有一家祖孙三人正好同一天生日。这一天他们的年龄加起来正好100周岁。又知道祖父的岁数正好等于孙子过的月数，父亲过的星期数恰好等于他儿子过的天数。请你算一算祖孙三人各有多少岁？

836 细菌分裂

有一个细菌，1分钟分裂为2个，再过1分钟，又分别分裂为2个，总共分裂为4个。这样，一个细菌分裂成满满一瓶需要1个小时。同样的细菌，如果从2个开始分裂，分裂成一瓶需要多少分钟？

837 判断奇偶

$1+2×3+4×5+6×7+…+100×101$ 的和是奇数还是偶数？

838 森林和小溪

史密斯先生同他的太太打算在郊外买一幢小别墅。

"要是把你的钱拿出四分之三给我",史密斯先生说,"和我自己的钱合起来,就可以买一栋价值5000美元的房子,而你手头剩下的钱,正好可以购买屋后的小树林和小溪。"

"不行,不行",他太太答道,"把你的钱拿出三分之二给我,我把它们同我自己的钱合起来,那时我就能正好买下那栋房子,而你手头剩下的钱,正好可以买下小树林和小溪。"

你能不能算出小树林与那小溪的价钱?

839 乐队到底有多少人

鲍勃和海伦穿过公园时,看见尼克松中学的游行队伍正在排练,由乐队作前导。在乐队行进时,四个人一排,剩下一个男生。可怜的小斯皮罗落在最后,乐队指挥为此而大伤脑筋。为了不让一名乐队队员单独留在队尾,指挥让乐队改成三人一排行进,但斯皮罗仍然孤单单地走在最后一排。即使乐队换成两个人一排行进,还是同情况。

虽然这不关海伦的事,但她还是向指挥走了过去。海伦说:"我可以提点建议吗?"

乐队指挥说:"不,小姐,走吧,请别打扰我。"

海伦说:"好吧。不过我还是要告诉你,应该让乐队按五人一排行进。"

指挥说:"小姐,我正好也想到要这样试试。"

当乐队按五人一排行进时,则不再有人剩余。

这个乐队到底有多少人呢?

840 两支蜡烛

房间里电灯突然熄灭——保险丝烧断了。我点燃了书桌里备用的两支蜡烛,在烛光下继续做我的事,直到电灯修好。

第二天,需要确定昨晚断电共有多长时间。我当时没有注意断电开始的时间,也没有注意是什么时候来的电。我也不知道蜡烛原来的长度。我只记得两支蜡烛是一样长短的,但粗细不同,其中粗的一支能用五个小时(完全用完),细的一支能用四个小时。两支蜡烛都是经我点燃的新烛。我没找到蜡烛的剩余部分,家里人把它扔掉了。

"残烛几乎都烧光了,已不值得保留。"家里人这样回答。

"你能记得残余部分有多长吗?"

"两支蜡烛不一样。一支残烛的长度等于另一支残烛的4倍。"

我无法知道更多了,只好以上述资料为限,据此算出蜡烛的点燃时间。

如果是你,你应该怎样摆脱这个困境?

841 要求加薪

工会干事汤姆·蒂利说:"厂方说,如果接受我们目前提出的一周工作时间少于44小时的要求,就无法完成生产计划。"

"那就罢工!"马拉利叫道。

"所以他们提出了两个方案供我们选择,"汤姆说,"一个方案是,他们可以把每周法定工作时间缩短为40小时,但是我们还得再加班4个小时来完成计划,这4个小时付给我们的工资是原工资的一倍半。"

"我们罢工!"马拉利又嚷了起来。

汤姆接着说:"另一个方案是每周工作时间仍是44小时,不加班,但是每小时工资按每镑增加5便士付给。"

"罢工！"马拉利又喊道。

汤姆说："我算了一下，两个方案中似乎有一个能使工人的收入多一点。"

是前一个方案还是后一个方案？

（注：英国货币1英镑等于100便士。）

842 心算最大数

在下面四个算式中，如何快速判断出最大的得数是哪个？

（1）1992×1999＋1999
（2）1993×1998＋1998
（3）1994×1997＋1997
（4）1995×1996＋1996

843 心算比大小

比较777773/777778和888884/888889的大小。

844 男女各多少

有一群小孩在游泳，有一位男生出来看时，男女生人数正好相等，一位女生出来看时，男生人数正好是女生人数的2倍，问男女生各有几个？

845 来多少客人

一位客人赴宴，提前来到主人家中，看到主人正在洗盘子。他数了一下，大、中、小三种盘子共65个。他很奇怪，问主人一共来了多少客人。主人回答道：

"每两人合用一个小盘，每三人合用一个中盘，每四人合用一个大盘。"

这位聪明的客人立刻算出了主人请了多少客人。你能算出来吗？

846 吃鱼

动物园的工作人员准备给鳄鱼和野猫喂鱼。每条鳄鱼吃4条鱼，每4只野猫吃一条鱼。鳄鱼和野猫的数量加一块儿是100，共吃了100条鱼。鳄鱼、野猫各是多少？各吃多少条鱼？

847 双人自行车

三个男人打算采用骑双人自行车与步行的办法前往40英里远的某处，双人自行车最多只能坐两人，另一人只好步行。A的行走速率为10分钟1英里，B为15分钟1英里，而C则要用20分钟才能走完1英里。双人自行车的速率是每小时40英里，不管哪两个人坐在上面。假定他们利用最有效的办法，把骑车与步行巧妙地结合起来。试问：三人要完成这次短途旅行，至少要用多少时间？

848 昆虫的翅膀和腿

蜻蜓有6条腿，2对翅膀；蜘蛛有8条腿，没有翅膀；蝉有6条腿，1对翅膀。现在有一些蜻蜓、蜘蛛和蝉，已知它们的总数是18只，共有118条腿，20对翅膀。其中每种昆虫各有多少只呢？

849 蒂莫西的速算

蒂莫西把两个五位数相乘写下了答案，不幸的是，其中有一个数码（用*表示）看不清楚，无法识别了：98564×54972=541*260208。为了确定这个缺失的数码，蒂莫西非得把这乘法重新做一次吗？是不是有别的捷径？

850 太硬的床铺

《格列佛游记》里，关于小人国人如何为他们的巨人客人准备卧具，有如下描述："小人国褥子的长和宽，均只有我们的1/12。人们用大车给我拉来了600条小人国人用的褥子。裁缝师傅们忙碌起来，他们把每150条褥子缝到一起，做成长宽都能让我躺得下的大褥子。他们把四床这样缝起来的大褥子铺作四层，可是，就是在这么四层厚的褥子上，我还像是躺在石头地面上一样。"为什么格列佛睡在这个多层褥子上还觉得这样硬呢？

第二节 等式玄机

851 动物等式

如果一只小鸡的价值是6，那么其他的动物价值多少？

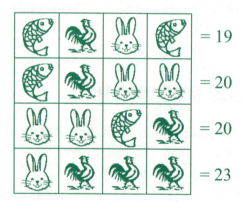

852 图像等式

（1）▼代表0～9中的一个数，▼▼代表（10～99）中的一个两位数，问▼等于多少？

A.3　B.8　C.1　D.4　E.6　F.7

（2）在这里，数字被一定的符号所替代。单独一个符号对应一个一位数（0～9），两个相连的符号代表一个两位数（10～99），三个相连的符号代表一个三位数（100～999）。为了能正确解答问题，哪一个选项的数字必须放入一个确定的符号？

A.2　B.4　C.5　D.1　E.8　F.3

（3）●◎●代表100～999中的一个三位数，●●代表10～99中的一个两位数，问●等于多少？

A.1　B.6　C.7　D.3　E.5　F.4

演算思维 第二十四章 第二阶段

853 图像竖式

① 表示什么数字?

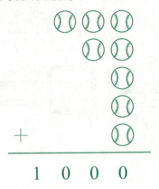

```
            ○
         + ○
        ——————
          1 0 0 0
```

854 错误的图像等式

哪一个等式是错误的?

A □ + ⊠ + ⊕ = ⊠
B ⊞ + ⊠ + ⊡ = ⊠
C ☆ + ▣ + ⊠ = ☆

855 六个A

在这下面两个加法算式中,每个字母都代表 0~9 的一个数字,而且不同的字母代表不同的数字。

```
  A A A        A A A
  B B B        D D D
+ C C C      + E E E
———————      ———————
  F G H I      F G H I
```

提示:判定 A+B+C 和 A+D+E 的值。

856 首位变末位

在下面这个乘法算式中,每个字母代表 0~9 的一个数字,而且不同的字母代表不同的数字。有趣的是把被乘数的首位数字移作末尾数字,就变成了积。

```
  A B C D E F
×           M
—————————————
  B C D E F A
```

M 代表哪一个数字?
(提示:选择 M 和 A 的值以判定其他字母的相应值。)

857 诗句等式

下列等式在什么情况下成立?
年年 × 岁岁 = 花相似
岁岁 ÷ 年年 = 人 ÷ 不同

858 不变的值

从中拿走3根,使结果仍为100。

123−4−5−6−7+8−9=100

859 移动1根火柴，找回等式

这是4个不成立的算式，每题只许移动1根火柴，使它成立。

17＋11＋4－4＝14
14＋7－1－4＋1＝11
12－2＋7＝11
14＋7－4＝11

860 找回等式

（1）这是两个不成立的算式，每题只许移动1根火柴，使它成立。

4＝14＋1－1＋1
123－1－1＝12

（2）移动2根火柴，使算式成立。

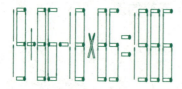

（3）这是一个不可能成立的等式，允许移动3根火柴，让等式成为可能。

1＋2＋3－4＋5＋6＝7＋8＋9

861 一题三解

移动算式中的1根火柴，使等式成立。一共有三种解法，你能全部想出来吗？

862 完成等式

增加2根火柴，使算式成立。

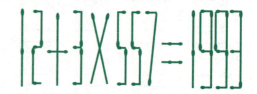

863 火柴等式

下面是一道罗马数字运算题，但"7－2＝2"显然是错误的。如何只移动两根火柴，使等式成立？

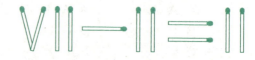

864 扑克牌等式

（1）下面这个用扑克牌摆成的等式显然是错误的，你只能通过移动已有的4张扑克牌来纠正这个等式，不可以添加任何其他的数字符号。你能做到吗？

（2）在一次扑克牌游戏中，某人手中的牌刚好有下列关系，即：

10×黑桃牌数＋红桃牌数＝方块牌数×草花牌数

接着，4种花色各打出相同牌数后，他发现自己手中剩下的牌仍保持上述关系。问这个人原来和现在手中的4种花色各多少张？

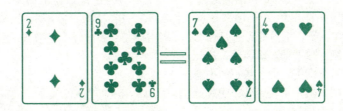

865 扑克牌等式方阵

（1）从任意花色的、点数为从2到10的9张扑克牌中再选取7张，放入空格中，使每一行、每一列、每一条对角线3张牌的和都等于18。

（2）把所有的扑克牌都放入方框，使横、竖、斜行的点数和都等于23。

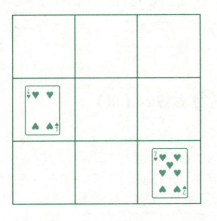

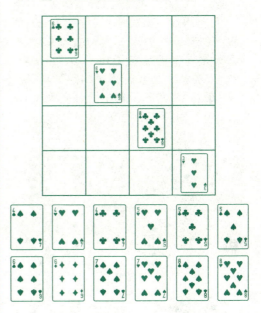

第三节 扑克牌·棋子·火柴

866 速算24（Ⅰ）

用扑克牌玩"速算24"游戏在世界上流传很广泛。这种游戏可以四个人、两个人玩，甚至一个人也可以玩。最常见的一种玩法，是使用4种花色A～10共计40张牌。无论几个人玩，都是每次出4张牌，利用加、减、乘、除四种运算符号，并允许使用括号将四张牌的四个点数不重不漏地使用一次，构造出一个表达式，使其结果等于24。

选择24这个数是有其道理的。因为从1～29这29个数中，唯独24有1、2、3、4、6、8、12、24共计8个约数，这样就使得4张牌的4个点数能形成24的可能性要大一些。

一般来讲，最快捷、最容易让人立刻想到的是乘法，如3×8、4×6、12×2等；其次是简单的加法如14＋10、20＋4、21＋3等。这些方法是速算24游戏中最简捷、最常用的方法。观察下列扑克牌组合，尝试一下上述方法，完成这组游戏。

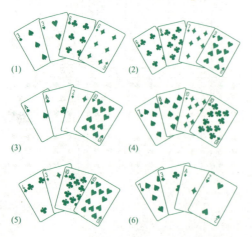

867 速算24（Ⅱ）

比"速算24（Ⅰ）"中列举的那些方法略微复杂一些的方法，是一些不容易被立刻想到的加法，如15＋9（或19＋5）、16＋8（或18＋6）等。观察下列扑克牌组合，尝试一下上述方法，完成这组游戏。

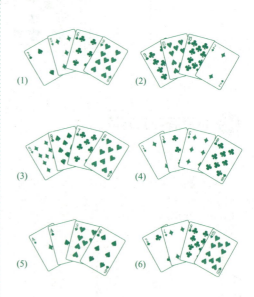

868 速算24（Ⅲ）

有些扑克牌组合无法单纯用整数加、减、乘、除的运算得到答案，需要借助分数或小数的运算才能解决问题，下面这组"速算24"就属于这种情况。观察下列扑克牌组合，尝试运用分数或小数计算的方法，完成这组游戏。

演算思维 第二十四章

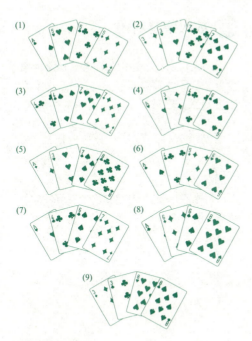

869 商等于3

把红桃A～9这9张牌分为两组，第一组为x张，第二组为y张。经过适当排列，使得第一组x张牌的点数构成的x位数除以第二组y张牌的点数构成的y位数所得的商为3。

870 和差平方

甲、乙二人使用一副扑克牌做游戏时，甲手中的牌数以及甲与乙手中牌数之和、之差都为完全平方数，问甲、乙手中各有多少牌？

871 纵横平方

用4张牌组成一个2行2列方阵，使得每一行上的两张牌的点数组成的两位数是一个完全平方数，每一列从上往下两张牌的点数组成的两位数也是一个完全平方数。你能摆出几个这样的方阵？

872 倒转三角形

10张扑克牌如下图所示摆成一个三角形，现只允许移动3张牌，倒转这个三角形，而且使倒转之后的三角形每条边上的4张牌的点数之和相等，每条边上的4张牌的点数平方之和也相等。

873 扑克牌三阶幻方

8张牌摆成如图A所示的形式，现只允许将位于空位旁边的牌移动到空位上去，怎样移动，使之成为图B？若把空位当作0，那么图B的牌点组成了一个3阶幻方，即每一行、每一列以及每一对角线上的牌的点数之和都为12。

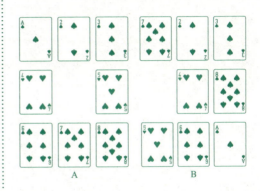

A   B

874 黑白棋子

有黑白两色围棋子70颗排成一排：白，黑，白，白，白，黑，白，白，白，黑，白，白，白，黑，白……

问：最后一颗是什么颜色？白色棋子有多少颗？

875 填装火柴

火柴厂请了5个工人装火柴。一个工人装4盒火柴需要5分钟，现在客户需要40盒火柴，5个工人全部动手，需要多长时间才能装完？

876 放火柴游戏

两人打赌，甲要求乙在一张64格的棋盘上按照甲的要求摆放火柴，一天之内完成就算赢。要求如下：在第一个格里放1根火柴，在第二个格里放2根火柴，在第三个格里放4根火柴……总之在每一个格里放的，都比前一个格多一倍，直到最后一格。

乙能在一天之内完成这个任务吗？他能获胜吗？为什么？

第二十五章

整合思维

——跨越"局部"与"整体"

  整合就是把一些零散的东西通过某种方式而彼此衔接,从而实现信息系统的资源共享和协同工作。其主要的精髓在于将零散的要素组合在一起,并最终形成有价值有效率的一个整体。整合思维是头脑中同时处理两种或多种相互联系或对立的观点,并从中得出汇集多方优势的解决方案的思维能力。

  如果说"概括思维"是"分总思维"、"判断思维"是"总分思维"的话,那么"整合思维"就是"分总思维+总分思维",是一种典型的综合思维。一个人的成功靠优势、靠特长,但也离不开综合素质,更离不开整合思维的具体运用。

第一节 生活IQ

877 时间巧安排

星期日，小月从学校回来，她无意识地记录了妈妈一早起来后做家务用去的时间：哇，一看表，一共花去103分钟。

1. 把三室一厅打扫干净，花去16分钟。
2. 给阳台上的几盆花浇水，去了6分钟。
3. 用两只平顶锅给全家烙三张大饼做早餐，每面需时间10分钟，共花去了40分钟。
4. 去超市买菜购物，花了40分钟。

小月认真思考了一下，晚上，看电视时，对妈妈说："妈妈，只要你能科学地安排时间，早上你那几样事，我看仅要70分钟就可以，能节省半个多小时呢！"

请问，你能和小月一起，帮助她妈妈安排上述四件事在70分钟内做好吗？

878 作息规则

由于人事关系的复杂，因此在不同时期、不同情况下，我们的工厂都有一个适合特定情况的规则。有一个时期的规则是这样的：

（1）如果A来上班，B必须休息，除非E不出工。若E不出工，B必须出工，而C必须休息；

（2）A和C不能同天出工或同天休息；

（3）如果E来干活，D必须休息；

（4）如果B休息，E必须出工，除非C来上班。若C来上班，E必须休息，而D必须来干活。

为了群众需要，我们的生产必须打破常规，一周七天都要进行。因此，得做出一个安排，使七天之中每天都有一批工人来上班是必要的。

按照上述规则，七天中谁什么时候来上班？谁什么时候休息？

879 赛马

在一个跑马场上，跑道上有A、B、C三匹马。A在一分钟内能两圈，B能跑三圈，C能跑四圈。现将三匹马并排在起跑线上，准备向同一个方向起跑。请问，经过几分钟，这三匹马又能并排地跑在起跑线上。

880 多少人能获救

一艘载有25人的轮船在一个小岛附近触礁了，20分钟后即将沉没。这时，船上只有一条救生艇可用。已知救生艇最多只能装载5人，到达小岛的时间是4分钟，请你计算一下，如果只用这条救生艇，最多只能营救多少人？是否还要采取其他营救措施？

整合思维　第二十五章　**第二阶段**

881 男女的概率

有一个班要分批进实验室做试验，规定每次只能进四个人，而且，每个女生旁边必须至少有另外一个女生。那么，有多少种可能的排法呢？

882 停业的酒店

保罗、劳伦斯和辛格三位老板，共同出资经营一家酒店，但后来因故必须停业。此时，资金、利润及器皿类等均可等分为3份；剩下的21瓶威士忌酒中7瓶还未开封，7瓶只剩一半，另7瓶则是空瓶子。所以，三人便想把瓶子数和威士忌酒的量等分为3，却怎么也想不出分配法。若一人不得取4瓶以上相同的酒瓶，应如何分配？

883 调饮料

有两个瓶子，一个瓶子装满了牛奶，一个瓶子装满了可可。有A、B、C三只杯子，每只杯子的容积为瓶子容积的 1/3，希望能将牛奶和可可均匀调配好，应该如何办？

884 牛奶和咖啡

有一杯咖啡，一杯牛奶。用一把勺子先从牛奶杯中舀一勺牛奶，倒入咖啡中，搅拌均匀；然后再舀一勺混合的咖啡牛奶倒入牛奶中，再搅拌均匀。请问是牛奶杯中的咖啡多，还是咖啡杯中的牛奶多？

885 如何换轮胎

有一个做长途运输的司机要出发了。他用作运输的车是机动三轮车，轮胎的寿命是2万里，现在他总共要进行来回5万里的长途运输，计划用8个轮胎就完成运输任务，怎样才能做到呢？

886 东印度公司的故事

下面是发生在那里工作的英国人A、法国人B和荷兰人C三人中的一段小故事。他们三人都住在印度某城的一个小巷里。一天，三人商量到哪儿聚会一次。但是，三人的性格不同，意见很难统一。其中A是个爱找麻烦的人，他说晴天或阴天可以聚会，雨天绝对不出去；B是个爱钻牛角尖的人，他说阴天或雨天可以聚会，晴天他不出去；C是个性格爽朗的人，他说雨天或许他可以参加，阴天他不喜欢。聚会的日期是明天，这三个人能聚到一起吗？当然明天的天气是无法预测的。不过印度一般不降雪或雨。不管明天是什么天气，晴天也好，阴天或雨天也好，这种天气都将持续一天。

887 丈夫和妻子

一对夫妇邀请了三对夫妇来吃午饭，主人安排大家（包括主人自己和妻子）围绕圆桌就座时，想让男女相间而又不使任何一位丈夫坐在自己妻子旁边。

问：这样就座可以有几种方法？（假如只注意各人座位的顺序，而不把同样顺序但坐在不同地方的方法计算在内。）

888 病人搬家

医院的私人病房区共有五间单人病房。最右边的急诊病房现在空着。其他几个病房里分别住着A、B、C、D四位病人。现在他们住的病房标着他们姓名的头一个字母（如下图）。

病人们看来都很满意，但护士长却在考虑D与A换位置、C与B换位置。看来护士长是个很有条理的人，因为这样一来所有病人的位置就会按字母顺序排列，便于管理。既然所有的病人都为住私人病房付过了费用，所以，不能把两位病人同时安排在同一间病房里，而且也不能在一位病人搬家时，将另一位病人留在风大的走廊里无人照管。为了执行护士长的命令，那个愁眉苦脸的小护士最少要为病人搬几次家？

889 上楼梯的走法

一个人上楼梯，可以一步上一级台阶，也可以一步上两级台阶。现在假设某层楼梯有10级台阶。那么从这层楼的下面走到上面，共有多少种不同的走法？

890 七个链环

有一个女士去外地旅行时没有钱了，她要在一个陌生的小镇上待上7天等待她的家人给她邮钱过来。但是在这7天的时间内，她必须付她的房费，她只剩下一条由7个金环套在一起的手链，店主同意她每天用一个环来充当她的房费，等她有钱的时候可以来赎回这些金链环。但是她必须自己把链环割开。那么，在每天必须付一个链环作为房费的情况下，有一种方法是割开第二、第四、第六个环，这样就可以把七个环都分开来付房费了，但是，有没有更少的分割方法呢？

891 拆开链条

一位农夫有6段链条，每段5节，如下图所示。他想用它们连接成一条由30个节组成的环形链条。假定割开一节要花8美分，而重新焊接起来要18美分，但花1.5美元可以买到一条新的环形链条。如果农夫采用最节约的方案，那么同买一条新链条相比，他可以省下多少钱？

892 花瓣游戏

在一个古朴的小岛上，有很多有意思的风俗，比如说有一种掰花瓣的游戏，就是两个人拿着一朵有13片花瓣的花朵，然后轮流摘去花瓣，一个人可以摘去一片或者相邻的两片，谁摘去最后的花瓣就是赢家，他在这一天中将会有好的运气。有一个来旅游的数学家发现，只要按照一种方式，就可以在这个游戏中一直获胜，那么，这个获胜的人是先摘的人还是后摘的人？他用什么方法呢？

893 冤家渡河

有一个农夫带着一条狗、一只鹅和一些白菜来到河边。这时河边有一只小船，但是这只船太小了，每次只能乘上农夫，再带上另外一种物品，或者是狗，或者是鹅，或者是白菜。但是，如果农夫不在的话，狗就会咬鹅，鹅也会吃白菜。幸运的是这条狗并不吃白菜。那么，这位农民将怎样巧妙地安排这次渡河呢？

894 侦察兵渡河

三个侦察兵在徒步行进中必须过河到对岸，但没有桥，对他们来说，这是一件难办的事。这时，河上有两个孩子在划一只小船，他们想帮助侦察兵。可是，船太小了，只能承载一名侦察兵，如再加上一个孩子就会把小船弄沉。而三个侦察兵都不会游泳。

看来，在这样条件下，就只能有一名战士乘小船渡到对岸去。可事实却是，三名战士都很快地顺利到达了对岸，并把小船交还给了孩子们。他们是怎样做的呢？

895 调换位置

车站上有如图所示的牵引铁路线。主干线YZ上有机车L，而牵引支线上有货车车皮A、B。牵引线的最末端在X处相接，由此往后只能过一个车皮，不能通过机车。另外，主干线左右有足够的余地。想用机车L调换A和B的位置，然后机车L返回原处。怎么办才好呢？

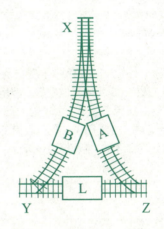

896 环球飞行

每架飞机只有一个油箱，飞机之间可以相互加油（注意是相互，没有加油机），一箱油可供一架飞机绕地球飞半圈。问：为使至少一架飞机绕地球一圈回到起飞时的飞机场，至少需要出动几架飞机？（所有飞机从同一机场起飞，而且必须安全返回机场，不允许中途降落，中间没有机场。）

第二节　数字迷宫

897 高利贷者破产的故事

阿凡提遇见一个高利贷者在叫喊:"放金币喽!放金币喽!我的金币可是个宝,只要你把它埋在地里一天一夜,就会变成1000金币。""我借一个金币!"阿凡提决心惩罚这个愚弄百姓、贪得无厌的家伙,为民除害。"那你每天得还我1000个金币。"

"好,一言为定。我将连续15天借金币,第1天借1个金币,以后每天都是前一天的2倍。15天以后我还给你金币,如果这15天之内,你后悔了,那么我借的金币就不能还给你了。"高利贷者一算计,立即眉开眼笑,一口答应。

不到15天,这个贪得无厌的高利贷者破产了。

你知道他是怎样破产的?他赔了多少金币?

898 只赚10两银子吗

古代有一个贩马的商人,一天下来他的生意情况是这样的:

先用60两银子买了一匹马;
又用70两银子卖了这匹马;
再用80两银子买了这匹马;
又用90两银子卖了这匹马。

他的妻子说:"折腾了一天,只赚10银子啊!"商人笑着摇了摇头。

请你算一算,商人在这匹马的交易中赚了多少银子?

899 耕地能手和播种能手

新德里郊区有个庄园主,雇了两个小工为他种小麦。其中A是一个耕地能手,但不擅长播种;而B耕地很不熟练,但却是播种的能手。庄园主决定种10公亩地的小麦,让他俩各包一半,于是A从东头开始耕地,B从西头开始耕。A耕地一亩用20分钟,B却用40分钟,可是B播种的速度却比A快3倍。耕播结束后,庄园主根据他们的工作量给了他俩100卢比工钱。他俩怎样分才合理呢?

900 空瓶换酒

(1)1元钱能买1瓶啤酒,2个空瓶能换1瓶啤酒。如果你手中有20元钱,最多可以喝到几瓶啤酒?

(2)某啤酒厂为了回收酒瓶,规定3个空瓶换1瓶啤酒。P先生买了10瓶啤酒。把这10瓶啤酒统统喝完之后,P先生用空瓶可以换回几瓶啤酒?

901 结婚蛋糕

"真抱歉,两层的蛋糕都卖完了",糕饼师傅说,"不过,请等一下!我有个主意。我这儿还剩下一块方蛋糕。如果我把它切开再组成两块方蛋糕,然后涂上糖衣,接缝的地方一定看不出来。"

"能行吗?"新娘的母亲问道。

"我看行。那我们就决定做两层的好吗?下层的边长正好是上层边长的两倍。当然这是个需要动脑筋的活,为了避免蛋糕破碎,我尽可能少切几刀。"

为了实现糕饼师傅的计划,最少要在方蛋糕上切几刀?

902 重组序号

有9个标有序号的易拉罐,(1)如何摆成三组,每组三个且序号之和相等?(2)如何摆成三组,每组三个,使第一组的序号之和比第二组的序号之和多1,比第三组的序号之和多2?

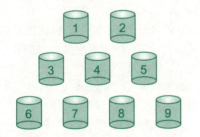

903 后会有期

甲乙二人同时从A地向B地出发,其中甲每天走7公里;乙第一天走1公里,第二天走2公里,第三天走3公里,以后每天都多走1公里。这二人从出发经过多少天可以相遇?

904 追上了多少人

9个人在沙漠中迷了路,所带的饮用水只够喝5天了。次日,他们发现了一些脚印,便奋力追赶,终于追上了一些人,但是发现他们已经没有水喝了。如果两批人合用这些水,只够喝3天。你知道他们追上了多少人吗?

905 房子·猫·老鼠·麦穗·麦粒

7间房子里,每间都养着7只猫;在这7只猫中,不论哪只,都能捕到7只老鼠;而这7只老鼠,每只都要吃掉7个麦穗;每个麦穗都能剥下7粒麦粒。请问:房子、猫、老鼠、麦穗、麦粒,加在一起总共该有多少?

906 分苹果

9个苹果分给12名少先队员,希望每个苹果不要切成多于4块。这个题初看起来好像是不可解的,但你只要懂得分数,就能不费劲地得到解答。这个题解出后,用同样方法就能解出下面一个类似的题目了:把7个苹果分给12名少先队员,每个苹果不要切成多于4块。

907 粗木匠的难题

粗木匠拿来一根雕刻着花纹的小木柱说:"有一次,一位住在伦敦的学者拿给我一根3英尺长、宽和厚均为1英尺的木料,希望我将它砍削、雕刻成木柱,如你们现在看到的样子。学者答应补偿我在做活时砍去的木材。我先将这块方木称一称,它恰好重30磅,而要做成的这根柱子只重20磅。因此,我从方木上砍掉了1立方英尺的木材,即原来的三分之一。但学者拒不承认,他说,不能按重量来计算砍去的体积,因为据说方木的中间部分要重些,也可能相反。请问,我在这种情况下怎样向好挑剔的学者证明,究竟砍掉了多少木材?"

你知道答案吗?

908 分马

农场主在他死的时候决定把自己的马匹分给儿子们。他给老大的是一匹马和余数的1/7;他给老二的是两匹马和余数的1/7;给老三的是三匹马和余数的1/7;给剩下的孩子的马匹数依次类推下去。最后,每个儿子所分得马匹数相同,且无剩余。他共有几个儿子,几匹马?

909 平分一杯酒

A和B是两个斤斤计较的小人。他们要平分一杯酒。应该怎么分才能使A、B两人都觉得公平而没有意见? 简单的办法是:由A倒酒,由B挑选。即由A往杯里慢慢倒酒,直到认为自己无论分到哪一杯都不吃亏为止;然后,让B从这两杯酒当中任选一杯。余下来的一杯归A,谁也不会有意见。现在,有一杯酒要平分给A、B、C、D四人,怎么分,才能使大家都觉得公平?

910 平分杯中水

有一个盛有900毫升水的水壶和两个空杯子,一个能盛500毫升,另一个能盛300毫升。请问:应该怎样倒水,能使得每个杯子都恰好有100毫升?

(注:不允许使用别的容器,也不允许在杯子上作记号。)

911 分盐

有7千克、2千克的砝码和一架天平,只准使用三次天平,把140千克的盐分成90千克和50千克。

912 分牲口

美国西部有一位大牧场主,自知上了年纪,有一天,把儿子们召集在一起,并告诉他们,要在他有生之年,趁早把牲口分给他们。

他对大儿子说:"约翰,你认为你能饲养多少头奶牛,你就拿走多少。你的妻子南希可以取走剩下奶牛的九分之一。"

他又对第二个儿子说:"萨姆,你除可拿走同约翰一样多的奶牛外,还可多得一头,因为约翰有了先挑的机会。至于你的好妻子萨莉,我要把剩下奶牛的九分之一给她。"

对第三个儿子,他说了同上面类似的话,他可拿到的奶牛将比次子多一头,而其妻将拿到剩下奶牛的九分之一。同样的话也适用于他的其他儿子:每人拿到的奶牛数比其年龄稍大的兄长所得的奶牛数多出一头,而每个儿子的老婆拿到余下来的奶牛的九分之一。

当最小的儿子拿走了奶牛之后，已经没有什么牛剩下来给他的妻子了。于是大牧场主说道："马的价值是奶牛的两倍，我现在愿意把我们所有的七匹马按如下的原则分配：使每个家庭都分到同样价值的牲口。"

试问：大牧场主共有多少头奶牛？他有几个儿子？

913 酒鬼夫妻

夫妻两人都是酒鬼，他们买酒都是成桶地买。两个人一起喝时，可以60天喝光一大桶葡萄酒，如果让丈夫单独喝，那么他需要30个星期才能喝完；两个人一起喝，可以用8个星期喝光一大桶白兰地，如果让妻子一个人喝，那么她至少需要40个星期。在有白兰地时丈夫只喝白兰地；在有葡萄酒时妻子只喝葡萄酒。如果现在他们家有半桶白兰地和半桶葡萄酒，那么，他们把酒完全喝光需要多长时间？

914 奥肖内西的家产

沉浸在即将老年得子的欢乐里，奥肖内西宣称，要把他家产的三分之二给他的"儿子"，三分之一给孩子的母亲；但如果生下来的是女儿，那么，母亲得三分之二，而女儿只能得三分之一。事态的发展出人意料，生下来的孩子竟是一男一女的双胞胎，为此必须给男孩、女孩及其母亲都分家当。此时此刻，奥肖内西手足无措，不知怎样才能实践他以前作出的承诺。你能否助以一臂之力？

915 首饰的数量

古代有一位王后，要赏赐给几位公主一些首饰。但是她出了一道题，让这些公主猜猜她有多少首饰，题目如下。

我有金、银两个首饰箱，箱内分别装有若干件首饰，如果把金箱中25%的首饰送给第一个算对这个题目的人，把银箱中20%的首饰送给第二个算对这个题目的人，然后我再从金箱中拿出5件送给第三个算对这个题目的人，再从银箱中拿出4件送给第四个算对这个题目的人，最后我金箱中剩下的比分掉的多10件首饰，银箱中剩下的与分掉的比是2：1。谁能算出我的金箱、银箱中原来各有多少件首饰？

916 海盗分宝

5个海盗抢到了100颗宝石，每一颗都大小一样且价值连城。他们决定这么分：

抽签决定自己的号码（①、②、③、④、⑤）；

首先，由①提出分配方案，然后大家表决，当且仅当超过半数的人同意时，按照他的方案进行分配，否则将被扔进大海喂鲨鱼；

①死后，再由②提出分配方案，然后剩下的4人进行表决，当且仅当超过半数的人同意时，按照他的方案进行分配，否则将被扔进大海喂鲨鱼；

依此类推……

条件：每个海盗都是很聪明的人，都能很理智地做出判断，从而做出选择。

问题：第一个海盗提出怎样的分配方案才能使自己的收益最大化？

917 "溜号"的哨兵

在首领住的指挥部四周,部署了许多哨兵,他们分别住在八座帐篷里。起初,每个帐篷里规定住三个哨兵。后来,允许哨兵们互相串门。卫队长查哨时,只查点每排帐篷里的哨兵的人数:如果每排的三座帐篷共有九个哨兵,他就认为他的哨兵一个也不缺了。哨兵们看到这个情况,就想出了一个好主意来欺骗他们的队长。一天晚上,有四名哨兵溜出营地去寻欢作乐,卫队长并未发现。第二天晚上,又有六名哨兵这样做了,也没受到处罚。后来,哨兵们甚至开始把客人带到帐篷里来了,一次请了四人,另一次请了八人,第三次请了十二人。所有这些把戏都没被发现,因为在队长查哨时,每一排的三座帐篷里都有九名哨兵在场。哨兵们找的是怎样的"窍门"呢?

帐篷	帐篷	帐篷
帐篷	指挥部	帐篷
帐篷	帐篷	帐篷

918 数字幻方

一个写有数字的正方形如下图所示。请你沿图上的直线裁开,分成四块,然后重新加以拼合,再一次得到正确的幻方,其每行、每列及两条对角线上的和数都等于34。

1	15	5	12
8	10	4	9
11	6	16	2
14	3	13	7

919 如何称米

现有米9千克以及50克和200克砝码各一个,问,怎样在天平上称量3次而称出2千克米来?需要说明每一次的操作手法。

920 如何称重

大米、小米和玉米分别装在3只袋子里,它们的重量都在35千克到40千克之间。用一台最少50千克的磅秤,最多称几次就能称出小米、大米和玉米各重多少斤?

921 找出假金币

有10个袋子,每袋有10枚金币,每个金币重10克,其中有一袋是假金币,假金币每枚重11克。现在有一个磅秤,只能称一次,现在完全不知道哪一袋是假的!怎样找出那袋假金币?

整合思维 第二十五章 第二阶段

922 口袋称重

商店经理要称五袋面粉。店里有一台磅秤，但少了一些秤砣，没法称50～100千克的重量，而五袋面粉每袋重量都在50～65千克。经理动了脑筋以后，解决了这个难题。他把五个口袋一对一对地称，五个口袋组成不同的十对，一共称了十次。得到十个数字由小到大依次排列如下：110千克，112千克，113千克，114千克，115千克，116千克，117千克，118千克，120千克，121千克。每个口袋各重多少千克？

923 找出异常的球

12个球和1个天平，现知道只有1个球和其他的重量不同，问怎样称才能用三次就找到那个球。13个呢？（注意此题并未说明那个球的重量是轻是重，所以需要仔细考虑。）

第三节 扑克牌 棋子·火柴

924 移动棋子

图1的左边是六枚标着数字的象棋子，放在标着A的盘子里，其他两个盘子B和C都空着。请把象棋子移到其他两个盘子里去，一次只许移一枚，直到六枚象棋子按图2的顺序两枚、两枚地分别放在三个盘子里。在移动过程中，放在上面的象棋子上的数字一定要小于压在下面象棋子上的数字。看看你需要多少时间才能做完。你可能会惊讶地发现，这是一项需要花费很长时间的游戏。

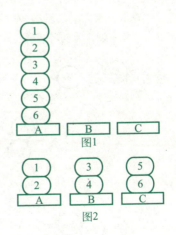

925 取象棋游戏（Ⅰ）

如图，准备22枚象棋，左边放10枚，右边放12枚。两人轮流取象棋，并规定：可以从左边一堆或右边一堆中取出1枚或几枚直到整个一堆；如要从两堆中同时取的话，必须取出同样多。谁能取得最后一枚或数枚棋子为胜利者。如果由你先拿，该怎样拿？

926 取象棋游戏（Ⅱ）

如图，把一些象棋放成环形，且互相紧密接触。两人轮流从中取棋，每次只能取一枚或相邻的两枚，并且所取的这一枚或相邻两枚棋子的两边，必须都有与它们相接触的棋子，这样继续下去，到不能取走时为止。这时，最后一次取得象棋的人就算是赢了。想一想，如何才能获胜？

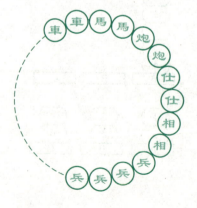

927 取火柴游戏

两堆火柴，一堆8根，一堆15根。两人参加游戏，轮流从其中的任意一堆拿走一根或几根火柴（甚至把这堆火柴一次拿完），但每次不准一根不拿，也不准从这堆拿几根，从那堆拿几根。谁拿到最后一根或几根火柴，谁就获胜。想一想，如何拿法才能获胜？

928 调转火柴

取九根火柴，排成一行，其中只有一根头朝上，其余八根头朝下，要求每次任意调动七根，到第四次时将所有头向下的火柴全都调成头朝上。

第二十六章

创新思维

——独具匠心，出其不意

创新思维是指对事物间的联系进行前所未有的思考，从而创造出新事物的思维方法，是一切具有崭新内容的思维形式的总和。一切需要创新的活动都离不开思考，离不开创新思维，可以说，创新思维是一切创新活动的开始。创新思维是思维的高级形态，因此既有一般思维的基本性质，又有其自身特征。

越玩越聪明的 1000 个思维游戏

第一节 生活IQ

929 树枝的形状

你正站在一片空地的一棵树下面,不许抬头,也不许用镜子,你能知道你头顶上的树枝是什么形状的吗?

930 奇怪的青年

一个冬天,一名青年骑马赶路,途中遇上大雨,当他来到一家小客店时,浑身已经湿透,冷得直发抖。但客店里挤满了人,他无法靠近火炉。于是他对店主大声说道:"老板,请拿点肉去喂喂我的马。"店主奇怪地问:"马不吃肉呀?"青年则说:"你只管去喂就行了。"店主只得拿着肉出去喂马。你能猜出这个青年为什么要这样做吗?

931 旅游

季明是个旅游谜,每到休假日他就背着行囊,拿上相机,云游天下。年度的休假日又快到了,季明又盘算着到哪去走走。

"国内走了不少地方了,如果能到国外去看就好了。"季明带着向往的神情说。

"季明,我有个舍不得告诉别人的妙计贡献给你,按照我的做法,你就可以畅游全世界而不受任何阻拦。"朋友说。"是吗?快告诉我!"

请猜猜,季明的朋友说出了什么样的妙计。

932 剪不断的布

乔治的母亲是个裁缝,每天都在店里裁剪着各式服装。"宝贝,妈咪的这把剪刀可是什么样的布都剪得了的啊!""是吗?妈咪,我爸爸就知道有一种布,再锋利的剪刀也无法剪断。"请猜猜,这是块什么布?

933 废品

张三对着李四抱怨说,如今市场假货废品太多了。"唉,许多商人没有执照也开厂,产品两三周便弄出来了,真是过分啊!""两三周算什么呀,你还没看到两三分钟就制造废品的,那更可怕!"请猜猜,什么样的废品形成最快?

934 难做的动作

哈根贝克动物园里,有一只猴子专爱模仿人的动作。人们逗它,它的姿势、手势简直像一面镜子,立刻模仿得毫无半点差别。一个人走到猴子跟前,右手抚摸自己的下巴,猴子就用右手抚摸下巴;人闭上左眼,猴子闭上左眼;人再睁开左眼,猴子也立刻照办。可是,那里的饲养员却说:"猴子再有本事,有时一个简单的动作它却永远也不会模仿,这不仅是猴子办不到,人恐怕也不能办到。"请问,到底是什么动作那么难呢?

创新思维 第二十六章 第二阶段

935 打杯子

四个杯子并排放在离神枪手5米远的地上，每个杯子都间隔0.3米。神枪手站在原地不动，他只用了一支步枪和一颗子弹便打中了这四个杯子。你能想到他是怎么做到的吗？

936 "通用"的钥匙

军火库由三个互不相通的仓库组成，每个仓库的大门都有两把钥匙。三个士兵分别看管三个仓库，如何安排仓库的钥匙才能保证三个士兵中的任何一个随时都能进入每个房间？

937 梦中的高招

冰冰是个"小馋猫"。有天晚上，他在梦中来到一个奇妙的地方，这里的花草树木都是用冰淇淋或巧克力做的，小河里淌的是牛奶。他正想喝牛奶，却发现没带杯子。这时突然出现了两个圆柱形的容器，一个容量是3升，另一个容量是10升，前者的高度正好是后者的一半。它们由高硬度不渗透的材料制成，重量很沉，但其厚度薄到可以忽略不计。冰冰把其中的一个容器装满牛奶，然后结合使用另一个容器，量出了恰好1升牛奶。在这个过程中，冰冰没有再用容器从河中装过牛奶，原来装回的牛奶始终都在容器中，没有失去一滴。想想看，冰冰是如何量出这1升牛奶的？

938 狭路超越

老师布置了一个名叫"狭路超越"的游戏：在一段两端开口的透明软塑料管内，装有11颗大小相同的滚珠，其中有5颗是深颜色的，有6颗是浅颜色的（如图所示）。整段塑料管的内径是均匀的，只能让一个滚珠勉强通过。想尽一切办法把深颜色滚珠取出来，但如果不先取出浅颜色滚珠，又不切断塑料管，深颜色滚珠是不会出来的。那该怎么办呢？

939 拼成正方形

（1）将这张纸剪两刀后，再拼为正方形。

（2）将这个纸片分割后，再拼为正方形。

（3）将这张纸分割为九块，再拼为四个相等的正方形。

940 失踪的面积

如图是一块边长为13的地毯,请经过分拼,使之成为边长为21和8的矩形。

941 不变的方孔

将此图形分割后,再拼为两个正方形,中间的方孔不变。

942 吊在半空中的管理员

当夜总会的侍者上班的时候,他听到顶楼传来了呼叫声。

他奔到顶楼,发现管理员腰部束了一根绳子吊在顶梁上。

管理员对侍者说:"快点把我放下来,去叫警察,我们被抢劫了!"

管理员告诉警察,昨夜停止营业以后,进来两个强盗把钱全抢去了。然后把他带到顶楼,用绳子将他吊在梁上。

警察对此深信不疑,因为顶楼房里空无一人,管理员无法把自己吊在那么高的梁上,那里也没有垫脚之物。有一部梯子曾被这伙盗贼用过,但它却放在门外。

然而,没过几个星期,管理员因偷盗被抓了起来。你能否说明一下,没有任何人的帮助,管理员是怎样把自己吊在半空中的?

你能想出这个办法吗?

第二节 文字寻幽

943 宇文士及死里逃生

隋末,宇文化及缢杀隋炀帝、毒杀少帝杨浩后,自己当了皇帝。一时,天下大乱,群雄四起。杨义臣与宇文化及的弟弟宇文士及是好朋友。一天,他派人给宇文士及送来一泥封瓦罐。宇文士及端详了一会儿瓦罐,揭开泥封的盖子,发现里面只有三样东西:一颗红枣,一条当归,一块饴糖。他怎么也猜不透老友所指意思如何。

为难之际,他胞妹宇文淑姑来了。她听说是杨义臣送来的,立即明白了其苦心所在。她对哥哥说:"俗话说,瓦罐不离井上破。因此,这是杨先生暗示你尽早离开是非之地,否则会有杀身之祸。至于三样物品,是要你赶快投奔某个人,此人哥哥是认识的。"宇文士及经妹妹的提示、劝告,马上收拾了行李,并带上淑姑,一同投奔保护人去了。你知道物、人各指什么?

944 刘墉智答乾隆

一天,乾隆皇帝闲来无事,突然心血来潮,想为难一下宰相刘墉,便问道:"京师九门每天出去多少人?进来多少人?"

刘墉一伸二指,答道:"两人!"

在刘墉解释后,乾隆又问:"你说这一年生死各多少人?"刘墉答道:"全大清国,一年生一人,死十二人。"乾隆听后,大吃一惊:"照此下去,岂不是没人了吗?"

你可知道,刘墉是如何解释这两道难题的?

945 卖关子的财主

从前,有一财主,想招一个各种农活都能干的打工头。管家即向财主推荐了邻村的一个庄稼好手李四。财主向李四询问了不少庄稼农活的事,他都能对答如流。财主心中很是满意,却只挥了挥手让他走了。管家一时不明事儿,过来问道:"老爷,不知选中没有?"财主心里正高兴着呢,于是,卖着关子,不紧不慢地说:"一月又一月,二月紧相连,上有可耕之田,下有长流之川,一家子共有六口,还有两口不团员。"

管家一听,就高兴地去给李四回话了。你知道老财主在说什么?

946 加法字谜

(1) 20+1+1

打一字

(2) 23+81

打一字

947 减法字谜

700-1

打一字

948 加减法字谜

10+10-8

打一字

949 加法等式字谜

(1) 31+13=323

打一字

(2) 100天+100天=?

打一字

(3) 1斤+1斤=?

问号处应为什么字?

950 除法等式字谜

杜÷?=9

问号处应为何字?

951 加法·乘法字谜

(1) 8+10×8
打一字

(2) 9+10×8
打一字

952 加法·除法字谜

(1+1)∶(1+1)
打一字

953 等式字谜组

(1) ?-杳=晶

(2) ?×日=61

问号处应为何字?

954 扑克牌字谜

打一字

955 钟表成语谜

打一成语

956 日历字谜

(1)
五月大
1

打一字

(2)
八月大
23

打一字

创新思维 第二十六章 第二阶段

957 图像字谜

(1)

打一字

(2)
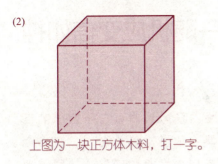
上图为一块正方体木料,打一字。

958 拼音成语谜

zhòngshēng

打一成语

959 英文单词字谜

Good morning

打一字

960 偏旁谜语

打一成语

961 反字谜

打一成语

962 镂空字谜

打一成语

第二十七章

应变思维

——随机应变信如神

应变思维能力是指人在外界事物发生改变时控制自己所做出的反应的思维能力。应变能力是当代人应当具有的基本能力之一。在当今社会中，我们每个人每天都要面对比过去成倍增长的信息，如何迅速地分析这些信息，是人们把握时代脉搏、跟上时代潮流的关键。它需要我们具有良好的应变思维能力。

应变思维　第二十七章　**第二阶段**

第一节　生活IQ

963　训练公鸡

印度的乌贾因国王想找一个最聪明的人来做宰相。这时，他听说某村有一个叫罗哈克的年轻人聪明绝顶，便想选这个人做宰相。为了考核年轻人的智慧，他叫人给年轻人送去了一只公鸡，要求罗哈克把公鸡训练成一只好斗的公鸡，但不准使用别的公鸡。你能想出罗哈克怎样做到的吗？

964　为国王画像

从前，有个国王，瘸了一条腿，瞎了一只眼睛。他想得到一张称心如意的画像，便召来三位著名的画家为他作画。一位画家把国王画得仪表堂堂，气概非凡，特别是把两只眼睛画得炯炯有神，把两条腿画得健壮有力。国王一看，很不满意，气愤地说："睁着眼睛胡画，肯定是个拍马逢迎的骗子。"

第二位画家把国王画得惟妙惟肖，简直像国王本人一样，瞎眼瘸腿一目了然。国王看过大发雷霆，把画像踩在脚下吼叫起来。

第三位画家十分从容地画好了，发怒的国王一见到这张画像，顿时转怒为喜，连声称赞画得好。

第三位画家是怎样画的呢？

965　河马与金币

很多年以前有一个生活富裕的部落，部落首领对该部落的一头神河马照料得十分周到。每逢生日，首领和他的收税官带着这头畜生一起乘上华丽的彩船，沿河游览到收税营房。当地的习惯是，交给首领的金币的重量必须同这头神河马的体重相等。在收税营房的边上有一台大天平，它的一边可以载上河马，而另一边则以金币来平衡。首领把神河马喂养得很好，河马越长越肥壮，以致有一年天平的杠杆竟然给称断了，而这根杠杆需花几天才能修好。首领顿时变了脸色，他对收税官说："我今天要把金币收上来，而且一定要如数收齐。如果在太阳落山之前，还想不出办法，我就砍你的头。"

可怜的收税官集中精力，苦苦思索几小时之后，突然想出一个好主意。你能猜出他想的是什么主意吗？

966　山道上的和尚

有一天早晨，太阳刚刚升起，一个和尚沿着一条狭窄的山路向山顶攀登。山路只有一两个人宽，沿山盘旋而上，直达山顶的一座寺庙。上山的路，有时陡，有时缓。和尚走得有时快些，有时慢些。一路上他几处歇脚、喝水或吃随身带的干粮。他到达山顶的寺庙时太阳刚好下山。经过了几天的佛事，和尚沿原道下山。他也是太阳刚升起就动身，一路上有行有歇，行的速度有快有慢。当然，他下山的平均速度比上山要快。

现在需要你证明，沿途存在一个地点，无论是上山还是下山，和尚经过这一地点的时间是相同的。也就是说，假如和尚下山经过此地点的时间是下午3点，那么，前几天他上山时经过此地点的时间也一定是下午3点。

967 被抓伤的男人

一个男人在家中和妻子打架，脸被抓了几条伤痕。他必须上街，但又怕别人猜测到他与妻子打架。你能想到他是怎样上街的吗？

968 提水过桥

小河上有座0.3米宽、50米长的小木桥，小桥离河面只有0.2米。你怎样才能最轻松地提两桶水从桥上走到对岸？

969 汽车过桥

一辆车身和货物共重5吨的汽车，出发一小时后来到一座桥前，只见桥头的牌子写着："绝对禁止五吨或五吨以上的汽车通过！"司机把车子停下来，故意考他的徒弟："你说能过去吗？"徒弟说："当然不能。"司机说："完全可以，我开给你看。"说着就把汽车往桥上开。请问，汽车能否开过桥去？为什么？

970 如何过桥

A、B两国，以河为界。河上有一座桥，桥中间的瞭望哨上有一个哨兵。哨兵的任务是阻止行人过桥。如果有人从南往北走，哨兵就把他送回南岸；如果有人从北往南走，哨兵就把他送回北岸。哨兵每次离开岗位的时间最多不超过8分钟。但是，要通过这座桥，最快的速度也得10分钟。现在却有一个人顺利地从北岸过桥到了南岸。你想想看，这个人是用什么方法从桥上走过去的？

971 巧打绳结

有一条绳子，请你右手拿着绳子的一端，左手拿着绳子的另一端，两只手都不准放开绳子，把这条绳子打个结。请问你能做得到吗？

972 怎样才能出线

在某次篮球比赛中，A组的甲队与乙队正在进行一场关键性比赛。对甲队来说，需要赢乙队6分，才能在小组出线。现在离终场只有6秒钟了，但甲队只赢了2分。要想在6秒钟内再赢乙队4分，显然是不可能的了。这时，如果你是教练，你肯定不会甘心认输，如果允许你有一次叫停机会，你将给场上的队员出个什么主意，才有可能赢乙队6分？

973 假如卢浮宫不幸失火

一份美国报纸曾经刊登过一则启事以征求最佳答案——假如卢浮宫不幸失火了，你只能救出一幅画，那么，你将抢救其中的哪一幅？

974 牺牲哪一位

英国一家著名的报纸举办智力竞赛，为下面的难题征求答案：三个名人都对人类立过不朽之功，其中一个在医学上有过重大贡献，一个是著名的化学家，一个是举世瞩目的核物理学家。有一天，三人搭乘同一个气球。突然，气球遇到风暴，要把其中一人推下去，才能确保另外两人的安全。这三人中，究竟应该牺牲哪一位？

该报收到了成千上万的应征信，他们都用长篇大论来说明那三个人的丰功伟绩，但评判员都不满意。最后得到头奖的却是一个12岁的小孩。你猜，这个12岁的小孩认为三人中应该牺牲哪一位？

第二节 文字寻幽

975 孔融的回答

孔融六七岁时便聪明过人。一次，许多人当着孔融的面夸赞他，只有一个姓陈的大夫说："小时候聪明的人，长大了不一定怎么样。"你能想出孔融是怎样回答他的吗？

976 到底谁骗谁

李时珍是个大名鼎鼎的医生，也是一个思维敏捷的人。有个人想刁难他，对他说："我妻子在赏梅时被毒蛇咬伤了，请问用什么药？"李时珍不假思索，随口就说："用六月六那天下的雪。"那人说："你骗人，六月六哪会下雪？"李时珍反诘道："我们俩到底谁骗谁呀？"那人狼狈地走了。请问，他俩到底谁骗谁？

977 海水斗量

有一天，国王把阿凡提叫到皇宫里，想出一道难题考考他。国王问道："你知道大海里有几斗水吗？"在场的大臣一想，这个问题很不好回答，都暗暗替阿凡提担心。但阿凡提眨眨眼睛，很快说出了一个让国王满意的答案。你知道阿凡提是怎么回答的吗？

978 解谜高手

几个自称是打遍天下无敌手的猜谜大王，常常四处大摆擂台，令参与者和观看者大过其瘾。一天，他们摆开了龙门阵，结果自然又是大获全胜，令他们好不得意。

"各位朋友，今天的擂台赛就到此……"

"且慢，我还有个问题要问。"只见人群中站起了一位白发老翁。

"请问用什么样的方法可以解开世上所有的谜？"

这几个猜谜大王一时间结了舌。请想想，如何回答老先生的问题？

979 老人的反击

一位患了中耳炎的老人和一名男青年同乘一部电梯,男青年忽然朝他大骂道:"真混蛋!你这老头的耳朵怎么这么臭?"你猜老人说了一句什么话去反击男青年?

980 演讲时的条子

某人在演讲时,接到一张条子,上面只写了两个字:笨蛋。他该怎样回敬写条子的人呢?

981 夸夸其谈的诗人

甲乙两位诗人很久没有见面。一天,他们在路上相遇了,于是两人站在路边谈了起来。甲得意洋洋地说:"我把今年的两个大喜讯告诉你:一是我结婚了;二是我的诗很受欢迎,就咱们没见面的这段时间,读者已增加了一倍。"乙对甲历来喜欢夸夸其谈大为反感,这次决心回敬他几句。你猜他怎么个回敬法?

982 无奈之事

大思想家哈泊要到梅兰城作演讲。消息传来,全镇都为之精神一振。大伙都期盼着能快快一睹思想家的风采并且向他提出一些长久以来困扰着大伙的疑惑。演讲终于开场了,思想家的睿智和口才迷倒了所有的听众。

大家提了许许多多的问题,哈泊先生是有问必答,滴水不漏。这时人群中一只小手高高举起,只见一少年请求提问。"哈泊先生,人最想知道而又无法知道的事情是什么?"

请猜猜,哈泊先生如何回答少年的问题?

983 该关的都关了

妻子中断絮絮不休的唠叨,手按着电灯开关问:"亲爱的,家里门窗都关好了吗?"丈夫很有耐心地回答:"亲爱的,该关的都关好了,除了……"请问,丈夫想说什么?

984 丈母娘的考问

杰克第一次去未婚妻菲丽家时,菲丽的母亲想试试他的智力,便故意问他:"如果有一天我和菲丽一起掉到河里,而时间只允许你救起一个人的话,你先救谁?"杰克一时为难了,心想:如果说先救菲丽,菲丽母亲肯定不乐意,如果说先救菲丽母亲,她会知道这显然是骗她。他想到了一个好的回答,使大家听了都很满意。你知道他是怎样回答的吗?

985 干什么都行

一个商人总是认为自己很了不起,常在别人面前吹牛。智多星很想找一个机会劝说他一番。这个机会终于来了。这一天,商人在路上遇到了智多星,便问道:"你认为我是不是干什么都行?"于是智多星答道:"你干什么都行,但有两样不行。"商人忙问:"哪两样不行?"你能想到智多星是怎么回答他的吗?

986 难倒智多星

智多星对众人说:"如果谁能提出一个难倒我的问题,我就服从谁。"你能提出一个难倒他的问题吗?

应变思维 第二十七章 第二阶段

987 刑警的破案秘诀

两男子因为有偷窃嫌疑被逮捕,并在不同的房间接受审讯。两人都知道这个国家的法律是罪犯只要招供就能减轻刑罚,但是无论刑警如何讯问,两人都一直保持沉默。不过,当刑警对两人低声耳语一件事之后,两人突然开始招供,事件真相终于大白。刑警到底说了什么呢?

988 纸条上的暗号

南方某开放城市曾破获这样一起案件。这天,市公安局刑侦处的熊处长接到温阳镇派出所的电话报告,说当地在破获一个走私集团时,在罪犯身上查获到一张写有"腊子桥"三个字的小纸条。据侦察,这是走私集团的暗号。在去温阳镇的路上,熊处长盘算着该镇只有一座名叫解放桥的桥,假定纸条上的"桥",就是指的这座桥,那么,"腊子"二字,肯定是接头时间了。熊处长是位思维敏捷的警官,他又悟出现在正是春节前,与"腊"不无关联。这样,三天后的一个深夜,熊处长及其助手依照破译的"暗语",守株待兔,果然大功告成,将前来接头的罪犯逮着了。你可知"腊子桥"三字暗喻什么?

989 联络暗号

4月上旬,正值M城走私活动猖獗之际,为了及时取缔这一犯罪活动,特警支队派出林云、苏华两位擒拿格斗高手化装成做黑市生意的人,在罪犯时常出没的邮电大厦左侧的小巷口,佯装兜售玉器古玩,等候鱼儿上钩。不一会儿,从巷口对面的"吃吃看"小餐馆悠悠走来个提皮包的人。林云、苏华脑子同时一闪,这家伙不是严打运动中通缉的在逃犯魏子平吗?于是三下两下地将他铐上了,并在他的皮包里搜出了一支手枪,还有一张写着"胖子逃树中不训话了"的奇怪纸条。特警支队的破译专家很快断定,这张纸条是该走私集团的秘密联络暗号。经过周密部署,并与公安局协同作战,终于当场捕获了这个走私文物的犯罪团伙,除了一害。你能破译出那张纸条上暗示的接头时间与地点吗?

第二十八章

发散思维

——头脑大风暴

　　发散思维是指从一个目标出发,沿着各种不同的途径去思考,探求多种答案的思维,与聚合思维相对。不少心理学家认为,发散思维是创造性思维的最主要的特点,是测定创造力的主要标志之一。

　　发散思维是大脑在思维时呈现的一种扩散状态的思维模式,比较常见,它表现为思维视野广阔,思维呈现出多维发散状。可以通过从不同方面思考同一问题,如"一题多解"、"一事多写"、"一物多用"等方式,培养发散思维能力。

第一节 生活IQ

990 薄过纸的东西

什么东西薄过纸,却没有人能抬得起或打得烂?

991 什么影子最大

你想一下,你所见到的影子中,什么影子最大?

992 字母明星

人们最喜欢听的英文字母是什么?

993 找出另类

(1) A.画家　B.排球运动员　C.播音员　D.舞蹈演员　E.化妆师

(2) A.行星　B.星座　C.太阳　D.月亮　E.星

994 被困小岛

加尔各答的近郊有一条世界著名的河流——恒河。河的中心有一个流沙堆积起来的小岛,岛上有一座古老的桥与河岸相连,可是这座桥已经破烂不堪,很少有人走了。

但有一个人在散步时,由桥上走到小岛上去了。在返回时,刚走了两三步,桥就发出嘎嘎的响声,好像就要断似的,他只好又返回小岛。这个人不会游泳,四处呼叫也无人理会。他只好待在这个岛上,搜肠刮肚地想办法,竟在岛上困了十天,到第十一天,他才过了此桥回到河岸。你说这是怎么回事?

995 偷西瓜的人

一天,一名男青年在你的西瓜地里偷瓜,摘了两个大西瓜刚要抱走,你就走过来了,恰巧这时有个抱小孩的妇女从男青年旁边经过,这个男青年于是反诬说:"这个女人刚偷了瓜。"妇女当然不承认。你只见到地上有两个西瓜,而没有看见男青年偷瓜。你有办法判断谁是偷瓜人吗?

996 兄弟姐妹

一群孩子是兄弟姐妹,其中有姐弟两人在说话,弟弟说自己所拥有的兄弟的人数比姐妹的人数多一个,那么,姐姐所拥有的兄弟比姐妹多几人呢?

997 切馅饼

用一次呈直线的切割,你可以把一个馅饼切成两块。第二次切割与第一次切割相交,则把馅饼切成4块。第三次切割(如图)切成的馅饼可多至7块。经过6次这样呈直线的切割,你最多可把馅饼切成几块?

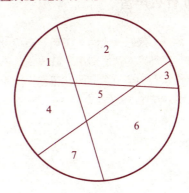

998 令人失望的"海归"

在摩洛哥城，有一位具有相当地位的贵夫人特意从美国弄来一条小狗克莉。克莉不亚于名犬拉西，夫人为把它培育成世界一流的名犬，专程送到德国哈根贝克"留学"，因为那里有世界著名的动物园。训练完毕，回到夫人身边的克莉，不知为什么主人的话一句也不听，更不要说什么技巧动作。可是，从哈根贝克动物园的来信中清楚地写着："只要主人吩咐，动作大体上都能做得出来。"真是怪事，夫人完全陷入思考之中，到底为什么呢？

999 到巴厘岛去旅游

到巴厘岛去旅游，不带照相机，一定会觉得很遗憾的。正因为这样，S先生特意买了一架照相机。可是他照相是外行，只好托照相馆，按照中午晴天无云的条件对好了光圈和时间等。不料S先生按这个条件所照的照片，多半是颜色暗淡，好像傍晚时候的景色。这是为什么呢？照相馆是不会弄错的，但巴厘岛的天色也不会是阴云满天。

1000 什么声音

地球上最后一个男人正用录音机说出遗言，突然，他背后传来一阵声音。外星人？动物？闪电打雷？风吹草动？幽灵？都不是。是什么声音？

1001 两个机灵的朋友

菲德尔工长有两个聪明机灵的朋友：S先生和P先生。

一天，菲德尔想考考他们，于是，他便从货架上取出11种规格的螺丝各一只，并按下面的次序摆在桌子上：

M8X10　M8X20
M10X25　M10X30　M10X35
M12X30
M14X40
M16X30　M16X40　M16X45
M18X40

这里需要说明的是：M后的数字表示直径，X号后的数字表示长度。

摆好后，他把S先生、P先生叫到跟前，告诉他们说："我把所需要的螺丝的直径与长度分别告诉你们，看你们谁能说出这只螺丝的规格。"

接着，他悄悄把这只螺丝的直径告诉S先生，把长度告诉P先生。

S先生和P先生在桌子前，沉默了一阵。

S先生说："我不知道这只螺丝的规格。"

P先生也说："我也不知道这只螺丝的规格。"

随即S先生说："现在我知道这只螺丝的规格了。"

P先生也说："我也知道了。"

然后，他们都在手上写了一个规格给菲德尔工长看。菲德尔工长看后，高兴地笑了，原来他们两人写的规格完全一样，这正是自己所需要的那一只。

问：这只螺丝是什么规格？

第二节 文字寻幽

1002 难倒99.9%人的改字问题

先分别写出两个"王"字，然后在每个"王"字上填两笔，形成的两个字读音相同而字不同。在每个"王"字上加两笔形成的这两个同音字分别是什么？

1003 把被杀写成自杀的文章

某中学的高二学生汉高同学是一位业余侦探迷，平时酷爱阅读各国的侦探小说，对福尔摩斯大侦探更是崇拜得五体投地，关于他的书籍汉高同学非看上几遍不可。有一次他在某本杂志上找到一篇介绍福尔摩斯侦探事迹的文章，作者是如此写的。

福尔摩斯："奇怪，门内侧的钥匙孔插了把钥匙，米力发现尸体时，有没有用手去摸过这把钥匙？"

米力："不，我没有摸，门本来是锁着的，打不开，所以我是从窗口爬进来的。"

福尔摩斯："好，那我们赶快验查指纹。"福尔摩斯就在插进的钥匙上撒下了一些白粉，用放大镜来观察。

福尔摩斯："啊！钥匙的手把上、表面和背面都可以清晰地看到旋涡型的指纹，好了，这可以和被害者的指纹比对了。"

福尔摩斯躺在床铺上，用放大镜来观察女尸右手的指纹。

福尔摩斯："啊！钥匙上的指纹与女尸拇指与食指的指纹完全相同。"

米力："这么说被害者是自己把门锁上自杀的？！"

福尔摩斯："正是这种情形，像这种案件，实在是用不着我这个名侦探来侦破。"

汉高阅读了这篇文章后很生气，没想到大名鼎鼎的侦探福尔摩斯会用如此错误的证据来判断这件案子，若是换作他绝对不会这样的。

究竟这篇文章错误判断在什么地方呢？

1004 日历字谜

(1)

十月大
10

打两个字

(2)

三月大
31

打两个字

1005 扑克牌谜语

打两个成语

1006 看棋局，猜成语

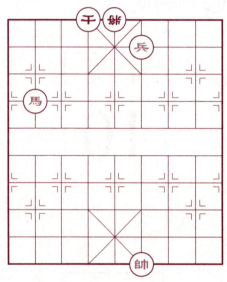

打两个成语

1007 看棋局，猜军衔

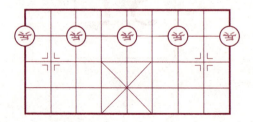

1008 看棋局，猜地名

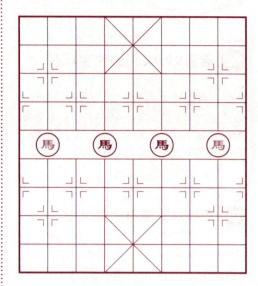

1009 看棋局，猜古代职称（三个）

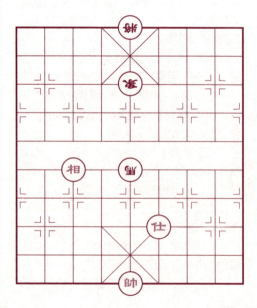

发散思维 第二十八章 第二阶段

1010 火柴谜语

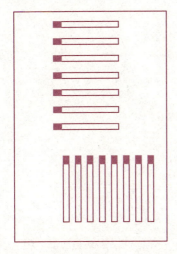

打两个成语

1011 钟表字谜（Ⅰ）

打两个字

1012 钟表字谜（Ⅱ）

打三个字

1013 加法字谜

(1) 10+8

打两个字

(2) 10+10+10+10

打两个字

1014 不定式字谜组

(1) 20−2≠木

打两个字

(2) 22÷2≠土、士、干

打一字

1015 拼音谜语

(1)
nán
打一省名

(2)
shí
打一国画家

(3)
gǎng
打一城市名

1016 偏旁谜语

打一吉林省地名

1017 字母谜语

W
打一文学样式

1018 图像谜语

(1)

打一篮球术语

(2)
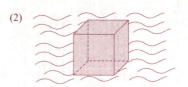

打一北京奥运会比赛场馆

(3)

上图为男女游泳衣各一件,打五言唐诗一句

1019 图文之谜

(1)

打一长篇小说名

(2)

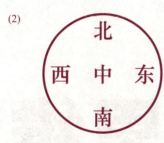

打一汽车部件名

(3)

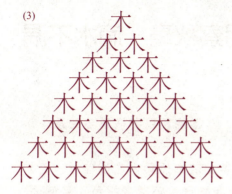

打一新疆地名

1020 《醒世恒言》中的连环诗谜

连环诗，是指诗中每句均有半句顶真，即前句的后半句为后句的前半句，句句如此相连，诗作结尾句的后半句亦须是起始句的前半句。这样首尾相连，又因常书写成一圆环形，故称连环诗。明代古典小说《醒世恒言》中《苏小妹三难新郎》中出现过三首14字的连环诗谜。第一首是秦少游测试苏小妹智力与学识的连环诗：

苏小妹一看便知，此为七言四句，并立即将其读出……

苏氏兄妹也不甘示弱，回敬了秦少游两首连环诗，分别是：

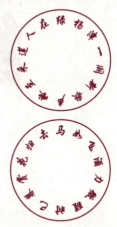

你知道这三首连环诗都是怎么读的吗？

1021 数学名词谜

（1）五四三二一
（2）两边清点
（3）岁岁重阳今又重阳
（4）车站告示
（5）待命冲锋
（6）协议离婚
（7）五角
（8）员
（9）保持距离，同时起飞
（10）互盼
（11）再见吧，妈妈
（12）大同小异
（13）一元钱
（14）最高峰
（15）七天七夜
（16）彼此盘问

第二十九章

缜密思维

——明察秋毫，滴水不漏

　　缜密思维是通过细致缜密的分析，从错综复杂的联系与关系中认识事物本质的思维能力。

　　为了完整地反映整个事物，反映事物的本质和内在规律性，更为了思维成果在付诸实践的过程得以顺利施行，必须多视角、多侧面、多因素、多方向地进行思考和论证，必须对可能出现的情况、可能起作用的因素、可能发生的后果逐一进行考察和预测，然后经过分析、综合，依据对主要矛盾和主要矛盾方面的基本判断做出科学的判断。判断的把握性取决于多向度思维的缜密性。没有"水银泻地"般的缜密思维做前提，便不可能有"闪电行空"般的判断。

第一节 数字迷宫

1022 分钱

甲、乙二人到河边去钓鱼，甲钓了五条，乙钓了四条，这时丙来了，他们三个人一块把鱼平均分吃了，丙因自己没有钓鱼而付给甲和乙共九元钱，甲和乙应该怎样分这九元钱？

1023 赔还是赚

阿呆在邮市买了2枚邮票顺手倒卖出去；其中一枚比买的时候赚了20%，另一枚则赔了20%，而两枚都卖了600元。请问阿呆是赚了还是赔了？

1024 贩马

由于种种原因，我在贩马生意中老是不走运。有一次，我用26美元在得克萨斯州买了一匹劣马。它在我手中一段时间内我花去一些饲养费用，后来我把它卖了60美元。乍一看来，这笔买卖像是有利可图，可是把饲养费算上，我发现实际上是赔了钱，所赔的钱正好是这匹劣马进价的一半再加上饲养费的四分之一。我究竟赔了多少钱？

1025 杯子与碟子

巴盖恩亨特太太在星期六花1.30美元买了一些盆子，那天商店搞促销，每样商品都便宜2美分。她在星期一按正常价退了货，换购杯子与碟子。因为一只盆子的价钱同一只杯子和一只碟子的价钱之和是相等的，所以她回家时，买进来的物品比原先的多了16件。又因为每只碟子只值3美分，所以她买进的碟子要比杯子多10只。现在要问你：巴盖恩亨特太太在星期六用他的1.30美元能买进多少只杯子？

1026 平均速度

小王骑车上学，到学校去的速度是10，回来的速度是15，那么平均速度是多少？

1027 谁说得对

有三人驾驶着三辆匀速的赛车在比赛，当其中的第一名到达终点时，第二名距终点还有60公里，第三名还有80公里。这时，阿呆说："如果照这样跑下去，到达终点时，第二名比第三名领先20公里。"阿傻说："不，没有20公里。"可阿聪却说："比20公里还要多！"请问他们三人谁说得对？

越玩越聪明的1000个思维游戏

1028 逆风而行

一个骑自行车的人在顺风行驶时,每3分钟可走1英里,但在返回途中逆风而行,要4分钟才走1英里。假定他始终用同样的力气蹬自行车。试问:在无风的情况下,他走1英里要花费多少时间?

1029 剩下多少页

有一本书,共有200页。第3页到第12页总共有10页上有我感兴趣的记事,于是把它拆了下来,剩下的就是190页。可是第56页到75页共20页上也有重要的记事,我又把它拆了下来。这本书还剩下多少页?

1030 少了100元

两个父亲给两个儿子零花钱,一个父亲给了自己的儿子150元,另一个父亲给了自己儿子100元。然而,两个儿子在数自己零花钱时,发现两人的钱加起来只有150元。为什么少了100元?

1031 青蛙和井

一只青蛙掉进了一口18英尺深的井。每天白天它向上爬6英尺,晚上向下滑3英尺。按照这一速度,多少天它能爬出井口?

1032 繁忙的狗

甲乙两人相距1000米,二人同时出发相向而行,甲每分钟走60米,乙每分钟走40米。甲带了一条狗,开始时同甲一起向前跑,他的速度是每分钟100米,当他遇到乙时就折回来又向甲跑去,再次遇见甲时又跑向乙……就这样一直跑到甲乙相遇,问狗共跑了多少米?

1033 字典有多少页

有一部字典的页码共用数字6869个,请问该字典有多少页?

1034 狱卒看守囚犯

一个狱卒负责看守人数众多的囚犯。吃饭时,他得安排他们分别坐在一些桌子旁边。入座的规则如下:
1. 每张桌子坐着的囚犯人数均相同。
2. 每张桌子所坐的人数都是奇数。
在囚犯入座后,狱卒发现:
每张桌子坐3个人,就会多出2个人;
每张桌子坐5个人,就会多出4个人;
每张桌子坐7个人,就会多出6个人;
每张桌子坐9个人,就会多出8个人;
但当每张桌子坐11个人时,就没有人多出来。
那么,实际上一共有多少个囚犯?

1035 火车过桥

列车即要过一座大桥。按列车广播说的，火车全长500米，通过大桥的时间是1分钟。有个想自杀又搞破坏的嫌疑犯，自以为算计好了：列车每分钟走一公里，那么，大桥全长也是一公里。因此，车刚一上桥，他即躲在列车的一角，把定时炸弹拨到30秒起爆，他以为炸弹会在大桥的正中心爆炸。谁知，定时炸弹只走20秒，桥竟过完了。此人为什么失算了？

1036 哪一天相遇

张三和李四是在一家健身俱乐部首次相遇并相互认识的。

（1a）张三是在一月份的第一个星期一那天开始去健身俱乐部的。

（1b）此后，张三每隔四天（即第五天）去一次。

（2a）李四是在一月份的第一个星期二那天开始去健身俱乐部的。

（2b）此后，李四每隔三天（即第四天）去一次。

（3）在一月份的31天中，只有一天张三和李四都去了健身俱乐部，正是那一天他们首次相遇。

张三和李四是在一月份的哪一天相遇的？

（提示：判定李四是在张三之前还是之后开始去健身俱乐部的；然后判定张三和李四是从哪一天开始去健身俱乐部的。）

1037 谁需要找零

甲、乙、丙、丁四人刚刚在一家餐馆吃完午餐，正在付账。

（1）这四人每人身上所带的硬币总和都为1美元，而且枚数相等。

（2）25美分的硬币，甲有三枚，乙有两枚，丙有一枚，丁一枚也没有。

（3）四人要付的款额相同。其中三人能如数付清，不必找零，但另一个人却需要找零。

谁需要找零？

（注：硬币包括5美分、10美分、25美分或50美分几种。）

（提示：先判定每个人所带硬币的枚数；然后判定什么款额不能使四个人都不用找零。）

1038 伤脑筋的合伙

这里有一个小小的捕鱼趣题，尽管某些数学家可能会认为情况很难掌握，可是只要使用实验办法就很容易解决。五个男孩（我们称为A、B、C、D、E）有一天出去钓鱼，A与B共钓到14条，B与C钓到20条，C与D钓到18条，D与E钓到12条，而A、E两人，每人钓到的鱼的条数一样多。

五个孩子用下列办法瓜分他们的战利品。C把他钓到的鱼同B、D两人的合在一起，然后大家各取三分之一。别的孩子们也干同样的事，也就是每个孩子同他的左、右两位伙伴把他们的捕捞所得合在一起，等分为三份，再各取其一。D同C、E联合，E同D、A联合，A同E、B联合，B同A、C联合。奇妙的是，在这五次联合后再分配的情况下，每次都能等分成三份，从来都不需要把一条鱼再分割成分数。过程结束时，五个孩子分到手的鱼都一样多。你能不能说出开始时每个孩子各自钓到了多少条鱼？

1039 小狗与老鼠

一位来自广东的小商人买进一些胖墩墩的小狗,还买了成对的老鼠,老鼠的对数正好是小狗只数的一半。每只小狗进价为2只角子,每对老鼠也是这个价钱。后来,小商人将这些动物以高出进价10%的价钱卖了出去,自己身边只留7只。这时,他发现所得的钱款与买进全部动物所花的钱正好相等。因此他的利润正好由那留下的7只动物的零售价所代表。

试问:这7只动物究竟是什么?它们值多少钱?

1040 谁怀疑丈夫有外遇

A、B、C、D四位女士去参加一个晚会。

到晚上8点,A女士和她的丈夫已经到达晚会大厅,此时出席者不超过100人,所有的人都分成小组交谈,每组都正好是5个人。

到9点,所有参加晚会的人中,只有B女士和她的丈夫是晚于8点到达的,与会者继续分成小组交谈,每个小组正好4个人。

到10点,所有参加晚会的人中,只有C女士和她的丈夫是晚于9点到达的,与会者继续分成小组交谈,每个小组正好3个人。

到11点,所有参加晚会的人中,只有D女士和她的丈夫是晚于10点到达的,与会者继续分成小组交谈,每个小组正好2个人。

A、B、C、D中有一女士,总怀疑她的丈夫有外遇,因此她计划让她丈夫单独先去晚会,而自己则较他晚到一个小时。但最后她改变了主意。

如果这个怀疑丈夫有外遇的女士的计划实行的话,那么,在上面提到四个时间中的某一个时间,包括这个女士的丈夫而不包括她本人在内的所有与会者,在分成小组交谈时,小组的数目和每个小组的人数不可能都相同。例如,不可能小组的数目是4,每个小组的人数也都是4。

根据以上这些条件,你能确定A、B、C、D四人中,谁是那位怀疑丈夫有外遇的女士?

1041 奇怪的铅笔

一支新铅笔的笔芯的中间部位全封闭着,智多星却知道铅笔的笔芯在正中间处断开了,为什么他会知道?

1042 神射手

某人是公认的神射手,但他为什么开枪却总是打不中目标?

1043 不掉牙的老头

老王从50岁到90岁过世时都不掉一个牙，你知道为什么吗？

1044 铜匠和铁匠

某人的左邻是一个铜匠，右邻是一个铁匠，干起活来叮叮当当吵得很厉害。后来，这两个邻居都搬家了，但这人还是不高兴。你知道为什么吗？

1045 谁比他高

某篮球运动员高2.13米。有一天他去参加一场篮球比赛，对方球队里有一个个头2.30米的球员，他过去对那个球员说："你是我有生以来头一次见到的个子比我高的人，但我一定能打败你的。"那个球员笑笑对他说："你说错了，你一定见过很多比你高的人。"你知道他为什么敢这么肯定地说吗？

1046 什么关系

一个老年人在前面拉车，一个年轻人在后面推同一辆车。过来一个第三者。

第三者问年轻人："前面那个拉车的老年人是不是你的父亲？"年轻人明确肯定地回答："是的。"第三者又到前面去问老年人："后面那个推车的是不是你的儿子？"老年人明确否定地回答："不是。"第三者有点被弄糊涂了。

第三者又一次问年轻人："前面那个拉车的老年人是不是你的生身父亲？"年轻人仍然明确肯定地回答："是的。"

第三者又一次到前面去问老年人："后面那个推车的是不是你的亲生儿子？"老年人同样明确否定地回答："不是。"

事实上老年人和年轻人说的都是真话。考虑一下，这两个人是什么关系？

1047 他俩的关系

某日，P先生在某小学校门前接连遇上三对长相一模一样的小孩，且都由各自父母带来上学的。为此，引起P先生的好奇，情不自禁地上前访问了他们。

P首先有礼貌地问候了A兄弟俩的父母，A兄弟父母认真地回答了他俩的出生年月日，并夸他们俩特别聪明。P转向他们，顺口问道："你俩是双胞胎吗？""不是！"两个孩子异口同声地回答道。P先生不禁一愣。两兄弟一溜烟就跑过去了。

B姐妹俩走近了，P先生迎上去，以同样的问题提问。"是的"，一女孩愉快地回答。"我和姐姐不是同年同月同日生的。"另一胞妹却调皮地做着鬼脸。"啊？！"立于一旁的父母，微笑着没吱声。P先生挠头了。

第三对小孩手拉手地蹦蹦跳跳走过来。P先生干脆转而问大人。其父笑眯眯地侃着："我们没有生过一个孩子！他们？啊！他们却是我们亲生的！"这可真把P先生搞蒙了！

请问，你知道这是怎么一回事吗？

1048 错误的假设

舞会上，一段舞曲停了。六位朋友便回到他们的桌子，开始问谜语自娱。看你能猜出多少个？

红衣男士先问："上周我关了卧房的灯，可是我能在卧房黑暗之前就上到床上。如果床离电灯的开关有10尺之远，我是怎么办到的？"

蓝衣男士说："每次我阿姨来我的公寓看我时，她总是提早下了五层楼，然后一路走上来，你能告诉我为什么吗？"

绿衣男士说："有什么字以'IS'起头，

'ND'结尾，有'LA'在中间？"

红衣女士说："有天晚上我叔叔正在读一本有趣的书，突然他太太把灯关掉了。虽然房间全黑了，他还是继续在读书。他是如何做到的？"

绿衣女士说："今天早上我一只耳环掉到我的咖啡杯里头，虽然杯子都装满了咖啡，但是耳环却没湿，为什么？"

蓝衣女士问最后一个问题："昨天，我父亲碰到下雨，他没带伞也没带帽子，他的头上没有用任何东西能遮雨，他的衣服全湿了，但是他头上没有一根头发是湿的，为什么？"

1049 "错误"

W时常疯疯癫癫地弄出很多错误。有人说，这个问题上就有四处错误。问：错误在什么地方呢？

1050 爬楼比赛

甲乙两人比赛爬楼梯，甲的速度是乙的两倍，当甲爬到第9层时，乙爬到第几层？

1051 叫喊几分钟

沙漠中的骆驼商队，通常把体弱的骆驼夹在中间，强壮的走在两头，驼队排成一行，按顺序前进。商人为了区别它们，就在每一头骆驼身上盖上火印，在给骆驼打火印时，它们都要痛得叫喊5分钟。若某个商队共有10头骆驼，盖火印时的叫喊声最少要听几分钟，假如叫声是不重叠在一起的。

1052 应该找多少零钱

一家礼品商店有一架照相机，这种照相机在日本连皮套共值3万日元，可这家商店要310美元，折合日元约为4万多日元。照相机的价钱比皮套贵300美元，剩下的就是皮套的价钱。请问：现买一副皮套拿出100美元，应该找多少零钱？

1053 沙漠生存

一位探险家准备用6天时间徒步横穿沙漠。如果一个人只能搬运一人4天所需的给养，那么这个探险家需要雇用几个搬运工呢？

1054 我很丑吗

我的容貌长得不俊不丑，是一副端端正正很普通的模样。一次，我用新买回的镜子照了一下眼和口，还是很准确的，但鼻子有些奇怪，而耳则完全照变形了，试问是什么原因呢？声明一下：我照的不是哈哈镜。

1055 失踪的正方形

纽约市的业余魔术师保罗·柯里首先发现：一个正方形可以被切成几小块，然后重新组合成一个同样大小的正方形，但它的中间有个洞！柯里的戏法有多种版本，图1和图2所示的是其中最简单的一种。把一张方格纸贴在纸板上，按图1画上正方形，然后沿图示的直线切成5小块。当你照图2的样子把这些小块拼成正方形的时候，中间居然出现了一个洞！

图1的正方形是由49个小正方形组成的。图2的正方形却只有48个小正方形。哪一个小正方形没有了？它到哪儿去了？

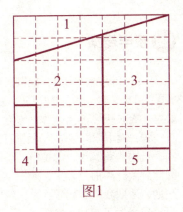

图1

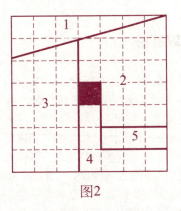

图2

悬疑探案

1056 女侦探之死

英国一名私家女侦探来到泰国调查一起黑帮凶杀案时，在她所住的富豪饭店被枪杀。附近警长带助手赶到现场，见女侦探倒在窗下，胸部中了两枪，手里紧握着一支口红。警长撩起窗帘一看，只见玻璃上留着一行用口红写下的数字：809。他又从女式提包中找出一张卷得很紧的小纸条，纸条上写着："已查到三名嫌疑犯，其中一人是凶手。这三人是：代号608的光，代号906的岛，代号806的刚。"警长沉思片刻，指着纸条上的一个人说："凶手就是他！"根据警长的推断，警方很快将凶手缉拿归案。请问，凶手是谁？为什么？

1057 被忽视的地方

一天，警长接到上级的命令：情报机关获悉有一名特工人员随身携带极其重要的某高地军事部署密码即将潜入警长管辖的区域，上级要求警长将此人迅速逮捕归案。警长立即派人赶赴机场、码头、车站，不久，机场来电话，根据照片将此人截住了。助手向警长报告：此人身上并没有密码，经X光透视，体内也未发现任何异物。一目击者提供了一个线索，此人在被截获前向邮筒内投过一封信。警长征得邮电部门领导的同意，提前将信取出。这是一封平常的信，信封上贴着一张普通邮票。文内丝毫没有提及有关密码的一字一句，再经化验，仍未发现密码。警长突然想到信封的某一地方没有查看，结果密码就在这个被疏忽的地方找到了。那是什么地方呢？

1058 智取赃物

在打击贩毒分子的活动中，警方一举歼灭了一个犯罪团伙，在罪犯的口袋中，警方搜到一张纸条，上写："×日下午3点，货在×区云杉树顶。"警方迅速赶到现场查看，发现这棵树并不高，而且很明显货物根本无法放在树顶。于是他们重新认真推敲那句话的意思，最后终于在正确的位置将货物取出。请问警方是如何发现的？

1059 车后的尸体

某人被发现倒毙在山径中，他的尸体前边有一辆已撞毁了的汽车，而汽车前面则有一块大石头，他是坠地致头部重伤而死。警方却认为此人的死因可疑，怀疑有人用硬物重击他的头颅后，再布局成意外。请问为什么呢？

1060 现场的证言

某人死在自己轿车的驾驶座上。法医向警长介绍重要情节时说："当时车子停在停车场，一颗子弹穿入了死者的右太阳穴。在汽车加速器踏板旁有一支手枪，车子内外毫无污痕。在车子周围20英尺以内的地面进行过搜索，仅找到两颗葡萄核和一只生锈的铁钉。手枪上只有死者的手印，尸检证实枪伤周围有火药烧伤，他的嘴里和胃里都有鲜樱桃。"警长说："我认为他不是自杀，而是在某地被害后，罪犯移尸到停车场的。"这个结论是根据什么产生的呢？

1061 夜半奇案

一阵急促的敲门声，把警长从睡梦中惊醒。"快，快！有强盗！"来人请警长去破案。警长来到被盗人家，只见主人被绑在一旁，嘴里喃喃地说："我睡在床上，突然听到屋内有响声，急忙开灯，发现有个强盗。我们俩扭打起来，他一拳把我打倒在地，还把我绑了起来。幸亏我所有的财产都已经上了保险，能够……"警长边听边环视着屋内的一切。没等主人把话说完，他就知道是怎么回事了。你知道警长看到了什么？他又是怎样判断的吗？

1062 密室诡计

冬天的一个夜晚，快7点了，警察突然接到一个画家的电话。"警官先生，当我离开家到100米外的一个单身独居的年轻寡妇家借打电话时，发现这寡妇躺在床上死了。"

警官很快就赶到了现场。验尸结果推定，死亡时间是当天下午5点前后。这天，从天一亮就开始下雪，直到下午4点才停，雪积了30厘米高，这寡妇的家就像被雪围住的密室。警官查看四周后发现，除了画家去借打电话时留下的脚印外，没有任何痕迹。那么杀人凶手在5点钟的时候，是如何进入寡妇家，而又没有留下任何痕迹的呢？警官百思不得其解，只得请教被称为"解决密室诡计之谜的能手"大侦探亨利。

亨利来到寡妇家，查看了现场后，便指着地上的脚印问画家："这就是你当时来借打电话留下的脚印吗？""是的"，画家说，"要是你不信，我再走几步给你看看。"

说完，画家又踩着积雪走了起来，亨利也一本正经地仔细查看起来。看着，看着，突然他指着画家对警官说："杀人凶手就是他！"

亨利凭什么说画家就是凶手呢？

1063 售票员变侦探

一名警察和他的妻子到科罗拉多州的一个滑雪胜地去度假。警察的妻子被发现摔死在了悬崖下面。在度假胜地工作的售票员与当地警方取得了联系,这名丈夫以谋杀罪被逮捕。售票员怎么知道这是一起故意杀人案的?

〔提示:(1)售票员从来没有见过警察和他的妻子。(2)如果没有售票员提供的信息,当地警方就不能逮捕这名警察。(3)雪橇留下的轨迹显示不出这是一起故意杀人案。(4)她是摔死的。(5)她是个滑雪好手。〕

1064 探长盯梢

探长接到线报,称有两大犯罪集团的成员会在百货公司春季展销会上接触,然后共同策划一项犯罪计划。探长亲自到场监视,终于等到其中一名犯罪集团的要员出现。那名男子走到百货公司的问询处,向女职员说了些话,女职员便播出了以下的广播:"王志仁小朋友,你的爸爸在一楼问询处等你,请你立刻前来。"探长一直在监视着那名男子的举动,但始终没有小朋友出现。其实在此期间,两名犯罪集团的成员已经成功地接触了。你知道他们是怎样接触的吗?

1065 不攻自破的谎言

在一座大厦的第19层,亨利牙医开了间诊所。一天下午,他正为玛丽小姐治牙,他们身后的门悄悄地开了条缝,"啪,啪"两声枪响,玛丽小姐倒在椅子里,饮弹毙命。一位电梯工在案发前不久,曾送一个神色紧张的男子上19层。根据他的描述,警方断定是假释犯约翰。约翰被传唤到警署,他说从未听说过亨利医生,在案发那天都在寓所睡觉。警官追问:"电梯工却说在案发前不久送过一个相貌特征与你相似的人上19层,这您又作何解释?"

"那不是我!"约翰怒吼道,"自从假释后,我根本就没去过亨利的牙医诊所,你还有什么证据呢?"

"这就足够送你回监狱了。"一直在旁听的警长突然厉声打断他。他为什么这样说?

1066 消失的汽车

连接A地和B地的高速公路为高架式路段,与其他一条道路形成立体交叉式路段,途中无出入口。在一个往来车辆稀少的深夜,一辆作案车经过A地,向B地潜逃。警方在A和B两地设卡封锁了道路。然而,左等右等仍不见有作案车到达B地,也没有车中途折回A地的迹象。作案车在半路上谜一样地消失了。在道路被封锁的过程中,只有一辆吊车通过,是由B地向A地行驶的。当吊车到达A地后受到盘问时,司机答说:"途中没有见到对开的车。"作案车到底消失到什么地方去了呢?

1067 行凶者的脚印消失了

清晨,因病在海滨旅游别墅避暑度假的老侦探诸成遂来到海边沙滩上散步。海水碧蓝,空气清新,诸成遂感到赏心悦目。当他走到被礁石阻隔开的另一片海滨沙滩时,发现沙滩上仰面躺着一个体态婀娜的姑娘,黄白相间的游泳衣上缀着一大朵红色的花朵图案,美丽极了。这位姑娘真是雅兴极好,大清早就晒日光浴,诸成遂心想。可是,当诸成遂稍稍走近,注视那朵红花图案时,他发现那朵红花图案边缘似乎不规则。诸成遂怀着不祥的预感近旁一看,那朵红花图案竟然是一摊血迹!

当地刑警勘查现场时,诸成遂因为不方便就回避了。可是,几天后,诸成遂被当地警方召去,受到了非常仔细的盘问。诸成遂的职业经验告诉他,自己成了嫌疑对象。经过几番盘问,当地刑警实在无法找到诸成遂作案的嫌疑,无论动机、条件、时间。当诸成遂好奇地问为什么怀疑自己时,对方告知因为沙滩上除了姑娘的脚印,只有诸成遂的脚印。于是,诸成遂又问了姑娘死亡的实际时间,然后为当地刑警解开了行凶者脚印消失的谜团。当地刑警不由得对诸成遂佩服至极,并很快侦破了此案。诸成遂解出的谜底是什么呢?

1068 杰姆之死

在布朗神父的教区,有一位叫杰姆的农夫。爱妻早逝,自己心灰意冷,失去了生活的勇气。但是,基督教禁止自杀。如果是自杀,就不能和妻子在一块墓地合葬。他想伪装成他杀,作为寻死的办法。在妻子的忌日,杰姆在院子里自杀。由于小型手枪藏得很巧妙,尸体旁边没有凶器,自然会被认为是他杀。经过搜查,在离杰姆尸体约10米的羊圈中发现了那支手枪。可是,杰姆是用手枪射击自己头部自杀的。他不可能在枪击之后,再把手枪藏到10米外的羊圈里。警察断定是他杀,使杰姆如愿以偿。但是,布朗神父一眼就识破了事件的真相。

"杰姆这家伙,企图欺骗我。可我不是睁眼瞎。尽管如此,我成全你的愿望,把你和妻子合葬于教会的墓地,同归天国为好。阿门。"

羊圈栅栏门并没有打开,羊不能也不会出来把枪叼进羊圈。那么,杰姆是用什么办法将手枪藏到羊圈的呢?

1069 修女的唇膏

枪响前,酒吧里只有小福卡一个顾客。他刚呷了一口咖啡,就看到三个人从银行里跑出来,窜过马路。这时,响起了枪声。作案者跳上了一辆等在路边的汽车。一个修女和一个司机进了酒吧。

"你们俩受惊了吧。"小福卡说,"来,我请客,一人喝一杯咖啡。"两个人谢了他。

修女要了一杯咖啡,司机要了一杯啤酒。三人谈起了刚才的枪声和飞过的子弹,偶尔喝一口杯子里的饮料。这时,街上又响起了警笛声。强盗抓住了,送回银行验证。小福卡走到前边的大玻璃窗前去看热闹。当他回到柜台边时,那个修女和司机再次谢谢他,就走了。

酒吧招待已经把杯子收回去了,看到小福卡回来,就说:"对不起,先生,我还以为你也走了呢。"

酒吧招待看了看刚刚收回去的两只杯子。把一只没有沾上唇膏的咖啡杯子递给小福卡,一边说:"你说这儿怎么会来司机?附近又没有汽车。"小福卡想了一下,叫起来:"噢!这两个家伙是刚才抢银行的强盗的帮手!"说着,他冲出酒吧去抓那两个坏蛋。

请问,是什么东西引起了小福卡对那修女的怀疑?

1070 同床异梦的夫妻

这年春天，张先生来到小镇丽城避债，身边还带了张太太。不幸，张先生被匪徒绑架了。匪徒要张太太到小镇唯一的银行提款，声言要100万美元，并令她不要报警，否则会杀了张先生。张太太很是惊慌，她来到银行，见附近有匪徒扮成顾客监视着，便不敢向银行经理递字条。但她不断递眼色告诉经理，提示他去报警，只是经理不加理会，顺利地替她办完手续。结果银行职员数了100万元美金给张太太。匪徒致电张太太手机，叫她把钱放入门前的垃圾箱内。不久，匪徒告诉她，说她丈夫在五公里外的另一小镇等她。张太太会合了丈夫后，马上报警。警方在银行附近的垃圾箱内找回了所有钱款。那么这就奇怪了，为什么匪徒在得手后，没有去拿赎款？

1071 酒店的服毒者

星期六，一个人在红玫瑰酒店服毒自杀。翌日，酒店服务员发现了死者，便立即告诉主管。

"是不是马上报警？"服务员问。"别那么傻。是他自己找死，我们何必去惹麻烦呢？只要警察一来，这件事便会宣扬出去，对酒店的声誉大有影响。""但尸体不能不处理啊！"服务员说。"丢到后面的公园里吧，那里是有名的自杀场地，上个月已有一对情侣在那里自杀，警察无非以为又多一宗自杀案而已。"

午夜，当所有旅客都睡着后，服务员和主管便悄悄地将尸体抬到后面的公园去。他们在草丛中看到一张白天被游人丢弃的报纸，便把尸体放在上面。然后将遗书塞入死者的口袋里，并把有毒的杯子放在尸体脚边，令人看来真的像是在公园里自杀一般。而主管和服务员也做得十分利落，没留下丝毫与己有关的证据。第二天早上，尸体被发现了。经验尸后，证实死亡时间应在本月25日星期六晚上9时左右。老练的刑警队长，在观察过现场后便说："即便是自杀，发生的地点也不是这里。我肯定是有人怕麻烦，才将尸体迁移到此。"

你能猜出他凭什么这样说吗？

1072 杀手的失误

化工巨子朱彰显发现妻子的奸情后，立即与律师商量，欲根据当地法律对奸情受害人有利的规定，请律师起草剥夺妻子分割财产权的离婚协议及起诉状。朱妻得知消息后，立即与情夫密谋，决定请杀手谋杀朱彰显，之后伪造成自杀假象，并伪造遗嘱，将全部财产交由自己处理。密谋既定，朱妻密取了留有朱彰显手迹的空白信笺，然后交给杀手，嘱咐杀手在杀死朱彰显后，用其办公室的打字机打印遗嘱。

杀手受雇后，趁午休时，在朱彰显的办公室内用装了消音器的手枪贴着他的左侧太阳穴开枪将其打死。然后将手枪放在朱彰显惯用的右手中，造成自杀的假象。接着，杀手坐在朱彰显的写字台前，戴着橡胶手套用打字机打出了一份遗嘱，内容当然是朱妻早就抄给他的。

朱彰显自杀死亡的消息传出后，律师怀疑有诈，即请警方勘查。朱妻虽再三阻拦，但警方仍强行勘查了现场，并认定朱彰显是被他人谋杀的。朱妻与情夫及杀手仔细回忆了谋杀的每一个细节，依然自认为找不到什么破绽。直到朱妻被警方拘捕后，警方才告诉了她破绽在什么地方，朱妻恍然大悟，方知是弄巧成拙，欲盖弥彰。

杀手的失误究竟在哪里呢？

1073 苹果中毒案

警局接到罗太太报案,说她的丈夫突然无故死去。警长马上带了法医到罗先生家去。据罗太太说,他们晚饭后和往常一样吃水果,罗太太亲自切开一个苹果和丈夫一人吃一半,谁知丈夫才吃了几口就突然死去了。法医从死者胃中的苹果残渣中发现有毒药。进一步调查显示,罗太太私下与男管家鬼混已久,只要罗先生一死,她便可以继承所有遗产。很明显,罗太太是杀害罗先生的凶手,但是没有足够的证据呀!而且,他们的女仆是亲眼看见罗太太和罗先生同吃一只苹果的,为什么罗太太没有中毒呢?这个案件怎样才能破呢?

1074 染血的沙滩

金田一耕助躺在伊豆海岸的沙滩上,离他5米远的地方,有一把红色的海滩伞,伞下有一对男女在嬉闹。隔着伞看不到他们的人,只听到声音。不一会,一切都平静下来了。忽然又传来一阵嘈杂的音乐,是从录音机中传出来的。过一阵就停了。一个青年男子从海滩伞下走出来。走进海里游泳。沙滩的左边是海岬。这时,海滩伞下有女人在呼叫,男子于是朝岸边挥了挥手,然后游走了。

不知过了多久,睡着的金田一耕助被一阵不知是男是女的叫声惊醒,看到一个男子从海滩伞下跑出来。他戴着一顶夏天的白帽子,麻料的衣服,打着蝴蝶领结。脸上戴着副很大的太阳眼镜,鼻子下蓄着胡子。这人走后不久,游泳的男子回来了。他身上滴着水走向海滩伞,然后就听到他大叫:"杀人了!"那女子已被人勒死了。

后经调查,金田一耕助看到的蓄胡子男人是那女人的情夫,于是他便成了杀人嫌疑犯。但他又有不在现场的证明,那么谁是凶手呢?

1075 不在场的证明

一个星期天的午后三点,距离市中心50公里的地方,有个独居的老妇人被杀。根据警方调查的结果,被害者的外甥嫌疑最大。他可能是为谋夺姨妈的财产,才出此下策。老妇人的外甥,外表忠厚、斯文,一点都不像杀人犯。当警方盘问他肇事当时的行踪时,他拿出一张照片给警察说,案发当时我在市内,照片可以作证。当时我在海滨公园,请过路的女学生替我拍的照片。警长你看,我身后钟楼上的时间不是3点吗?

警长看了照片说,别说了,这张照片更说明了你是凶手。警长为什么认为照片反而成了罪证了呢?

1076 溺水命案

某星期天早晨,G湖水面上漂浮着一具垂钓者的尸体。看上去像是乘租用的小船垂钓时船翻溺水而死的。死亡时间是星期六下午5点钟左右。起初这起死亡事件被认为是单纯的意外事故,但经团侦探调查后认定是他杀案。而凶手竟是死者一个在某大学附属医院任药剂师的朋友,因为他欠死者一大笔债。

可罪犯有不在现场的证明。星期六他租用另一条小船在G湖和被害人一起钓鱼,下午3点钟左右与被害人分手,一个人乘坐G车站15点40分发的电车回到K市自己的家里。列车到达K市车站是18点30分。这期间罪犯一直坐在列车上,并有列车员的确切证词。但团侦探仍然揭穿了他巧妙作案的手段。那么,罪犯用了什么手段使被害人溺水而死的呢?

1077 模特人形杀人案件

案件发生在蒸汽机车全盛时代的1945年。北海道线的R车站不停特别快车。某天晚上，特别快车在通过R车站不久后压死了一位倒在铁道上的女人。起初以为是卧轨自杀，但事后调查证实是他杀。被害人被强迫吃了安眠药睡熟，然后又被搬到铁道线上让火车压死。警方很快就找到了重大嫌疑犯，此人就是与被害人正在分居的丈夫。然而当刑警问及不在现场的证明时，他却作了如下回答："发生事故时，我就在那趟列车上。自己乘坐的列车压死自己的老婆是何等不幸的偶然呀。可不管怎么说我不是罪犯。倘若不相信去问列车员吧，他会证明我确实坐在这趟车上的。"为此，刑警找来那趟车的列车员与嫌疑犯当面对质。

"真的，这个人的确坐在车上。刚刚过了R车站，他就来到乘务室向我打听联运轮船的时间。发生事故是在那之后。"列车员答道。这样一来，嫌疑犯就有了充分的不在现场的证明，可以解除嫌疑。但列车员像突然想起了什么似的又说："说起这事，刑警先生，那天晚上在列车通过R车站之前不远处曾临时停过一次车。是因为有人跳车自杀而紧急刹车的，可我同司机下车一看，压死的不是人，只不过是一个模特人形。"

"什么？模特人形……""一定是有人要阻止列车行进，实在是品德败坏的恶作剧！"列车员气愤地说。刑警一听，马上就识破了罪犯的巧妙伎俩。那么，坐在行驶的列车上的罪犯采用什么手段，用这趟列车压死其妻子的呢？

1078 电梯内的凶杀案

著名画家王永因车祸伤愈后只能以轮椅代步。虽然他的画很值钱，但他从来不卖，只送给朋友或慈善机构。王永的住宅是一幢五层楼高的独立洋房。为了方便，他安装了专用电梯。正好近来他的弟弟王远失业，王永就叫他来做助手，还可照顾自己的起居生活。兄弟俩相处得不错。有一天，王永的同学林方来探望他。林方也是一个坐轮椅的人，他这次带来了慈善机构的朱先生一起，准备与王永商讨是否可以捐助一家医院的事情。

当林方和朱先生进门时，王远主动地接待了他们，请他们在楼下大厅坐下后，王远就用对讲机与楼上的王永通话，要求带客人上五楼画室，但是王永坚持下楼与客人见面。这时，我们看到电梯在四楼停了一下，然后就下来了。电梯一到楼下，自动门就打开了。我们看到王永竟然死在狭窄的电梯内；他的后颈被一把锐利的短剑刺穿，在短剑的剑柄上系着一条粗橡胶绳子。王远走进电梯内，把王永的尸体和轮椅一起推出来，为他把了一下脉，脉搏已经停止了跳动。

"奇怪，难道四楼的画室还有其他人？"

"除了电梯之外，还有没有其他的太平梯？"林方及朱先生询问王远。

"嗯，还有一个紧急用的回旋梯，如果凶手真在楼上，那要逮捕他如同探囊取物。"

"那么我们现在分成两批来进行搜查。"

坐轮椅的林方乘电梯上去。林方到了四楼，一个人影也没看见。他溜了一眼王永的画室，图画凌乱地散在地上；就在这时候，王远也气喘吁吁地从回旋梯上来了。朱先生利用画室的电话通知了警察，随后也跟着王远，钻入电梯的纵洞内。过了一会儿，只有他一个人从里头钻了出来，手脚、裤子都沾满了灰尘。案发现场，四楼画室的窗子都镶上了铁窗，所以凶手根本没办法从窗口逃出。王永是坐电梯下楼时遇害的，电梯由四楼到一楼都没有停止过，凶手不可能避开三个人的视线逃走。这时候，林方忽然想到，他刚才乘坐电梯时，看到电梯的顶板上有一个气孔。

"哦，原来是这个样子，我确定凶手绝对是他弟弟王远。他在我们来访之前，就先做好了手脚，待会儿警察来了之后，你就把他逮住交给警方。"你知道这是为什么吗？

1079 谁装了窃听器

代号为"XP008"的导弹项目是某军正在开发的最新项目，国外军事情报机关多次不惜重金收买人员窃取机密。这天总工程师将在科研所的论证会上汇报工作，因此，会议是在绝对保密的情况下召开的。然而意想不到的是，外国情报机关的黑手还是伸进了会场。下午3点，会议正式开始。正当科研所所长移动话筒准备主持会议时，电线将一只茶杯碰翻落地，总工程师在地上捡茶杯时发现桌子底下安装了一只窃听用的微型录音机。所长立即报警，公安人员迅速赶到现场。检查结果：录音机的磁带上开始没有声音，3分钟后有轻轻的关门声，12分钟后便是与会者进入会场的脚步声和说话声。因此推断安装录音机的时间大约是在下午2时45分左右。

这天是星期天，科研所放假，只有3位女职工各自在3间办公室内加班，公安人员决定与科研所所长一起找她们谈话。3位女职工同时来到所长办公室。

"自报姓名，并说明理由，为什么在下午离开办公室。"公安人员首先发话。

最先回答的是胡晓君："我一直在电脑房打字，太累了，曾去阳台上活动过身体。""什么时间？"

"对面高楼上的露天时钟是2时45分。"

"你为什么穿旅游鞋，难道不知道所里规定应穿皮鞋上班吗？"所长严肃地问。

"昨晚打保龄球把脚扭伤了，今天我向副所长说明了情况，他同意了。"胡晓君回答。

"情况特殊，可以原谅。"所长说着，又问另一位："你呢？"

第二位杨莉红回答："午餐后我口渴了，去走廊那头的净水器里取过水，经过楼梯时，那里的挂钟也是2时45分。"

"你为什么穿高跟鞋，不是规定只准穿所里发的平跟鞋吗？"所长又严肃地问她。

"我身材矮，下班后就要去会男朋友，来不及回家换。这是我首次违反纪律，请所长原谅。"杨莉红说着，眼泪都快流下来了。

"好，就原谅你一次，下不为例。"所长说着，又要第三位叶咏姗回答。

"今天倒霉了，下午2时45分去过卫生间……"

还没等她说完，所长又严肃地问："你这么高的身材，为什么也穿高跟鞋？"

"男朋友是篮球运动员，与他比，我矮多了。今天是星期天，我以为加班可以例外，现在我知道错了，也请所长原谅一次。"

不等所长说话，公安人员立即站了起来，让其中两位走了，只留下一位，对她继续进行审问。结果案件告破，她如实交代了罪行。

1080 无懈可击的谋杀

即将功成身退离休的军工专家赵一雄在家中举行60岁寿诞活动，高朋满座、宾客如云。由于前不久赵一雄任职的机构多次发生军事机密失密事件，且赵一雄也有一定的泄密疑点，故安全机关决定派精明干探李明参加赵一雄的寿诞活动，身份是上级机关新来的人事干部，任务是发现可疑人员。正当活动进入高潮之际，一位美貌的妙龄女郎翩然而至。赵一雄向宾客们介绍，这位女郎是他的堂侄女赵依丽，现任西方某国一大公司驻华代表。赵依丽邀请赵一雄到花园里合影留念，于是宾客们纷纷随他们走出大厅来到花园。

赵一雄与赵依丽在榕树下合影后，爱好摄影的赵一雄要求亲自为赵依丽拍几张艺术照，赵依丽欣然答允，便站在榕树下先后做出各种姿势让赵一雄拍摄。正当此时，赵一雄的夫人从大厅里出来，下台阶时不小心一个趔趄，摔倒时酒杯"砰"的一声摔碎了。宾客们受惊回头之际，却又听见一声枪响，再回头时发现赵依丽左胸中弹倒在榕树下的血泊之中。

李明察看了赵依丽的伤口和站立位置后，飞步跑进屋中来到二楼一间卧室。卧室中，赵一雄的瞎眼儿子正惊恐万分地坐在床上，窗前的地上丢着一把钳子和一把手枪。李明询问瞎子，瞎子说刚才有个人从房间里打枪后跑了出去。李明赶紧出房查看一番，却没发现有人逃跑的明显迹象。他思索一阵后，果断地打电话回局里，要求派员前来处理此案件。当2名同事来到现场后，李明严肃地走到悲痛欲绝的赵一雄面前说："赵先生，这是一起策划得似乎无懈可击的谋杀，主谋就是你！"赵一雄被拘捕后，交代了赵依丽用高价向他收买情报的罪行，他因害怕东窗事发，而赵依丽又继续纠缠，无奈之下设计杀害了她。

您知道谋杀是如何设计的吗？

第三十章

复合思维

——"天堑变通途"

本书至此已经讲解了"形象思维""抽象思维""实践思维""逻辑思维""概括思维""判断思维""认知思维""想象思维""演算思维""整合思维""创新思维""应变思维""发散思维""缜密思维"共14种思维方式。讲解顺序大体是从简单到复杂，逐渐从理论性过渡到实践性。细心的读者一定会发现，每一种思维方式都不是孤立存在的，往往是"你中有我，我中有你"；很多思维游戏，用到的不仅是一种思维方式，可以是两种、三种甚至更多种。多种思维的复合体，就是复合思维，是逻辑性、深刻性、全面性、严密性色彩最浓的思维方式。

第一节 数字迷宫

1081 另类数字等式

（1）问号处应为什么数字？

一 = 1	五 = 2
二 = 2	六 = ?
三 = 3	七 = 4
四 = 3	八 = 5

（2）问号处应为什么数字？

1000	=	366
1999	=	365
2000	=	366
2006	=	365
2007	=	365
2008	=	366
3000	=	?

1082 百鹿进城

《孙子算经》中有这样一题：今有百鹿进城，每家取一鹿，不尽，又三家合取一鹿，恰尽。问城中有家多少？

1083 陶渊明的数学题

我国晋代文学家陶渊明曾经出过这样一道数学题：公鸡每只值5文钱，母鸡每只值3文钱，小鸡每3只值1文钱。现在用100文钱买100只鸡。问100只鸡中，公鸡、母鸡、小鸡各多少只？

1084 李白买酒

在我国民间流传着一首李白买酒的打油诗，却是一道十分有趣的数学题。诗句是这样的：李白街上走，提壶去买酒；遇店加一倍，见花喝一斗；三遇店和花，喝光壶中酒。试问酒壶中，原有多少酒？这首诗的意思是：李白壶中原来就有酒，每次遇到小店就使壶中的酒增加了一倍，每次看到花，他就饮酒作诗，喝去一斗（斗是古代酒器，也是一种容量单位）。这样，经过了三次，最后就把壶中的酒全部喝光了。问李白酒壶中原来有多少酒？

1085 毕达哥拉斯的弟子

古希腊名著《诗华集》记载了一道诗体数学题：

"我尊敬的毕达哥拉斯哟，
你——缪斯女神的家族！
请告诉我，
你的弟子有多少？"
"我的一半弟子，在探索着数的微妙；
还有四分之一，在追求着自然界的哲理；

七分之一的弟子,终日沉默寡言深入沉思;

除此以外,还有三个是女孩子,这就是我的全部弟子。"

你能不能算出毕达哥拉斯一共有多少弟子?

1086 汇率差

甲国和乙国两个相邻的国家产生了贸易纠纷,于是甲国调整了汇率,把甲国货币兑换乙国货币的汇率调整为9:10。乙国不甘示弱,也采取同样的方式调整了汇率。可是,一个第三国商人却利用两国都调整汇率的机会大赚了一笔。你知道他是怎样做的吗?

1087 动物王国里的跑道

有一年,动物王国里要举行一次田径运动会。老虎国王命令狐狸先改造一下原来的跑道,使得同时赛跑的动物不能相互有干扰。聪明的狐狸想了三天三夜,终于重新设计了一种跑道,达到了国王的要求,并对老虎国王解释说,这图中仅只画上了三条跑道,如果还需要的话,要多少,就可以画多少。跑道如下图所示。

老虎国王疑惑地问:"这些跑道会一样长吗?"你能回答老虎国王的这个问题吗?

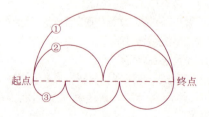

1088 检查员的问题

度量衡检查员琼斯的职责是检查现在市场上正在使用的天平是否准确。现在他查到了一台怪天平,它的一臂比另一臂要长些,但是两只秤盘的不同重量使天平保持了平衡。

检查员把3只角锥形砝码放在较长一臂的秤盘上,把8只立方体砝码放在较短一臂的秤盘上,它们居然平衡了!可是当他把1只立方体砝码放在长臂的一端,它也居然同短臂那端的6只角锥砝码平衡起来!假定角锥砝码的重量为1盎司,试问:1只立方体砝码的真正重量是多少?

1089 破译"字母·数字"密码

下面8个密码,都是由3个字母组成的。其中有4个密码代表了4个三位数字:571,439,286,837,一个字母和一个数字对应。请把4个三位数所对应的密码找出来。

WNX RWQ SXW XNS PST
NXY QWN TSX

1090 生日是哪一天

小明和小强都是张老师的学生,张老师的生日是M月N日,2人都知道张老师的生日是下列10组中的一天,张老师把M值告诉了小明,把N值告诉了小强,张老师问他们知道他的生日是哪一天吗?

(1)3月4日
(2)3月5日
(3)3月8日
(4)6月4日

（5）6月7日
（6）9月1日
（7）9月5日
（8）12月1日
（9）12月2日
（10）12月8日

小明说："如果我不知道的话，小强肯定也不知道。"

小强说："本来我也不知道，但是现在我知道了。"

小明说："哦，那我也知道了。"

请根据以上对话推断出张老师的生日是哪一天。

1091 有趣的猜数游戏

（1）解答这道题目将使你掌握一种有趣的游戏。你的朋友会惊讶地发现，你可以准确无误地猜中他心中默想的任意数字。

首先，让你的朋友在心中任意默想一个自然数。然后请他依顺序按下列要求进行计算：把默想的数乘5；所得的积加6；所得的和乘4；所得的积加9；所得的和乘5。最后，让你的朋友把计算的结果告诉你。根据这一结果，你就能在几秒钟内准确无误地确定你朋友心中默想的数字。你是如何做到这一点的呢？

（2）让你的朋友在心中任意默想一个自然数，然后请他依顺序按下列要求进行计算：把默想的数加上一个比该数大1的数；所得的和加9；所得的和除以2；所得的商减去最初默想的那个数。这时，你就可以有把握地问你的朋友："如果我没猜错的话，你现在的计算结果是5。"你的朋友一定会惊讶地回答："没错！"请想一下，为什么不论最初默想什么数，按照上面四个步骤的要求计算的结果总是5？

1092 是赔是赚

甲乙丙三人打赌，结果如下。

（1）开始，甲从乙手中赢得的钱等于甲手中原有的钱。

（2）接着，乙从丙手中赢得的钱等于乙手中剩下的钱。

（3）最后，丙从甲手中赢得的钱等于丙手中剩下的钱。

（4）结果，甲乙丙三人手中拥有的钱相等。

最后，一个人说道："我在开始时有50元啊！"

已知三人打赌前手中的钱都是整钱。说这句话的人是谁？他是赔是赚？

1093 电话号码是多少

我真希望邮电局不要再更换我的电话号码了。这也许是为了提高效率，但这种做法实在叫人头痛。你不仅要记住新的电话号码，还要通知其他所有的人（除了你的债主以外）电话号码换了。不过，这个新的电话号码很不错。有三个特点使新的电话号码很好记：首先，原来的号码和新换的号码都是四个数字；其次，新号码正好是原来号码的4倍；再次，原来的号码从后面倒着写正好是新的号码。所以，我不费劲就会记住了新号码……新号码究竟是多少？

1094 猜房间号

史密斯住在第十三号大街，这条大街上的房子的编号是从13号到1300号。琼斯想知道史密斯所住的房子的号码。

琼斯问道："它小于500吗？"史密斯作了答复，但他讲了谎话。

琼斯问道："它是个平方数吗？"史密斯作了答复，但没有说真话。

琼斯问道："它是个立方数吗？"史密斯回答了并讲了真话。

琼斯说道："如果我知道第二位数是否是1，我就能告诉你那所房子的号码。"

史密斯告诉了他第二位数是否是1，琼斯也讲了他所认为的号码。

但是，琼斯错了。史密斯住的房子是几号？

1095 两张小纸片

Q先生和S先生、P先生在一起做游戏。Q先生在两张小纸片上各写一个数。这两个数都是正整数，差数是1。

他把一张纸片贴在S先生额头上，另一张贴在P先生额头上。于是，两个人只能看见对方额头上的数。

Q先生不断地问：你们谁能猜到自己头上的数吗？S先生说："我猜不到。"P先生说："我也猜不到。"S先生又说："我还是猜不到。"P先生又说："我也猜不到。"S先生仍然猜不到；P先生也猜不到。S先生和P先生都已经三次猜不到了。可是，到了第四次，S先生喊起来："我知道了！"P先生也喊道："我也知道了！"

问：S先生和P先生头上各是什么数？

1096 中尉身上的密码

事情发生在20世纪70年代。Q国的一艘巡洋舰"马格德堡"号在波罗的海触礁沉没。G国得到情报后，立刻派出潜艇前去搜索。从这只沉船中，G国的潜水员打捞出许多死难者的尸体，其中的一具，从军装上可以辨认出是一个中尉。这具尸体的胸前放着一只装有绝密文件的铅盒子。

打开铅盒子，发现3个密码本——一本是Q国海军用的战略密码；一本是Q国海军用的战术密码；一本是Q国的商用密码。这一发现使G国欣喜若狂。于是，他们立即组织了一个由G国海军情报局局长雷金纳德·霍尔少将主持的直属于海军总部的密码分析机构，代号为"04邮局"。这个密码分析机构集中了数十名称得上权威的语言学家、数学家和电脑技术专家。经过几个月的紧张工作，终于把大部分密码破译出来了。

依靠这3个密码本，G国源源不断地截获了许多宝贵的情报，其中包括Q国在各大洋上舰队的战斗序列、火力分布以及Q国派遣在世界各地的间谍的活动。而对于这一切，Q国还一直蒙在鼓里，他们还在继续使用这些密码。

下面是G国截获的一组密码："101 100 102 210 001 112"。这是Q国派驻在E国的间谍拍发给本国情报总部的一份情报。这份情报的内容是以下三者之一："盼归"、"寄款"、"买书"。特别有趣的是，这组密码运用了汉语拼音的规律，而且这组密码运用的是三进位制。

请问这组密码是什么意思？并请说明理由。

附：三进位制与十进位制对照表

十进位制	三进位制	十进位制	三进位制
1	001	6	020
2	002	7	021
3	003	8	022
4	011	9	100
5	012	10	101

复合思维　第三十章　**第二阶段**

1097 破解情报密码

M国谍报员截获1份N国情报。
1. N国将兵分东西两路进攻M国。从东路进攻的部队人数为："ETWQ"；从西路进攻的部队人数为"FEFQ"。
2. N国东、西两路总兵力为"AWQQQ"。另外得知东路兵力比西路多。
请将以上的密码破解。

1098 三人决斗

三个海盗同时盯上了一批财宝，为了决定他们谁能得到这批财宝，他们决定用手枪进行一次决斗。甲的命中率是30%；乙比他好些，命中率是50%；最出色的枪手是丙，他从不失误，命中率是100%。由于这个显而易见的事实，为公平起见，他们决定按这样的顺序：甲先开枪，乙第二，丙最后。然后这样循环，直到他们只剩下一个人。那么这三个人中谁活下来的机会最大呢？他们都应该采取什么样的策略？

1099 三角决斗

A、B和C三个持枪决斗者，站在一片开阔地的互相等距离的三个位置上，也就是说，站在一个等边三角形的三个端点上。他们互相之间都知道各自的射击准确率：A是100%，B是80%，C是50%。决斗的规则是：第一，通过抓阄确定谁第一射，谁第二，谁最后射；第二，每次每人只允许发射一枪，射击按以上顺序连续进行，直到其中有两人被击毙；第三，每次射击，射击者可以向他选定的任意目标射击。

假设每个决斗者对于确定射击目标都算计无误，并且没有决斗者会被并非瞄准他的流弹误中，那么，谁活下来的可能性最大？谁第二？谁最不可能活下来了这道题不但有确定性的答案，而且还可以计算出A、B和C三人存活的概率值。

第二节　扑克牌·棋子·火柴

1100 完全相同的红黑牌数

现有一副去掉两张王的扑克牌，共52张。把它洗匀后，分成A、B两组，各26张。请问，这时A组中的黑牌数和B组中的红牌数，在1000次中，有几次会完全相同？

1101 多少张牌（Ⅰ）

在一次扑克牌游戏中，某人手中的牌为：
（1）有三种花色牌数的倒数之和刚好等于另外一种花色的牌数；
（2）红桃与草花的牌数之和刚好等于方块的牌数；
（3）红桃与方块的牌数之积刚好等于黑桃的牌数。
问这个人手中黑桃、红桃、方块、草花各有多少张？

1102 多少张牌（Ⅱ）

甲、乙、丙三人用一副扑克牌玩一种游戏，三人轮流抓牌并将牌抓完。这种游戏每一圈每人都必须打出一张牌。玩了几圈后，甲手中剩下的牌为：

（1）四种花色牌都有；
（2）每种花色张数都不相等；
（3）黑桃与方块的张数之积等于草花的张数；
（4）黑桃与红桃的张数之和等于草花的张数。

问甲手中黑桃、红桃、方块、草花各多少张？

1103 分堆游戏

从一副54张扑克牌中取出一部分牌，将其分为三堆，每堆张数不等，都为偶数。现做下列三次变换：

（1）从第一堆取出等于第二堆的牌给第二堆；
（2）从第二堆取出等于第三堆的牌给第三堆；
（3）从第三堆取出等于当前第一堆的牌给第一堆。

此时三堆牌数刚好相等，问开始时三堆各有多少张牌？

1104 猜黑红

一个班上，非常聪明的甲、乙、丙三个学生如下图站成一个三角形，脸都朝着箭头所示的同一方向。

已知甲、乙、丙共有5张扑克牌，其中2张为红色牌，3张为黑色牌。让甲、乙、丙3人将双手放在背后，将5张牌之中的3张牌分别放在甲、乙、丙三人手中，牌面朝向脸的相反方向。显然，每人都看不见自己手中的牌，但丙能看见甲、乙二人手中的牌，乙只能看见甲手中的牌，而甲什么都看不到。

先问丙能否猜出自己手中的牌是什么颜色，丙说不能。再问乙，乙也说不能。最后问甲，甲说能猜出自己手中的牌是什么颜色。问甲手中拿什么颜色的牌？为什么？

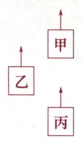

1105 第六号纸牌

八张编了号的纸牌扣在桌上，它们的相对位置如右图所示。

这八张纸牌：
（1）每张A挨着一张K；
（2）每张K挨着一张Q；
（3）每张Q挨着一张J；
（4）没有一张Q与A相邻；
（5）没有两张相同的牌彼此相邻；
（6）八张牌中有两张A，两张K，两张Q，两张J。

编为第六号的是哪一种牌——是A、K、Q还是J？

提示：假定第六号牌分别是A、K、Q或J。只在一种情况下不会产生矛盾。

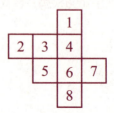

1106 谁赢了

甲、乙和丙三人玩了一轮牌，其中每盘只有一个赢家。

（1）谁首先赢了三盘谁就是这一轮的赢家。

（2）没有人连续赢两盘。

（3）甲是第一盘的发牌者，但不是最后一盘的发牌者。

（4）乙是第二盘的发牌者。

（5）他们三人围着桌子坐在固定的座位上，按顺时针方向轮流发牌。

（6）无论谁发牌，他发牌的那一盘都没赢。

谁赢了这一轮牌？

（提示：判定总共玩了多少盘和谁赢了最后一盘。）

1107 旋转象棋

如图所示，两枚象棋紧贴在一起。马固定不动，车的边缘紧贴马并围绕着马旋转。当车围绕着马旋转一周回到原来的位置时，它围绕着自己的中心旋转了几个360度？

1108 马跳日字

中国象棋中，"马"在棋盘上是跳"日"字的。如果允许跳的次数为奇数，能不能跳回原位？

1109 空缺的棋子组合

A、B、C、D中的哪一种棋子组合正好可以填入空档？

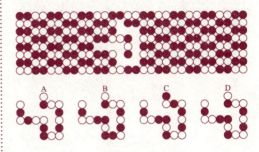

1110 纠正错误的不定式

移动1根火柴，改正错误的不定式。

1111 5变16

下图是由5根火柴组成的"5"，在不增减、不折断火柴的情况下，变动位置，组成16。

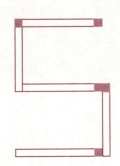

1112 变形的"9"

如图，12根火柴可以组成一个9。去掉一根火柴，改变一下位置，用11根火柴也可以组成一个标准的、正确的9。怎样做呢？

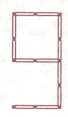

1113 单词变身

下图是用火柴拼成的英文单词FOOT。只移动一根火柴，使它变成另外一个英文单词。

1114 100根火柴

有100根火柴，要分给25个人，要求谁也不许分到偶数个。你能做到吗？

1115 抓火柴定生死

5个囚犯，分别按1～5号顺序在装有100根火柴的一个口袋内抓火柴，规定每人至少抓一根，而抓得最多和最少的人将被处死，而且，他们之间不能交流，但在抓的时候，可以摸出剩下的火柴数。他们中谁的存活概率最大？

第一阶段

❶
(1)
(2)
(3) 起始点

❷

❸

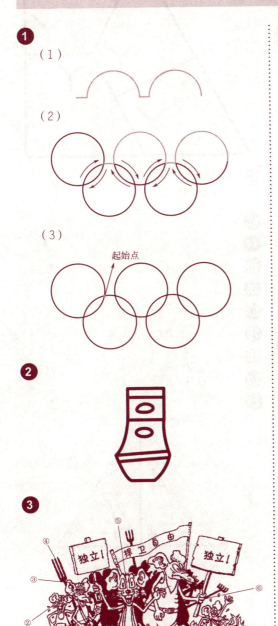

❹

❺ 1号。

❻

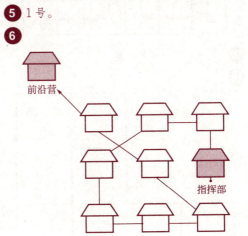

前沿营
指挥部

❼
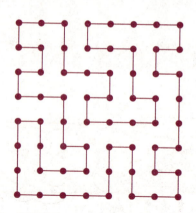

❽
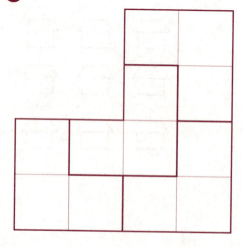

❾ 这些线条是平行的。

❿

⓫ 如图所示。
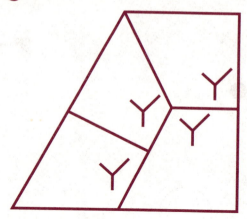

⓬ 分别是"口""吕""目""田""吾""晶""叱""只""曹""叶"。

⓭ "一"字。

⓮ 凹、凸。

⓯ 丫、夫、泪、署、伍、兵、它、分、究、杂。

⓰ 夫。

⓱ 谜底是一个"伏"字。

⓲ 吴亮的谜语是青蛙,尤安的谜语是蛇。

⓳ 水壶。

⓴ (1)口。(2)回。

㉑

㉒ E。每一竖行里的数字每次将被颠倒顺序，竖行里最小的数字将被去掉。

㉓ A=5，B=4，C=15。每一条格子里数字的积等于比它们略长一点的格子里的数字乘积的一倍。

㉔ 270。从最下面一行看起，底下的两个数的积为上面的数，以此类推。

㉕ 25。较小的数的平方，为对角线另一侧的数。

㉖ 6。（18+24 = 42，42÷6 = 7……）

㉗ 22。三角形三个角上的数字之和的2倍，就是三角形中间的数字。

㉘ A=7，B=6。中间数字是其上下、左右数字之差。

㉙ 60。"?"两端直线连接的两个数字之积为60。

㉚ A中为2，B中为54。A中对角数字之商为3，B中对角数字之商为9。

㉛ 3。将图形整体视为一个正方形，四个角四个数字之和，与每条边中央四个数字之和均为25，即是中间的数字。

㉜ A=17，B=11，C=4。左右上三个数之和÷下面数字＝中间的数。

㉝ 9，对角线两侧的数相除，得中间数。

㉞ 20。三行的公差依次为5、6、7。

㉟ A=24，B=28。每一个框内数字之和都为99。

㊱ 21。每行第一个、第三个数字之和，为第二个数字。

㊲ A=9，B=10，C=28。图形A中对角的数字相除等于3，图形B中对角的数字相减等于8，图形C中对角的数字相减等于4。

㊳ a，u。将字母视为汉语拼音，只有a，u是韵母，其他均为声母。

㊴ U。每两个字母之间，交替间隔两个字母和三个字母。

㊵ M/G。第一行递减2个值，第二行递增1个值。

㊶ L。第一行每两个字母之间间隔一个字母，第二行每两个字母之间间隔两个字母，第三行每两个字母之间间隔三个字母……以此类推。

㊷ Z。对角间隔4个字母。

㊸ K。从C开始，顺时针间隔一个字母。

㊹ 从左到右依次是Q、I、F、T。纵向依次间隔1、2、3、4个字母。

㊺ O。横向间隔3个字母，纵向间隔一个字母。

㊻ 1. E，2. L。逆时针方向依次增4个字母。

㊼（1）B。从左到右，每列两个字母之间的间隔字母个数分别为2、4、6、8。

（2）W。横行两个字母之间间隔5个字母。

㊽（3）。从左上角开始按顺时针方向，每次间隔一个格子，数到最后即可得出结果。

㊾ A=7，B=X，C=－，D=12，E=－，每一组都等于49。

㊿ T。字母D的曲线数目以及直线数目和字母P一样，而T和L一样。

51 A. 24，B. 3。设Z=1，Y=2……A=26，将值代入，会发现对角的数字完全相同。

52 B。根据26个英文字母的位次顺序，图中每个字母的位次数是其对面扇形中数字的2/3。

53 8。从H开始，按顺时针方向用第一个单词在26个英文字母表中的位次数，减去第二个单词在字母表中的位次数，得数即为下一角的数字。

54 因为只有在中午，田地里的野草才会被晒死。

55 用一块磁铁。相吸的，是铁钉；不相吸的，是铝钉。

56 所谓的"变形木"不过是一些木屑，把它放在立方体的容器里面就是立方体，放在圆柱体的容器里面就是圆柱体，放在圆锥体的容器里面就是圆锥体。

57 通常来讲，57、58页正好是一页书的两面，中间当然不可能夹电影票。

58 因为恐龙不可能被古人类追赶，地球上的人类在恐龙绝迹数千万年后才出现的。

59 只要把方向和贴的部位区分开，不要说是9只，就是再多的猪宝宝也可以清楚地区分开。

60 小明是在闰年的2月29日晚12时前生的，小飞是在3月1日凌晨时过后出生的，因为每四年才有一次闰年，所以小明只能每四年过一次生日。

61 原来，当丽莎被床单盖住之后，她的双脚立即从硬质的长靴中脱出蹲在地下，那双"脚"则由平伸的双手举着。她随着查理的手势上浮下沉，实际上是在站立和下蹲。

62 兄弟三人最终都会坐在同一辆车上，当然都是同时回到家里。

63 夫人在到达目的地时，叫司机停车，而司机马上就停了，说明司机可以听到她的说话声。

64 把四件衣服放在太阳下面晒一段时间，因为黑衣服吸光，所以摸起来要比白衣服热，这样就可以分出黑衣服和白衣服了。

65 将三把锁一个套一个地锁在一起。三人中任何一人都可用他的钥匙把锁开或重新锁上。

66 只要在一个盛满水的盆中将装满水的杯子倒过来即可。

67 黄豆之间有很多空隙，与小米相混，小米可以进入黄豆之间的空隙。因此总体就不到两斗了。

68 老翁急中生智，迅速把手中的黄豆向窃贼脚下撒去，楼梯上立刻布满黄豆，窃贼一脚踩在黄豆上，站立不稳，从楼上滚落下来，当即动弹不得，被老翁和众邻居捉住。

69 妻子被杀是四月，夜里下雨，天气一定还显微寒，不需要扇子，哪有在杀人的时候，还带着这个东西的呢？明显是为了嫁祸于人。

70 报案人就是罪犯。因为：既然是停电，漆黑一片，报案人怎么知道失窃的东西和钱数呢？另外，手电射进门缝时，报案人如果往外看，是根本看不见什么的。所谓看到脸上伤疤，是不可能的。

71 根据一般门的厚度，透过锁孔不可能看到房间里面的两侧，所以刑侦队员判定女佣说的是谎话。

72 送货员说他最后一次到老人的小屋里来是6天前，真的那样，他脚印的气味早已荡然无存了，狗也就不会嗅着脚印而来。因此，警长推断是送货员伪造了狗咬死老人的现场。因此凶手就是送货员。

73 那男孩趁这人进厕所之机，在他的自行车的前轮下面缚上一只溜冰鞋。这样，即使前轮锁着，自行车仍能骑，所以他把它骑到很远的地方。可是又怕警回来会被抓住，于是便解下前轮上的溜冰鞋，扔掉自行车溜走了。

74 两个人走到坡下，矮胖子上了坡，手里拿着高个子的鞋，走到悬崖边，把笔记本扔到草丛里，然后，换上高个子的鞋，倒退着下来，企图造成两人都跳崖的假象。因为退着走，所以步距比原来的还小，而且是前脚掌着力，因此小鞋印不会落在大鞋印上，只能是大鞋印落在小鞋印上。高个子在坡下草丛中接应了矮个子，两个人赤脚从草丛溜掉。

75 从曼谷有直达北京的航班，没必要绕这么大的圈，即使是旅游，也没有一天飞经这么多地方的，工夫都耗在天上了，另外作长途旅行，行李却非常简单，也违背常理。

76 刘队长是根据阿桂草屋屋檐下挂着冰柱看出破绽的。因为草屋里如果没人居住，雪不会融化，屋檐下不会挂着冰柱。所以刘队长断定阿桂撒了谎，有作案时间。刘队长是根据阿桂家门前没有脚印看出破绽的，因为阿桂说半小时前刚回家，如真是这样，家门前应有阿桂的脚印。

77 因为雪特点燃了壁炉里的干柴，烟囱必然冒烟，屋里没人，而烟囱冒烟，一定会引起巡逻警察的注意。

78 是还冒着热气的火锅让妻子的话露出破绽。如果两人在一间小房屋内吃了半个小时的火锅，从还在冒着热气的火锅判断，室内必然热气腾腾的。室外"大雪纷飞"，如果有人戴着墨镜从寒冷的室外进入热气腾腾的小屋内，镜片上会蒙上一层雾气，根本无法看清屋里的人。所以，妻子的话是彻头彻尾的谎言。

79 如果那窗户一直打开着，那么至少已有45分钟了，则室内不可能这样暖和，警官断定夫人说了谎。

80 插上插头，电风扇开始转动，桌子上的遗书就会被风吹掉。而那封遗书在尸体被发现时仍放在桌子上。这就是说，被射杀的威尔森倒地时，碰到了电源线，插头从插座中脱落，电风扇停止转动，然后凶手才将假遗书放到桌上。毫无疑问，这是他杀。

81 杜菲右手臂一个月来都打了石膏，他的常用物品不应该放在右裤袋里。

82 警长看到蜡烛后产生了怀疑，再加上停电，蜡烛一直没有熄灭。如果死者是在自己的卧室里被杀，过了24个小时，蜡烛早就燃烧殆尽了。一定是凶手把尸体搬进卧室，走的时候忘记吹掉蜡烛了。

83 因案发现场"地上铺着厚厚的土耳其驼毛地毯"，露丝不可能从听筒中听到凶手逃走时的脚步声。

84 罪犯是金发女郎。她自称血迹是"刚才在他身上蹭到的"，实际上那时彼特已死了8个小时。他的血已结成冰，不可能会蹭到她袖子上去。

85 秋季是树叶飘落的季节。如果车子在森林中停放两天，车上一定会堆满落叶。而案发现场车子上落叶很少，证明车子是停放在这里时间不长，罪犯只能步行离开。秋日的森林，遍地落叶，罪犯很容易留下痕迹，也不容易走远。

86 八九不离十。

87 草花4。格内横行、纵行、对角线的三个数相加，和为15，且黑桃、方片、草花三种花色交替出现。

88 红桃5。每一竖排中，垂直相对的牌加起来都等于9。而花色的变化顺序是DBACEGIHF。

89 3张。因为取出前两张牌若不是同色牌，此时再在桌子上拿1张牌，那么肯定原来的两张牌中至少有一张与后拿的这1张同色。

90

91 如图，让三个筷子互相利用，跷起来就搭成一座桥把3枚象棋连起来了。a筷在c筷下、压着b筷；b筷在a下、压着c筷；c筷在b筷下、压着a筷。

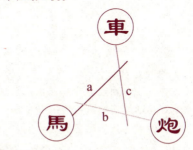

92

帅	将	卒	兵	卒		仕
相	象	炮			士	马	马
炮		兵	卒	兵		车	车

287

93 B。其规律是：每次转动72°。

94 B。和其他的图形相反。

95 C图是其他图的反面。

96

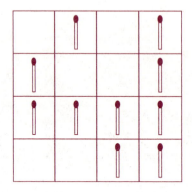

97

98 7人。戴红帽子的人看来，戴红帽子和白帽子的人一样多，就是说戴红帽子的人比戴白帽子的人多一个。而在戴白帽子的人看来，就是说当戴红帽子的人比戴白帽子人多2个人时，戴红帽子的人是戴白帽子的人的2倍。所以可以知道这时的一倍就是2人，所以可以知道戴红帽子的人数是4人，戴白帽子的人数是3人，所以共7人。

99 第五个人开始说不知道自己头上的帽子的颜色。这说明前面的四个人中有人戴黄帽子，否则，他马上可以知道自己头上是黄帽子了。

第四个人知道了五个人中有人戴黄帽子，但不能断定自己帽子的颜色，这说明他看到前面的三个人中有人戴黄帽子。依次类推，第二个人也不知道自己帽子颜色，说明他前面的人戴黄帽子。所以，第一个人可以断定自己戴的是黄帽子。

100 事先规定好，最后一个人报的是前面所有人中戴红帽子人的个数，"红"代表前面有偶数个人戴红帽子，"黄"代表前面有奇数个人戴红帽子。

这样，从第9个人开始，每个人都可以根据前面已经报告的颜色和他所看见的帽子的颜色算出自己帽子的颜色。所以至少有9个，如果足够幸运，第10个人可能碰巧报对了。

101 三个人。

若是两个人，设A、B是黑帽子,第二次关灯就会有人拍手。原因是A看到B第一次没拍手，就知道B也一定看到了有戴黑帽子的人，可A除了知道B戴黑帽子外，其他人都是白帽子，就可推出他自己是戴黑帽子的人！同理B也是这么想的，这样第二次熄灯会有两个拍手的声音。

如果是三个人，A、B、C。A第一次没拍手，因为他看到B、C都是戴黑帽子的；而且假设自己戴的是白帽子，这样只有B、C戴的是黑帽子；按照只有两个人戴黑帽子的推论，第二次应该有人拍手；可第二次却没有……于是他知道B和C一定看到了除B、C之外的其他人戴了黑帽子，于是他知道B、C看到的那个人一定是他，所以第三次有三个人拍了手。

102 白色。有根据，因为丙如果看到2顶黑的一定会说出来自己是白的，如果乙看到甲是黑的，而且丙没有说出来，则乙一定说自己是白的，但乙没说出来，说明甲不是黑的。这道题还可以推出3人帽子都是白的。

103 第一包只有丙一人猜是红的，所以肯定是对的。丙猜第一包是红的对了，那他猜第五包是白的就错了；此外，只有戊猜第五包是紫的，所以这也是对的。因此戊猜中了第五包的，他猜的第二包一定是错的，而第二包又不可能也是紫的，只能是乙猜对了，是蓝的。这样，我们很容易推理出第三包是甲猜对了，是黄的；第四包是丁猜对了，是白的。

104 因为有一人三次都猜中，就从这一点着手分析。

假如甲三次都猜中，三张卡片上依次是"力、努、习"三个字，那么乙猜中两次，丙猜中一次，这与已知条件相矛盾，因为没有人猜中一次的，所以假设不成立。

假设乙三次都猜中，那么甲猜中两次，丙一次也未猜中，与题目条件完全相符，因此这三张卡片上的字依次是"力、学、习"。

虽然找到答案，但我们也应分析"丙三次都猜中"时与条件不符，从而确定本题答案唯一。

105 毛毛已握了三次手。

	明	冬	蓝	静	思	毛
明		√	√	√	√	√
冬	√		√	√	×	√
蓝	√	√		√	×	√
静	√	√	×		×	×
思	√	×	×	×		×
毛	√	√	√	×	×	

106 三只。暗中取袜拿两只袜子，可能是一黑一白。拿三只袜子，第三只袜子非黑即白，这样就可以保证最少有两只袜子颜色相同了。

107 四只袜子。

为了保证取出一双同样颜色的袜子，至少要从抽屉里摸出三只袜子。

为了保证取出两只不同颜色的袜子，从抽屉里摸出的袜子的数量，至少要比抽屉中某种颜色的袜子的数量多一只。由条件，这样取出的袜子的数量是三只，因此，抽屉中某种颜色的袜子的数量是两只。所以，抽屉中袜子的总数是四只。

108 只要取出三只袜子就行，因为其中至少有两只是同一颜色的。手套的取法要略为麻烦一些，因为手套不但有颜色问题，还有左右的问题。至少要取出21只手套才能配成符合题意要求的一副。少于这个数目，哪怕取出20只，还有可能20只全是同一面的。例如10只白手套，10只花手套，都是左手的。

109 毛病出在小明的推理不合乎逻辑。正确的推理应是这样的：天气好，毛毛出去旅行；天气若不好，要么去，要么不出去。结果，毛毛选择了"要么去"的可能。因此，不存在毛毛的"强词夺理"或"讲话不算数"。

110 10人。以100个男人为基数，那么每100个男人中：

15人未婚；30人没有电话；25人没有汽车；20人没有自己的住房。

有可能90个男人各不相同，这就意味着，有老婆、电话、汽车、房子的男人仅10人。

111 夫妻二人说因为他们的意见总是不一致所以要离婚，可是如果逻辑地想一下的话，他们不能离婚，因为在"要离婚"这一点上他们的意见是一致的，所以离婚的理由也就不成立了。

112 阿凡提对王后这样讲："国王说，他今天中午到你这儿来吃饭。"

113 孩子说："妈妈，你不会把零花钱还给我，是吧？"

114 儿子说："如果我是正直的，并不会受到神的伤害；如果我是不正直的，也不会受到世人的伤害；所以不论怎么说，我都不会受伤害的。"

115 智者问甲卫兵，"请你说，乙将如何回答，他手里的酒是毒酒还是美酒。"甲卫兵的回答只能有两种：第一"乙将答，他手里拿的是毒酒"。智者据此有如下推理，如果甲卫兵说的是真话，那么乙卫兵的回答就是假的，则他手里拿的不是毒酒而是美酒。如果甲卫兵说的是假话，则由这句话直接可以推出乙卫兵拿的不是毒酒而是美酒。因此，不论甲卫兵说的是真话还是假话，智者都可以根据他的这句话判定乙卫兵拿的是美酒。第二，"乙将答，他手里拿的是美酒"。智者据此可以作出与上述相似的推理。因此，不论甲卫兵说的是真话还是假话，智者依然可以判定乙卫兵拿的是毒酒。

116 这位聪明人是这样回答的："我到这绞首台上来是送死的。"

117 崔冠对谁都只是一句话："我把你吃掉了。"

118 以老三为例，他旁边不能坐老二、老四和老五，所以只好坐老大和老六了。也就是说已经有三个人的位置固定了。还剩下老二、老四和老五，老四和老五是不能相邻的，所以一定要由老二隔开，挨着老六那边坐老四，挨着老大那边坐老五。

119 观察这五人中只有E一人会讲西班牙语，那么他肯定不能用西班牙语与其他人交谈，而必须改用法语与周围人交谈。以此为"突破口"解题。E的周围肯定是会讲法语的，符合条件的只有B和C。

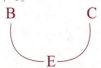

那么B只能和剩下的A和D相邻了，若B和A相邻，他们彼此语言不通，所以B只能和D相邻，C和A相邻，如下图。

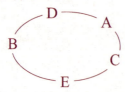

120 四边形。这里有两个系统的图形互相交叉地排列着。第一系统的图形的排列先是一条线的图形，跳过一个图形是两条线的图形，再跳过一个图形是三条线的图形，所以接着再跳过一个图形应该是四条线的图形。第二系统的排列是从第二个图形五边形开始的，隔一个是四条线的图形，再隔一个是三条线的图形。

121（1）C。其他选项所有的小图形加起来等于大图形。

（2）E。在其他的图形中，如果分割正方形的直线是一面镜子的话，那么所显示出的镜像是正确的。

（3）D。其他各图都可以配成符号完全相同的一对：A和E，B和F，C和G。

122 b。第一个图案的黑色区加上第二个图案的黑色区，也就是黑色区的总和即为第三个图案。这条规律不仅适用于横向，也适用于纵向——这是做这种题的一个重要提示。

123 E。每次顺时针旋转72°。

124 C。从左上角的方块开始沿第1行进行，再沿第2行回来，依此类推，图形按照空圆，实圆，三角的顺序循环排列。

125 A。黑点和白点的位置互换，完整的正方形变成半个正方形，反之亦然，椭圆形变成菱形（或是半个椭圆、菱形）反之亦然。

126 D。在同一行的相邻两圆中，不相同的符号都移动两圆之间的上一个圆中，处于同一位置的相同符号则去掉。

127 C。当黑箭头朝下时，必定以黑箭头带头。

128（1）属于B组，（2）属于A组，（3）属于B组，（4）属于B组。A组的图形由连贯的线构成，B组的图形由两条以上不连贯的线构成。

129 C。从左向右数，黑格所在的方格依次是1格、3格、5格、7格和9格。

130 D。其他图都是顺时针方向旋转。

131 D。图形每次旋转90°。

132 B是其他图的反面。

133 A图与其他图相反。

134 C图中有的黑瓷砖的位置与其他图中的不

一致。

135 A。其规律就是上下颠倒一下。

136 D。因为其他4图最小的圆与略大于它的圆相连的边均与前两个圆相连之边方向相反。

137 C。这是一个考查观察、想象能力的命题。由1到2，是一个沿对角线折叠的过程。按照图中标示的对角线将3折叠，如果不发挥想象能力，将其按照顺时针方向旋转至水平位置，则很难判断出正确答案。

138 C。第一行的点数为3、5、7，第二行的点数为4、6、8，第三行的点数应为5、7、9。

139 D。正方形变为圆；三角变为正方形；圆变为三角。

140 老大、老四和老五有钱，说假话；老二和老三没钱，说真话。

没有人会承认自己有钱，因为有钱的人说假话，不会承认有钱，无钱的人说真话，也不会承认有钱。因此，老五说的是假话，有钱，由此可知，老三没钱，说真话。

老三所说的"老四说过：我们兄弟五个都没钱"因而是句真话，即事实上老四说过此话，但"我们兄弟五个都没钱"是句假话，因而老四有钱，可进而推知，他所说的"老大和老二都有钱"是句假话，即事实上老大老二两人中至少一人没钱。

老大说的不可能是真话，否则老三说的是假话，这和已得到的结论矛盾。因此，老大有钱。又因为老大老二两人中至少一人没钱，所以老二没钱，说真话。

141 三人都答对五题，所以对任何两人来说，至少有相同的三道题两人都对。

分析三人答题情况，A、B两人只第2、4、5题答案相同，这三题都得对；B、C两人只第1、5、6题答案相同，这三题也都答对；A、C两人只第3、5、7题答案相同，这三题都答对。所以，正确的答案是：

1	2	3	4	5	6	7
√	×	√	×	×	√	√

142 题目中的关键是每队名次只有一个人猜对，而每人都猜对了一个队名次。

建立一个表格。从表格中不难发现只有C一人猜了红队是第一名，所以这个结论是正确的，那么白队第五名错了。而紫队第五名对，黄队第二名错，又因为紫队已经第五名，所以紫队第二名错，黄队第三名对，同样道理推下去红队第一、蓝队第二，这样五队的名次依次是红、蓝、黄、白、紫。

	红	黄	蓝	白	紫
A		三			二
B	四		二		
C	一			五	
D				三	四
E		二			五

143 根据已知条件，可概括列出这样一个表格：

	语	数	思	体	音	美
陈	√	×	√	×	×	×
李	×	√	×	×	×	√
王	×	×	×	√	√	×

陈老师教语文、思品，李老师教数学、美术，王老师教体育、音乐。

144 唐僧洗菜，悟空淘米，八戒烧水，沙僧担水。

145 这里条件多，关系复杂，直接判定有困难，但用列表方法比较好分析。

列两张表，一张是代表的，一张是旅客的，并规定凡是姓与身份正确的话就画"√"；若不正确，就画"×"。由（1）可知右上图旅客李应画"√"，同行同列画"×"。由（2）（3）（5）可知，教师旅客在广州，而王不是教师，所以在第二行画"√"，（因为老师普通话是要经过测试的，老师不可能是口吃），王在上海，由（4）知道技术员姓王，由（6）知道姓张的是科学家，姓李的是编辑

146 共赛六场，甲胜了丁，丁共赛三场，已负一场，就不能胜三场，假设丁胜一场或两场，这样甲、乙、丙共胜四场或五场，他们胜的场数都不可能相同。所以丁一场也没有胜。

147 射击15发的得分分别为25、15、15、15、9、5、5、5、3、3、1、1、1、1、1。共得105分，每人得35分。

三人得分情况只能是：(1) 15、15、3、1、1。(2) 15、9、5、5、1。(3) 25、5、3、1、1。

甲有二发共得18分，甲得分（1），乙有一发得3分，乙得分（3），25在（3），所以击中靶心是乙。

148

上	广	京		语	数	外
		×	张			×
×			李	×	×	√
			刘		×	

⇩

上	广	京		语	数	外
√	×	×	张	×	√	×
×	√	×	李	×	×	√
×	×	√	刘	√	×	×

张老师：上海，教数学；李老师：广州，教外语；刘老师：北京，教语文。

149 D。本题是对两部分信息综合的考查。在乙的答话中，既包含了（2）"爱丽丝祛斑霜上海经销部的总经理应该使用本品牌的产品"（在某些西方发达国家这是一种职业规范），同时又假设了（1）"爱丽丝祛斑霜对黄褐斑具有良好的祛斑效果"，从而归结出矛盾：要么张女士不用这种"爱丽丝祛斑霜"，要么用了"爱丽丝祛斑霜"却没有效果。（3）不是甲对话的假设。

150 分别列出第一名可能是那些人（不是C，也不是D、A、B），第二名有可能是哪些人……再根据相互关系即可概括、确定每个人的名次排列顺序：E A D C B。

151 （1）C。大=2，小=1。（2）B。龙头控制水的流止，开关控制电的流止。

152 (A) 错。住宅需求量增加的原因有：肆意滥伐——无计划——暴雨——山崩——砂砾——采集；但相反的原因有：山岳地带——人口稀少地区。所以，综合判断的结果不可能是住宅需求量增加。

（B）错。交通阻塞的原因有：无计划——暴雨——山崩；相反的原因有：山岳地带——人口稀少地区。

（C）错。房屋破坏的原因有：无计划——暴雨——秃岭——山崩；相反的原因有：山岳地带——人口稀少地区。

（D）对。洪水暴发的原因有：肆意滥伐——无计划——暴雨——秃岭——山岳地带——山崩——人口稀少地区——浅河——砂砾——采集。综合分析题目中所有的现象，就能预测其结果是洪水暴发。

153 如果后生是拿错了别人的包袱，那么他就应当回去寻找自己的包袱，而实际上他没有回去寻找。

154 甲是无辜的，不然他的四句话中就会有三句是谎言。所以他说5月12日和丁一起在P市度过的是谎言。

丁说与甲在P市是谎言（因与甲的谎言一样）。所以其余三句是真的，他是无罪的。

丙说甲帮助乙盗窃是谎言，因为甲敌制胜已说过对犯罪过程一无所知。所以他说乙是罪犯，自己是无罪都是真的。

而乙则只有说自己是清白无辜的这一句是谎言，其余都是真的。因此，他就是盗窃犯。

155 乙、丁的口供相矛盾，必有一真一假，那么甲的口供是假话，所以甲是罪犯。

答案

156 如果甲是，则乙也是；但乙不在现场，乙不是，所以甲也不是；既然至少一人是，则只能是丙。何况他前一小时在现场，有"踩道"之嫌。

157 如果C作案，则A是从犯；

如果C没作案，则由于B不会开车，不会单独作案，因此A一定卷入此案。

C或者作案，或者没有作案，二者必居其一。

因此，A一定卷入了此案。

158 （1）如果b是清白的，则根据事实1，a和c是有罪的；

（2）如果b是有罪的，则他必须有个帮凶，因为他不会驾车；再次证实a和c有罪；

（3）因而，第一种可能是a和c有罪；第二种可能是c清白，a有罪；第三种可能是a清白，c有罪，则根据事实2，a同样有罪。

结论：a犯了盗窃罪。

159 原来那女窃匪以偷龙转凤的方式，把玉项链交给横巷内的盲眼女子。她们两人是同党，该女子偷了玉项链后，在附近走了一圈，转入横巷，交给盲眼的女子，她是假装失明的，看见女子被捕，立即将项链交给小孩玩耍，以掩人耳目。

160 张三肯定是有罪的。

如果李四无罪，那么，罪犯就或是张三，或是王五。假如张三就是罪犯，那他当然有罪。而假如王五是罪犯，那他一定是和张三共同作案的（因为他不伙同张三是决不作案的）。所以，在李四无罪的情况下，张三是有罪的。

如果李四有罪，那么他必定要伙同一个人去作案（因为他不会开汽车）。他或者伙同张三，或者伙同王五。如果伙同张三，那么张三当然有罪。如果伙同王五，那么张三还是有罪，因为王五只有伙同张三才会作案。

或者李四无罪，或者李四有罪，总之，张三是有罪的。

161 死于自杀。分别假定陈述（1）、陈述（2）和陈述（3）为谎言，则没有两个陈述能同时为谎言。因此，要么没有人说谎，要么只有一人说了谎。

根据（4），不能只是一个人说谎。因此，没有人说谎。由于没有人说谎，所以既不是谋杀也不是意外事故。因此，达纳死于自杀。

162 供词（2）和（4）之中至少有一条是实话。

如果（2）和（4）都是实话，那就是柯蒂斯杀了德怀特；这样，根据Ⅰ，（5）和（6）都是假话。但如果是柯蒂斯杀了德怀特，（5）和（6）就不可能都是假话。因此，柯蒂斯并没有杀害德怀特。于是，（2）和（4）中只有一条是实话。

根据Ⅱ，（1）、（3）和（5）中不可能只有一条是实话。而根据Ⅰ，现在（1）、（3）和（5）中至多只能有一条是实话。因此（1）、（3）和（5）都是假话，只有（6）是另外的一条真实供词了。由于（6）是实话，所以确有一个律师杀了德怀特。

根据前面的推理，柯蒂斯没有杀害德怀特；（3）是假话，即巴尼不是律师；（1）是假话，即艾伯特是律师。从而，（4）是实话，（2）是假话，而结论是：是艾伯特杀了德怀特。

163 11次。从11点到1点，这两个小时中，时针和分针只在正12点时重合了一次。因此，正确答案是11次，而不是12次。

164 一般说时钟的长短针重合，是指示位置的重合。但是这个题目中提的"完全正好不差地重合"，想一想，一长一短两根针能达到这个要求吗？

165 拨动响铃指示时间的针，当拨到当时的时间，闹钟就会响起来。这样就可以知道大概是什么时间了。

166 C。由于她家的闹钟62分钟是标准时间60分钟，则她家闹钟计时长度（这里计时长度按分钟算）：标准计时长度=31：30；她的手表每60分钟等于闹钟的58分钟，即她手表的计时长度：闹钟计时长度=30：29。由上得出：手表计时长度：标准时间计时长度=31：29。所以手表比标准时间快。

167 12点时需要55秒，6点时需要30秒。

5×12=60秒，但钟不会敲第12次以上，所以在第12下刚响起时就知道是12点钟了。从钟响第1声到第12声的间隔是11，所以5×11=55秒。

敲6点时，响了6声以后不知道是否还会有第7声，只有等5秒钟过去之后才能判断，所以是5×6=30秒。

168 90下。1点到12点为1+2+3+…+12=78，每半小时敲一下，因此78+12=90。

169 挂钟敲3下需6秒，每两下之间的间隔是3秒，敲6下则有5个间隙，所以需要15秒。

170 在钟敲第一下与第六下之间有五段时间间隔，而敲钟要花30秒钟，所以，钟连续敲两下的时间间隔要花6秒钟。现在敲12点，就是说敲第一下和敲第十二下之间有十一段间隔，所以要花66秒钟。不要脱口而出60秒哦。

171

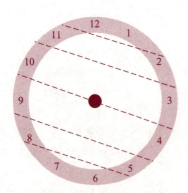

172（1）1、9；（2）2、8；（3）3、7；（4）4、6；（5）10；（6）5、1、1、1、2。

173 表快了。

174 凶手行凶的时间是7点36分。如照片所示，差了两刻的时间，而两刻度的差距，是4点24分与7点36分，但是这里只有7点36分最正确。因为小军是在当天下午发现火灾的，

所以行凶的时间，一定是7点36分。

175 12点零5分。计算方法很简单，从最快的手表（12点15分）减去最快的时间（10分钟）就行了。或者将最慢的手表（11点40分）加上最慢的时间（25分钟）也可以。

176 由于酒窖四周无窗，阿必特若真的失去知觉，醒来后就无法知道外面是白天还是黑夜，就是有老式手表，他也无法知道到底当时是近中午12点还是夜里12点。而按照波衣德平时的习惯，总是在中午12点左右到家的，这样阿必特听到波衣德回来时就会以为是中午，而不会催波衣德到车站去追赶午夜列车的盗匪了。

177 在12小时以内，时针与分针有11次重合的机会。我们知道，时针的速度是分针的1/12，因此，在上次重合后，每隔1小时5分钟27又3/11秒，两针就会再度重合一次，在午夜零点以后，两针重合的时间是：1时5分27又3/11秒，2时10分54又6/11秒，3时16分21又9/11秒，4时21分49又1/11秒。最后这个时间正好符合秒针所停留的位置，因而它就是侦探所确定的时刻。

178 房内旧挂钟要经常上发条，报案人说出差一个月，挂钟早停了，所以是谎报。

179 平常盲人进房时听惯了座钟的"嘀嗒"声，现在听不到了，说明小偷恰巧挡住了座钟，所以，他向座钟方向开了枪。

180 D。表上的数字相加和为18。

181 如果珍珠在红盒子中，自然珍珠便不在黄盒子中，那么红盒子上的话和黄盒子上的话都是真话，这与"只有一句是真话"相矛盾，所以这是不可能的。如果珍珠在蓝盒子中，自然珍珠就不在红盒子和黄盒子中，那么蓝盒子和黄盒子上的话也都是真话。因此，这也是不可能的。因为珍珠在三个盒子中的一个盒子里，既然不在红盒子和蓝盒子里，那么一定在黄盒子里。

182 C盒子里有梨。因为A盒子上的话和D盒子上的话不能同时都是假的，所以能断定C盒子

里有梨。

(183) 李四说真话。

(184) 现在是上午，胖的是哥哥。

(185) 因为三个人都没有说真话，所以A不娶甲，甲不嫁C，所以甲只能嫁给B，而C不娶丙，那么C只能娶乙了。剩下的A只能娶丙了。

(186) 乙得大奖，丙得一般奖，甲未得奖。

(187) 乙、丁身后是红旗。

(188) 抓住“三只盒子上的标签全贴错了”这一关键条件，可从标有“一黑一白”的盒子获得突破。

先从标有“一黑一白”的盒子里任取一只球来看，有两种情况：

（1）若取出的是一只白球，则根据题设条件，该盒的另一个球不能是黑球（因为盒上的标签全贴错了，这个标有“一黑一白”的盒子就不可能装着一个黑球和一个白球），因此这个盒子的两个球全是白色的；从而可知贴着“全黑”的标签的盒子里装的不可能是全黑，也不可能是全白，因而是一黑一白；标着“全白”的盒子里装的全是黑球。

（2）若取出的是一只黑球，则由题设条件知这只盒子装有两个黑球；从而可知贴有“全白”标签的盒子装的不是全白也不是全黑，因而是一黑一白；这样贴有“全黑”标签的盒子中装的两个球只能是全白的了。

(189) 从条件（1）、（3）知赵、钱不是教师。

	售	工	教	干
赵		×	×	×
钱			×	×
孙				×
李				

假设孙是干部，那么钱不是售货员就是工人，由条件（2），钱比孙大，条件（7）干部比售货员和工人年龄大，这是矛盾的，所以孙不是干部。

假设赵是工人，干部不是钱就是李，由条件（6）工人不认识干部，由条件（1）、（3）赵又认识钱和李，这是矛盾的。所以赵不是工人。

假设赵是干部，由条件（1）、（3）、（6），工人应该是孙，那么钱不是售货员就是教师，这与条件（4）、（5）又有矛盾，所以赵不是干部。

赵不是教师、不是工人、又不是干部，赵一定是售货员，故钱不是干部。

把上述情况填入下表，即可知道赵是售货员，钱是工人，孙是教师，李是干部。

(190)

	中	日	美	英	法	德
A	×	×	×	×	×	√
B	×	×	×	×	√	×
C	×	×	√	×	×	×
D	×	√	×	×	×	×
E	×	×	×	√	×	×
F	√	×	×	×	×	×

A德国人，B法国人，C美国人，D日本人，E英国人，F中国人。

(191) 101舞蹈室，102电工室，201美术室，202书法室，301音乐室，302航模室，401生物室，402棋类室。

(192) 张与朱同班，林与宋同班，刘与陈同班。

(193) 丙、己、丁是女的，甲、乙、戊、庚是男的。

(194) 大李和小钱跳。

(195) 张第一，陈第二，刘第三，李第四。

(196) 本题可利用假设法来解决，若是一班或二班得金牌，则小明、小玲、小光都对。若是三班，则小明、小玲、小红都错，只有小光对。这样由判断语言的逻辑关系，找到正确的结论，即三班获得冠军。这类问题需要我们运用

语言间的逻辑关系进行判断。

197 （1）若是小红做的，则三人说话中有二真一假、不合题意。

（2）若是小芳做的，则三人说话中还是二真一假、不合题意。

（3）若是小惠做的，则三人说话二假一真、则符合题意。

所以得到结论是小惠做的。

198 因为这个小朋友分析过，若这个人是乙队的，则找到的人是甲队的，那人会说在讲台西，而这个人会说在东；若这个人是甲队的，找到的是甲队的，会说在西；若找到乙队的，他会说在西，结果还是说西，所以只要说西，这人一定是讲真话那一队的。

199 第一辆车的司机应该断定自己应开往B市。

200 （1）选（D）。
（2）选（A）。
（3）选（C）。
（4）选（E）。

201 自行车。

202 在案发后3小时，不可能会收到信件。这个时候，唯有真正的凶手才知道王小姐是被刺杀的。李先生过早地提出这封信，恰好透露出自己是真凶的消息。

203 是莱格干的。他暴露出喇叭是藏在盒子里偷走的，而且还知道店里有三个钱箱被撬。此外，他在短文里几乎所有的行动都跟实际发生的事实相反。

204 老太太在生命垂危时，用缝衣针在白纸上用盲文刺上了杀害她的凶手的名字和原因。

205 如果是死者生前打的字，打印机上应该留下死者的指纹的。

206 凶手是A——麦根，只有他带有可致人死命的凶器，只要把狗链绕在手上，就是一击可致人死命的硬物。

207 民警将手表分别在两个人手上试戴，根据表带洞扣痕迹，他判断出了谁是那只上海表的主人，谁是抢劫犯。

208 是矮的阿伦。他在屋内吸烟时，由于被屋外的矮树所阻，所以外面的人看不到屋内人的面目。

209 哈莱金怀疑送奶工是凶手，打匿名电话的是送奶工，他以为警察接电话后很快就会开始侦破，因此他不必再送奶了，因为现场有两份报纸，却连一瓶牛奶也没有。

210 因为赵某在与营业员谈话的过程中，只字未提电报，如果女营业员不曾给赵某打过电报，那她怎么知道有人给赵某打过电报呢？

211 乘客用匕首刺死飞行员时，刀尖刺破了橡皮筏的空气管儿。一有窟窿压缩空气就会跑掉，船也就会很快沉没，而且海里有吃人的鲨鱼，所以凶手用手指拼死抠住这个洞以防止漏气。这样，他就动不得半步，也就无法拿到有食品的罐头而活活饿死了。即便手指松开，迅速拿过罐头，也没有时间把罐头打开，因为这功夫橡皮筏的空气会跑得一干二净。或者是船沉了，自己成了鲨鱼的食饵，或者是饿死，二者必居其一。

212 你了解马的生活习性吗？马在吃草的时候是什么样子？马在吃草的时候，为了防止杂草茎叶刺伤眼睛，会本能地闭合眼睛，所以后一幅画是真本。

213 蜘蛛吐丝织网，预示着冷天即将来临。结果，不出所料，寒流来临，一夜之间江河封冰，"天堑变通途"了。

214 水涨船高，小朋友不会被淹。

215 先把瓶子正立，用直尺量出瓶子里酒的高度；再把瓶子倒过来，量出从酒的液面到瓶底的高度。酒在瓶子圆柱形部分占的高度，和第二次量的空余部分占瓶子圆柱形部分的高度相加，就是和整个酒瓶容积相当的圆柱体高度。这样，就可以由酒的高度占整个高度的百分比，算出酒占整个酒瓶容积的百分之几。瓶的内径在求百分数时，可以不计。

216 有且只有一个。如果我们借助想象，就可以采用形象描绘法来帮助分析：假定有两个人在同一天的一大早，分别从甲地骑自行车和乙地坐汽车相向而行，那么他俩在途中一定会在某个地方相遇，而这个地方就是本题的答案。

217 往烧瓶里面加水。

218 首先，用筛子把黄豆筛出来（分离黄豆）；第二，用磁铁吸附铁屑（分离铁屑）；第三，把混合物倒进水里，把浮在水上的木屑分离出来（分离木屑）；第四，把水倒进一个敞口容器，留下底下的细沙（分离细沙）；最后，把容器里的水放到太阳下晒干或加热，把溶化在水里的盐重新分离出来（分离盐）。

219 将铁皮敲成半球，锉掉后敲平就可以得到一个圆孔。把铁皮折叠成四折，夹在老虎钳里，锉去一角，展开敲平，得到方孔，把铁皮对折，夹在老虎钳里，锉去边缘，展开敲平，得到长方形孔。

220 可以在红光下拍摄，或者在文件上蒙上一层红色玻璃纸再拍照。

221 把弹簧秤倒过来放在桌上就行了。

222 因为"一连几天气温都在零下几十度"，而且木屋的窗上又有破洞，橱中的墨水早就冻成了冰块，怎么能马上用来作画呢！

223 这个探险者的出发点是北极。

224 因为企鹅潜水本领不大。它嗉囊里的石子，不可能是从海底衔上来的。唯一的可能是附近有陆地，在那里吃的石子。

225 死者脚底的伤痕是从脚趾到脚跟的，若他真是从树上摔下来摔死的，那么脚底的伤痕应该是横的。因为赤脚爬树大多要用双脚夹住树干，即使脚被弄伤的话，伤痕也只能是横的。

226 年轻人声称自己是刚到现场的，但他却知道炭块已经凉到可以把手伸进去而不会被烫伤的程度。

227 若直升机在飞行中，舱门被打开时，由于机内外的气压不同，所以一定会扯起一阵急风，将机舱内的东西扯出舱外，因此，遗书不可能仍放在椅子上。警长便肯定是驾驶员把他的朋友抛出直升机，然后关了机舱门，再把遗书放在椅子上的。

228 玻璃鱼缸里面养的是热带鱼。刑警看到热带鱼欢快游动，便识破了这个女人的谎言。因为在下大雪的夜里，若真停了一夜的电，那么鱼缸里的自控温度调节器自然也会断电，到清晨时，鱼缸里的水就会变凉，热带鱼也就会冻死了。

229 嫌疑人说他在那个帐篷里已住了一个多月，然而帐篷里的草还是绿的。如果被帐篷盖了一个月，草早就枯萎了。

230 问题的关键在于酒中的冰块。哥哥事先将无色透明的毒药藏在方形的冰块里，然后用此冰块调了一杯威士忌。当他自己喝时，冰块尚未溶化，所以酒中无毒。后来，弟弟因为慢慢喝着剩余的半杯酒，此时，毒液已经溶入酒中，因而中毒身亡。

231 矮个子胳膊和手短，高个子胳膊和手长，警长是个大个子，由他站在上面就够着窗户了，用这个办法他们爬出了窗户，抓住了罪犯。

232 议员是真正的凶手。他进诊所时，陌生人已经换上干净的衣服，并且吊着臂，他不应知道陌生人是背部中弹。

233 凶手是电报局职员张荣。因为仙蒂的妈妈曾说："那男子约我的女儿昨晚18时30分，在他公司楼下的公园见面。"只有电报局职员，才会习惯用这种时间表示的用法，通常一般人只会说晚6点半在某地见面。

234 法医判断得对，应该是他杀。既然贴着肉开枪，持枪的手不可能在被子中。

235 清洁地毯的小时工。他可以用吸尘器把戒指吸出。

236 因为所有的狗都是色盲，所以，牧羊犬麦克不可能知道信号旗或秋衣是红色的。

237 如果真像她所讲的那样，歹徒是在门外朝她丈夫开枪，弹壳就不会落在房间里，也不会落在左侧。因为从自动手枪里飞出的弹壳应该落在射手的右后方几英尺处。

238 青铜是一种抗摩擦的金属材料，古时候，被广泛用于制造大炮，青铜和路面撞击不会擦出火花。

239 如果嫌疑犯比希案发时在家看电视，一定会留意到荧屏发生变化——因为当客机飞过上空时，会使电波受到干扰，导致电视出现波浪形的画面。

240 案发时间是上午9点之前。因为牵牛花只有早晨才盛开，过了9点就开始凋谢，侦察科长就是根据画中所画的牵牛花，推断出案发时间的。

241 花圃里的花清晨有露水，甘队长找到那盆没有露水的就是罪证。

242 大丽花含有背叛之意，果然，以后的事实证明，是死者朋友恨其出卖行为而采取的报复手段。

243 毛玻璃不光滑的一面只要加点水或唾沫，使玻璃上面细微的凹凸呈水平状，就变透明了，能清楚地看到出纳在办公室中所做的一切。而在左边办公室毛玻璃的一面是光滑的，就不具备这样的条件。

244 犯人是制造玻璃的人。这种钢化玻璃，尽管很硬，但是只要上面有一个小小的裂缝，再照着那里用点巧劲儿，就会像瓷碗一样碎掉。知道这种常识的人应该不多，而且这明显是有预谋的，普通人不知道，知道也不会去砸这种玻璃。而知道这种常识，又能制造这种漏洞的人，就只有玻璃的制造者了。

245 像图中那样画一条线就得到了5个水杯。

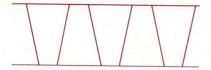

246 将下图的AB、CD连接起来就可以将新月分成6个部分了。

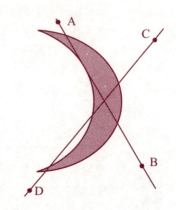

247 可画出三角形11个。

248 如图所示。

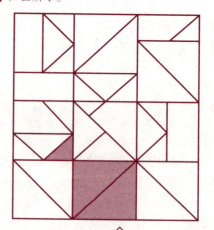

249 先把正方形拼成◇◇形，然后再填充三个等腰直角三角形。

答案

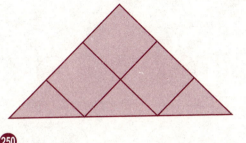

250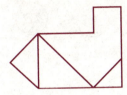

251 如图。

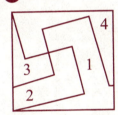 

252 B。

253 A。以中间有小三角形的三角形为底面，把纸片折成正三棱锥。

254 如图。

255 A。

256 D。

257 （1）E。（2）A。

258

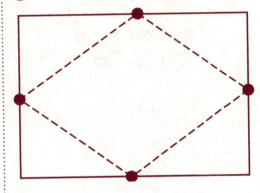

259 A。球会滚过去又滚回来停留在A处。

260 （1）下降。（2）会上升。

261 当四只甲虫相聚时，它们各自爬过的螺旋形路线的距离，等于原正方形的边长，即10厘米。

262 依次是黑桃K、黑桃Q、红桃Q。

263 三张扑克牌为梅花A、梅花K、红桃K。

264

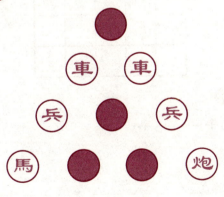

265 如图所示。

266 把两边的两枚"马"叠放在中间的"相"的上面。

267

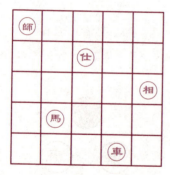

268

269 移动象棋的步骤如下:

第一步　　　　第二步

第三步　　　　第四步

270

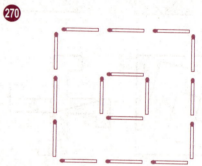

271

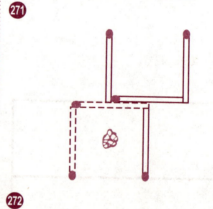

272

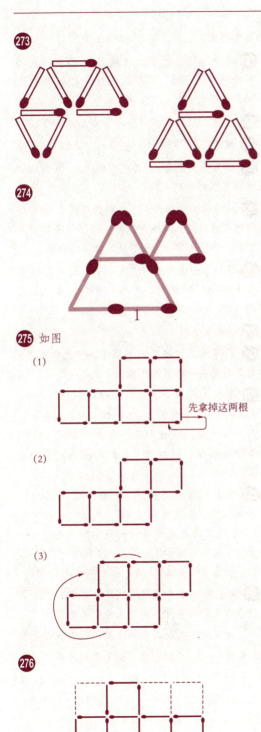
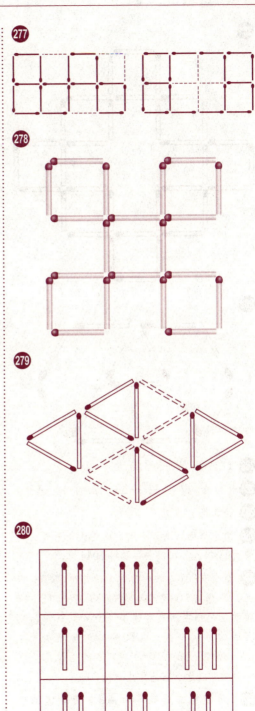

281

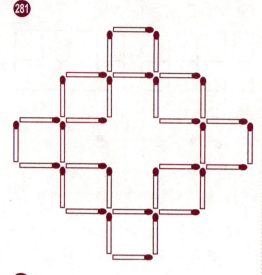

282

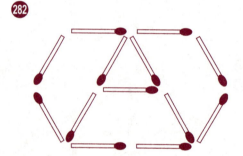

283 123-45-67+89=100

284 120枝。6/（1-1/3-1/5-1/6-1/4）=120

285 冷饮花了5角。

286 由于每场只淘汰一人，而要比出冠军，须淘汰1044人。所以一共要打1044场。

287 至少有20%的学生四次考试都得了80分以上。设想在100名学生中有30、25、15、10名学生分别在四次考试中没有考到80分，那么四次考试中都上了80分的学生至少有：100-30-25-15－10=20，即四次考试都上了80分的学生至少占总学生数的20%。

288 2只钢笔的价钱等于买8支圆珠笔的价钱，可见买1支钢笔的钱等于买4支圆珠笔的钱，于是买3支钢笔和5支圆珠笔就等于买3×4+12=17支圆珠笔，共用去17元。所以每支圆珠笔1元，每支钢笔4元。

289 中间有7个桥墩，两端没有桥墩，间隔数比桥墩数多1，所以间隔数=桥墩数+1。560÷（7+1）=70（米）

290 火灾日期为7月17日。因为17×7=119。

291 梯子一共23级，（3+6-2+7-3）×2+1=23。

292 因为将结果加2，再把和数除3，所得的商就是原想好的那个数。

293 不考虑水的速度，小船在距草帽3公里时回过头来追赶，船的时速为6公里，只需要半小时，即下午2时，小船就可以追到草帽。

294 前后车子的相对时速为80－65=15（公里），每分钟250米，所以相撞前一分钟的距离为250米。

295 只生1个蛋。

296 很遗憾，你赶不上火车了，因为你把2分钟都用在头一英里的跑路上了。

297 将每个大和尚与4个小和尚分成一组（1大4小），问题化简为"5个和尚吃5个馒头"，而100/5=20，即说100个馒头可按每组5个而分成20组，这样得：大和尚20人，小和尚20×4=80人。

298 每天10根。从每天吸3根烟的第三周开始算，由于那周他戒了50%，则第二周每天吸6根；这时还未戒掉第一周烟量的25%，所以，第一周他每天吸8根；那么，之前的一个星期，由于还未戒掉烟量的20%，则他每天吸10根。

299 题目的难点在于整个试题种存在着一个影响各个元素的变量。此变量是隐藏着的。

此题的变量是漏水的速度。我们假设漏水速度是a人工/小时，则根据条件建立等式

5×8－10×3＝（8－3）×a 解得 a＝2

同理我们设需要m人则 10×3－m×2＝2×（3－2） 解得 m＝14人

300 把从顶朝下看作顺水行驶，从底朝顶看作逆水行驶，此人不走，那么乘着扶梯到顶就相

当于水流速度，根据题意这人的逆水速度为 $1 \div 7.5 = 2/15$，顺水速度为 $1/1.5 = 2/3$，水流速度即扶梯速度为每秒 $(2/3 - 2/15) \div 2 = 4/15$ 级，船速即人速为每秒 $(2/3 + 2/15) \div 2 = 2/5$，所以停电，那么此人沿扶梯从顶朝下走一共需要 $1 \div 2/5 = 2.5$ 分钟；此人不走，乘着扶梯从底到顶需要 $1 \div 4/15 = 3.75$ 分钟。

301 先要找出题目中的一个隐含条件，即左右两页书页码的差为 1。知道了两数的和与差，用 193 页去掉 1 页，所得的差不就是左边数的 2 倍吗？从而可求出左边的页数。当然用 193 页加上 1 页，就是右边页数的 2 倍，也可求出右边页数。

左边页数：$(193 - 1) \div 2 = 96$

右边页数：$96 + 1 = 97$

左右两页的页码分别为第 96 页和第 97 页。

也可列出含有未知数 X 的等式来解答。

设左边页数为 X。

$X + (X + 1) = 193$

解出：$X = 96$ 右边页数：$96 + 1 = 97$

302 小芳从 1 岁到她现在年龄，从她现在年龄到宋老师现在年龄，和宋老师从现在年龄到 43 岁，这中间的间隔是相等的，正好都等于他们俩人的年龄差，所以宋老师与小芳的年龄差是 $(43 - 1) \div 3 = 14$（岁）。可知小芳现在年龄为：$1 + 14 = 15$（岁），宋老师现在年龄为：$15 + 14 = 29$（岁）。

303 这道题只要弄清"岁数"、"月数"、"星期数"、"天数"的关系，就可以找到解题线索。祖父的岁数正好等于孙子过的月数，而一年有 12 个月，所以祖父的年龄是孙子的 12 倍。父亲过的星期数恰好等于他儿子过的天数，所以父亲的年龄是儿子的 7 倍。由此可知，如果把孙子的年龄作为 1 份的话，那么父亲就占 7 份，祖父占 12 份。于是可以得到：孙子的年龄：$100 \div (1 + 7 + 12) = 100 \div 20 = 5$（岁）；父亲的年龄：$5 \times 7 = 35$（岁）；祖父的年龄：$5 \times 12 = 60$（岁）。

304 甲数：乙数 $= 2/3 : 2/7 = 7 : 3$，甲数是 7 份，乙数是 3 份，由甲是两位数可知，$14 \times 7 = 98$ 所以甲每份的数量最大是 14，甲数与乙数相差 4 份，所以，甲乙两个数的差是 $14 \times (7-3) = 56$。

305 这题是我们常说的"牛吃草"问题，也叫牛顿问题。顾名思义，这是牛顿提出的一个数学问题。计算这种问题，必须首先明确一个道理，就是牧场上的草不是固定不变的，而是不断地生长。计算时，必须考虑这一点。

假设 1 头牛 1 天吃的草为 1。

（1）每天新长的草是

$(23 \times 9 - 27 \times 6) \div (9 - 6) = 45 \div 3 = 15$。

（2）牧场原有的牧草是

$27 \times 6 - 15 \times 6 = 162 - 90 = 72$。

（3）21 头牛多少天把草吃尽

$72 \div (21 - 15) = 72 \div 6 = 12$。

即 21 头牛 12 天把牧场的草吃尽。

306 第一天投入一棵，第二天就发展成 2 棵，到第三天就发展成 4 棵，因此，第一天投入 4 棵，等于减少了两天的生长时间。$28 - 2 = 26$，即第 26 天就可以长满池塘。

307 蜗牛"日升 3 米，夜降 2 米"，因此它每天实际上升 1 米。墙高 12 米。以一天升 1 米计算，9 天就升高了 $9 \times 1 = 9$（米），离顶端 $12 - 9 = 3$（米）。因为蜗牛在白天能升高 3 米，所以它在第十天的白天里，完全可以爬到墙顶。

308 小老虎先回到出发点。小老虎跑完 100 米正好用了 50 跳，全程往返共用 100 跳。小狮子跳了 33 次，跑了 99 米，最后一米又要跳一次，往返总共跳了 68 次，等于小老虎跳 102 次。因此，当小狮子跳 67 次，小老虎已先回到出发点。

309 大青蛙捉了 51 只虫子，小青蛙捉了 21 只虫子。

大青蛙比小青蛙多捉虫子 $15 + 15 = 30$（只），如果小青蛙把捉的虫子给大青蛙 3 只，则大青蛙比小青蛙多虫子 $30 + 3 \times 2 = 36$（只），这时大青蛙捉的虫子是小青蛙的3倍,所以1倍就是(30+3×2)÷(3-1)=18(只),小青蛙捉虫子18+3=21(只),大青蛙捉虫子21+15×2=51(只)。

310 每个小猴子抬西瓜平均走了200米。

2个小猴子抬着走300米,共要走300×2=600(米),3个小猴子轮流抬,平均每个小猴子抬西瓜走了300×2÷3=200(米)。

311 不能,兔子跑100米,猫跑90米,兔子又跑10米到达终点,猫又跑9米,差1米到达终点。

312 需喂1.97公斤米。因为37公斤的米可供37只鸡吃37天,所以将37只鸡养一天需要喂1公斤米。而73只鸡73天生73公斤鸡蛋,所以要得到一公斤鸡蛋需将73只鸡养一天,需要喂给1.97公斤的米。算式为(1÷37)×73≈1.97公斤。

313 (一)22只鸡,14只兔。
(二)有15只鸡,15只兔。

314 一个大灯球下缀两个小灯球当是鸡,一个大灯球下缀四个小灯球当是兔。
(360×4-1200)/(4-2)=240/2=120(一大二小灯的盏数)
360-120=240(一大四小灯的盏数)

315 这类问题就是我国数学史上有名的盈亏问题。它的算术解法是:(8+5)/(7-6)=13(强盗人数)13×6+5=83(布匹数)。
列出的公式是:(盈+亏)/分差=人数(单位数)

316 在时间上,7点钟再加上8个小时是3点钟。

317 0×7÷5+9-1=4×3÷6+8-2

318

先确定十位,鸡为4,其余可以通过列出一个简单方程计算得出。

319

320

321 1:15。表上的时刻转化为数值。如:9:00→900;6:00→600,900+600=1500;……

322 (1)B。1-9中的9个整数中,任何数只有乘以1的时候,才能等于它本身。
(2)E。六个选项中,只有当这个数放入方形里,得到的结果才能是两位数。
(3)E。只有2才能让等式右侧是一个一位数。
(4)e。圆圈与正方形相比就像椭圆形与长方形相比。

323 (1)C。很显然,这个等式代表:5-1-1-1-1=1。
(2)E。选项中,只有0的4倍等于它自身。

324 G应该是6，乘式为 95238×7=666666 寻找答案的思路可以是这样的：111111×G=GGGGGG 能够整除111111的个位数只有3和7。用这两个数分别除111111，将结果进行比较，取 111111=15873×7 代入，得 15873×G×7=GGGGGG，不难发现当G=6时，上述等式成立，即 95238×7=666666。

325 如图所示，解题参考思路：(1) 被减数应是9个数字中偏大（最大）的数，符合这个条件的，可以是7、8、9；(2) 积应是9个数字中两个不相同乘数相乘的结果，因而也是偏大的数，这个数只可能是6或8；除法一行的要求与乘法相同，且两式有一个共同的数，这个数只能是2；(3) 这样，减数与两个加数也就可以确定了。

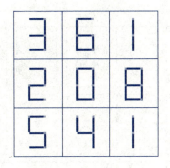

9	−	5	=	4
				×
6	÷	3	=	2
				=
1	+	7	=	8

326 (1)

53+27−30+18=68

(2) 可以改成罗马数字表示的等式：

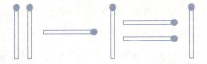

(3) 变成下列这个罗马数字的等式：

327 将数字8中间的火柴移到右侧6的一边，使6变成8。如图所示。

328 这三张牌的点数各是6、9、8。

329 A拿的两张扑克牌是A、9；B为4、5；C为3、8；D为6、2。剩下的那张扑克牌是7。

330

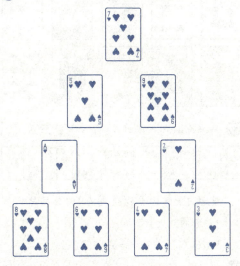

331

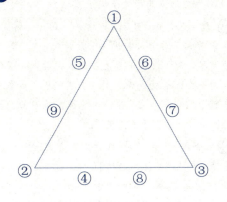

332

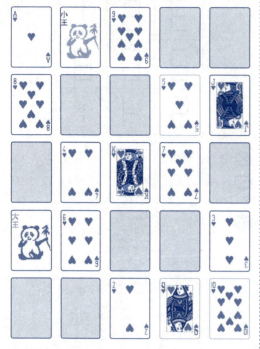

333 将红桃3、4两张牌调换，如下图所示。

上述9张牌的点数组成的9位数显然为能被19整除的最大数，即

987653421÷19=51981759

334 棋子在60分钟时全满，一分钟之前，即59分钟的时候是半盒子棋子。

335 取了832次后还剩2枚棋子，那么，第832次拿了棋子后但未放进去1枚时盒子里只有1枚棋子，这1枚棋子是上一次取完后盒子里棋子的一半，也就是说，上一次取完棋子后盒子里剩下的棋子也是2枚，由此往前推可知，开始时盒子里也只有2枚棋子。

336 5个人。5个人在5秒钟内能捡起5根火柴，再持续5秒钟的话，捡起10根。也就是说，10秒钟捡起10根，20秒钟捡起20根……5个人可以同时工作，100秒就可以捡起100根火柴。

337 6个火柴盒中火柴的数目如下：1个60根，1个16根，另外4个各装6根。

338 160根。设此人手中最初的火柴为 x 根，那么，给了第一个人 $x÷2$ 根；第二个人 $x÷4$ 根；第三个人 $x÷8$ 根；第四个人 $x÷16$ 根，此时剩下的是 $x÷16$ 根。而 $x÷16=10$，故 $x=160$。也可以反过来从第四个人开始考虑，即：$x=[(20×2)×2]×2=160$。

339 这个问题是不是最小公倍数一类呢？很多人都会想到这一点，3和2的最小公倍数是6，是不是6步时两人同出左脚呢？不是的，需从实际出发去考虑，具体情况如下：

男：右、左、右、左、右、左、右

女：右、左右、左、右左、右、左右、左

这样便一目了然，不可能有男女同时左脚踏出的情况。应该锻炼自己从抽象到现实，从现实到抽象的思维的飞跃转换。

340 毫无疑问，这七位朋友经过若干天以后，有一个晚上在主人家里碰面。第一天与七个朋友碰面那一天，中间相隔的天数，应该是2、3、4、5、6、7各数的最小公倍数。不难求出这个数为420。每隔420天这七位朋友就将在主人家里碰面一次。

341 假定这天为1号，则苏珊娜再来的日子是8号、15号、22号、29号；而格洛丽娅则是4号、7号、10号、13号、16号、19号、22号来，所以，二人会在第22天再见面。

342 15分钟。

先把三块牛排编号为1、2、3。然后，第一步：煎1号正面，2号正面（用时5分钟）；第二步：煎1号反面，3号正面（用时5分钟），最后煎2号反面，3号反面（用时5分钟），这样花的时间加起来就只有15分钟了。

343 不能把黄瓜切断，但可以竖剖。把每根黄瓜剖成4条，4个人即得到了相同量的黄瓜。

344 先把3个苹果各切成两半，这样就有了6个半边的苹果，再把另外的2个苹果每个都切成三份，这样就又有了6份1/3苹果，于是平均每个孩子都得到了一个半边苹果和一个1/3苹果。

345 一号橱放一把三号橱的钥匙，二号橱放一把一号橱的钥匙，三号橱放一把二号橱的钥匙，剩下的每人一把。

346 两件家具互换位置，至少要把家具搬动17次。搬动的顺序是：

（1）钢琴；（2）书橱；（3）酒柜；（4）钢琴；（5）办公桌；（6）床；（7）钢琴；（8）酒柜；（9）书橱；（10）办公桌；（11）酒柜；（12）钢琴；（13）床；（14）酒柜；（15）办公桌；（16）书橱；（17）钢琴。

347 丁组。因为甲+乙＝丙+丁，丙+乙＜甲+丁，甲＜乙，丙＜乙；可得：甲+乙－丙＝丁，丁＞乙+丙－甲；所以甲＞丙，乙＜丁。因此，丁组力气最大，乙组第二，甲组第三，丙组最小。

348 两个孩子先过去，留一个，另一个回来。留下孩子，大人过河。到对岸，让过了河的孩子再回去，最后两个孩子一起过河。

349 需要6次。（1）一牛一虎过河，一牛返；（2）二虎过河，一虎返；（3）二牛过河，一牛一虎返；（4）二牛过河，一虎返；（5）二虎过河，一虎返；（6）二虎过河。

350 A B C代表猪妈妈，a b c代表猪宝宝。
　　ab过河，a回对岸。
　　ac过河，a回对岸。（此时bc已过河）
　　BC过河，Bb回去。
　　Aa过河，Cc回去。（此时过河的为Aa）
　　BC过河，a回去。（3只大猪已过河，问题解决）
　　a再来回四次，接另外两小猪过河即可。

351 解法：把2个圈和4个圈的这两条链子完全拆开，利用拆散的6个圈把全部串起来，只需6次接合。

352 105元。选择有3个环和4个环的那两根链条，把7个环都打开，然后通过重新焊接它们把其余的7根链条连成一根首尾相接的链条。这样，一共花费5×7+10×7＝105元。

353 最安全的步骤如下：

　　第一个医生戴上两双手套，上面套的第二双手套的外面接触到国王；第二个医生戴上刚才第一个医生套在外面的第二双手套，这样仍是这双手套的外面接触到国王。而且他没有和第一个医生有接触；第三个医生把第一双手套翻过来戴在手上，这样，他不会接触到第一个医生接触到的那一面。然后他再套上第二双手套，这样，接触到国王的仍是第二双手套的外面。这样，三个医生之间以及和国王之间都没有接触，所以是最安全的。

354 海伦原有的唱片数是个奇数，从成奇数的唱片中取一半再加上半张唱片，一定是个整数。因为海伦在把唱片送给乔以后只剩下了一张唱片，所以，可以推知在她把唱片送给乔之前，有三张唱片。三张的一半是1.5张，再加上半张，她送给乔的唱片一定是两张，自己还留下了一张完整的唱片。现在再回过头来计算，就不难算出她原来有七张唱片，送给苏席的是四张。

355 共进行了2场比赛，中国队对日本队的比分为4：3，中国队对巴西队的比分为2：2。

　　解：因为是单循环赛，所以两队间不可能赛两场。日本队得3分，只输；巴西队得7分，没赢；显然这两队并未比赛。比赛只进行了2场：日本队输给了中国队，而中国队得21分，又不可能胜两场，所以中国队与巴西队踢平。巴西队得7分，故进了2球；与中国队比赛是2：2平。那么中国队在和日本队的比赛中得了14分，进了4个球，所以比分是4：3。

356 这里，正好三封信套对了与正好一封信套错了是一码事。然而，正好三封信套对了是不可能的，因为如果这样第四封信也必然套对了，所以，套对的信正好是两封。

357 给丁的信进了给戊的信封；丁的信封却装了给丙的信；现在还剩3个信封，根据最后一个条件，给乙的信只能错装到给甲或丙的信封。如果给乙的信装到给甲的信封，说明给甲的信装在了给甲的信封。这不可能。因此，给乙的信装在了给丙的信封，此时给甲的信只能装在给乙的信封，最后给戊的信装进了给甲的信封。

358 一样多，道理很简单。假设水杯中含有k个数量单位的酒，这说明水杯中减少了k个数量单位的水，这k个单位的水自然全部在酒杯中。

359 慈善家自称施舍了50枚银元，分给10个人，如果每个人得到银元的枚数都不相同，最少的1枚（不能比这个数再小了），2枚，3枚……10枚。如此算来，要让十个人拿到枚数不同的银元，至少要1+2+3……+10=55（枚），50枚银元根本不够分的。

360 四个人回港日期的最小公倍数是48个星期，他们在12月2日可以一起回港。

361 这是一串3个的食物，1串3个卖1元，2串6个卖2元，3串9个卖3元。吃2个也要付1串的钱，吃4个就得付2串的钱。

362 三个球。

363 共5只大雁，队形是"人"字形。

364 牧民最初就只有两只羊。

365 360：300：210=12：10：7，也就是说，第一次相遇时，甲、乙、丙三人分别跑了12圈、10圈、7圈。

366 一个人三年挣2000＋2250＋2500=6750（元）；另一个人三年挣1000＋1050＋1100＋1150＋1200＋1250=6750（元），一样多。

367 A.先让1分钟、2分钟过桥，耗时2分钟。

B.1分钟回来带回手电，耗时1分钟；5分钟和8分钟过桥，耗时8分钟，共9分钟。

C.让2分钟带回手电，耗时2分钟；1分钟和2分钟过桥，耗时2分钟。共4分钟。

总共15分钟（最少）。

368 23这个数，用2、3、8都不能整除，如果按规定的份额分马，势要分出小数点匹马

来。但是，如果有24匹马不就好分了吗？聪明的阿凡提先是很高姿态地把自己的马贡献出来了，23+1=24，24×1/2=12，24×1/3=8，24×1/8=3。12+8+3=23。然后，阿凡提再把自己的马牵走，牧场的三个人也各得其所了。

369 大桶装满水，倒入小桶，大桶剩下2公升水。小桶水倒掉，大桶剩2公升水倒入小桶中，大桶再装满后，倒入小桶至小桶满，大桶即剩4公升。

370 每天怎样吃、最后剩多少都很清楚，可以用还原法，从后往前逆推。

因为第四天吃去前一天所剩桃子的一半再加一个，刚好吃完（剩余0个），所以第三天吃剩的桃子个数是（0+1）×2=2。

同理，第二天吃剩的桃子个数是（2+1）×2=6，第一天吃剩的桃子个数是（6+1）×2=14，第一天采回来的桃子个数是（14+1）×2=30。

所以，小猴子从山上共采来30个桃子。

371 15头。因为15头的半数是7.5头，再加半头就是8头，余下7头。7头的半数是3.5头，再加半头是4头，余3头。3头的半数是1.5头，再加半头是2头，余1头。1头的半数是0.5头，再加半头是1头。

372 这个问题直接从文字上分析有一定难度，为了帮助我们理解题意，启发解题思路，可以根据题意，画出下面的线段图。

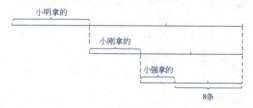

由于最后剩的8条是小强分的三份中的两份，所以小强拿走的鱼是8÷2条。那么小刚拿走自己分的一份鱼后剩下的鱼是8÷2×3条，这占小刚分的三份中的两份，所以小刚拿走的鱼是（8÷2×3）÷2；同样可得知小明拿走的鱼是[（8÷2×3）÷2×3]÷2条。所以打的鱼

一共是[(8÷2×3)÷2×3]÷2×3=27（条）。

373 根据题意，先画出下面的图。

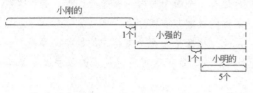

然后列出算式：
[(5+1)×2+1]×2
=[6×2+1]×2
=26（个）
筐里一共有26个山梨。

374 先装满13斤的容器，从中倒满5斤的容器后余下即为8斤，将它倒入11斤的容器中，而把5斤容器中的油倒回大容器；再从大容器中取油装满13斤的容器，倒出5斤后剩下8斤；5斤容器中的油倒回大容器，则大容器中的油也是8斤。

375 1.把大容器装满水，小容器倒空；
2.用大容器的水装满小容器。这时大容器中装有2公升水，小容器中装有3公升水；
3.倒空小容器，大容器中仍装有2公升水；
4.把大容器中的2公升水全部倒入小容器中；
5.小容器中保持有2公升水，并把大容器装满水；
6.用大容器中的水把小容器装满。这时小容器中装有3公升水，大容器中装有4公升水。
这大容器中的4公升水正是所需要的。

376 张家分6元，李家分3元才算合理。张家、李家总共干了9天，按三家均分，每家应干3天，但王家因事没干，他家的活由张家干了两天，李家干了一天，每天3元。

377 正确的分配是：交的5元是一个人的饭费，三个人吃饭，全部饭费（500克）就应是15元。放了200克米的人，折合钱数应是6元（因为100克值15元/5=3元）。他既吃掉了5元，还应付给他1元。而放了300克米（即折合钱数9元）的人应收回9-5=4元。因此，交来的5元中，一个人得1元，另一人得4元。

378 我们必须假定，当鲁宾逊付出2500美元以获得布朗与琼斯的合伙商行的三分之一股份时，他所投的资金是值得的。因此在鲁宾逊合伙进之前，该商行的股份总值应为7500美元。由于布朗所掌握的股份是琼斯的1又1/2倍，所以他的股份应是4500美元，而琼斯为3000美元。鲁宾逊的2500美元的分配应使这三位合作伙伴股权相等，或者说，大家的投资额都应是2500美元。所以布朗应分到鲁宾逊投资额中的2000美元，而琼斯应分到500美元。

379 用12元买12瓶汽水，再用12个瓶子换4瓶汽水，一共喝12+4=16瓶汽水，再进一步将4瓶空汽水瓶中的3个空汽水瓶换一瓶汽水，一共有17瓶汽水。现在还剩2个空瓶子，这种情况下可以找别人借一个汽水瓶，又可以换1瓶汽水，喝完后再把空瓶还给别人，这样最多就可喝18瓶汽水。

380 此题用还原的方法来计算：
如果第三个人不买，此时有（2+1/2）×2=5个蛋；
如果第二人不买，此时有（5-1/2）×=9个蛋；
如果第一个人不买，此时有（9-1/2）×2=17个蛋；
老妇人一共卖17个鸡蛋。

381 排列顺序如下：
1 0 3 8 5 6 7 4 9 2

382 这三张牌，从左到右依次为：红桃K、红桃A和方块A。

383 让乙先取牌。二人轮流取牌情况如下，则甲方必胜。
乙：红桃K
甲：红桃6、7
乙：红桃4
甲：红桃9
乙：红桃J、Q
甲：红桃A、2

乙：红桃3

甲：红桃10

乙：红桃8

甲：红桃5（全部拿完，成为赢家）

因为甲掌握了制胜的诀窍——争取后取。在这种情况下，他采取以下策略：

（1）当乙先取走一张牌时，此时圆圈上首先出现了一张牌的空位。于是甲在这一空位的相对位置上取走两张牌，使之出现两张牌的空位，这样，圆圈剩下的牌，被乙和甲第一轮取牌后出现的两个空位分割成数量相等的两部分。

（2）当乙先取出两张牌时，此时圆圈上首先出现了两张牌的空位，于是甲应在这一空位相对的位置上取走一张牌，使之出现了一张牌的空位，这样，圆圈剩下的牌，被乙和甲第一轮取牌后出现的两个空位分割成数量相等的两部分。

（3）在以后的每轮中，无论乙从哪一部分取走一张或两张牌，甲都在另一部分相对的位置上取走与乙张数相同的牌。从上述游戏中，可以看出甲从第二轮开始，始终坚持了这一制胜的策略。

384 方法1：

（1）红桃4跳到红桃A。

（2）红桃6跳到红桃9。

（3）红桃8跳到红桃3。

（4）红桃2跳到红桃5。

（5）红桃10跳到红桃7。

方法2：

（1）红桃7跳到红桃10。

（2）红桃5跳到红桃2。

（3）红桃3跳到红桃8。

（4）红桃9跳到红桃6。

（5）红桃A跳到红桃4。

385 如图所示。思路分析：首先，我们注意到中间两个方格有其余方格所不具备的特点，即与它在上下、左右或对角线方向上有接触的方格共有6个（其余的方格只有3个或4个），这说明，对于填在中间两个格子中的任一数字而言，在1~8八个数字中，除了自身外，必须有6个数字和自身没有连续关系，或者说，只允许有一个数字与自身有连续关系。满足这一条件的数字只有两个，一个是1，另一个是8。因此，填在中间两个方格中的数字必须是1和8。中间的数字确定后，其余的数字就不难确定了。

386

387 先手能保证自己获得胜利的唯一方法是：在他第一次取象棋时从最底下一行取走3枚象棋。

388 后手如果采用下述的两步策略，他就总能获得这个游戏的胜利：

1.当先手取走一枚或两枚筹码之后，圆圈某一个位置将出现单独的空当。于是，后手从圆圈中与这个空当相对的一侧取走一枚或两枚筹码，使得余下的筹码被两个空当分成数目相等的两群。

2.从这往后，无论先手从哪一群中取走一

枚或两枚筹码，后手总是相应地从另一群中取走相同数量的筹码。

试用这种策略对付你的朋友，你很快就会发现，为什么无论用多少筹码摆成圆圈，后手总能立于不败之地。

389 像下图那样移就可以了，还有别的方法，请自己找一下试试。

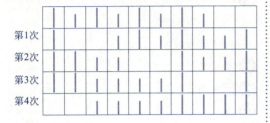

390 按箭头所指的方向和数字顺序进行移动。

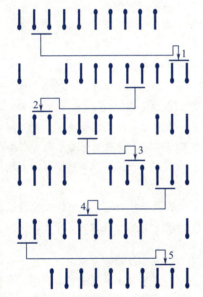

391 掌握了规律，谁先拿谁输。每堆两根火柴，若乙先从第一堆取一根，甲就取尽第二堆；若乙取第一堆，甲就在第二堆取一根，结果都是乙输。每堆三根火柴：乙从第一堆取第一根，甲就从第二堆也取一根，剩每堆两根；乙从第一堆取第二根，甲就取尽第二堆；乙取尽第一堆，甲从第二堆取第二根，还是乙输。

392 小苹果刚结出来时就用瓶子把它套上，让它在瓶子里慢慢长大，成熟后才摘下来。

393 少年将书放到墙角处。

394 可能。他正在清理窗户里面的玻璃。

395 哥哥把绳子绑在弟弟的身上。

396 第一个人的膝上。

397 6字无头为0，9字无尾也是0，半个8字也是零。这位同学没有钓到1条鱼。

398 把篮球里的气放掉，把球的一面压瘪进去，使球成了一个碗形，就把鸡蛋放在里面拿走了。

399 架一座200米长、300米宽的桥，在桥上斜着走过去就是A到B的最短距离。

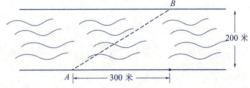

400 口。

401（1）丸。表上的时刻为"九点"，"九"和"点"恰好可以组成一个"丸"字。

（2）寸（"十"为"十"的象形，再加上一个"点"，即为"寸"字）。

（3）卜（钟表显示的时间为一点，而"卜"字恰好由"一竖"和"一点"构成）。

（4）此一时，彼一时。

402（1）散兵游勇（无论是"兵"还是"卒"，都是散乱地摆在棋盘上）。

（2）残兵败将（棋盘上只剩下了两个"兵"和一个"将"，而且黑色老将的一方即将失败了）。

（3）按兵不动（棋盘上所有的"兵"和"卒"都没有动地方）。

（4）短兵相接。

403（1）七上八下。

（2）一五一十。

(3) 三三两两。

404 (1) 萌。(2) 骄。(3) 漆黑一团。

405 (1) 一五一十。

(2) 三五成群。

(3) 七零八落。

(4) 丢三落四。

(5) 缺衣少食。

(6) 靡靡之音。

406 (1) 开("20"扣"二十",象形为"廾";再加上"一",可组成"开"字)。

(2) 其("20"扣"二十",象形为"廾";"3"扣"三","8"扣"八"。合起来,恰好为一个"其"字)。

(3) 秆("8000"扣"八千",组成"禾";"1"扣"一",加号扣"十",组成"干"。合起来为"秆"字)。

407 (1) 晶。

(2) 析。

(3) 芹(谜面扣"二十斤"。"二十"可象形为"艹",与"斤"合起来为"芹"字)。

(4) 寺(谜面扣"十一寸",可组成"寺"字)。

(5) 村(谜面扣"十八寸",可组成"村"字)。

(6) 重("千"与"里"的组合)。

408 (1) 得寸进尺。

(2) 一刻千金。

409 校。

410 (1) 一成不变。

(2) 以一当十。

(3) 千方百计。

411 (1) 杂。

(2) 罗("八个夕"的一半是"四个夕",扣合为"罗"字)。

412 (1) 一分为二。

(2) 合二为一。

(3) 不三不四。

413 (1) 一波三折。

(2) 乐在其中。

(3) 出口成章。

414 (1) 一言为定。

(2) 一语道破。

(3) 总而言之。

415 滴水成冰。

416 乐在其中。

417 坟。

418 孙膑说：我答题之前已经知道了题目，这对庞涓不公平，我虽然没办法让你走出来，却自信有本事让你走进去。鬼谷子不信，中计出来了。

419 因为孙膑开始拿起一个馒头来吃。当庞涓吃完一个半时孙膑的那个已吃完了，他抓起剩下的两个慢慢吃起来。

420 哥伦布拿起一个煮熟的鸡蛋，把大的一头（里面有空气泡的一头）往桌上用力"啪"地一放，蛋壳碎了一点，鸡蛋就稳稳当当地直立在桌面上了。

421 农夫的妻子针对地主贪财的心理想了个办法：农夫把一篮鸡蛋悄悄放在地里，当地主放了鸡过来时，他提起篮子，做了拣起最后一个蛋的动作，然后匆匆地往家走去。地主虽未看清，但估计是自己的鸡在那里下了蛋，非常后悔，再也不把鸡赶到农夫的地里去了。

422 大臣从箱中摸出一个纸卷，打开看一下，就扔进嘴里吃下去。吃完说："陛下，我摸到的是'生'字纸卷，不信你看箱里剩下的是'死'字纸卷。"一验证，果然如此。

423 把塞子塞进瓶里去。

424 把绳的一头拴在另一头的苹果上，成一个圈。

425 只要在船上加些石块，使船下沉几厘米，就可以使船从桥下通过了。

426 因为木船都是上宽下窄，只要把一条船上的货物暂时往岸上放一些，那条船就会稍稍上浮，两条船便可错开通过。然后，再搬回岸上的货物。

427 把铁链放在地上，由汽车拖着过桥，使分摊在桥上的重量不超过桥的载重。等过了桥，再把铁链装到车上。

428 把挑着的西瓜浸在河水里，就可以安全地过桥。

429 这个大人把两个小孩放进两边的箩筐里，转一个身，两个小孩就互相换了位置，各自过桥了。

430 用超过此桥长度的钢索，系在卡车与火炮之间，这样二者就不会同时压在桥上，便可以顺利地把炮拖过桥去。

431 把沙子慢慢往洞里拨进去，这样，小鸟随着沙子面升高而回到洞口。

432 "百"与"柏"同音，鬼谷子说的是"柏担榆柴"，而不是"百担榆柴"。

433 不是星期一，不是星期二……不是星期天。

434 巫师的话大致是这样的："在座诸位大人心里所想，我了如指掌，那就是：'你们都十分忠诚，一生都会忠于国王，永远不会图谋背叛和造反'。"在国王面前，大臣谁敢不同意呢？

435 明日逢春好，不晦气；终年倒运少，有余财，此地安，能居住，其人好，不悲伤！

436 佛笑我不能成佛。

437 如果我和你去了，那就什么都有了。

438 你帽子下边那玩意儿是什么？能算是脑袋么？

439 丘吉尔说："我也想提醒尊敬的演讲者注意，我只是在摇我自己的头。"

440 我看到你们每个人都买了两三个座位的票。

441 凡向鳄鱼池内扔垃圾者，必须自己捡回！

442 洞中的纸条上写的是"王村会合"。

443 "朝"拆开为"十月十日"，又有早晨之意，所以老王判断，接货时间为"十月十日早晨"。

444 按下梳子旁的按钮，因为寓以"一触即发"的含义。

445 信手拈来；开封。

446 "1、2、6、3"即可唱成"都来拉米"。

447 钢花、刨花、棉花、烟花、塑料花、火花、蜡花等。

448 （1）D。除玉米外，其他均长在藤蔓上。
（2）D。除D外均为感觉。

449 隆奇的爸爸卖掉了兔子身上的毛。

450 这是兽医院。

451 那是一辆救护车，她睡在车上。

452 那位法国地下组织的成员吻了他自己的手，然后狠狠打了纳粹军官一记耳光。

453 小孩没有出来找这个人，让他在那里等了很久，已经上当了。

454 汤姆是一条狗。

455 把火柴杆中间折弯。

456 两只羊同在路的一侧对着头吃草。

457 当竞赛小汽车装在火车上的时候。

458 举起手，让鸡蛋在四尺高处落下，在落到三尺时，生鸡蛋还未碰地，当然不会碎。

459 拿一个重物挂在第二根皮带的末端，先使它大幅度地摆动起来，然后抓住第一根皮带，当第二根皮带摆过来的时候，正好就抓住它了。

460 把地毯从一端卷起来，接近王冠时伸手就能拿到了。

461 遗产是两枚邮票。

462 是偶然被陨石击中的。

463

万	象	更	新	年	富	力	强
世	说	新	语	三	年	五	载
喜	新	厌	旧	人	寿	年	丰
新	陈	代	谢	亿	万	斯	年
快	马	加	鞭	助	人	为	乐
大	快	人	心	幸	灾	乐	祸
乘	龙	快	婿	其	乐	无	穷
先	睹	为	快	乐	不	可	支

464 百里挑一，百无一是。

465 百合。

466（1）卅、卉。
（2）柱、科（"18"扣"十八"，可组成"木"；"12"扣"十二"，扣合为"王"或"斗"；"1"扣合为"一点"或"一撇"。两种扣合，可分别组成"柱"扣"科"两个字）。

467 昌、亘、曲。

468（1）品（"吾"扣"五个口"，"吕"扣"两个口"，"五个口"减去"两个口"等于"三个口"，即"品"字）。
（2）叭、只（"杏"扣"十八口"）。

469（1）王、丰；（2）三。

470（1）杜、杆；（2）柱；（3）杠。
"18"扣"十八"，可组合成"木"字；"+1"可象形为"土"和"干"；"1+1"可象形为"王"字，"1-1"可象形为"工"字。

471 重感冒（谜底里面的"感"指感叹号，"冒"指冒号，"重"别解为重复）。

472 长江、嫩江、黑龙江、鸭绿江、浑江、珠江、松花江、牡丹江。

473 洛阳、长春、青岛、宁波、旅顺、长沙、武汉、高邮。

474 8。

475 共有20个。要注意70到79的范围内就有11个7字。

476 99＋99÷99＝100

477 一瓶可乐1块钱。

478 55岁。"六九""七八"均表示乘法。

479 给5名学生每人一个梨，留下一个连盒子一起给第六个学生。

480 20页。

481 合在一起变成一堆了。

482 需要9次才能渡完。因为每次有一个人要划船回来，只有最后一次是渡5个人。

483 8秒。从一楼到四楼只上了3层，需要6秒，所以平均每层是2秒，从四楼到八楼需要再上4层。

484 16天。

485 A银行。

486 两银行的利率相同，但甲银行只需两年，乙银行需要三年，因此存入甲银行较好。

487 顾客说得对。西瓜只有两种价。假定西瓜是满8斤的，至少要8元钱；如果西瓜是8斤以下的，最多也到不了6.40元钱。所以，不可能有7元的西瓜。

488 葱原本是1元钱一斤，也就是说，不管是葱白还是葱叶都是1元钱一斤。而分开后，葱白却只卖7角，葱叶只卖3角，当然要赔钱了。

489 商店店主损失了价值9元的货物，和1元的零钱，共计10元。

490 他骗了商店91元。

491 在这笔糊涂账中，关键在于第一天的一元钱已经"变"成了扇子，不能再算了，老太太还应该再付一元钱。

492 如果围绕原要入账的300元"虚数字"，那就无法算清了，也就是说，无法找回那"不见"的10元，事实是：三人实际付出270元（从收款员手上各人退得10元）。也是说，入现金账的是250元，进私人腰包是20元，合起来是270元，是对得上的。按最初的300元去计算是没有意义的。

493 一样大。根据周长公式可推出空隙都为：1/（2×3.14）米。

494 当长为6米，宽为4米时，面积是6×4=24（平方米），为最大。

495 李树长在路边，结了那么多果子，要是不苦，早就叫人吃光了。

496 是这个外国人到中国来了。

497 内科大夫可能去治牙，或者有事去找牙科大夫。

498 你会马上想到7月和8月，但是否忘记了还有12月和1月呢？

499 两个人相对而立。

500 请注意"南来的"，"北往的"。如果想当然地把他们相对起来，就又形成了思维的障碍。从南方来的和向北方去的，本是同一方向，他们可以一前一后地过桥去。

501 这个问题其实就是问你的名字而已。

502 他整个上午都穿着这条裤子睡觉（躺着）。

503 戴最大号帽子的人是头最大的人。

504 绳子没有拴在树上，只是拴在马的鼻子上。

505 因为那儿已经是森林的中心了。

506 应该买连一次准时也没有的那只。因为一天之内有两次准确时间的表是全然不动的表；而一次准确时间也没有的表虽然有些故障，却还能转动，相比之下要好一些。

507 原来是没有冲水的咖啡。

508 早饭及午饭。

509 当然是朝下。

510 再过72小时还是午夜，所以见不到太阳。

511 列车并未开动。

512 这是一道含有"对"、"错"的是非判断题。

513 这是一位女武警。

514 第一个人是第二个人的妈妈。

515 公安局长是女的，吵架中的一方是她的丈夫，即小孩的父亲；另一方是公安局长的父亲，即小孩的外公。

516 那位律师是女性，也就是"妻子"。

517 他们的关系是祖父、父亲和儿子，一共三人，所以一共猎得三只。

518 可以从十五层大楼的第一层的窗户往下跳，所以没有受伤。

519 这是可能的。把帽子挂在枪口上。

520 不可能。因为12属相是12个年头，小学只有6个年级。

521 他们是三胞胎（或四胞胎以上）中的两个。

522 把球垂直向上扔，可以使球又掉回到你的身边来。

523 这样的结果是可以发生的。第一次：甲、乙、丙、丁；第二次：乙、丙、丁、甲；第三次：丙、丁、甲、乙；第四次：丁、甲、乙、丙。

524 尸体在深沟里，怎么能确信是自己的丈夫呢？必定是先知道丈夫死在这儿了。而且衣服破烂，怎么能有那么多的钱呢？头颅在哪儿，李三为何如此熟悉？又这么着急地来报呢？必定是想与妇人早日成亲。

525 首先，"我恨那天夜里没有杀死你"这句话引起了县官的怀疑；其次，凶器是佃户家的，凶手必然是经常来佃户家，杀人时一时兴起，拿起了凶器。如果是仆人所杀，则一定要预先谋划，自己准备凶器。邻居家的儿子晚上去找佃户家的女儿，见到书吏和少妇，以为是心上人另有新欢，于是妒火中烧，找凶器杀了人。

526 凶器是冰箱里面冻的冰块。当警察来时冰块已经化成了水，当然找不到凶器。

527 当时的气温是零下5℃，而现场和旅馆有一公里半之远，那个声称救朋友而跳进湖里的人，在这种气温下走了这么多路，照常理来说，裤子早应该结冰了。而他却是全身湿漉漉的。说明他只是在旅馆附近才故意弄湿自己，以掩饰自己谋害朋友的罪行。

528 10AU81号车肇的事。理由是见证人从自己汽车的后视镜中看到并记下的车号恰好是相反的，左右位置颠倒了。

529 是考纳。因为克罗伯收款时，考纳给他一张100马克的钞票，没有其他钞票对比，所以克罗伯没有识别出来。若是其他两位旅客付两张或三张100马克，真假混在一起，克罗伯就很容易发现。

530 假如你熟悉盒式录音机就会知道，史密斯如果进入房间，那时琼斯已经停止录音了，磁带应一直没有倒过。真正的凶手必定听过几次这个录音，确信声音相像，又将磁带倒回开始之处，这一举动使他留下了疑点。

531 是那个穿迷你裙的小姐将惯偷的钱包偷走了。因为如果是其他二人之一的话，他（她）必定连惯偷最先偷的那个小姐的钱包一起偷走。就算没有将两个钱包一起拿走，他（她）们也不知哪一个是惯偷自己的钱包。

532 诈骗犯苏珊的手指，指纹部分也涂上了指甲油，所以，没有留下指纹。

533 罪犯是在上午把牧马人绑在枯树上的。那时，被害者还没完全窒息，罪犯是用湿的生牛皮捆住被害者的脖子后扬长而去。湿牛皮在夏天太阳的照射下，逐渐干缩，直到勒紧牧马人的脖子，使其窒息而死。

534 松吉的头发没有湿，这就证明他无罪。因为凶手是跳河逃走的，从头到脚都应该是湿的。衣服可换，头发却一时干不了。而松助是和尚头，用布一擦就干了，所以他才是凶手。

535 亚森知道哈利是色盲，便嫁祸于他，故意将许多这种颜色的鞋子和那种颜色的鞋子混放一箱，但因太整齐划一，反而露出了马脚。

536 如果凶手是女主人的情夫，他是不会把刚吸几口的香烟丢在门口的，因为他经常来被害人的家，嘴上叼着香烟进进出出，是很平常的，推销员就不同了。他出于礼貌，便在门口

灭掉香烟，所以，这烟头一定是推销员的！

537 真正的小偷是和车主一起将车子停放在收费停车场的人。他将自己的车胎调换以后，就开到作案现场，之后又换了回来。

538 凶手给猫注射了麻醉剂之后，将绑在猫尾巴上的软木塞塞到胶管上。当10点左右猫醒过来一动时，软木塞拔出，煤气随之弥漫。

539 如果唐纳确实是10分钟前才开车回家的，车底下的沙土地应该是湿的，然而情况恰好相反。这说明他3个小时内根本没出去。

540 这绑票的凶犯是赎金寄达地点邮局的邮差，因为除他以外，没有人能够收到，而且也不会引起怀疑。办理邮包业务负责人也可能拿到赎金，但问题是无法确定董事长在哪一个邮局投寄赎金，所以能够收到的人只有收件当地的邮差。

541 西格玛尔交罚款的那张10马克的号码，是被抢劫的75000马克中的一张。

542 这位女子是某医院的护士，凭借特殊的身份知道H公司经理患了心脏病，并且知道他最多能活3个月，等到H公司经理一死，这位女子理所当然得到丰厚的酬金，而山田却被蒙在鼓里。

543 冈本待被害者睡熟后，先在门的四边把封条贴上一半，然后打开煤气开关。他走出房间关严门，然后就用吸尘器的吸口对准门缝，这样剩下的一半封条被吸尘器一吸，就紧紧地贴在门和门框上，造成了被害者自杀的假象。

544 是由于没有打开电灯知道的。如果文芳是昨晚11点左右入浴室后猝然死去的，那么浴室里的电灯一定是开着的。张大友把尸体送到别墅时，天已大亮，因此，他根本没想到开灯。

545 报案人所述时间表明，其妻应在10时15分前遇害，那么在他赶回家中的11时左右，其妻洗澡时浴水中的肥皂泡，经过45分钟以上时间，已经消失了。因此法医认为报案人在说谎。

546 暴发户拿起真钻石假装端详的样子，趁店员不注意，迅速用口香糖将它粘到桌子背面，然后取出假钻石故意掉在地上，好让店员去捡……

547 是计时的跑表。被害人是田径教练，身上总不忘带着计时的跑表。在被罪犯击中头部摔倒时，碰巧触动了表把，秒表开始计时。

548 30。左侧代表月，右侧代表每月的天数。

549 1961年。

550 篮子中原有李子30个。

551 1955年前29倍数的年份有1943、1914、1885、1856、……如出生是1885年，那么爷爷1955年年龄70岁，但他逝世年龄却是65岁，显然不可能，同样可说明爷爷不会早于1885年出生。如出生是1943年，因为12岁的人不可能主持学术会议。排除所有不可能情况，就可知道爷爷1914年出生，1955年的年龄为41岁。

552 18岁。按10-(-10)=20这种单纯计算方法是不准确的。因为一般的数列为……2,1,0,-1,-2,……而年历当中则因没有公元0年，只能是……2,1,-1,-2,……；同样，年号也没有所谓的0年，元年指的是第一年。一个人的年岁一般是以生日为起点计算的，也就是生日前后差一天，年龄就差一岁。

553 这是可能的。这个人的生日是元月2日。他说话时是今年12月31日。这样一来。他去年元旦时是19岁，1月2日20岁，今年元月1日还是20岁，元月2日21岁，明年元月2日就是22岁了。

554 要想使三枪得分的总和正好是50，唯一的办法是先打掉右边一摞的7号罐，然后打掉左边一摞的8号罐，最后打掉右边一摞已经露在上面的9号罐。第一枪得7分，第二枪得8×2=16分，第三枪得9×3=27分。这样，共得50分。

555 各人由于速度相同，行走的距离相同，能使用工具也是平等的，因此三人应同时到达，从而他们三人步行的路程与骑车的路程也分别对应相等。由此即可设定行走方案。

依题意，A、B、C三人同时到达，自行车充分使用，恰好两辆自行车各用一个全程，两辆自行车行驶的路程总共是3km×2=6km。每个人骑车行驶2km，步行1km即可使每人用最短时间到达Q地，下面用"————"表示骑车1km，用"……"表示步行1km来示意行走方案：

A：———— …… ————

B：———— ———— ……

C：…… ———— ————

556 8个角上的小立方块三面涂色，6个中央的小立方块一面涂色，没有涂色超过三面的小立方块；因此，剩下的12个小立方块两面涂色。

557 第一瓶拿一个药丸，第二瓶拿两个药丸，第三瓶拿三个，第四瓶拿四个，称一下比标准的10个药丸重多少，重多少就是第几个瓶子里的药丸被污染。

558 设四个球分别为1、2、3、4，比较1和2，再用其中一个与3或4比较。

559 3.5英寸。蛀虫从第Ⅰ卷封面处蛀起，根本不必蛀第Ⅰ卷的任何一页穿第Ⅱ卷的3英寸，再蛀穿第Ⅲ卷封底0.5英寸。

560 两根香一起烧，不过不同的是一根香两头同时烧，一根香只烧一头，当两头同时烧的香烧光的同时点燃只烧一头那根香的另外一头，从这时候开始算到第二根香烧光计15分钟。

561（1）两头一齐烧。

（2）一根一头烧，一根从两头烧，再有一根做参照，两头烧完的记下位置（即烧到这里要半小时），把参照的那根从标记位置处剪开，取其中一段A，一头烧的那根烧完后（就是1个小时后），把A从两头开始烧，烧完后即为15分钟，加起来共1小时15分钟。

562（1）用两个沙漏同时开始测量，当6分钟的沙漏空了的时候马上颠倒过来，等8分钟的沙漏再空的时候再将6分钟的颠倒过来，就得出两分钟的沙，与8分钟的沙加起来可得出10分钟的沙。

（2）两个沙漏一起开始计时。7分钟以后，把7分钟的沙漏翻转；再过4分钟，即11分钟以后再把7分钟的沙漏翻转；当7分钟的沙漏最后漏完时，就是15分钟了。

563 三角形任何两边之和一定要大于第三边。因此面对仓库的那一边铁丝网的价钱10元记错了。

又根据（1）、（2）、（4）、（5），面对仓库的那一边铁丝网的价钱是40元而不是10元。

564 从后向前推，如果1～3号强盗都喂了鲨鱼，只剩4号和5号的话，5号一定投反对票让4号喂鲨鱼，以独吞全部金币。所以，4号唯有支持3号才能保命。3号知道这一点，就会提（100，0，0）的分配方案，对4号、5号一毛不拔而将全部金币归为已有，因为他知道4号一无所获但还是会投赞成票，再加上自己一票，他的方案即可通过。不过，2号推知到3号的方案，就会提出（98，0，1，1）的方案，即放弃3号，而给予4号和5号各一枚金币。由于该方案对于4号和5号来说比在3号分配时更为有利，他们将支持他而不希望他出局而由3号来分配。这样，2号将拿走98枚金币。不过，2号的方案会被1号所洞悉，1号并将提出（97，0，1，2，0）或（97，0，1，0，2）的方案，即放弃2号，而给3号一枚金币，同时给4号（或5号）2枚金币。由于1号的这一方案对于3号和4号（或5号）来说，相比2号分配时更优，他们将投1号的赞成票，再加上1号自己的票，1号的方案可获通过，97枚金币可轻松落入囊中。这无疑是1号能够获取最大收益的方案了。

565 其实每次甲组中黑牌的张数都与乙组中红牌的张数相同。所以，在52次中有52次相同。

566 从写着"红，黑"字样的信封中抽出一张牌来。

（1）若此牌为红色牌，可以推出：

写着"红，黑"字样的信封里装的肯定是一对红牌。

写着"红，红"字样的信封里装的肯定是一对黑牌。

写着"黑，黑"字样的信封里装的肯定是一红一黑牌。

（2）若此牌为黑色牌，可以推出：

写着"红，黑"字样的信封里装的肯定是一对黑牌。

写着"黑，黑"字样的信封里装的肯定是一对红牌。

写着"红，红"字样的信封里装的肯定是一红一黑牌。

567 他是小头弟弟。如果说话的人讲的是真话，那他会是大头哥哥，应持有一张黑牌，但是他绝不可能既讲真话而又持有黑牌的。因此，他必然在说假话，所以，他不会是持黑牌的大头哥哥，而一定是持有黑牌的小头弟弟。

568 根据（1），（2），（3），此人手中四种花色的分布是以下三种可能情况之一：(a) 1237 (b) 1246 (c) 1345

根据（6），情况（c）被排除，因为其中所有花色都不是两张牌。

根据（5），情况（a）被排除，因为其中任何两种花色的张数之和都不是六。因此，(b)是实际的花色分布情况。

根据（5），其中要么有两张红心和四张黑桃，要么有四张红心和两张黑桃。

根据（4），其中要么有一张红心和四张方块，要么有四张红心和一张方块。

综合（4）和（5），其中一定有四张红心；从而一定有两张黑桃。因此，黑桃是王牌花色。

概括起来，此人手中有四张红心、两张黑桃、一张方块和六张梅花。

569 有胜算。

假设朝上的是勾，朝下的是勾或叉的机会并不是一半一半。

朝下的是勾的机会有两个：一个是第一张卡片的正面朝上时；另一个是第一张卡片的反面朝上时。

但朝下的是叉的机会，只有当第二张卡片正面朝上的时候。

也就是说，只要回答朝上那面的图案，他就有2/3机会赢。

570 如图所示。

571 E。因为在其他各图中，左侧黑白棋子两数相乘等于右侧镂空黑棋子的个数。

572 用三根火柴摆出一个大于三小于四的数字，是"π"，因为π＝3.1415926……

573

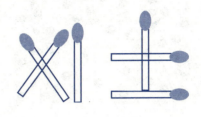

第二阶段

574

575

①小狗 ②水壶 ③兔子
④天鹅 ⑤小猫 ⑥山羊
⑦螃蟹 ⑧秃鹫 ⑨划桨的船工

576 5和8。

577 有四种方法。

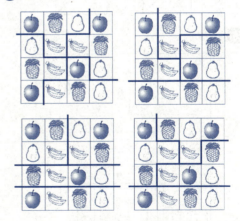

578

319

579
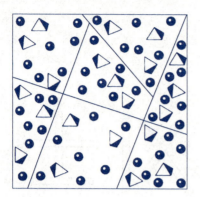

580
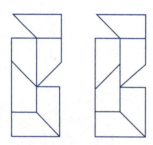

581
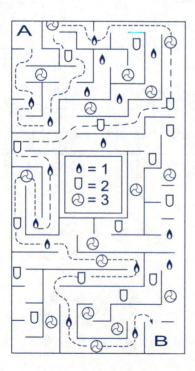

582

583

5E	3S	1S	1S	2W	4S
1S	★	2W	4S	3W	3W
5E	1E	1S	1E	1N	1N
1S	1W	1E	1N	2S	1W
2E	2N	3N	1E	4N	4W
5N	3E	2W	1N	1E	3W

584

A	C	D	E	A	B
B	F	A	B	D	E
C	A	B	C	E	F
D	B	C	F	C	D
A	E	D	E	F	E
F	A	B	C	S	F

A	C	D	E	A	B
B	F	A	B	D	E
C	A	B	C	E	F
D	B	C	F	C	D
A	E	D	E	F	E
F	A	B	C	D	F

585

◇	☾	✿	○	△
○	△	◇	☾	✿
☾	✿	○	△	◇
△	◇	☾	✿	○
✿	○	△	◇	☾

586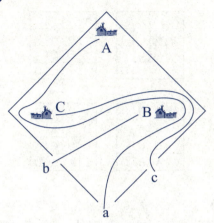

587 小威尔金斯走的路线是：A-G-M-D-F-B-R-W-H-P-Z。

588 还不全面。还有一个"古"字，一共24个字。

589 提示很明显了——"仲"。

590 父母大人拜上：新年好，晦气全无，人丁兴旺，读书少不得，五谷丰登。

591 七十老翁产一子，人曰："非"，是也，家产尽付与，女婿外人不得干预。

592 算盘

593 原谜语是这样的："一'不'出头，二'不'出头，三'不'出头，不是不出头，是'不'出头。"谜底是"森"。

594 登百尺楼，大好河山，天若有情，应识四方思猛士；留一抔土，以争光明，人谁不死，独将千古让先生。

595 五百里滇池，奔来眼底，披襟岸帻，喜茫茫，空阔无边！看：东骧神骏，西翥灵仪，北走蜿蜒，南翔缟素，高人韵士，何妨选胜登临，趁蟹屿螺洲，梳裹就风鬟雾鬓，更苹天苇地，点缀些翠羽丹霞，莫辜负四围香稻，万顷晴沙，九夏芙蓉，三春杨柳；

数千年往事，注到心头，把酒凌虚，叹滚滚，英雄谁在！想：汉习楼船，唐标铁柱，宋挥玉斧，元跨革囊，伟烈丰功，费尽移山心

力，尽珠帘画栋，卷不及暮雨朝云，便断碣残碑，都付于苍烟落照，只赢得几杵疏钟，半江渔火，两行秋雁，一枕清霜。

596 正确的标点是："知止而后有定，定而后能静，静而后能安，安而后能虑，虑而后能得。"

597 （1）田（畜、里、略、男）；（2）虫（虾、烛、蜡、蛊）；（3）火（煲、耿、炉、灯）；（4）木（架、林、杜、桔）。

598 权。

599 （1）田；（2）间；（3）多。

600 A=6，B=8，C=2。以第一个图形为例：(8−2−2)×2=8；(12−2−7)×2=6。

601 7。垂线右侧的数的三次方减1，是对应的左侧对角处数字。

602 A.12，B.23。左侧数×右侧数−上下两数积＝中间数。

603 A.9，B.13。从最小的一个数开始，按顺时针方向，依次递增2，4，6，8，10。

604 A.22，B.16。以第一个图形为例：(7+4)+(5−1)=15。

605 $\begin{array}{|c|}\hline 14 \\ 2 \\ \hline\end{array}$ 第一行，依次递增2；第二行，依次递减11，9，7，5，3。

606 4。每一列第一个数与第三个数的和再拆分后相加，等于第二个数：4+9=13，13=1+3=4；6+5=11，11=1+1=2…

607 A.5，B.7。中间的数为周围四个数的最小公倍数。

608 8和4。每组上面两个数相乘均等于32，下面左侧的数开方后为右侧的数。

609 151，55。纵向相加结果为999。

610 14。每个图形中，第一行差值均为7，第二行商值均为4。

611 74。从最底下一行开始，6×2=12，12−10=2；2×8=16，16−10=6；8×3=24，24−10=14…

612 35。以最下面一行数字为例：(4+3)+

越玩越聪明的1000个思维游戏

3=10；(3+9)+3=15；(9+5)+3=17。

⑬ 11。每个圆内的三个黑色数字之和，为同圆内彩色数字的3倍。

⑭ 115。横行第三个数减第一个数的差的5倍，是第二个数字。

⑮ 3。每行（第一个数+第二个数）÷第三个数=第四个数。

⑯ A.7，B.4，C.3，D.4。每组中每一列的第一个数与第二个数相加再与第三个数相乘结果完全一样。

⑰（1）F。其余四个字母都具有对称性，或上下对称，或左右对称。

（2）E。因为其他三个字母都是由三条直线构成。

⑱（1）F，(2) X。字母按次序依次增加，且间隔两个字母。

⑲ J。图形中间字母的位置位于两对对角线的中间位置。

⑳ I，S。左边一列从上到下间隔两个字母，右边一列从上到下间隔三个字母。

㉑ S。考查字母的间隔规律：第一行间隔两个字母，第二行间隔三个字母，第三行间隔四个字母。

㉒ R和G。第一行第一个字母为D，第二行第二个字母为E；第一行第二个字母为O，第二行第一个字母为P。由此，可观察出这种特殊的对应关系。再观察第四、五、六行，也是这种对应关系。因此，可以很容易推知，方框内缺失的字母是R和G。

㉓（1）Q，(2) N，(3) U。此题并非考查字母间隔问题，而是把从A到Z的26个字母编上序号，每个字母代表其序号数，纵向三个字母的和相等，且恰好等于中间字母的序号。

㉔ L。设A=1，B=2……Z=26，相互连接的三个数，边上的两个的和除3得中间数字代表的字母。

㉕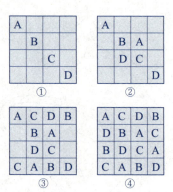

㉖（4）。图中使26个英文字母连续的规律：从左上角的A，到正下方的B，再到右上方对顶角处的C，然后又到最左边一行的D，接着是右上方对顶角处的E、F……

㉗（4）。从表格的左上角看起：A为第一个英文字母；斜线排列的A和F间隔4个字母；下一行成斜线的字母是B、C、D，不仅是在本行中接连出现，而且与隔行的A顺序上连贯；再下一行的B、G、K、P，分别间隔4个、3个、4个字母；再下一行又是接连出现，且隔行连贯出现……依此类推。

㉘ 36。设A=1，B=2……Z=26，代入发现字母的代号的平方是其对角线位置的数字。

㉙ G和23。设A=26，B=25……Z=1，代入，会发现对角位置的数和其序号相同。

㉚ 10。根据字母在英文字母表中的位次数，从E开始，顺时针加1，加2，加3，加4，加5，然后再加1……依此类推。

㉛ 16。设A=1，B=2，C=3……J=10，每个字母代表的数的平方−20=右栏数，F=6，6×6=36，36−20=16。

㉜ 使劲一拍桌子，乒乓球就会跳起。

㉝ 出现两份复写的名字，一个在上半张，另一个在下半张，为倒置的反写字。

㉞ 因为张涛去的速度只有原来预想的一半，所花时间是设想的2倍，把返回的时间已全部搭上了，所以，无论返回的速度有多快，都无

322

法在12点钟之前赶回家。

635 B恐怕五次全都输给A。因为只要A伸出的手指，总是表示"人"，不论B伸出的手指表示"人"还是"蚂蚁"，A都会胜。因为比赛的规则是"人"强于"蚂蚁"。

636 都是两周。因为在里在外绕大圆环，长度都是一样的，都是大圆环的周长。

637 3号图。

638 25℃。

639 青年人声称他昨天刚刚刮去了长了几个月的络腮胡子。但他面孔黝黑，下巴呈古铜色。如果他真的在阳光下待了数月而未刮胡子，那长胡子的地方就应显得白净些。

640 （1）先走进有开关的房间，将三个开关编号为a、b、c。
（2）将开关a打开5分钟，然后关闭，然后打开b。
（3）然后走到另一个房间，即可辨别出正亮着的灯是由b开关控制的。再用手摸另两个灯泡，发热的是由开关a控制的，另一个就一定是开关c了。

641 两个气球里一个装的是热水，一个装的是冷水。装热水的气球温度高，就变得比装冷水的气球轻。

642 C图中的长蜡烛最先灭。瓶子里放了两支蜡烛，氧气的消耗量肯定是最大的，另外，燃烧产生的二氧化碳受热上升，所以，长蜡烛比短蜡烛灭得更快。D图中的蜡烛灭得最晚，因为，一方面溶解在水中的氧气受热后被释放出来，另一方面燃烧产生的二氧化碳又融进水中。

643 要使桶内的水刚好是半桶，只需把桶倾斜在使水刚好达桶口边缘的程度，这时水面必须和桶底的最高点等高才行。因为桶的上下圆周所相对的点的连线，刚好把木桶分成两半，如果水不及半桶，那么底的一部分就会露出水面，反过来说，假如桶内的水超过一半，那水面就会高过于底部。

644 冰柱。作案后，男子将冰柱吃了。

645 如果咖啡是一小时前暴徒来时就煮好的，那么他们到达时早就干了，不可能溢出来。

646 凶手是小于的男友。门上的猫眼表明，主人可以通过猫眼来分辨来访者。如果是学生的哥哥，那么小于会换上整齐的衣服来见客；但是，如果来访者是男友，小于则不在意穿着睡衣开门。

647 乙是说谎者，如果死者是撞车后再被抛下来，身体应该向前抛，但是，现在刚刚相反，证明他是被石头击中后倒地，车再撞向路灯柱。

648 通常骑车人的重量在后轮上，平路或下坡时，前轮印浅而后轮印深。上坡时骑车人用力弯腰，重心前倾，前后轮印大致相同。据此判断凶手是从右边路逃跑的。

649 强盗是第二个人，因为彩虹的位置永远和太阳相反，所以看彩虹时绝对不会觉得阳光刺眼，他在彩虹出来时抢劫了珠宝店，走出来后发现天边有彩虹，就编出了这个不合情理的谎言。

650 被车撞后仰面倒在路上的男子将逃跑车辆的号码看颠倒了，"6198"的数字如果上下倒过来看就成了"8619"，也就是说，罪犯的真正车牌号是"8619"。

651 走电失火绝不能用水灭火，只能用喷射四氯化碳或二氧化碳的灭火器灭火。会计说自己是用水把火扑灭的，又肯定说火灾系走电引起，这显然违反常规。

652 凶手在门外吵闹，打架生事。死者想查究竟，即从锁匙孔向外观看，但凶手的毒针已等待着他。一针刺下，死者即中毒而死于密封的空间内。

653 被拘留的是甲。此人知道被害人当时是在锁房门，而不是开房门。他一定是一直窥视着这座房子，否则他不可能知道被害人是要出门还是要进家门。

654 由于日本国旗图案是太阳，正反颠倒挂都不影响，可以肯定该水手是在撒谎。

655 警长看到那条狗翘起后腿撒尿，便立刻识

323

破了那个男子的谎言。因为只有公狗才跷起后腿撒尿，而母狗撒尿时是不跷腿的。然而，那个男子却用"梅丽"这种女性的称谓叫那条公狗。另外，这条狗之所以对小偷很温顺，可能是因为他进来时喂了它一点食物。

656 两位侦察员是根据青蛙的叫声判定的。青蛙不叫的方向即是罪犯逃跑的方向。

657 龟田拆下仓库天窗的两根铁栅栏后，从那里潜入盗走箱子，然后在窗口上放了几只蜘蛛。只要三只蜘蛛，就足够在第二天清晨织上网，因此即使铁栅栏缺了两根，仓库仍好像处于密封状态。

658 因为那天晚上大雪纷飞，现场瓦斯炉烧得火红，在这种情况下，室内有热气，玻璃就会蒙上一层湿气，变得朦胧不明。透过朦胧的玻璃，纵然窗帘全部打开，也无法看见室内人的脸；就算看见室内有人，那也只能看见一个轮廓而已，怎么能看出他是金发，而且蓄有胡须呢？由此可见，是这位年轻人在行凶后，拉开窗帘，然后匆匆离去。

659 遗留物中没有车票和卧铺票就是证据。如果是在深夜就穿着睡衣被绑架了，或者在车站被车丢下了，那么，照理车票会留在西装的口袋里的。由此看来，此人一定是在皮箱中准备了另一套衣服，换上后，拿着睡衣在中途站悄悄下车躲起来了。

660 已知作案时间下着暴雨或雨停不久，如果鞋印是凶手留下的，当时地面一定是湿的。由于鞋印是在地面晒干后才提取的，土壤在干燥过程中会收缩，一个鞋印大约缩半英寸，所以这个提取的石膏鞋印如与涉嫌者的鞋子恰好相吻合，就只能证明那鞋印不是他留下的。

661 红桃5。扑克牌点数递减，花色间隔出现。

662 可以在第一个塑料袋里放1张扑克牌，在第二个塑料袋里放3张扑克牌，在第三个塑料袋里放5张扑克牌，然后将装好扑克牌的这三个塑料袋一并放入第四个塑料袋里，这样就可以了。

663 这三张牌，从左到右依次为：红桃K、红桃A和方块A。

664 第一步和第二步：

第三步：

第四步和第五步：

重叠结果：

665 移动象棋的步骤如下：

666 A图和其他的图相反。

667 D。这是其他图形的反面。

668 C和E图与其他图相反。

669 C。规律是：分离的黑色棋子总是和其他三个黑色棋子间隔一个白棋子，如果三个黑色棋子处在角上，单个黑色棋子则在水平方向或垂直方向间隔一个白棋子。

670 D。其中倒数第三行的黑点已经易位。

671 D。其他的都是上图旋转下图反过来，D则相反。

672 D。其他各个组合中的棋子都是上方组合的两条黑线分别经过垂直和水平翻转180度后的交叉点。

673 A。其中有一条边上少了一个球。

674

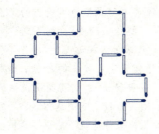

675

676 可能性为1/5，从4个球中取出2个球有六种可能：①红色/红色；②红色1号/白色；③红色1号/黑色；④红色2号/白色；⑤红色2号/黑色；⑥黑色/白色。因为已知黑色白色这一对不可能已拿出，那么在剩下的5种可能中，取出红色/红色的可能性是1/5。

677 A是这样推理的——如果我戴的也是红帽子，那么，B就马上可以猜到自己是戴黑帽子（因为红帽子只有两顶）；而现在B并没有立刻猜到，可见，我戴的不是红帽子。可见，B的反应太慢了。结果，A被土耳其商人雇用了。

678 根据围坐的学生都在沉思，坐在中间的学生可以推测，三组对面而坐的人，一定是三个人头上戴白帽，三个人头上戴黑帽。那么，自己头上戴的当然是白帽了。

679 第十个人开始说："不知道自己头上的帽子的颜色。"这说明前面的九个人中有人戴黄帽子，否则，他马上可以知道自己头上是黄帽子了。第九个人知道了九个人中有人戴黄帽子，但不能断定自己帽子的颜色，这说明他看到前面的八个人中有人戴黄帽子。依次类推，每个人都不知道自己帽子颜色，说明每个人前面都有人戴黄帽子。所以，第一个人断定自己戴的是黄帽子。

680 D的前额系的是白牌。分析过程简析：

（1）假设E说的是真话，结论不成立，可见，E说的不是真话。即E前额上系的是黑牌；

（2）假设B说的是真话，可以得出两个矛盾的结论。一方面，C一定是系黑牌的（除B以外的A、C、D系的都是黑牌）；另一方面，C说的"我看见一块白牌和三块黑牌"这句话也是真的（即系白牌）。根据归谬式推理B说真话是不可能的，即B系的是黑牌。

（3）假设A说的是真话，那么五个人中只有一个挂黑牌。但是，以上已推知B、E系的是黑牌。所以，A说的不可能是真话。因此，A系的也是黑牌。

（4）假定C说的是假话，那么D系的应该是黑牌。如果D系的是黑牌，那么B说的"我看见四块黑牌"就成了真话。但是上面已推知B说的是假话，所以C说的是假话这个假设是不能成立的。既然C说的"一块白牌和三块黑牌"是真话，且已知A、E系的都是黑牌，即可以推知D系的是白牌。

681（1）应选（E）。因为选（A）违反已知条件（1）和（2）。选（B）和（C）都违反已知条件（1）。选（D）违反已知条件（2）。只有选（E），才符合所有条件，故选（E）。

（2）应选（A）。因为J被选上，H便不能选上，否则违反已知条件（2）；因为H不能选上，因此，F必须选上，否则违反已知条件（3）；因为F入选，因此G也必须被选上，否则违反已知条件（1）。

（3）应选（D）。如果选（A）和（B），那么还得选上G，因为F受已知条件（1）限制，因此（A）、（B）都不行；选（C）也不行，因为（C）中有G，有G必有F，因此也必须排除；选（E），则违反已知条件（3），因此，只有选（D）才能符合所有条件。

（4）应选（B）。由已知条件（1）和（2），可排除F、G和J，余下的只有K和L能充当第三种材料，故选（B）。

（5）应选（C）。根据已知条件（3）和

（1）。我们可推断L要么与F、G组合，要么与H，以及其他一种织物组合，但根据已知条件（2），H和J不能被同时入选，因此J不能被选上。

682 1个姑娘穿花裙子，86个姑娘穿红裙子。

683 答案是四只手套。为了保证取出一双同样颜色的手套，至少要从衣柜里摸出三只手套；为了保证取出两只不同颜色的手套，从衣柜里摸出的手套的数量，至少要比衣柜中某种颜色的手套的数量多一只。由条件，这样取出的手套的数量是三只，因此，衣柜里某种颜色的手套的数量是两只。所以，衣柜里手套的总数是四只。

684 八位将军所说的话中，有六位将军是互相矛盾的。

周将军和王将军互相矛盾显而易见。

赵将军断言：在王、吴两将军中至少有一个人射中；而吴将军说自己同王将军没有射中。这两个判断根本对立，因而也是互为矛盾的。

钱将军与李将军的话也互为矛盾。

互相矛盾的判断不能同真，不能同假；必有一真，必有一假。因而，以上六位将军有三人猜对，三人猜错。

如果八位将军有三位将军猜对，那么孙将军与郑将军猜错了，可推出鹿是孙将军射中的。

如果八位将军有五位将军猜对，那么孙将军与郑将军猜对了，可推出鹿是郑将军射中的。

685 智者可以向两个侍者中的任何一个，不妨向侍者甲提出如下这个问题：

"请告诉我，侍者乙将如何回答他手里拿的是美酒还是毒酒这个问题？"

智者设计的这个问题，妙就妙在他并不需要知道两个侍者谁说真话谁说假话，就能确定得到的一定是个假答案。因为如果甲说真话，乙说假话，则情况就是甲把一句假话真实地告诉智者，智者听到的是一句假话；如果甲说假话，乙说真话，则甲就把一句真话变成假话告诉智者，智者听到的还是一句假话。总之，智者听到的总是一句假话。

686 如果这句话是"我是骑士"，则不能将三种人区别开来；如果这句话是"我不是骑士"，

则三人都不能说；如果这句话是"我是富骑士"，则不能判定无赖与穷骑士的身份；如果这句话是"我是穷骑士"，则不能将穷骑士与无赖区别开来；如果这句话是"我不是穷骑士"，则不能判定穷骑士的身份；如果这句话是"我不是富骑士"，则可断定说话的人正是穷骑士。因为无赖不能说这句话，否则就说了真话，而根据条件他是不能说真话的。富骑士也不能说，那样的话他就说了假话。只有穷骑士才可以说这句话。

687

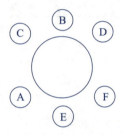

688 根据（1）和（2），如果甲要的是火腿，那么乙要的就是猪排，丙要的也是猪排。这种情况与（3）矛盾。因此，甲要的只能是猪排。于是，根据（2），丙要的只能是火腿。因此，只有乙才能昨天要火腿，今天要猪排。

689 由于医生和护士的总数是16名，从（1）和（4）得知：护士至少有9名，男医生最多是6名。于是，按照（2），男护士必定不到6名。根据（3），女护士少于男护士，所以男护士必定超过4名。

根据上述推断，男护士多于4名少于6名，故男护士必定正好是5名。于是，护士必定不超过9名，从而正好是9名，包括5名男性和4名女性，于是男医生则不能少于6名。这样，必定只有一名女医生，使得总数为16名。

如果把一名男医生排除在外，则与（2）矛盾；把一名男护士排除在外，则与（3）矛盾；把一名女医生排除在外，则与（4）矛盾；把一名女护士排除，则与任何一条都不矛盾。因此，说话的人是一位女护士。

690 根据（3）和（5），如果甲非常聪明，那她

也多才多艺。根据（5），如果甲富有，那她也多才多艺。根据（1）和（2），如果甲既不富有也不聪明，那她也是多才多艺的。因此，无论哪一种情况，甲总是多才多艺。根据（4），如果丙非常漂亮，那她也多才多艺。根据（5），如果丙富有，那她也多才多艺。根据（1）和（2），如果丙既不富有也不漂亮，那她也是多才多艺。因此，无论哪一种情况，丙总是多才多艺。

于是，根据（1），乙并非多才多艺。再根据（4），乙并不漂亮。从而根据（1）和（2），乙既聪明又富有。再根据（1），甲和丙都非常漂亮。于是根据（2）和（3），甲并不聪明。从而根据（1），丙很聪明。最后，根据（1）和（2），甲应该很富有，而丙并非腰缠万贯。

691 根据已知条件可推知，星期六是所说的连续六天中的第一天。根据（1）、（2）和（4），可以得出（c代表关门休息，o代表开门营业）：

    星期　日一二三四五六
    银行　　C C O O C O O
    商店　　O O C O O O C
    超市　　C　O　C

根据上表，必定是星期五这三家单位全都开门营业。

我们来完成此表。根据（1）和（3），超市不能在星期三或星期六关门休息；因此超市一定是在星期四关门休息。

692 首先可以确定：E镇与A镇之间有电话线路，因为A镇同其他五个小镇都有电话线路。那当然包括E镇在内了。其余的是哪两个小镇呢？我们从B、C两个小镇开始推理。

设：B、C两小镇之间没有电话线路。那么，B、C两镇必然分别可以同A、D、E、F四个小镇通电话。

如果B、C两镇分别同A、D、E、F四个小镇通电话，那么，只有三条电话线路的D、E、F三个镇就只能分别同A、B、C三个镇通电话。

如果是这样，那么，在D、E、F之间是不能通电话的。

但是，已知D镇与F镇之间有电话线路，

因此，B、C之间没有电话线路的假设是不能成立的。换句话说，B、C两小镇之间有电话线路。

那么，有四条线路的B镇和C镇又可以同哪些小镇通电话呢？

从以上的推理中得知：B镇、C镇分别同A镇有电话线路，而它们相互之间又没有电话线路。另外的两条线路是通向哪里的呢？

假设：B镇的另外两条线路一条通D镇，一条通F镇；C镇的电话线路也是一条通D镇，另一条通F镇。

如果这个假设成立，那么D镇、F镇就将各有四条线路通往其他小镇。但是，我们知道，D、F两镇都只同三个小镇有电话联系，所以，上述假设不能成立。

假设：B、C两镇同D、F镇之间都没有电话线路。

如果这个假设成立，那么，B、C两镇就只有三条线路同其他小镇联系，这又不符合B、C各有四条电话线路的已知条件。所以，以上的假设也不成立。

从以上的分析只能推出B、C两镇各有一条电话线路通向E镇。B镇的另一条线路或者通向D镇，或者通向F镇，C镇的另外一条线路或者通向D镇，或者是通向F镇。

而对于E镇来说，它肯定可以同A、B、C三个小镇通电话。

693 H。大正方形按逆时针方向作90°旋转，后面应接围绕横向轴的倒影。

694（2）。观察横行前两行中图形的规律，可以发现：第一行为圆形、四角星、正方形；第二行为四角星、正方形、圆形；第三行的两个图形为正方形、圆形。由此，可以确定空格为四角星，答案从（2）、（5）中选择。再观察图形中阴影处和空白处的规律，可知正确答案中无论阴影还是空白处，都应该是两个，所以正确答案是2。

695 C。C图和其他的图相反。

696 B图是其他图的反面。

697 B。正如第二图是第一图垂直翻转180度再顺时针旋转90°而得的一样，B和第三个图也具有这样的关系。

698 A。从前面六个图的变化我们可以得出其规律是：每次只能移动一个小球，先移动上面的。

699

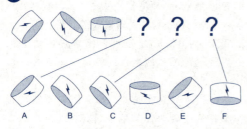

700（1）B。因为B图没有其他四图均有的分割正方形而形成的正规三角形。

（2）A。因为除了A之外，所有四边形的四角斜线之积等于中间的数字。

（3）D。除D之外，其他各图中圆的数目等于相关图形之边的数目的一半。

701 E。除E之外，每一个圆与略大于它的圆都以较小的部分相交。

702 E。将每一个大三角分成四个相等的中三角——三个角朝上，中心朝下，除了E之外，所有中三角包含两个小黑三角和两个小白三角。

703 E。因为除了E之外，所有各图中的小三角形都是他们所围绕的图形之边的倍数。

704 A。图形是朝水平方向和垂直方向每次走四步。

705 B。黑方格所在的位置分别是1、4、9这3个数字，又是前3个数字的平方数。因此第4幅图中黑方格的位置应该在第16格，因为16是第四个数字的平方数，即4×4。

706 D。每一列图形的种类、大小交替出现。

707（1）E。图形以90°逆时针方向转动。每一次线条数目都在一与二之间变动。形状则在三角与圆之间变动：一个三角之后是一个不同颜色的圆，一个圆之后是一个同色的三角。弧线则不变。（2）C。按90°顺时针方向旋转的顺序，应是纵向的倒影。

708 9天。可根据题意列出下表：

日	1	2	3	4	5	6	7	8	9
上午	晴	晴	晴	晴	晴	晴	雨	雨	雨
下午	雨	雨	雨	雨	晴	晴	晴	晴	晴

（6+5+7）÷2=9

709 最佳选手和最佳选手的孪生同胞年龄相同；根据（2），最佳选手和最差选手的年龄相同；根据（1），最佳选手的孪生同胞和最差选手不是同一个人。因此，四个人中有三个人的年龄相同。由于王先生的年龄肯定大于他的儿子和女儿，从而年龄相同的三个人必定是王先生的儿子、女儿和妹妹。这样，王先生的儿子和女儿必定是（1）中所指的孪生同胞。因此，王先生的儿子或女儿是最佳选手，而王先生的妹妹是最差选手。根据（1），最佳选手的孪生同胞一定是王先生的儿子，最佳选手无疑是王先生的女儿。

710 甲厂导演姓白，乙厂导演姓黄，丙厂导演姓孙。因为《黄河，中华民族的摇篮》的导演或姓孙、或姓白；而姓孙的导演曾同他对过话，可见他不姓孙。《黄河，中华民族的摇篮》的导演姓白。《孙悟空和小猴子》的导演或姓黄；或姓白，既然《黄河，中华民族的摇篮》的导演姓白，他只能姓黄了。这样，《白娘子》的导演只能姓孙了。

711 第一名：丙；第二名：乙；第三名：甲；第四名：戊；第五名：丁。

712 用列表法，并设甲、乙、丙、丁、戊最后读的书的名称依次为A、B、C、D、E。

顺序 人	1	2	3	4	5
甲	X=E		③B		A
乙	②D	A	①E	C	B
丙	Y=A	X=E⑤	D	B⑥	C
丁			Y=A④		
戊					E
甲	E	C	B	D	A
乙	D	A	E	C	B
丙	A	E	D	B	C
丁	C	B	A	E	D
戊	B	D	C	A	E

713 根据（1），有三位男士是高个子，另一位不是高个子。接着，根据（4），乙和丙都是高个子。再根据（5），丁不是高个子。

根据（2），丁至少符合一个条件；既然他不是高个子，那他一定是黑皮肤。（只有玛丽心目中那位唯一的白马王子才是相貌英俊，但他又必须是高个子。）

根据（1），只有两位男士是黑皮肤，于是根据（3），甲和乙要么都是黑皮肤，要么都不是黑皮肤。由于丁是黑皮肤，所以甲和乙都不是黑皮肤，否则就有三位男士是黑皮肤了，根据（1）以及丁是黑皮肤的事实，丙一定是黑皮肤。

由于丁不是高个子，甲和乙都不是黑皮肤，而丙既是高个子又是黑皮肤，所以丙是唯一能符合玛丽的全部条件的人。总而言之：

甲是高个子，乙是高个子，丙是高个子、黑皮肤相貌英俊，丁是黑皮肤。

714 根据题目条件现在可以得到：

如果	那么他只能通过
甲是那漂亮的青年	化学考试
甲不漂亮	化学考试
乙是那漂亮的青年	物理考试
乙不漂亮	物理考试
丙是那漂亮的青年	物理考试
丙不漂亮	化学考试

甲不可能是那唯一的漂亮青年，否则甲和丙都能通过化学考试，从而与1发生矛盾。丙也不可能是那唯一的漂亮青年，否则乙和丙都能通过物理考试，从而与1发生矛盾。如果乙是唯一的漂亮青年，那他倒是唯一能通过物理考试的青年，与1相符，而且他也是唯一不能通过化学考试的青年，与2相符。因此，乙就是漂亮的青年。

715 由（5）得知哈里不是建筑师，并且有一个妹妹；又由（3）得知哈里不是机匠（机匠是个独生子）。因此，哈里是政治家。

由（4）知政治家坐在南希旁边、布朗夫人的对面。因此，政治家是布朗（每一个男人的两旁都坐着一位女士，而坐在他对面的第三个妇女是布朗夫人，也就是他的妻子）。

画一个图，更容易找出答案来。我们让哈里·布朗坐在任一位置上。由（5）知，哈里坐在建筑师妻子的右方，所以建筑师正好坐在他妻子的对面。

由（2）知，建筑师的妻子不是格林夫人。所以，建筑师是史密斯。由（2）还得知，狄克不是史密斯先生。所以，汤姆是史密斯的名字（这些结果已表示在图表上）。

剩下的是狄克·格林。他是机匠，并且坐在建筑师的妻子（史密斯夫人）的左边。

机匠右方坐的是玛丽，所以玛丽便是史密斯夫人。

由（4）知，政治家的右方是南希。南希是格林夫人，而琼则是布朗夫人。

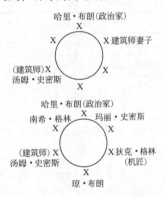

716 根据（1），刘亮首次值班和最近一次值班相距不到100天。

根据（2），刘亮首次值班和最近一次值班相距的天数一定是7的倍数。

根据（3）和（4），刘亮首次值班不会是在二月份，因为没有其他月份与二月份天数相同。因此刘亮首次值班和最近一次值班相距的天数大于28。

根据上述各点，刘亮首次值班和最近一次值班相距的天数一定是以下各数之一：35、42、49、56、63、70、84、91、98。

从这十种可能来看，刘亮首次值班和最近一次值班相距超过一个月而不满四个月。因此根据（3），刘亮首次值班和最近一次值班相距或者正好两个月或者正好三个月。

329

月份	天数	两个月的天数	三个月的天数
一月	31	59 或 60	90 或 91
二月	28 或 29	59 或 60	89 或 91
三月	31	61	92
四月	30	61	91
五月	31	61	92
六月	30	61	92
七月	31	62	92
八月	31	61	92
九月	30	61	91
十月	31	61	92
十一月	30	61	92
十二月	31	62	90 或 91

在上表中，前面提到的十种可能只有 91 出现。因此，刘亮首次值班和最近一次值班相距 91 天。结果首次值班和最近一次值班所在的月份有以下四种可能：

序号	首次值班所在的月份	最近一次值班所在的月份
1	一月（31 天）	四月（30 天）
2	四月（30 天）	七月（31 天）
3	九月（30 天）	十二月（31 天）
4	十二月（31 天）	三月（31 天）

根据（4），刘亮首次值班必定是在十二月份。

717 是德国人养鱼。

首先确定房子颜色——红、黄、绿、白、蓝表示为：C1 C2 C3 C4 C5

国籍——英、瑞、丹、挪、德表示为：N1 N2 N3 N4 N5

饮料——茶、咖、奶、酒、水表示为：D1 D2 D3 D4 D5

烟——PM、DH、BM、PR、混（Blend）表示为：T1 T2 T3 T4 T5

宠物——狗、鸟、马、猫、鱼表示为：P1 P2 P3 P4 P5

由（9）可知 N1= 挪威。

由（14）可知 C2= 蓝。

由（4）可知，如 C3= 绿，C4= 白，则绿房子居中，因而（8）和（5）矛盾，所以 C4= 绿，C5= 白。

剩下红黄只能为 C1、C3。

由（1）可知 C3= 红，N3= 英国，C1= 黄；

由（8）可知 D3= 牛奶；由（5）可知 D4= 咖啡；由（7）可知 T1=DH；由（11）可知 P2= 马。

那么列表得：

挪威	?	英国	?	?
黄	蓝	红	绿	白
?	?	牛奶	咖啡	?
DH	?	?	?	?
?	马	?	?	?

由（12）可知啤酒只能为 D2 或 D5，BM 只能为 T2 或由 T5 可知 D1= 开水。

由（3）可知茶只能为 D2 或 D5，丹麦只能为 N2 或 N5。

由（15）可知 T2= 混合烟，BM=T5。

所以剩下啤酒 =D5，茶 =T2，丹麦 =D2。

然后：

挪威	丹麦	英国	?	?
黄	蓝	红	绿	白
开水	茶	牛奶	咖啡	啤酒
DH	混合烟	?	?	BM
?	马	?	?	?

由（13）可知德国 =N4，PR=T4，所以，瑞典 =N5，PM=T3。

由（2）可知狗 =P5，由（6）可知鸟 =P3，由（10）可知猫 =P1。

得到：

第一间	第二间	第三间	第四间	第五间
黄色	蓝色	红色	绿色	白色
挪威	丹麦	英国	德国	瑞典
Dunhill	Blends	Pall Mall	Prince	Blue Master
开水	茶	牛奶	咖啡	啤酒
猫	马	鸟	鱼	狗

爱因斯坦出这道题目并不是为了得出答案，而是要一种思维过程和不同的思维方法。他说过：他不会只找到一个绣花针就不找了，他要找到再也找不到绣花针为止。

718 丙是受害者。可用假设法推。

719 假设甲是无辜者，则"甲不是帮凶"就是真话。由于只有无辜者才说真话，所以这句话就必定是甲说的，但与"每句话的所指都不是说话者自身"矛盾，假设不成立。甲不是无辜者。

假设乙是无辜者，则"乙不是凶手"就是真话。同样由于只有无辜者才说真话，所以这句话就必定是乙说的,同理,矛盾!假设不成立。乙不是无辜者。

因此,无辜者是丙。

由条件,"三句话中至少有一句话是无辜者说的",又第三句话不可能是丙说的,因此,第一句和第二句话中,丙至少说一句话。

如果丙说的是"甲不是帮凶",则事实上甲不是帮凶,而是凶手,乙是帮凶,因而"乙不是凶手"就是真话,因而也是丙说的;如果丙说的是"乙不是凶手",则事实上乙不是凶手,而是帮凶,同样甲是凶手,因而"甲不是帮凶"还是真话,仍然也是丙说的。

总之,第一和第二句话都必然是丙说的。事实上甲是凶手,乙是帮凶。

720 如果丙作案,则甲是从犯;如果丙没作案,则由于乙不会开车,不会单独作案,因此,甲一定参与作案。丙或者作案,或没作案,二者必居其一。因此,甲一定参与作案。

721 不管A是盗窃犯或不是盗窃犯,他都会说自己"不是盗窃犯"。

如果A是盗窃犯,那么A是说假话的,这样他必然说自己"不是盗窃犯"。

如果A不是盗窃犯,那么A是说真话的,这样他也必然说自己"不是盗窃犯"。

在这种情况下,B如实地转述了A的话,所以B是说真话的,因而他不是盗窃犯。C有意地错述了A的话,所以C说的是假话,因而C是盗窃犯。至于A是不是盗窃犯是不能确定的。

也可以用假设法来判断:设A是盗窃犯,则无解(这样A和C都撒谎);A不是盗窃犯,则A说真话,B招供符合,C撒谎。所以C为盗窃犯。

722 从否定八条供词入手,进而判定这四个病人到达精神病医生寓所的先后顺序以及精神病医生被杀害的时间。

根据Ⅱ,在传讯前,这四个病人共同商定,每人向警方作的供词条条都是谎言。从这八条假供词的反面可得出以下八条真实的情况。

(1) 这四人中的一人杀害了精神病医生。

(2) 甲离开精神病医生寓所的时候,精神病医生已经死了。

(3) 乙不是第二个去精神病医生寓所的人。

(4) 乙到达精神病医生寓所的时候,精神病医生仍然活着。

(5) 丙不是第三个到达精神病医生寓所的人。

(6) 丙离开精神病医生寓所的时候,精神病医生已经死了。

(7) 凶手是在丁之后去精神病医生寓所的人。

(8) 丁到达精神病医生寓所的时候,精神病医生仍然活着。

根据这里的真实情况(1)、(4)、(8)、(2)和(6),乙和丁是在甲和丙之前去精神病医生寓所的人。根据真实情况(3),丁必定是第二个去的人,从而乙是第一个去的人。根据真实情况(5),甲必定是第三个去的人;从而丙是第四个去的人。

精神病医生在第二个去他那儿的丁到达的时候还活着,但在第三个去他那儿的甲离开的时候已经死了。因此,甲是凶手。

723 C。只有C中的长短针的位置是相反的。

724 两针在每12小时之内各次重合的时间:

第一次:1点5又5/11分;
第二次:2点10又10/11分;
第三次:3点16又4/11分;
第四次:4点21又9/11分;
第五次:5点27又3/11分;
第六次:6点32又8/11分;
第七次:7点38又2/11分;
第八次:8点43又7/11分;
第九次:9点49又1/11分;
第十次:10点54又6/11分;
第十一次:12点。

725 由于热胀冷缩的原因,摆钟到了冬天将会变快,应该把摆下端的螺丝下调,使等效摆长变长些;运到上海将会变慢,应该把摆下端的螺丝上调,使等效摆长变短些。

726 20个小时。一只表慢2分，另一只表快1分，那么每小时两块表差3分，这样，答案很快就出来了。

727

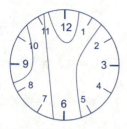

728（1）D。分为时的4倍。（2）B。分的数字之和，是时的三倍。

729 甲钟的时间是12点54分，其误差是2、3、4或5分钟。甲钟的误差不可能是2分钟，因为如果这样的话，丙钟的误差就至少是7分钟；甲钟的误差也不可能是3分钟，因为如果这样的话，丙钟的误差就至少是6分钟；所以甲钟的误差是4或5分钟，而且这种误差只能是比标准时间慢，否则其余每个钟的误差都会不少于7分钟。

假设甲钟的误差是慢4分钟，这样准确时间是12点58分，由此可知丙钟的误差是快了5分钟，其余两钟的误差分别是1分钟和4分钟，这样就没有钟的误差是2和3分钟，这和题中的条件相悖。

这样，只剩下一种可能性，即甲钟的误差是慢5分钟。这样准确时间是12点59分，乙钟、丙钟和丁钟的误差分别是2分钟、4分钟和3分钟。

730 短针的一个刻度间隔，相当于长针的12分钟。短针正对着某一个刻度时，长针可能是0分、12分、24分、36分或48分中的任一位置上。分析了这种情况，就可以得到只能是2时12分。

731 既然能录进枪声，那么也能录进屋里挂钟的报时声。这说明罪犯是在其他现场一边录音一边把被害者杀死，然后与录音机一同移至第二现场的。

732（D）。第一个杯子和第四个杯子上写的话是矛盾的，所以必有一真，必有一假。因此第二、第三个杯子上的话是假话。从而推出第三个杯子中有巧克力。

733 乙箱。假设甲箱上的字条是真的，那么"乙箱上的字条是真的，而且黄金在甲箱"的两个陈述都是真的。如此则乙箱的字条说的是真的，看看它上面写着什么："甲箱的字条是假的，而且黄金在甲箱。"这边的"甲箱的字条是假的"则违反了最初的假设，因此不成立。

如此可推论甲箱上的字条是假的，即其中至少有一个陈述是假的，可能是：

（1）乙箱的字条是假的。
（2）黄金在乙箱。

若（1）乙箱的字条是假的，则表示甲箱的字条是真的（已经证明不成立的），或是黄金在乙箱。无论如何，黄金一定在乙箱。

734 拿一次，就能知道三盒粉笔各盒的颜色。只拿着"红－白"盒中的一捆粉笔就行了。要注意，"每个盒子里所装的粉笔都跟标签不一致"这句关键的话。

735 假如四次的名次分别为：

1. A、B、C、D；
2. B、C、D、A；
3. C、D、A、B；
4. D、A、B、C。

在1、3、4次A比B快，在1、2、4次B比C快，在1、2、3次C比D快，而在2、3、4次D就比A快。

736（1）是D讲的。（2）是B讲的。（3）是E讲的。（4）是C讲的。B和C是兄弟俩；A是B的妻子；E是A的母亲；D是C的女儿或儿子。

737 是丁打碎的，推理如下：①假定是甲打碎了玻璃，说真话者是乙、丙和丁；②假定是乙，说真话者是丙和丁；③假定是丙，说真话者是甲和丁；④在假定丁打碎了玻璃时，说真话的只有丙一人，所以玻璃是丁打碎的。

738 假如乙是老实国人,他回答一定是"老实国人"。如果他是说谎国人,他要说谎,回答也一定是"老实国人"。丙如果是说谎国人,他在转述乙的回答的时候必定要说谎,就会说成"他说他是说谎国人"。可是丙并不这样说,可见他没有说谎,他是老实国人,而甲、乙两个都是说谎国人。

739 河水能喝。"风和日丽"一词表明那天是晴天。所以如果那个居民是真话部落的,他回答"是个好天气"这句话时,说的就是"是",那么回答"这水能喝吗"时,说的就是"可以"。如果那个居民是谎话部落的,那他回答"是个好天气"时,说的就是"不是",回答"这水能喝吗"时,说的就是"不能",但是他说的是谎话。所以那个人无论是真话部落还是谎话部落,那泉水都是可以喝的。

740 因为按B的相反意见去办,其正确率可达70%。B的判断只有30%正确,自然70%就是不正确的了。在两者选一的条件下,违背他说的意见去办,就可以有70%的正确性。而A的判断只有60%是正确的,相比之下,正确率当然要小了。对某种判断,如果从反面去推究,往往会得出意想不到的结果。

741 首先我们可以从1号牢房里的人的回答中推知:1号牢房里的人肯定不是牧师。因为如果他是牧师,那么他是说真话的,这样他就应该说:"我是那个牧师。"既然1号牢房的人不是牧师,就可以推出3号牢房的人是说假话的,因此关在3号牢房的人不是真正的牧师。因为1号和3号牢房的人都不是牧师,所以真正的牧师是2号牢房的人。而真正的牧师是说真话的,所以关在1号牢房的是骗子,关在3号牢房的是赌棍。

742 假设贝塔的预言是正确的。如果贝塔的预言正确,那么伽玛将成为特尔斐城的预言家。这样,伽玛的预言也是正确的。结果就将有两个是预言家。这是不符合题设条件的。因此,贝塔的预言是错的,她后来没有当上预言家。

因为贝塔的预言是错的,所以伽玛后来也没有当上特尔斐城的预言家。伽玛的预言也是错的。伽玛曾经预言:"欧米伽不会成为竖琴演奏家。"既然这个预言是错的,那么欧米伽日后将成为竖琴演奏家,而不是预言家。

排除了贝塔、伽玛、欧米伽,只能推出预言家是阿尔法。

因为欧米伽的预言是错的,所以后来她没有同名叫阿特克赛克斯的男人结婚。

743 这个"逻辑博士"提的第一个问题是:"你神志清醒吗?"第二个问题是:"你是人吗?"

根据对第一个问题的回答,这位"逻辑博士"可以推定P是人还是吸血鬼。因为神志清醒的人总是说真话的,因此,他对"你神志清醒吗?"的回答,必然说"是",而精神错乱的人总是说假话的,他也会回答说"是"。吸血鬼对这个问题的回答恰恰相反,神志清醒的吸血鬼因为是说假话,所以他回答"不是"。精神错乱的吸血鬼说真话,所以他也回答"不是"。于是,"逻辑博士"就这样推定:只要P回答"是",他就是人;只要P回答"不是",他就是吸血鬼。

从P对第二个问题的回答中,"逻辑博士"可推定他是神志清醒的,还是精神错乱的。因为凡是神志清醒的人,他在回答"你是人吗"这一问题时,肯定回答"是的"。但对精神错乱的人来说,他一定回答"不是",因为他总说假话。相反,神志清醒的吸血鬼,他会回答"是的",而精神错乱的吸血鬼却会回答"不是"。于是,"逻辑博士"又可以这样来推定:要是P回答"是",他就是神志清醒的;要是P回答"不是",他必然是精神错乱的。

744 设:A是X部落的人。(1)如果A遇见的B是X部落的人,那么,B就说自己是X部落的人(因X族人是说真话的),这时,A向旅游者如实地传达了这个回答。(2)如果A遇见的B是Y部落的人,那么,B也会说自己是X部落的人(因Y族人是说假话的),这时,A也向旅游者如实地传达了这个回答。

设：A是Y部落的人。(1) 如果A遇见的B是X部落的人，那么，B就说自己是X部落的人，由于A是Y部落的人，他是说假话的，所以，他会把B的回答向旅游者传达为"B说他是Y部落的人"。(2) 如果A遇见的B是Y部落的人，那么，B就说自己是X部落的人，而A也会把B的回答传达为"他说他是Y部落的人"。

从给定条件可知，A对旅游者传达的话是："他（指B）说他是X部落的人。"可见，假定A是Y部落的人时得出的（1）、（2）两个结论，都是与题目给定条件相矛盾的；只有前一个假定（即假定A是X部落的人），才符合题目给定条件。所以，做向导的A是X部落的人。

745 先假设一句话是错的，再推论其他人，看是否矛盾（如有矛盾则换一种假设）。

A——妖太族，蒙兹票。B——西利撒拉族，布兰票。C——破卡族，沃拉票。

兑换率：3蒙兹票=4布兰票=12沃拉票。

746 分析四个人的话，三句提到洗瓶人的话应至少两句是假的，三句提到工人的话也至少两句是假的，因此BCF至少两人不在场、ABD至少两人不在场，但不在场的仅三人……福利先生是C，他现在是洗瓶人。扫地先生是D，现在是工人。

747 D。选项D作为题干的结论最为恰当，因为它比较完整地综合了题干中关于遗传与环境对人的素质的影响。

748 E。选项E则明确提出了用甘蔗的优势所在，因此，选项E为正确答案。选项B、C和D都赞成用玉米提炼乙醇。选项A没有选择。

749 李四。如果张三说的是实话，那李四、阿七说的也不错。但只有一个人说实话，可张三、李四、阿七说的都是假话，只有王五说的是实话，李四是头。

750 假设甲死于谋杀，则三人中有一个撒谎，与自杀的条件矛盾；假设是自杀，则三人说得都对，也与条件矛盾。因此，甲死于意外事故。

751 原来密函是藏在灯罩内。当警长开启书房的台灯时，密函的影子立即在灯下投射出来。

752 虽然格雷伪造了自杀现场，小心翼翼地编了他从未到此地的谎言，但他在顶楼上却知道开门的响声来自后门，这无异于不打自招。

753 犯人其实是计程车司机。那名女子事实上和绑票并没有任何关系，她只是受司机之托，从公园把皮箱拿走而已。计程车司机把里面的钱拿出来之后仍把空的皮箱交给那名女子，拜托她放在车站的保管箱里。当然他也给了那女子一些酬劳。

754 凶手就是男侍者。他在汤中放了大量的盐，使女特务喝后感到口渴；于是叫他拿水，而毒药则放在第一杯水中，当男侍者再拿杯去倒第二杯水时，暗中已换了另一个杯子。

755 米西尔从电话里得知狄娜的消息后，再也没有和狄娜通过电话，而狄娜却知道他用新买的蓝色皮箱装钱给了威克思，显然她是从威克思之处获悉的。结论非常清楚：狄娜与威克思合谋敲诈米西尔。

756 题目已经告诉我们，第一个倒下的巴比是被阿里打死的。可以推断出：阿里打倒巴比；皮得打倒奥费；胡安打倒皮得；法亚打倒胡安；汤妮打倒法亚；阿里打倒汤妮。倒下的顺序是：巴比、奥费、皮得、胡安、法亚、汤妮。

757 埃菲尔铁塔是钢铁结构的，由于热胀冷缩，它必然要随着温度的高低而变化。白天，由于光照的角度和强度是变化的，塔身各处的温度也是不一样的，热胀冷缩的程度因此也是不一样的，所以上午和下午不仅出现了倾斜现象，倾斜角度也不一样。夜间，铁塔各处的温度是相同的，所以就恢复了垂直状态。冬季气温下降，塔身收缩，所以就变矮了。

758 用冰做透镜，使太阳光通过透镜聚焦引火。

759 不可信。要抛起铁球，必须对铁球加一个作用力，铁球对抛球的人又产生一个反作用力，这时候桥受的力就超过了一个人加一只铁球的重量。另外，下落的一球，在落到手上的一刹那，由于有一个下落加速度，也超过了原来重量。所以不能安全过桥。

760 船会离岸移开。当人在船尾向岸上抛西瓜的时候,人将受到方向相反的反作用力,使船向船头方向前进。

761 影子一样大。因为两架飞机的高度相差只有20米,太阳离我们是很远很远的,太阳光几乎是平行的。

762 不对。加热后孔将变大。这是因为,孔外面的金属可以看成是由一个圆形的材料弯成的圈。加热的时候,金属条伸长,所以原来的孔变大了。轮子加热后套入轴,就是利用这个道理。瓶盖太紧拧不开的时候,把它放在热水里加热就能拧开也是这个道理。

763 什么也看不见。因为各个方向都铺满了镜片,又无缝隙,进不了光线。

764 向后移动。物体在受到外力时,如无阻碍,一定是沿外力作用的方向运动。从细节上分析,向后拉在下面位置的踏板将使后轮转动,造成向前的摩擦力。但由于力臂的影响,在后轮与地面接触点产生的前移力比踏板处向后拉的力小得多,整个自行车仍将向后移动。

765 用大头针穿住火柴,再连火柴一起插进软木塞(如图)。点着火柴,把软木塞放在水面上,使火柴漂浮在水面上继续燃烧,然后用杯罩住软木塞和燃烧的火柴。当杯中的氧气被烧尽后,碟里的水就被压入杯中。

766 当机车在前面牵引列车的时候,并不是每节车厢的挂钩都拉得一样紧,而是第一节车厢拉得最紧,第二节次之……最后一节车厢拉紧程度最小。相反,当机车在后面推的时候,最倒数第一节车厢的挂钩顶得最紧,向前依次顶紧的程度逐渐减小。

当前后各有一个机车时,从理论上说,只有最中间的一只挂钩是松弛的,实际上,由于前后机车拉和推的力不一定恰好相等,并且在行进中每时每刻都在变化,所以松弛的挂钩会在中间几个挂钩中变化。这样,前机车拉一半车厢,后机车推一半车厢,列车会跑得更快。

767 乙说得对。因为铁丝左端遇冷之后,这整根铁丝的电阻小了,电流更大,所以右端更热。

768 小孩获胜。因为大力士的重量大于小孩的重量,大力士越用力,就越快地通过滑轮把小孩拉向顶端。

769 测水泥硬度的办法有两个:(1)让小铁球从相同高度自由下落,检查铁球落在每块水泥砖上的深度,深度浅的硬度大。(2)让水泥砖成45度角安放,小铁球从相同高度下落,看铁球滚动多远。硬度大,小铁球滚得远些。

770 在下降的电梯中用弹簧秤称重物,由于失重,物体的重量减轻。天平测出的是物体的质量,在任何情况下物体的质量都不变。弹簧秤和天平是两种不同的测量仪器。弹簧秤测物体的重量,天平测出的是物体的质量。

771 往瓶里放大小不同的玻璃弹子,使液面升到10升刻度处,然后往外倒至5升刻度处。这是利用玻璃弹子不被强酸腐蚀的特点。

772 同时到达地面。因为重力加速度与水平速度无关。

773 机车牵引是利用机轮与轨道的滑动摩擦,而被牵引的车厢产生的是滚动摩擦。在同样的重量下,滑动摩擦比滚动摩擦大得多。

774 在绳的下端系一重物,然后拉开一个小的角度,让它自由摆动,只要测出来回摆动一次所需的时间,就可以算出绳子的长度。绳长近似等于0.25乘以"来回摆动一次所需的时间"(以秒为单位),绳长单位是米。

775 (1)水结冰后,体积要增加,而浮在水上的冰所排去的水的重量,正好等于冰本身的重量,是同样多的水结成的冰。所以当冰溶解变成水后,杯中的水不会溢到外面来。

(2)当铅块放在船上时,浮力等于船和铅块的总重,即有相当于船和铅块总重的水量被排开而使水位升高;将船上的铅块丢入水中后,只排开与铅块同体积的水重。由于铜块的密度比水大得多,所以池水将下降。

776 (1)沙袋在下落过程中处于失重状态,因此整个瓶子的重量变轻了,沙袋下落这一边将向上。

(2)手指浸入水盆里,水对指头将产生浮力。这样,人重量的一部分从地面转移到水盆中了,所以,浸入手指的一边将加重。

(3)天平不动。因为苍蝇飞起的时候,一定要扇动翅膀来支持重量。它向下压迫空气的反作用力仍通过空气作用在瓶子上。

(4)右边重。因为增加了一条鱼的重量。

(5)天平仍旧是平衡的。因为右边袋子空气的重量与袋子所受的空气浮力互相抵消了,剩下的仍然是一只纸袋的重量。

777 他们说得都对。地球是一个圆球,为了区分"今天"和"明天",经过人们协商,在180度经线附近,划定了一条国际日期变更线,凡是通过这条线的船只,都要变更日期。从上海开往美国的船只,一开过这条线就要少算一天,假若原来已经过了元旦,只能再过一次元旦。而从美国开到上海的船只,一经过这条线,就得多算一天,所以就过不了元旦了。

778 物体每秒振动的次数叫做"频率",如果两个物体的振动频率相同,一物体振动时,另一物体也会振动。在这个故事里,因为寺院的钟与磬固有的振动频率相近,因此,就可以发出共鸣。把磬挫开几处缺口,改变了磬的振动频率,也就听不见磬鸣了。

779 2万公里多几米。先稍微偏离地球极点,绕极点转一圈,就算跨过了所有的经度线。然后再从一个极点沿着经度线到另一个极点,这样,就可以跨过所有的纬度线。若把地球看成一个正球体,则北极到南极的距离就是地球周长的二分之一,也就是2万公里。因此,按假设的定义,走2万公里多几米就能达到"环球旅行"的目的。

780 从当年10月到来年的3月左右,是北极圈的长夜。因此,圣诞节前一天,在北极圈内是无法见着阳光的,也就无法用阳光生火了。

781 嫌疑人自称"自拍下了开启啤酒的一瞬间",但是警长看到照片上的他在打开罐装啤酒时,罐子口上没有泡沫,于是断定照片是伪造的。因为在3500米的山顶上气压较低,啤酒一打开,泡沫就会冒出来,况且,啤酒罐是放在背包里带上山的,一路经过摇晃,打开时更容易冒出大量泡沫。

782 汽油燃烧后的产物是有毒气体一氧化碳。小李在汽车静止的情况下门窗紧闭,发动机排出的一氧化碳在车内越积越多,死神也随之悄悄地降临到了他和女友的头上了。

783 注意题目中交代的地点——我国东北地区的一个小镇。在北纬29度以北,我们看到的月亮和太阳一样在天空的南部,东升西落。我国东北地区就处在这样一个纬度。嫌疑犯自称坐在东西流向的河的南岸,那他就是面朝北,是不可能看见月亮在河中的倒影的。

784 其实电话铃声正是引起爆炸的原因。因为电话用电和电力公司不同,就算电力公司停电,电话还是照常工作的,因此电话响起,就会有电流通过,产生的火花与室内的煤气接触而发生爆炸。经过调查,证实死者当日正在等一个长途电话,而这个长途电话成为爆炸的引子。

785 因为巧克力太硬了,巧克力在28℃以上就会变软,而当时气温高达34℃。梅丽莎的巧克力是硬邦邦的,这说明她刚从有空调的地方出来,这个小火车站上并没有空调房间,有空调的只能是刚刚到达的火车车厢。

786 大厦管理员剪断了大的电箱保险丝,却保留了电梯的保险丝,所以匪徒能乘电梯逃走。

787 依据凹镜成像原理,在大水果碗中看到的映像,营业员不可能认定持枪者是谁,因为碗中反射出来的影像是个倒影。

788 由于助手将袖珍相机放在口袋里,当照射

X光的时候，又忘记将底片拿出来，从而使底片受X光照射而全部曝光了。因X光除铅金属外，其余物品都可射透。

(789) 凶手行凶时会因紧张而手掌出汗，而糖尿病人既比正常人容易出汗，汗液中还含有糖分。凶手用布包刀柄，行凶时手掌出汗，汗液通过布附在刀柄上。他把刀丢弃后，刀柄招来了蚂蚁，因为蚂蚁是对糖最敏感的动物。所以7号病房的糖尿病人是凶手。

(790) 人是不能吸入纯氧气的。因此，警探冲着三人说："这是有意杀人!"并立即逮捕负责氧气筒充氧的阿龙。

(791) 夏天之夜风易进入朝北的房屋。海边的晚上，陆地的热气比海面的热气更易冷却，所以冷却的空气会由山上往海面直吹，于是微风就会从朝北的小窗吹进阁楼内。相反，到了白天，陆地的热气较易上升，海风会朝陆地直吹。

(792) 江山是说谎者，他也是枪杀高森的凶手。因为研究所在水下40米的地方，大约有5个大气压，要想从这样的深度游向地面，必须在中途休息好几次，使身体逐渐适应压力的改变。如果只用15分钟游到地面，那么一定会患潜水病。

(793) 人体血液中盐的含量远远超过动物血液中盐的含量，西科尔以他敏感的舌尖品味一下两行血迹即鉴别出来。

(794) 不是。AB型和O型血液的人结婚，子女不会有AB型。

有关不同血型的人结婚和生出子女血型的对应关系如下：

双亲的血型	子女的血型
O O	O
A O	O A
A A	O A
B O	O B
B B	O B
A B	O A B AB
AB O	A B
AB A	A B AB
AB B	A B AB
AB AB	AB

(795) 植物也有血型。尽管植物没有红色的血液，但也有确定血型的物质。那躺在床上的尸体枕着用荞麦皮装制的枕头，由于荞麦中有A抗原和B抗原，所以枕头上验出了血型。而在车祸一案中，轮胎碾过山村小路上的植物，能够确定植物血型的物质就粘在轮胎上了。

(796) 毒酒是温酒温出来的。锡壶大多是铅锡壶，含铅很高。酒保把铅锡壶直接放在炉子上温酒，酒中就带上了浓度很高的铅和铅盐。黄酒上浮的那层黑膜有种金属的暗光，多饮几杯，就会出现急性铅中毒。

(797)

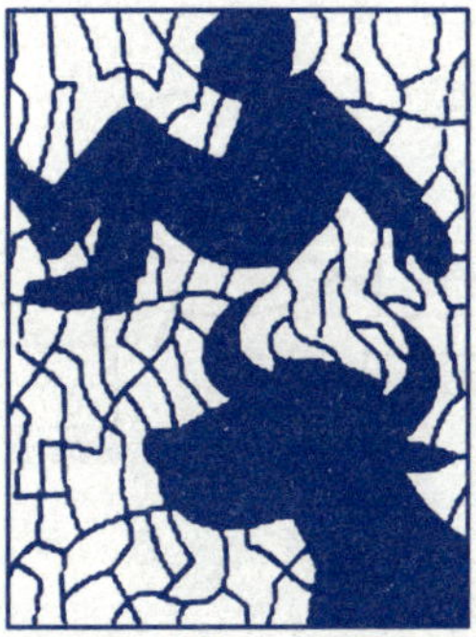

(798)

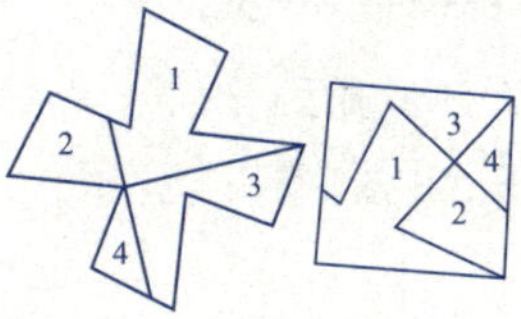

(799) C

(800) B

(801) (1) A；(2) E。

(802) (1) E；(2) B；(3) 4。

(803) 2号咖啡杯。1、3、4号咖啡杯的俯视图如下图所示。

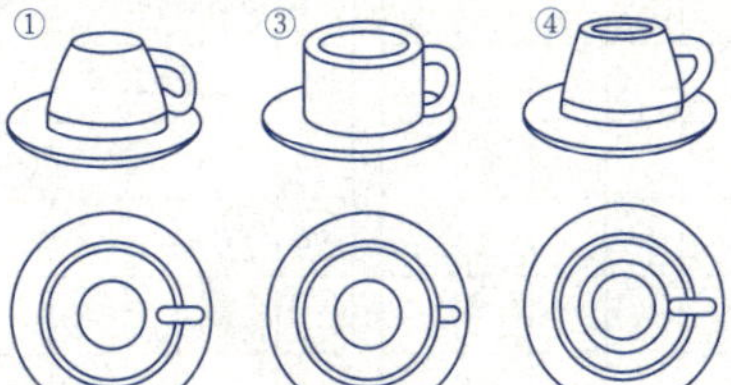

804
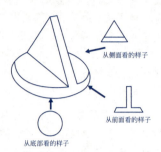

805
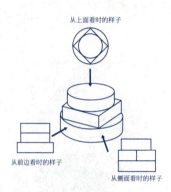

806 26。骰子对面两侧的数的和永远都是7。由此可推断，从上到下三个骰子背面和侧面的点数依次是：4、5、5、4、2、6，所以点数之和为：4+5+5+4+2+6=26。

807 ADE向上，BC向下。

808 A会上升，B会下降。

809

810
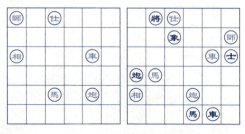

811
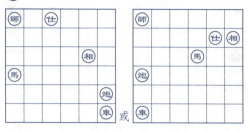

812 三种。第一种：
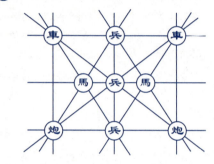

第二种：
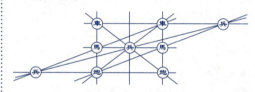

第三种：
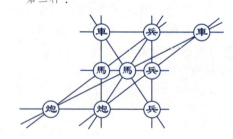

813

814 如图所示的五角星中，外面的大五角星的5个端点为5枚棋子，里面的小五角星的5个端点为5枚棋子，小五角星内的正五边形的5个端点为5枚棋子，图形的正中心还有1枚棋子，一共16枚棋子。请读者们按照这个示意图自己摆放。

815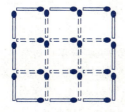

816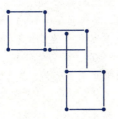

817

818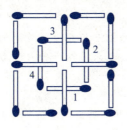

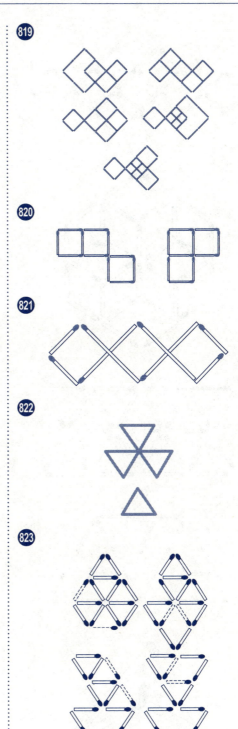

824
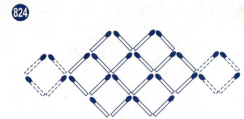

825

826
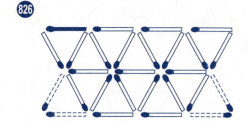

827
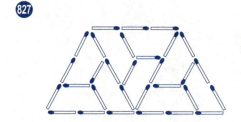

828
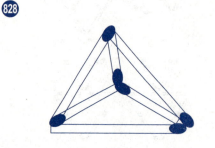

829
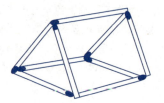

830
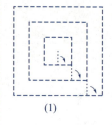 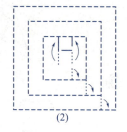
(1)   (2)

831 1石石榴等于7颗荔枝的重量。解：用g，s，l分别表示单个桂圆、石榴、荔枝的重量，则有$3g+s=10l$和$l+g=s$可得$s=7l$。

832 圆形跑道的直径同问题无关。当它们相遇时，兔子已走完全程的1/6，而在兔子行走的这段时间内，乌龟走了全程的17/24，因此乌龟的行走速度是兔子速度的17/4倍。兔子还有5/6的路程要跑，而乌龟只有1/6的路程了。所以兔子的速度必须至少是乌龟的5倍，也就是它自己在前一段行走速度的85/4倍才行。

833 这个数字是157894736842105263。原数的各位乘以2便得到新数的个位，同时也是原数的十位，故有3×2=6，依次类推，即可求出原数是：157894736842105263，新数是315789473684210526。

834 电话号码为547156。因为296=37×8，37和8互素，所以能同时被37和8整除的数也能被296整除。一个数的末三位若能被8整除，这个数就能被8整除，所以$y=5$。一个六位数的前三位和后三位的和若能被37整除，则这个六位数就能被37整除，故有$47x+156=100x+203$，又因为x是1至9中的数，所以$100x+203$的范围是303到1103。从303到1103中，能被37整除的整数且后两位是03的只有703，所以 $x=5$。

835 祖父的岁数正好等于孙子过的月数，而一年有12个月，所以祖父的年龄是孙子的12倍。父亲过的星期数恰好等于他儿子过的天数，所以父亲的年龄是儿子的7倍。由此可知，如果把孙子的年龄作为1份的话，那么父亲就占7份，祖父占12份。于是可以得到：孙子的年龄：$100÷(1+7+12)=100÷20=5$（岁）；父亲的年龄：$5×7=35$（岁）；祖父的年龄：$5×12=60$（岁）。

836 59分钟。从一个细菌开始，分裂为2个需要1分钟；从2个开始，简言之，即是可以节约最初的1分钟。

837 题中已给的式子从第2个加数起，每个加数为两数之积，而且其中有一个因数为偶数，所以从第2项起的每个加数为偶数，这样从第二项起的总和为偶数。又因为第一个加数为奇数，根据"奇数＋偶数＝奇数"可知，整个式子的最后结果是奇数。

838 设史密斯太太的钱数为 x，史密斯先生的钱数为 y，则小树林与小溪的价值等于 $y/3$，也等于 $x/4$。此外，已知 $(3/4)x+y$ 等于5000美元，而 $(2/3)y+x$ 也等于5000美元。从这些方程中可以解出史密斯的钱是2500美元，而他太太的钱是3333又1/3元，小树林与小溪的价值是833又1/3美元。

839 乐队总人数分别除以2、3和4以后，都有一个余数。符合这一条件的最小数字，一定比2、3、4的最小公倍数大1。2、3、4的最小公倍数为12，任何一个比12的整数倍大1的数，被2、3和4除，都有余数1。而当乐队以5人一排行进时，没有余数。可见，总人数还必须恰好能被5整除。我们可从下列数列中找出能被5整除的数：13、25、37、49、61、73、85、97、109、121、133、145…对一个中学乐队来说，145人似乎太多了。所以尼克松中学的乐队人数，应当是85人或者25人。

840 解答这个问题，需要列一个方程式。用 x 表示点燃蜡烛的小时数。每一小时烧掉粗蜡烛长度的1/5、细蜡烛长度的1/4。

因此，粗蜡烛残余部分的长度应是 $1-x/5$，细蜡烛残余部分的长度应是 $1-x/4$。我们知道两烛长度相等，并知道粗蜡烛残余部分是细蜡烛残余部分的4倍，即 $4(1-x/4)$ 等于粗蜡烛残余长度 $(1-x/5)$

$4(1-x/4)=1-x/5$

解方程式，得 $x=3\frac{3}{4}$（小时）。

答案是，两烛各点燃了3小时45分钟。

841 工资每镑提高5便士要比拿加班工资强一些。为了计算简便起见，假定一个人每小时的工资是1镑，即每星期是44镑。如拿加班工资，他则按1小时1镑收入40小时的工资，即40镑，外加4个小时，每小时1.5镑即6镑，总计46镑。但如按工资每镑提高5便士则意味着44小时，每小时1.05镑，即46.20镑。

842 仔细观察上面的四个式子，发现一个规律：如（1）式中第一项有1999，第二项也有1999，所以可以运用乘法分配律，把它变化为：

（1）$1992×1999+1999=(1992+1)×1999=1993×1999$

同理，其他三个式子也这样变化为：

（2）$1993×1998+1998=(1993+1)×1998=1994×1998$

（3）$1994×1997+1997=(1994+1)×1997=1995×1997$

（4）$1995×1996+1996=(1995+1)×1996=1996×1996$

根据"和相等的两个数，相差越小乘积越大"可以作出判断：第（4）算式 $1996×1996$ 和积最大。$1996×1996=3984016$，所以最大的得数是3984016。

843 这两个分数的分子和分母各不相同，不能直接比较大小，使用通分的方法又太麻烦。由于这里的两个分数都接近1，所以我们可以先用1分别减去以上分数，再比较所得差的大小，然后再判断原来分数大小。因为 $1-777773/777778=5/777778$，$1-888884/888889=5/888889$，$5/777778 > 5/888889$，所以 $777773/$

777778 < 888884/888889。

844 男生出来看时，说明男生人数减1和女生人数相等，说明男女生相差1；女生出来看时，说明女生人数−1＝男生人数÷2。从而设男生人数有x人，女生人数即x−1，列出方程：

$x-1=x\div 2+1 \quad x=4 \quad x-1=4-1=3$

所以女生有3人，男生有4人。

845 有60位客人。设客人为x人，则小盘为x/2只，中盘为x/3只，大盘为x/4只，列方程得x/2+x/3+x/4=65，解出x=60。

846 鳄鱼20条，野猫80只；鳄鱼吃了80条鱼，野猫吃了20条鱼。

设鳄鱼的数量为x，则野猫为100−x，可列出方程4+（100−x）/4=100，解出x=20，由此计算出其他问题。

847 速度最慢的步行者C一直坐在自行车上不下来。起先，他同最快的步行者A一起坐在自行车上，行驶了31.04英里，而B在这段时间内步行。A下车了，C把自行车往回驶，在距出发点5.63英里处遇到了正在步行的B，叫他上车。在余下的旅程中，B与C一直在车上，继续行驶，与步行的人同时到达终点。总的时间略小于2.3小时。

这个问题的代数解法如下：设x为B步行的距离，y为A步行的距离。将B走完距离x所需的时间与自行车从出发到把A撂下来而让B上车的时间列成等式，这样就得出一个方程。第二个方程是把A走完距离y所需的时间与自行车把A撂下后继续走完全程所需的时间列成等式。然后从两个联立方程中解出未知数x和y，结果就出来了。

848 共有7只蜻蜓，5只蜘蛛，6只蝉。可通过列方程求解。

849 蒂莫西只要利用弃九法来检验一下所做的乘法即可。

第一个数（被乘数）的各位数码之和为32，而3+2=5，第二个数（乘数）的各位数码之和是27，而2+7=9。

5×9=45

45的各位数码之和为9，乘积中能够识别的各位数码之和为28，而2+8=10，最后得出1。由此判定缺失的那个数码一定是8，因为1+8=9。

850《格列佛游记》里的计算是正确的。小人国褥子的长和宽，均只有我们的1/12，因此，它的面积是我们褥子的1/144，要使格列佛躺得下来，就得有144个（书里是150条）小人国用的褥子。可是这种褥子太薄了，只有我们褥子厚度的1/12。为什么这种褥子就连铺四床也不够软，是因为四层小人国的褥子也只有我们褥子的1/3厚。

851 小兔=5，小鱼=4。通过列出一个简单方程即可得到结果。

852（1）E。根据选项中的数字，可以推断出这个等式实际上是6×6=36。

（2）5。只有1和5在个位上时才能得到平方后个位上仍是5的结果。但是如果未知图像的值是1的话，等式右侧的值应该等于左侧第一个图像本身，因此排除1。

（3）A。根据选项中的数字，可以推断出这个等式实际上是121÷11=11。

853 8。5个相同的数加起来个位上得0的话，肯定是偶数，所以能填进圆里的只有2、4、6、8，然后再从这几个里面找出适合条件的就可以了。选项中，只有8是偶数。

854 A。这是个图像叠加问题。

855 A+B+C或A+D+E都不可能大于27（即9+9+9）。因为G、H和I代表不同的数字，所以，右列要给中列进位一个数，而中列也要给左列进位一个数，并且这两个进位的数不能相同。在一列的和小于或等于27的情况下，唯一能满足这种要求的是一列的和为19。因此，A+B+C或A+D+E必定等于19。于是，FGHI等于2109。排除了0、1、2、9这四个数字之后，哪三个不同数字之和为19呢？经过试验，可以得出这样的两组数字：4、7、8与5、6、8。因此，

A代表8。两种可能的加法是：

```
   888              888
   777         和    666
+  444         +    555
  2109              2109
```

856 M大于1，M×A小于10，因此，如果A不是1，则M和A是下面两对数字中的一对：
（1）2和4 或 （2）2和3

以M和A的这些数字代入算式，我们寻求F的值，使得M×F的末位数为A。为了寻求适当的F值，我们还得寻求E的值，使得M×E加上进位的数字后末位数为F。如此逐步进行，我们会发现：在（1）的情况下，当M=2时，D不会有合适的数值，而当M=4时，D或E不会有合适的数值；在（2）的情况下，当M=2时，F不会有合适的数值，但当M=3时，出现一个合适的乘法算式：285714×3=857142。

上述推理是假定A不是1。如果A是1，则M和F一个是7另一个是3。当M=7时，E和F都是3；但当M是3时，则出现一个合适的乘法算式：142857×3=428571。

所以无论哪一种情况，M都是代表数字3。

857 44×22=968
22÷44=5÷10

两句诗共14个字，其中6个字是重复的，且以相反的顺序出现。不计这重复的6个字，剩下的8个汉字一定是代表8个数字。解题的关键点在于等式"岁岁÷年年＝人÷不同"构成整除关系，而且与等式"年年×岁岁＝花相似"关联照应。通过推理、验算便可知答案。

858 123−45−67+89=100

859 17−11+4+4=14
14−7−1+4+1=11

7+7+7=11
14−7+4=11

860
(1) 4=114+1−111
123−111=12

(2)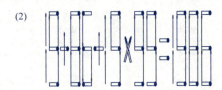

(3) 7+2+9−4+5+9−7+2+9

861 1+10=11
11+0=11
1−10≠11

862 12+3×657=1983

863 VII−V=II

864 （1）可以组成一个正确的等式：7^2=49。
（2）原来手中的牌为：黑桃5张，红桃6张，方块7张，草花8张，显然有"5×10+6=7×8"。后来，4种花色各打出4张牌，手中剩下的牌应为：黑桃1张，红桃2张，方块3张，草花4张，显然有"10×1+2=3×4"。

865

(1)

5	10	3
4	6	8
9	2	7

(2)

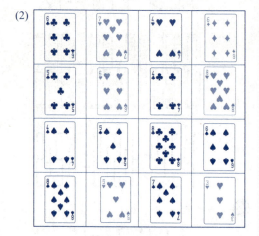

866 （1）(6÷3+6)×3 = 24
（2）8÷(9-7)×6 = 24
（3）(10+2)×(1+1) = 24
（4）(10-8)×7+10 = 24
（5）3×10-10+4 = 24
（6）3×7+2+1 = 24
（还可以有其他解法。）

867 （1）6÷2×5+9 = 24
（2）(9+10)+(10÷2) = 24
（3）(9-7)×8+8 = 24
（4）3×6+(8-2) = 24
（5）(1+1)×9+6 = 24
（6）2×9+(10-4) = 24
（还可以有其他解法。）

868 （1）(5-1÷5)×5=24
（2）(3+3÷7)×7=24
（3）(4-4÷7)×7=24
（4）6÷(1-3÷4)=24
（5）3÷(1-7÷8)=24

（6）4÷(1-5÷6)=24
（7）4÷(7÷6-1)=24
（8）6÷(1-6÷8)=24
（9）8÷(3-8÷3)=24

869 以下两个图中，上一排各牌的点数组成的5位数与下一排各牌的点数组成的4位数相除所得的商等于3。

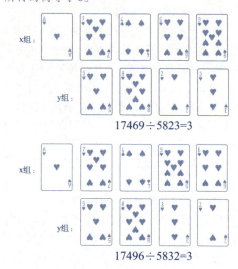

x组：

y组：

17469÷5823=3

x组：

y组：

17496÷5832=3

事实上，除了商等于3外，像这样分组并经过适当排列，使商等于2、4～9都有解，而且每一种情况解并不唯一。有兴趣的读者不妨自己试一下，将解求出。

870 甲手中的牌数为25，乙手中的牌数为24。这样就有：$25=5^2$；$25+24=7^2$；$25-24=1^2$。

871

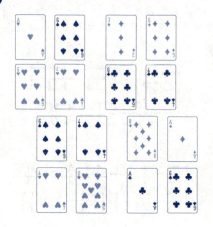

872 将黑桃5移至红桃A与红桃9的下面；将黑桃8移至黑桃7左边；将黑桃2移至黑桃3的右边。这样移动3张后，这个三角形就倒转了过来，且每条边上的4张牌的点数之和都为20，每条边上4张牌点数平方和都为126，如下图所示。每边点数之和：8+7+3+2=2+4+9+5=5+1+6+8=20。每边点数平方和：$8^2+7^2+3^2+2^2=2^2+4^2+9^2+5^2=5^2+1^2+6^2+8^2=126$。

873 移动19次，移动顺序为：4，1，2，4，5，1，6，7，1，5，8，1，5，6，7，5，6，4，2，7。

874 由题可知，白，黑，白，白，是一个周期。又因为70/4=17余2，即上面排列重复17次后还剩2颗，其中1颗黑棋子，1颗白棋子，则70颗棋子中白棋有3×17+1=52（颗）。

875 10分钟。一个工人装4盒火柴需要5分钟，客户需要40盒火柴，每个工人同时要装8盒，故需要10分钟。

876 根本没有获胜的希望！实际上，按照甲的要求，填满这64格的棋盘的火柴的数量是：$1+2+2^2+2^3+2^4+\cdots+2^{64-1}$。这个数字恐怕只有计算机能够算出来是多少！放到棋盘装不下任何一根火柴的时候，也无法达到这个数目！

877 本题关键问题在于科学安排烙大饼的时间：一张饼烙好一面后，换下，放上一张新饼的一面；这样，20分钟内，可烙好一张全饼及第二饼的各一面；再用10分钟，即可把三张饼全烙好，共花去时间30分钟。做事要穿插着做，如果这么安排：在烙饼的每10分钟内，各穿插安排做一件事：四房的打扫分做两次，每次9分；浇花的6分也安排在这。这样，烙饼的30分钟，又附带打扫房间，给花浇水或护理等。四件事只要70分钟即可。

878 每个人上班的天数不一定一样多，每天上班的人数也不一定一样多。按题目规则分析各种出工的可能情况，给出一个每天不同的出工安排。七天上班安排是：AE、ABD、AB、CD、BCE、BCD、BC。

879 一分钟后。这时A跑完两圈，B跑完三圈，C跑完四圈，三匹马正好再一次在起跑线上处于并排状态。

880 用这条救生艇最多可以营救13人，必须采取其他营救措施。到达岛上要4分钟的话，来回就要花8分钟。先让5个人乘船上岛，因为必须有一个人要把救生艇划回来，所以只有4个人到达岛上避难（花8分钟，4人获救）。然后再载5个人到岛上，1个人再驾船回来（16分钟，8人获救），当船再载5个人离开后，就没有时间再回来接人了，当船到达岛上时，那艘船已经沉了。

881 按照题意共有7种排法：1.女女女女；2.女女女男；3.女女男男；4.男女女男；5.男女女女；6.男男女女；7.男男男男。

882 保罗分未开封的酒2瓶，只剩一半威士忌的酒3瓶，空瓶2瓶；劳伦斯分未开封的酒2瓶，只剩一半的威士忌酒3瓶，空瓶2瓶；辛格分未开封的酒3瓶，只剩一半威士忌的酒1瓶，空瓶3瓶。

883（1）先把牛奶倒满A、B两只杯子，把可可倒满C杯子；

（2）把C杯子里的可可倒入牛奶瓶里，再将可可倒满C杯子；

（3）把A杯子里的牛奶倒入可可瓶里，这时候两个瓶里都是混合饮料了。然后将一个瓶的混合饮料倒满另一个瓶，不满的瓶正好还可装剩下的一杯牛奶和一杯可可。

884 牛奶和咖啡这样搅和之后，各杯的总容积没有变，加进的咖啡必然排去同样容积的牛奶，因此，咖啡杯中的牛奶容量恰好等于牛奶杯中的咖啡容量。

885 如果给8个轮胎分别编为1～8号，每5千里换一次轮胎，配有的轮胎可以用下面的组合：123（第一次可行驶1万里）、124、134、234、456、567、578、678。

886 可以聚会到一起。比如，明天下雨的话，B和C可以到A家去聚会。因为A没说雨天不聚会，而是雨天他不到外面去聚会。

887 让丈夫们坐好，把他们的妻子安排在他们每人的身边，这种坐法共有6种（而不是24种，因为我们考虑的只是位置的顺序）。接下来，让每个丈夫留在自己原位，把第一位夫人换到第二位的座位上，把第二位夫人换到第三位的座位上，依次类推。最后把第四位夫人换到第一位的座位上。这样坐法符合题意要求，即丈夫不坐在自己夫人旁边。这种坐法也有6种，其中每种都可使夫人继续向前移一个座位，这就又得到6种可行的方案。但现在想使夫人们调换座位就不可能了，否则的话，夫人们就该同他们的丈夫坐在一起了，只不过换了一个方向而已。因此，各种可能的就座方案共有6+6=12种。

888 必须搬10次：A到急诊病房，C到4号，D到2号，B到1号，A到3号，C到急诊病房，D到4号，B到2号，A到1号，C到3号。

889 根据题意列出各级楼梯的走法如下：括号里面的数字表示每次上楼梯走的级数，1个算式或数表示一种走法。

　第一级：1种（1）
　第二级：2种（1+1，2）
　第三级：3种（1+1+1，2+1，1+2）
　第四级：5种（1+1+1+1，1+1+2，1+2+1，2+1+1，2+2）
　第五级：8种（1+1+1+1+1，1+1+1+2，1+1+2+1，1+2+1+1，2+1+1+1，1+2+2，2+1+2，2+2+1）
　第六级：……

其规律为：从第三项起，每一项的数都是紧挨着它前面的两项的数字之和。列表如下：

级数	1	2	3	4	5	6	7	8	9	10
走法	1	2	3	5	8	13	21	34	55	89

所以到第十级楼梯一共有89种不同的走法。

890 只割开一节，就是第三个环。这样就把这个链条分成1个环、2个环、4个环三部分。第一天，给店主一个环；第二天，给店主两个环并找回一个环；第三天，给店主一个环；第四天，给店主四个环，并让店主找回那两个环和一个环的两部分；第五天，给店主一个环；第六天，给店主两个环，并找回一个环；第七天，给店主一个环。

891 想把6段（每段5节）的链条做成一个环形链条的最节约的方案是，把其中一段链条的5节统统割开，然后用它们把其他5段链条连接起来做成一条环形链条。为此所花费的代价是1.30美元，这要比买根新链条节省20美分。

892 后摘的可以获胜。首先，如果先摘取者摘了一片花瓣，那么，后摘取者在花瓣的另一边摘去两片花瓣；如果先摘取者摘了两片花瓣，那么，后摘取者在花瓣的另一边摘去一片花瓣。这时剩下了10片花瓣，而且，后摘取者在第一次摘取时保证在摘取后，剩下的10片花瓣分成两组，并且这两组被上轮摘取的三个花瓣的空缺隔开。在以后的摘取中，如果先摘者摘取一片，后摘者也摘取一片；如果先摘者摘取两片，后摘者也摘取两片。并且摘取的花瓣是另一组中对应的位置，这样下去，后摘者一定可以摘到最后的花瓣。

893 第一次，农夫先把鹅带过河，将鹅留在对岸，农夫独自返回；第二次，把狗带过河，将狗留在对岸，把鹅带回；第三次，把鹅留下，把白菜送到对岸，农夫独自返回；第四次，把鹅送到对岸。至此，这位农夫巧妙地把狗、鹅和白菜都带过河了。

894 要往返过渡六次。

第一次：两个孩子乘小船到对岸，由一个孩子把船划回侦察兵所在地方（另一个孩子留在对岸)。

第二次：把船划过来的孩子留在岸上，第一位侦察兵划小船到对岸登陆，再由对岸的孩子把船划回来。

第三次：两个孩子乘船过河，其中之一把船划回来。

第四次：第二位侦察兵划船过河，再由岸的小孩把船划回来。

第五次：同第三次。

第六次：第三位侦察兵过河。小孩把船划回来。于是，两个孩子又可继续在河上划船玩了。三位侦察兵也都渡到河的对岸。

895 先把A推到X处，再经主干线把B推进去，直到与A挂钩（图中①）。接着L、A、B三个同时开倒车向Z方向推进（图中②）。A脱钩，经Y把B推入X（图中③）。再经Y、Z把B拉出来放在原来A所处的位置上。其次，把Z位置上的A拉出，经Y在原来B处所的位置。

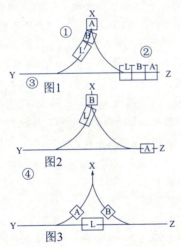

896 本题中实际隐含着加油时间忽略不计这个条件。可以把起点看作0，半圈看作"1"，一圈看作"2"，至少用4架飞机。可把4架飞机标号为1、2、3、4号。先1、2、3三架同时起飞，1号飞到1/4处把1/2油分别给2、3号加满，返回；2号飞到1/2处，把1/4油给3号加满，留1/2油自己返回；3号油箱满，可飞到1又1/2处，油箱空。在3号飞机到达全程一半处，1号、2号已返回机场，再与4号同时起飞反方向去接3号飞机。4号飞到1又1/4处把1/2油分加给1、2号，1、2号飞行至1又1/2处正好接到3号，各加给3号1/4油后，1、2、3号同时返回。这样，3号飞机绕地球一圈。

897 阿凡提15天向他借的金币的个数依次是：1、2、4、8、16、32、64⋯⋯这样，阿凡提借的金币一共是：$1+2+4+8+\cdots+16384=32767$（个）。阿凡提15天应该还给他的金币是：$1000\times15=15000$（个）。这样，高利贷者赔了17767个金币。

898 20两。许多人根据最后两笔交易，得出商人赚了10两银子的答案，是错误的。如果最后商人真的只挣到10两银子，他何必在70两银子卖出而赚10两银子后，再费一道周折呢？现在让我们来把问题换个形式，看看这个账该怎么算。先用60两银子买进一匹白马，又用70两银子卖掉这匹白马，再用80两银子买进一匹黑马，又用90两银子卖掉这匹黑马。这样问题就清楚了，马贩子在这笔交易中一共赚了20两银子。

899 每人一半，各拿50卢比。因为不论每个人干活速度如何，庄园主早就决定他们两人"各包一半"。因此他们二人的耕地、播种面积都是一样的，工钱当然也应各拿一半。

900（1）最多40瓶。20元可以买20瓶啤酒，喝完后剩下20个空瓶子。20个空瓶子换10瓶啤酒，10个空瓶子又换5瓶啤酒，5个空瓶中拿4个换2瓶啤酒，然后就有了3个空瓶子，其中2个空瓶子换1瓶啤酒，最后只有2个空瓶子的时候，换取最后1瓶啤酒。还剩1个空瓶子，把这1个空瓶子换1瓶啤酒，这样还欠商家1个空瓶子，等喝完换来的那瓶啤酒再把瓶子还给人家即可。所以最多可以喝的啤酒数为：20+10+5+2+1+1+1=40。

（2）许多人会认为，最多能换回4瓶啤酒。他们的思路是：P先生喝完10瓶啤酒之后，拿10个空瓶换回了3瓶酒，还剩下1个空瓶；喝完，手里有4个空瓶；然后，拿3个空瓶，又去换回1瓶啤酒；这瓶酒喝完之后，手里有2个空瓶，再也不能换啤酒了。所以，最多换回4瓶啤酒。换个思路，可以换到5瓶啤酒。当P先生最后留下2个空瓶时，他可以找个朋友借1个空瓶，凑够3个空瓶，换回1瓶酒，把酒喝掉，再把空瓶还给朋友。

901 在方蛋糕的三条边上分别画出中点X、Y、Z，如图1所示：从D到X切一条直线，从C到Y切一条直线，然后从A到Z的方向切，在与第一刀会合时停下来。然后各部分按图2拼起来。

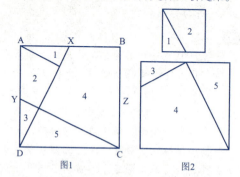

902（1）如图所示：

（2）如图所示：

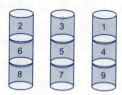

903 第13天。前6天乙比甲依次少走6、5、4……1公里，第7天两人走的距离相等，从8天后，乙比甲依次多走1、2、3……公里，这样一来到第13天乙遇上甲。

904 3个人。9个人追上前面的人的时候，剩下的水只能够9个人喝4天了。与前面的人合在一起后，水只能够喝3天的。因此可知道被追上的人在3天中的水等于9个人一天喝的水，因此被追上的是3个人。

905 总数是19607。房子有7间，猫有$7^2=49$只，鼠有$7^3=343$只，麦穗有$7^4=2401$个，麦粒有$7^5=16807$粒。全部加起来是$7+7^2+7^3+7^4+7^5=19607$。

906 木匠做了一个箱子，内部的尺寸精确得与最初的方木相同，即是3×1×1。然后，他把已雕刻好的木柱放入箱内，而在空当处塞满干沙土。然后，他细心地振动箱子，使得箱内沙土填实并与箱口齐平。然后，木匠轻轻取出木柱，不带出任何沙粒，再把箱内的沙土捣平，量出其深度便能证明，木柱能占的空间恰为2立方英尺。这就是说，木匠砍削掉1立方英尺的木材。

907 农场主共有6个儿子，36匹马。最小的儿子得到的马匹数正好是儿子的人数，并且是第二小的儿子分完后，余数的6/7，所以他得到的马匹数能够被6除尽。我们假设他得到的是6匹马。那么，农场主有6个儿子。从后推上去，就可以算出，各个儿子都得到6匹马。所以，农场主共有6个儿子，36匹马。如果假设小儿子得到的马匹数是12，那么第11个儿子得到的马的数已经不是整数。所以是行不通的。

908 把每个苹果平均分成4份，9个苹果就有36块，12名少先队员每人就可以得到3块。或者把6个苹果每个切成两半，得12个半边苹果。另3个苹果每个切成4等分，得12个1/4苹果。给每个少先队员发一个半边苹果和一个1/4苹果，得1/2+1/4=3/4苹果。用同样方法使12名少先队员平均分配7个苹果而不必把任何一个苹果切成多于4块。因此，我们可把3个苹果各切成4份，其他4个苹果各切成3份，得到12个1/4和12个1/3。这样，就可每个人发给一个1/4和一个1/3了，即7/12了。

909 先让A分出他认为是1/4的一份酒，如果把这一份分给他，他会满意。如果B、C、D中有人认为A的这一份酒多于1/4，他尽可以把它减掉一点。减少后，如果A没意见，仍可以拿这一份。于是问题变成三个人分酒了。重复上述过程，又将有人拿走一份。再下去由两个人来分酒。两个人的分法题目中已经告诉我们了，不必重复。这样，酒就分完了。

910 把两个杯子都倒满，然后将水壶里的水倒掉。接着将300毫升杯子内的水全部倒回水壶，把大杯子的水往小杯子倒掉300毫升，并把这300毫升水倒回壶中，再把大杯子剩下的200毫升水倒往小杯子，把壶里的水注满大杯子(500毫升)，这样，壶里只剩100毫升。再把大杯子的水注满小杯子(只能倒出100毫升)，然后把小杯子里的水倒掉，再从大杯子往小杯子倒300毫升，大杯子里剩下100毫升，再把小杯子里的水倒掉，最后把水壶里剩的100毫升水倒入小杯子。这样在每个杯子里都恰好有100毫升的水。

911 第一次用天平把140千克分成两个70千克；第二次把其中一个70千克分成两个35千克；第三次把其中一个35千克分成15千克和20千克(利用两个砝码，使天平一边是7千克的砝码加上15千克的盐共22千克，另一边是2千克的砝码和20千克的盐共22千克)。然后把未分的70千克盐和最后一次分出的20千克盐加在一起就是90千克，剩余的盐全加在一起是50千克。

912 大牧场主有7个儿子，56头奶牛。大儿子拿了2头奶牛，他老婆拿了6头；第二个儿子拿了3头奶牛，他老婆拿了5头；第三个儿子拿了4头奶牛，他老婆也拿了4头。这样依此类推，直到最后，第七个儿子拿到8头奶牛，但奶牛已经全部分光，他的老婆已经无牛可分。奥妙的是，现在每个家庭都分到8头牛，所以每家可以再分到1匹马。于是他们都分到了价值相等的牲口。

913 丈夫用5星期可以把半桶白兰地喝完，这时妻子喝了5/12桶的葡萄酒，剩下的1/12桶葡萄酒两个人共需要5天才能喝完，所以一共需要40天。

914 在分割家产问题上，原来的意图是很明显的：给母亲的钱是给女儿的两倍，而儿子的所得又是母亲的两倍。因此执行遗嘱不会有什么困难：只要给女儿1/7，母亲2/7，儿子4/7就行了。

915 金箱：(5+5+10)÷(1-25%-25%)=20÷50%=40(件)

银箱：(4+4+4)÷(1-20%-20%-20%)=12÷(1-60%)=12÷40%=30(件)

916 设5个人分别是①②③④⑤。

假设前面的都扔海里了，由④来分，无论他怎么分(包括全给⑤)，都面临被否决扔海里的危险。

所以，当③来分时，④⑤一个不给，全由③独吞，④为了避免被扔海里的危险，也要同意，③的方案成立。

那么，在②分时，③是肯定要反对的，要赢得④⑤的同意，必须多给一个，否则有可能否决(对④⑤来说，反正③来分时还是0，你不多给一个就否决)，所以②的分配方案一定是：

②98　③0　④1　⑤1

回到①来的分配，由于②肯定反对，为赢得③④⑤的同意，必须在②分配方案的基础上给他们加一个，由于只需再争取两票，③④⑤中可以。

排除争取一个，从收益来说，排除④⑤中的一个即可，那么①的分配方案为：①97　③1　④(或⑤)1 其他都不给。

917 要想不被队长发觉，"溜号"的哨兵人数不能多于6人，请来的客人不能多于12人。安排的方法有很多，读者有兴趣可以自己去解题。

4	1	4
1		1
4	1	4

图1

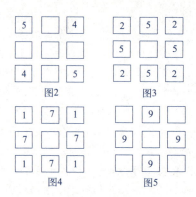

⑱

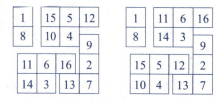

⑲ 第一次：一边9千克米，一边250克砝码，获得8千克750克。

第二次：一边250克砝码，另一边没有砝码，用第一次称出的再称，两边分别是4千克250克和4千克500克。

第三次：一边250克砝码，另一边没有砝码，用第二次称出的4千克250克再称，两边分别是2公斤和2千克250克，得到2千克米。

⑳ 最多称3次。把大米和玉米、玉米和小米、大米和小米分别两袋一起称。把三次的重量加起来除以2，就得到一袋大米、一袋小米和一袋玉米的总重量。然后把总重量分别减去大米和玉米、玉米和小米、大米和小米的重量，就能算出小米、大米和玉米各重多少了。

㉑ 将袋子编号：1，2，3，4，5，6，7，8，9，10。依次从中取：1，2，3，4，5，6，7，8，9，10个金币，共计55枚，然后对55枚金币称重。正常情况下，取出的金币总重应该为550克。但由于其中混有11克的不合格金币，所以总重应该超过550克。因为不合格金币重量多1克，所以超过的部分的重量就说明了这样一个事实：超了550克多少，就说明55枚金币

中有多少枚不合格金币。而我们取的金币数量就是口袋的编号，所以立即可以知道是哪个口袋的金币超重，是不合格的。

㉒ 首先把称得的10个数字相加，得到的1156千克即是各个口袋重量之和的4倍，这是因为每个口袋都称了4次。把1156千克除以4，得知五个口袋共重289千克。为了方便起见，把五个口袋按重量大小依次用字母代表：最轻的一个口袋为A号，次轻一个口袋为B号……最重的一个口袋为E号。不难理解，在110、112、113、114、115、116、117、118、120、121这10个数字中，第一数字是两个最轻的口袋（A、B）的重量之和，第二个数字是A、C两个口袋的重量之和……最后一个数字（121）则是最重的两个口袋D、E的重量之和；倒数第二个数字是C、E两个口袋的重量之和，即：

A+B=110（千克）……（1）
A+C=112（千克）……（2）
C+E=120（千克）……（3）
D+E=121（千克）……（4）

由此，不难算出A、B、D、E这四个口袋的总重为110+121=231（千克）。从五个口袋的总重量与这个重量之差，即可求得C的重量为289-231=58（千克）。把C的值代入（2）、（3）两式，分别得出A=54（千克），E=62（千克）。再把A、E的值分别代入（1）、（4）两式，即可求得B=56（千克），D=59（千克）。

至此，各袋的重量分别求出，依次是：54千克，56千克，58千克，59千克，62千克。

㉓ 12个时可以找出那个球并判断是重还是轻，13个时只能找出是那个球，轻重不知。

把球编为①②③④⑤⑥⑦⑧⑨⑩⑪⑫。（13个时编号为⑬）

第一次称，先把①②③④与⑤⑥⑦⑧放天平两边。

（一）两边相等，说明特别球在剩下4个球中。

把①⑨与⑩⑪作第二次称量，

1.如相等，说明⑫特别，把①与⑫作第三次称量即可判断⑫是重还是轻。

2.如①⑨＜⑩⑪说明要么是⑩⑪中有一个重的，要么⑨是轻的。

把⑩与⑪作第三次称量，如相等说明⑨轻，不等可找出谁是重球。

3.如①⑨＞⑩⑪说明要么是⑩⑪中有一个轻的，要么⑨是重的。

把⑩与⑪作第三次称量，如相等说明⑨重，不等可找出谁是轻球。

（二）左边＜右边，说明左边有轻的或右边有重的。

把①②⑤与③④⑥做第二次称量。

1.如相等，说明⑦⑧中有一个重，把①与⑦作第三次称量即可判断是⑦与⑧中谁是重球。

2.如①②⑤＜③④⑥说明要么是①②中有一个轻的，要么⑥是重的。

把①与②作第三次称量，如相等说明⑥重，不等可找出谁是轻球。

3.如①②⑤＞③④⑥说明要么是⑤是轻的，要么③④中有一个是重的。

把③与④作第三次称量，如相等说明⑤轻，不等可找出谁是重球。

（三）左边＞右边，参照（二）相反进行。当13个球时，第（一）步以后如下进行。把①⑨与⑩⑪作第二次称量。

1.如相等，说明⑫⑬特别，把①与⑫作第三次称量即可判断是⑫还是⑬特别，但判断不了轻重了。

2.不等的情况参见第（一）步的2.和3.。

924 一共要挪61次：1-b, 2-c, 1-c, 3-b, 1-a, 2-b, 1-b, 4-c, 1-c, 2-a, 1-a, 3-c, 1-b, 2-c, 1-c, 5-b, 1-a, 2-b, 1-b, 3-a, 1-c, 2-a, 1-a, 4-b, 1-b, 2-c, 1-c, 3-b, 1-a, 2-b, 1-b, 6-c, 1-c, 2-a, 1-a, 3-c, 1-b, 2-c, 1-c, 4-a, 1-a, 2-b, 1-b, 3-a, 1-c, 2-a, 1-a, 5-c, 1-c, 2-a, 1-a, 3-c, 1-b, 2-c, 1-c, 4-b, 1-b, 2-a, 1-a, 3-b.

925 首先从右边一堆中取出6枚，成为右边一

堆6枚，左边一堆10颗，即（10，6）。以后在拿取过程中，留给对方的应是（7，4），（5，3），（2，1）的形式。当最后（2，1）留给对方时，你就是胜利者了。

926 争取后取。在对方取出一枚或相邻的两枚象棋后，这个环就有了缺口。这时，如果余下是单数枚象棋，你就取出正中的一枚；如果余下是偶数枚象棋，你就取出正中的两枚，使留下的象棋成为对称的两列。以后，对方在一列中取出一枚或相邻的两枚象棋时，你就在另一列对称的位置上取出数量相同的象棋。这样继续下去，就一定能获胜。

927 争取先拿。在15根一堆里拿去7根，使留下的两堆火柴每堆都是8根，记作（8，8）。以后对方在某一堆里拿去几根，你就在另一堆里拿去同样的根数。这样进行下去，就一定能拿到最后一根（或几根）。

928

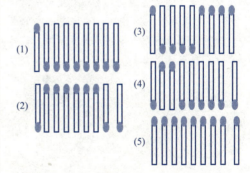

929 向后退走一段距离，头顶的树枝就呈现在你的前方了，就能看清树枝的形状了。

930 店主一去喂马，客店里的人也都跟着前去看稀奇，青年便坐到火炉边烤起火来。

931 朋友让季明在地图上走走。

932 瀑布。

933 废话。

934 人紧闭两眼，猴子也两眼紧闭。可是，人什么时候睁开眼睛，猴子是永远不知道的。

935 他先用一颗子弹打中靠边的一个杯子，再

把枪向另三个杯子扔去，用枪管和枪托打中那三个杯子。

936 把三个仓库分别命名为甲、乙、丙，三个士兵分别拿一个仓库的钥匙，再把剩下的钥匙这样安排：甲仓库内挂乙仓库的钥匙，乙仓库内挂丙仓库的钥匙，丙仓库内挂甲仓库的钥匙。这样，无论谁先进入仓库，都能凭着自己手中的一把钥匙进入三个仓库。

937 用小容器装满3升牛奶；把这3升牛奶全部倒入大容器中；把空的小容器口朝上放进大容器的底部；这时，大容器中的牛奶溢过小容器之口而再流入小容器；这样流入小容器中的牛奶正好是1升。由条件，小容器的高度是大容器的一半，而大容器一半的容量是5升，当小容器放入大容器中后，大容器中围绕着小容器的环形部分的容量是2升，多出的1升就流入小容器之中。

938 如图所示，由于塑料管是软的，可以把塑料管弯过来，使两端的管口互相对接起来，让2颗浅颜色滚珠滚过对接处，滚进另一端的管口，然后使塑料管两头分离，恢复原形，就可以把深颜色滚珠取出来。

939

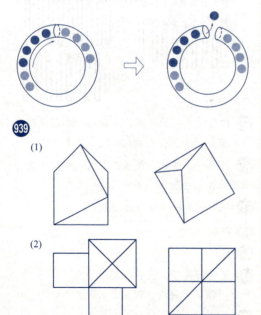

(1)

(2)

(3)

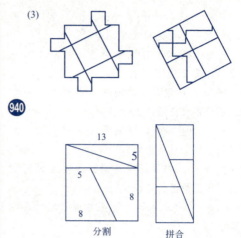

940

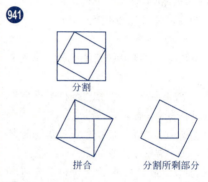

分割　　拼合

941

分割

拼合　　分割所剩部分

942 他利用梯子把绳子的一头系在顶梁上，然后把梯子移到了门外。回来时带进一块巨大的冰块，这冰块是事先放在冷藏库里的。他立在冰块上，用绳子把自己系好，然后等时间。第二天当侍者发现他的时候，冰块已完全都融化了，管理员就此被吊在半空中。

943 三物是隐喻：早（红枣）归（当归）唐（饴糖）。唐，指唐王李渊。

944 第一个问题，刘墉是这么解释的："两——指两种人：一是男人，一是女人。所以说两人！"第二个问题，是按属相来说的：如虎年出生的人，无论多少人，都属"虎"，故说"一年只生一人"，而一年之中，什么属相的人都有死的，不管死多少，总不会离开十二属相，因此说"一年死十二人"。

945 这是一个关于字的诗谜，是一个"用"字，即已答应雇用李四了。

946（1）弄（"20"扣"二十"，象形为"廾"；"1+1"可扣合为"王"。合起来为一个"弄"字。）

（2）基（"23"扣"二十三"，象形并扣合为"其"；"81"扣"八十一"，扣合为"土"。合起来为一个"基"字。）

947 皂（"700"扣"七百"，组合起来减掉一笔，即为"皂"字。）

948 共（"10+10"扣"二十"，象形为"廾"；减号象形为"一"，"8"扣"八"。合起来为一个"共"字。）

949（1）非（"31"扣"三一"，扣合为"扌"；"13"扣"一三"，扣合为"卡"；恰好，"323"扣"三二三"，扣合为非，即为谜底。）

（2）荀（谜面扣"二百天"。如果按月份计时，习惯上，十天为"一旬"，"二百天"即"二十旬"。"廾"可视为"二十"的象形，与"旬"可组成"荀"字。）

（3）斯（谜面扣"共二斤"，可组成"斯"字。）

950 圭（"杜"扣"十八土"。）

951（1）米（谜面的结果为"八十八"，且恰好由"8"、"10"、"8"组成，即扣合为"米"字。）

（2）杂（谜面扣"八十九"，从下到上正好组成"杂"字。）

952 琵（"1+1≠2"是一个耳熟能详的大众谜语——"1+1"可用汉字写成"一十一"，即"王"字。此谜面两端的部分均为"1+1"，可用汉字写成两个"王"字；谜面的两个算式之间还有一个数学符号"∶"，即"比"的意思。两个"王"，一个"比"，即"琵"字。）

953（1）昔（"杳"扣"十八日"，"晶"扣"三日"，则只有"二十一日"减去"十八日"为"三日"。"二十"可象形为"廾"再加上"一日"，即为"昔"字。）

（2）音（"立"扣"六一"，即"61"。）

954 噩（"方块4"可扣合为"四个口"，"20"扣"二十"，组成"王"字。合为一个"噩"字。）

955 时时刻刻（2时扣"时时"，30分扣"刻刻"——两个一刻钟。）

956（1）与（谜面扣"5·1"，"5"象形为"与"，"1"扣"一"，合起来为"与"字。

（2）期（"23"扣合并形象为"其"，再加上"八"和"月"，恰好组成"期"字。）

957（1）溃（别解为"水中一贝"，正好组成一个"溃"字。）

（2）楞（别解为"四方木"，正好组成一个"楞"字。）

958 芸芸众生（"芸芸"、"云云"同音，即"两个拼音合起来读'众生'"的意思。）

959 谭（谜面为西方人说"早"的惯用语，简言之为"西言早"，合起来就是一个"谭"字。）

960 视而不见。

961 背道而驰（反字扣"背"，即可知符合条件的成语是"背道而驰"。）

962 挖空心思（两个字为空心字，扣"挖空"；而想念是要用"心"来"思"的。）

963 罗哈克把公鸡放在一面大镜子前面，公鸡在镜子里看到自己的影子，以为是别的公鸡，就经常腾跳起来啄镜子，试图与镜子里的公鸡搏斗。这样训练了一段时间后，公鸡就变得勇猛好斗了。当罗哈克把公鸡送还给国王时，国王十分满意。

964 第三位画家是这样画的：画国王正在打猎。国王端着猎枪，瘸脚踩在石头上，瞎眼紧闭着向猎物瞄准。

965 其实办法很简单。收税官先单独把河马放在华丽的彩船上，在船的外侧标上水位记号。然后他将河马驱离彩船，再往彩船里装金币，直至金币装到水位达到刚才做标记的地方。这样一来，船上装的金币重量肯定等于河马的体重了。

966 你可以把题中上山的和尚和下山的和尚设想成两个不同的人，但他们是在同一天上下山，那么，他们自然一定会在途中的某处相

遇，此处，正是和尚在上山时和下山时同时经过的地方。

967 他上街时手里抱着一只猫。

968 伸开两手各提一个桶站在桥上，让装满水的桶浸浮在河里，然后弯着腰向前走，只要克服水的阻力，就能轻松地把两桶水提到对岸去。

969 这辆汽车可以开过桥去。这辆汽车虽然车身和货物共重5吨，按规定是不能过桥的，但它已经行驶了一小时，消耗了一些汽油，总重量就不到5吨了。

970 应该在哨兵的行动规律上打主意。这个人看见哨兵离开了哨所，他立刻从北岸上桥往南走，走到7分钟的时候已走过了哨兵的哨所。这时，他转身往北走，走了不到1分钟，哨兵回来了，马上喝令这个人回到南岸去。这样，这个聪明的人就顺利地通过了这座桥。

971 你只要将胳膊相互缠绕交叉后，双手各拿绳子的一端，然后将交叉的两条胳膊展开，就可以在绳子上打一个结。

972 让本队的队员往自己篮筐投一个2分球，结果打成平局。根据篮球比赛规则，在规定比赛时间内，如果双方打成平局，则可以加赛5分钟。这样，甲队就有可能利用这5分钟，来赢取宝贵的4分。

973 最后评出的最优答案是：挂在离窗口最近的那幅。

974 把三个人中体重最重的那个人推下去，以解决问题的主要矛盾。

975 孔融对他说："大人小的时候，想必也是很聪明吧！"

976 是那人首先骗李时珍的。赏梅是冬天的事，此时蛇已在地下冬眠。赏梅被蛇咬伤是谎言。而李时珍的"六月六下雪"是以假治假。

977 阿凡提说："那要看斗的大小了。如果斗里能装下的水是和大海一样多的，那么就只有一斗水；如果斗只能装下大海的一半水，那么海里就只有两斗水；如果斗只能装下海水的三

分之一，那就是三斗水……"

978 用"答案"就可以解开世上所有的谜。

979 老人对男青年冷冷地答道："因为它听多了脏话。"

980 他可以对大家说："我经常收到人们忘记署名的信，但现在我第一次接到一封有署名，但没内容的信！"

981 乙笑着说："原来你结婚了，那你的读者当然增加一倍啦。"

982 人最想知道而又无法知道的事情是——人死以后干什么？

983 丈夫说："该关的都关好了，除了你的话匣子外。"

984 他说："先救未来的妈妈。"这句话可以作两种理解，对菲丽母亲说，是杰克未来的妈妈；对菲丽来说，未来结婚后有了孩子，当然现在就是未来的妈妈。

985 干这不行，干那不行。

986 你可以对智多星说："为了使你服从我，我应提什么问题才能难倒你？"这时智多星就落进了你设的陷阱。他如果能告诉你一个可以难倒他的问题，你就可以用这个问题去难倒他；如果他不能告诉一个可以难倒他的问题，那么这就已经难倒了他。

987 "那家伙开始招认一切了。"两人的确共同犯案，如果两人都伪装不知，罪行可能就被掩蔽，但如果其中一人为减轻罪行，声称自己只是共犯而招认一切，另一人的罪会比共犯重。刑警正是掌握嫌犯的不安感，成功引诱两人认罪。

988 温阳镇上只有解放桥，因此"腊子"可能是接头时间。子是子时，就是深夜十二点。当时是腊月，而且一半是"昔"，按解谜离合法，可得腊月二十一日深夜接头的暗号。

989 "月、半"也就是十五日；"子"是子时，即午夜时分；"逃树中"剩下一个"村"字；"不训话了"是一个"川"字（河）。全文是："十五日午夜（十一时至一时）在村子的河边

碰头。"

990 影子。

991 地球的影子，就是夜晚。

992 CD。

993（1）C。除C外，均通过肢体运动来工作，而播音员通过语言来工作。

（2）B。其他都是单个物体。星座是群体。

994 这个人在流沙堆积成的小岛上待了十天，这简直与绝食生活差不多。正因为这样，他变得骨瘦如柴，体重轻得可以过这座桥了。

995 让男青年抱起妇女的孩子后，再去抱两个瓜，如果男青年根本不能把西瓜和孩子同时抱起，那就证明妇女抱着孩子根本无法偷瓜，男青年是在撒谎。

996"弟弟说自己所拥有的兄弟的人数比姐妹的人数多一个"，想最简单的情况：假设弟弟只有一个姐姐，那么，他应当还有两个兄弟，即他们所有的兄弟姐妹一共是三男一女。那么，姐姐有三个兄弟，没有姐妹，她所拥有的兄弟比姐妹多三个。

997 下图表示了6次切割是如何把馅饼切成22块的，这便是本题的答案。

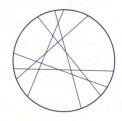

998 这条狗在哈根贝克是用德语训练的，听不懂夫人的话，是理所当然的。

999 因为这天正好是日食。

1000 女人的声音。

1001 对于聪明的S先生来说，在什么条件下，才会说："我不知道这只螺丝的规格？"显然，这只螺丝不可能是M12X30、M14X40、M18X40。因为这三种直径的螺丝各只有一只，如果这只螺丝是M12X30，或M14X40，或M18X40，那

么聪明而且知道螺丝直径的S先生就会立刻说自己知道了。同样的道理，对于聪明的P先生来说，在什么条件下，才会说"我也不知道这只螺丝的规格"？显然，这只螺丝不可能是M8X10、M8X20、M10X25、M10X35、M16X45。因为这五种长度规格的螺丝各只有一只。这样，我们可以从11只螺丝中排除了8只，留下的是三种可能性：M10X30、M16X30、M16X40。

下面，可以根据S先生所说的"现在我知道这只螺丝的规格了"这句话来推理。用推理形式来表示：如果这只螺丝是M16X30或M16X40，那么仅仅知道螺丝直径的S先生是不能断定这只螺丝的规格的，然而，S先生知道这只螺丝的规格了，所以，这只螺丝一定是M10X30。

1002 "在"和"再"。

1003 问题就是钥匙上的指纹写错了。"钥匙的把柄上，留有被害者拇指和食指的指纹，由此可知是被害者本身把门锁起来自杀的。"这种推断是错误的。

因为通常我们用钥匙开门时，使用的是拇指和食指，不过食指并不是用指尖部分，而是用关节旁边部分贴于钥匙的把柄，这样才能转动钥匙，因此钥匙的把柄处应该留的是拇指指纹，而不会是留下食指指纹的。假如文章所写，留有拇指与食指指纹，那么案情就很明显，犯人是在故弄玄虚，制造被害者自杀的陷阱，把被害者的拇指与食指拿到钥匙上，故意在钥匙上留下死者的指纹，名侦探如福尔摩斯对此一案例，不能明察秋毫，而妄下断语，确实令人感到不可思议。

1004（1）朝、萌（二字均扣为"十月十日"的组合。）

（2）沣、汪（"三月"扣"氵"；"31"扣"三一"，可扣合为"丰"和"王"字。合起来为"沣"和"汪"字。）

1005 数一数二、心中无数（扑克牌的点数都为1和2，而且中间的点数都被盖上了。）

1006 兵临城下、马到成功

355

1007 列兵。

1008 罗马、河内（别解为：把棋子"马"网罗于"河界"之内。）

1009 马快、将军、宰相（对方的"马"快要"将军"了；"马"走到"帅"的左上方，即可"将军"，然后就可以杀"相"——宰相。）

1010 横七竖八、七上八下

1011 汪、沣。晚上11点即23点，"二十三点"可组成"汪"和"沣"。

1012 主、玉、斗（时间为"十二点"，"十二"可组"王"字，再加上一"点"，可以组成两个字——主、玉。另外，如果是"十"扣"二点"组合，也可以组成一个"斗"字。）

1013 （1）木、架（谜面的值为"18"，扣"十八"，可组成一个"木"字。但是别忘了，还有一个加号扣"加"，也可以组成一个"架"字。）

（2）册、井（谜面扣"四十"，即册；将"井"字从上下的中间位置一分为二，四个角都为"十"的象形。）

1014 （1）槎、十（"20-2"的结果是"18"，扣"十八"，则为"木"字，但是谜面已说明不是"木"字；扣"差十八"，恰好为"槎"字。另外，如果从"二十"扣分"王"和"丰"角度考虑，这两个字去掉"二"，都剩下"十"字。）

（2）墒（扣"商十一"。）

1015 （1）云南（"云"在古汉语中有"念"的意思。）

（2）齐白石（即"合在一起念'石'"的意思，"白"在古汉语里面有"读"、"念"的意思。）

（3）连云港。

1016 延边。

1017 对联（谜面看成一对"V"，"V"可以视为阅卷时表示"对"的符号的象形，连在一起即"联"。）

1018 （1）三分球；（2）水立方；（3）游子身上衣（别解为：游泳者身上的衣服。）

1019 （1）《围城》；（2）方向盘；（3）塔里木。

1020 第一首：

静思伊久阻归期，
久阻归期忆别离。
忆别离时闻漏转，
时闻漏转静思伊。

第二首：

采莲人在绿杨津，
在绿杨津一阕新。
一阕新歌声嗽至，
歌声嗽至采莲人。

第三首：

赏花归去马如飞，
去马如飞酒力微。
酒力微醒时已暮，
醒时已暮赏花归。

1021 （1）倒数。（2）分数。（3）循环节。（4）乘法。（5）等号。（6）约分。（7）半圆。（8）圆心。（9）平行。（10）相等。（11）分母。（12）近似值。（13）百分数。（14）顶点。（15）周长。（16）互质。

1022 甲、乙、丙每人各吃二条鱼，丙吃的三条鱼中其中有甲两条、乙一条，他为这三条鱼付了九元钱，因此每条鱼值三元钱，所以，甲应分到六元，乙应分到三元。

1023 赔了50元。赚的那枚原价x元，赔的那枚原价y元，则有$1.2x=600$，$0.8y=600$，所以$x=500$，$y=750$。故有$600+600-500-750=50$。

1024 设x元为饲养费，于是可以列出如下的方程$x-34=13+(1/4)x$。由此可求出x的值为62又2/3。从此数减去进出差价34美元，于是算出他实际上亏了28又2/3美元。

1025 巴盖恩亨特太太在星期六以每只13美分的代价买进10只盆子，她在星期天将盆子退货，换进18只碟子（每只3美分）与8只杯子（每只12美分），总价1.50美元（她是按每只15美分的价钱退回那10只盆子的）。在星期六，她的1.30美元可以买到13只杯子，每只价钱为10美分。

1026 平均速度应为 2/(1/15+1/10)=12，而不是 (15+10)/2=12.5。

1027 阿聪说得对，第二名领先第三名的距离将大于20公里。因为第二名跑完相同公里的速度比第三名跑完相同公里的速度快，所以第二名的车速比第三名的要快，所以比20公里还要多。

1028 对于这类问题，一般的解法是取总时间的一半作为平均速度。其理由是，在一个方向，风起了加速作用，而在其相反方向，风起的是阻滞作用。但是，实际上这种办法是不正确的，因为风帮助骑车者加速，作用时间只有3分钟，而阻滞作用却持续了4分钟。如果他顺风而行，3分钟可走1英里的话，那么，4分钟就可走1又1/3英里。回来时逆风而行，用4分钟走了1英里。因此总的来说，他在8分钟内走了2又1/3英里。其中风在一半时间内帮忙，在另一半时间内帮倒忙，所以风的作用可以自我抵消。于是我们可以得出结论：在无风的情况下，他在8分钟内可走2又1/3英里，因此走1英里需要 3又3/7分钟。

1029 共剩下168页。拆下第56页至第75页，实际上等于拆下第55页至第76页。即应该包括起、至页的前面和背面页数。

1030 实际上是祖孙三代——爷爷、父亲、儿子。爷爷给了父亲150元，父亲给了他的儿子100元。

1031 正确答案是青蛙只需5天爬出井口。前4天青蛙共向上爬了12英尺，第5天白天青蛙正好爬完剩下的6英尺，爬出井口。

1032 要算狗每次在甲乙之间跑了多少米很麻烦，此题可以采用"直算"法：要计算狗的路程，知道速度，那么还需要时间。时间是多少呢？就是甲乙二人相遇所花的时间，甲乙二人相遇所花时间就是路程1000米除以甲乙速度之和100米/分钟，即10分钟，那么，狗跑的路程就是速度100米/分钟乘以时间10分钟，为1000米。这道题甚至可以这么想：反正狗与两个人用的时间一样多，而且速度是两个人之和，那么，两个人共走了多少路程狗就跑了多少路程，两人共走了1000米，那狗就跑了1000米。

1033 有1994页。一本书编页码所用数字的多少，可以分为以下几种情况来考虑。

第一种情况：1至9每页各用1个数字，共用9个数字。第二种情况：10至99每页各用2个数字，共用90×2=180个数字。第三种情况：100至999每页各用3个数字，共用900×3=2700个数字。第四种情况：1000至9999每页各用4个数字，共用9000×4=36000个数字。这本字典共用6869个数字，大于(9+180+2700)=2889，小于(9+180+2700+36000)=38889。可见字典的页数在1000页至9999页之间。可知用4位数字的页数有(6869-9-180-2700)/4=995页，从1000页开始到1994页。所以，这本字典共用1994页。

1034 2519个因犯。

2519÷3=839张桌子，剩下2个人；
2519÷5=503张桌子，剩下4个人；
2519÷7=359张桌子，剩下6个人；
2519÷9=279张桌子，剩下8个人；
2519÷11=229张桌子，刚好。

1035 嫌疑犯白费了心机。广播员通常是这样计算的：火车通过大桥的时间是指，从车头上大桥到整列车离开桥的那一瞬间。即是说，火车全长加上大桥全长才是1公里，大桥全长半公里，嫌疑犯又正好处在列车的前半部。所以，他失算了。

1036 根据(1a)和(2a)，李四第一次去健身俱乐部的日子必定是以下二者之一：

(A) 张三第一次去健身俱乐部那天的第二天；

(B) 张三第一次去健身俱乐部那天前六天。

如果(A)是实际情况，那么根据(1b)和(2b)，张三和李四第二次去健身俱乐部便是在同一天，而且在20天后又是同一天去健身俱乐部。可是，张三和李四第一次去健身俱乐部的日子最晚也只能分别是一月份的第六天和第七天；在这种情况下，他们在一月份必定有两次是同一天去健身俱乐部：1月11日和1月31日。因此（A）不是实际情况，而（B）是实际情况。

在情况（B）下，一月份的第一个星期二不能迟于1月1日，否则随后的那个星期一将是一月份的第二个星期一。因此，李四是1月1日开始去健身俱乐部的，而张三是1月7日开始去的。于是根据（1b）和（2b），他二人在一月份去健身俱乐部的日期分别为：

李四：1日，5日，9日，13日，17日，21日，25日，29日；

张三：7日，12日，17日，22日，27日。

因此，根据（3），张三和李四相遇于1月17日。

1037 根据（2），甲有三枚25美分的硬币。因此，根据（1），他持有的硬币是下列三种情况之一（Q代表25美分，D代表10美分，N代表5美分）：

QQQDDN，QQQDNNN 或 QQQNNNNN

于是，根据（1），每个人的硬币枚数只可能是六枚、七枚或者八枚。反复试验表明，用只包括两枚25美分硬币的六枚硬币组成1美元，和用只包括一枚25美分硬币的八枚硬币组成1美元都是不可能的。因此，每人身上都带有七枚硬币。各种不同的组合如下（H代表50美分）：

六枚硬币	七枚硬币	八枚硬币
QQQDDN	QQQDNNN	QQQNNNNN
QQ????	QQDDDDD	QQDDDNN
QHDNNN	QHNNNNN	Q???????
HDDDDD	HDDDDNN	HDDNNNN

然后根据（3），每份账单的款额（以美分为单位）是以下各数之一：5、10、15、20、25、30、35、40、45、50、55、60、65、70、75、80、85、90、95、100。依次假定每份账单的款额为上列各数，我们发现：除了款额为5、15、85或95美分之外，四人都能不用找零。如果款额为5、15、85或95美分，唯独是有两枚25美分硬币的乙需要找零。因此，乙需要找零。

1038 初看上去，钓到的鱼似乎可以是33条到43条之间的任一数目，因为A可能钓到0至11条鱼，而别人钓到的鱼可以由此推算出来。但是，由于最后每位男孩都分到同样多的鱼，所以，总数必然是35或40。如果我们试一试后者，就会发现它可以满足所有的条件。于是求得，A钓到8条，B钓到6条，C钓到14条，D钓到4条，E钓到8条。当B、C、D三人把他们钓到的鱼合在一起后又分成三份时，每人可分到8条鱼。以后，不管他们怎样合起来分鱼，每人分到的鱼总是8条。

1039 设x是原先买进的小狗数，也就是购入的老鼠数。我们用y表示留下来的7只动物中的小狗数，则留下来的老鼠数应为7−y，卖掉的小狗数（每只卖价按增加10%计算，应是2.2只角子）等于x−y，而卖掉的老鼠数（每对卖2.2只角子，或每只卖1.1只角子）是x−(7−y)。

把上述数据表示为方程的形式并加以化简，即可得下列关于两个未知数的方程，当然这些未知数都应是正整数：3x=11y+77。

此外，已知y不能大于7。

把7个可能的y值一一代进去，我们发现只有当y=5和2时，x才是正整数。如果不是事先已说明老鼠是成对买进的话，将会出现两个不同的解。若y=2，则原先购入的老鼠数为33只，而33是奇数，不合题意，必须排除，从而得出y=5。现在真相已经大白，商人买进44只小狗和22对老鼠，总共付出132只角子。他卖掉了39只小狗与21对老鼠，收入132只角子，身边还剩下5只小狗［价值为11只角子（零售价）］和2只老鼠［值2.2只角子（也是零售价）］。这7只动物一共值13.2只角子，正好等于他原来投资额的10%。

1040 设8点时，大厅里的小组的数目为x，则总人数为5x；这样，从8点过后的某一刻（即B女士和她的丈夫到达的一刻）到9点，总人数为5x+2；从9点过后的某一刻到10点，总人数为5x+4；从10点过后的某一刻到11点，总人数为5x+6。如果A女士未到，则8点时的人数变为5x-1，当x=2时，人数为9人，可以分为三组，每组3人；如果9点时B女士未到，则这段时间的人数变为5x+1，当x=3时，人数为16人，可以分为四组，每组4人；如果10点时C女士未到，则这段时间的人数变为5x+3，则不论x取何值，其尾数或是3，或是8，不能成为任何数的平方的尾数，因此，这时的与会者分成小组交谈时，小组的数目和每个小组的人数不可能都相同。因此，C女士就是那个怀疑丈夫不忠的妻子。我们尚未分析D女士的情况，你可以自己尝试一下。可不要冤枉她呀。

1041 因为这是一支红蓝铅笔。

1042 他是射箭的神射手。

1043 他50岁前牙就全掉光了。

1044 原来左邻铜匠搬进了右邻铁匠家里，右邻铁匠则搬进了左邻铜匠家里，只是两家对调了一下。

1045 因为当这名球员还是孩子的时候，他遇到的大人基本上都比他高。

1046 答案非常简单：老年人和年轻人是父女关系。你如果曾对此题思考良久尚不得答案，那是你错误地接受了题目的心理暗示，认为那个年轻人是男性。其实题目中没有任何条件规定年轻人必须是男性。

1047 日常生活中，人们头脑都有一种思维定式，往往束缚住考虑问题的思路。所以一提到双胞，立刻就想到差不多同时生的双生子女，其他罕见现象就被这概念所淹没了。这里，A兄弟俩是三生子（或三个以上）当中的两个孩子；B姐妹是双生，姐姐是头年年尾夜间11时55分诞生的；妹妹是新年元旦晨钟敲响后10分钟诞生的。第三对是双胞儿女，生的是双胞，当然就无法只"生一个孩子"了！

1048 这六个狡猾谜语的解答如下：

A.关灯后房间并没有黑掉，因为是白天。

B.事实上，她是侏儒，够不到电梯上她住的那层楼的按钮。

C.那个字就是"ISLAND"。

D.那位男士是盲人，他以点字来读书。

E.耳环掉入干的咖啡杯中，自然不会弄湿。

F.父亲是秃头，因此没有头发可被淋湿。

1049 这个问题中"错误"二字出现过三次。也就是说，有三个"错误"。还有一个错误在哪里呢？这一问题本来只有三个"错误"，而硬说成有四处错误，这不也是一个错误吗？

1050 第5层。如果同时从1楼开始，甲到第9层时实际是跑了8层，而乙是跑了4层，恰为第5层。

1051 45分钟。开始你也许会想是5×10=50。可是因为火印盖到第九只骆驼，剩下的一只，他们就不盖了，因为不盖也能与其他的区别。

1052 不仔细考虑，就会中计受骗。假如皮套是10美元，那么照相机比它贵300美元，即310美元。加在一起就成为320美元。正确答案应该是皮套5美元，应找零钱95美元。这样，照相机为305美元，加皮套共310美元，才符合计算。

1053 两个。这是一道需要用假设思维逆向推理的题，推理过程是这样的：三人一同出发，第一天取用其中一人的给养，即一人三天的给养。第一天结束时，这个人正好剩下一天的给养，他可以用这天的给养返回。第二天，两人出发，取用第二名搬运工的给养，这天结束时这人还剩两天的给养，可以保证他返回。第三天至第六天，探险家靠自己携带的四天给养穿过沙漠。

1054 因为照的是字，而不是容貌。对目和口来说，因其字形的特殊，所以照时依旧还显示的是目和口的原字形。但对鼻子和耳朵来说，就不同了，鼻字和耳字却变成了反字。

1055 5小块图形中最大的两块对换了一下位置之后，被那条对角线切开的每个小正方形都变得高比宽大了一点点。这意味着这个大正方形不再是严格的正方形。它的高增加了，从而使得面积增加，所增加的面积恰好等于那个方洞的面积。

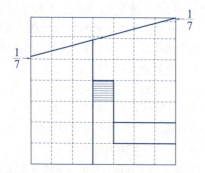

1056 凶手是代号608的光。因为女侦探背着手写下608,数字排列发生变化,正反顺序也颠倒过来,608成了809。

1057 密码在信封上贴着的邮票的背面。

1058 货物埋藏在下午3点时云杉树顶在地面上的投影处。

1059 死者若真是驾车冲向石头,车子撞倒石头后,身体应该是被抛向前,而不是坠在车后。警方就是凭此疑点,认为他是被谋杀的。

1060 死者的嘴里和胃里都有鲜樱桃,这说明他死前一直吃着樱桃,然而汽车的内外毫无污痕,在地面上也没找到樱桃核。

1061 警长看到床上很整齐,由此推断:主人是为了获取保险公司的大笔赔偿费,有意制造了这一"盗窃案"的。因为如果主人是睡下后起来与强盗进行搏斗,那么床上就会很乱。可是,他从观察中发现,床上却很整齐。这就证明主人是在说谎。

1062 亨利说:"我的根据是他的脚印太深,他的体重那么轻,而雪地上原先留下的脚印却和我这个庞然大物差不多,那么他一定带着很重的东西到被害人家去的。据我测算,这画家的体重加上个女人尸体刚好和我差不多。所以,毫无疑问,杀人的凶手就是他。"

1063 警察给自己买了一张往返票,但没有给他的妻子买。售票员认为这很奇怪。当警方调查此事时,这名警察已经拿到了他妻子死亡的保险费。警察承认了这一切。

1064 百货公司的女职员就是另一犯罪集团的接头人,而广播只是掩饰而已,其实他们已在交谈中互通了消息。

1065 虽然约翰自称从未听说过亨利医生,但他却知道他是个牙医,因此警长断定凶手就是约翰。

1066 题目中已经说明,"连接A地和B地的高速公路为高架式路段,与其他一条道路形成立体交叉式路段",吊车将作案车吊起放到下面的公路上。这样一来,作案车就可不必通过B地逃脱了。

1067 凶手作案时留在沙滩上的脚印被海水冲走了。姑娘死于晚上落潮时,凶手在海水边上作案,杀死姑娘后原路返回。第二天早晨,姑娘的尸体被冲上岸。凶手由海里潜水而来,作案后又潜水而去。

1068 杰姆在小型手枪上连接了一条长纸条。纸条的另一端喂给羊吃,然后自杀身亡。羊喜欢吃纸。纸条被一点点吃掉,手枪也随之拉进羊圈(为了让羊把纸条吃光,杰姆一天没喂羊)。

1069 那个修女是假扮的。小福卡看到了"她"在咖啡杯子上留下的唇膏痕迹。因为真修女是不会擦口红的。

1070 很奇怪吧?值得仔细推敲。匪徒不可能串通银行经理、职员。这一连串问题只有一个答案,张先生根本没有被绑架!张先生是为避债而来到小镇,如果张太太有100万美元现金,为什么不替张先生还债呢?这点张先生早有怀疑,他知道太太有私房巨款,不理他的债务,于是他自导了这起绑架案,终于弄清了太太的财政状况。

1071 报纸上的日期露出了马脚。因为死者在星期六(25号)自杀,又怎么会躺在星期日(26号)的报纸上呢?

1072 杀手的第一个失误在朱彰显办公室的打字机按键上。如果朱彰显是自杀的,那么其打遗嘱时打字机按键上应该有朱本人的指纹。杀手戴着橡胶手套用打字机打遗嘱,他不仅没有留下指纹,而且将以往按键上留存的指纹也擦去了。因此警方推断朱彰显系被他人谋杀的。

杀手的第二个失误是在手枪上装了消音器。如果朱彰显是自杀,没必要在手枪上装上消音器。

杀手的第三个失误是把手枪放错了位置。杀手朝朱彰显的左侧太阳穴开枪,却将手枪放在他的右手中。

1073 毒药涂在刀的一边,切苹果的时候,那边的毒药就会粘在苹果上,罗太太吃的是没有毒的一边。

1074 第一个男子,他一人扮演了两个角色。为了要使他不在现场的证明成立,才特意将伞架到别人附近。在打开录音机的时候,他勒死了那个女人,然后利用录音,放出女子打招呼的声音,好像他去游泳时那女人还活着。他在出海后绕到海岬,把事先准备好的衣服、帽子、眼镜穿戴好,再粘上胡子,化装成女人情夫的样子跑到海滩伞下,故意发出叫声,好让人以为是那人、在那个时候把女子勒死的。然后他再经由道路走回海岬,换下衣服,跳入海中游回来,假装发现了尸首而惊叫。

1075 利用底片反洗来做不在场的证据。照片上西装胸部的口袋,纽扣都是左右颠倒,所以警长立即肯定这张照片是伪证。因为男的西装口袋是在左侧,纽扣也是位于左侧,照片上的口袋和纽扣却都在右边。犯人是把9点在海滨公园照的照片利用反洗将上午九点变成了下午三点。事实上他是在下午三点杀了他姨妈,然后以这张反洗的照片作为不在场的证明,不过百密一疏,他忽略了西装上左右颠倒的口袋和纽扣。

1076 凶手给被害人服用了麻醉剂并在船上做了手脚使船缓慢进水,这样在1个多小时后被害人药效尚未完全解除时船沉入水,致使被害人在半清醒的状态下溺死。

这种手法实施起来有一定的难度:首先凶手要计算好麻醉药的药效时间和让船进水导致下沉所用的时间,若被害人提前醒来则会游水脱身;若被害人药效时间过长,船沉时仍处于沉睡状态,这样溺死就不像正常溺死的样子;只有在被害人已经入水还未死亡便清醒过来但已无力挽救自己的情况下才能将他杀伪装成意外。

1077 罪犯先是用安眠药使妻子睡着,再弄到铁路线上,然后赶紧折回R车站方向,把服装模特人形放在这一带的铁道线上。当特快列车压了人形紧急停车时,他又趁乱上了车。这样一来,当列车接着真的压死了人时,罪犯已在列车上了,所以有了不在作案现场的证明。

1078 利用橡胶绳子的反弹力放出短剑杀人。林方在乘电梯上四楼时,看穿了王远的计谋。在短剑的柄上,连接了一条橡胶绳子然后拉到电梯的换气孔;而橡胶绳子是系在电梯顶端的操纵孔上。当四楼的王永乘坐电梯下楼时,橡胶绳子就会随着电梯的下降而伸长,当它的长度无法与电梯的长度成正比时,橡胶绳子就会断掉,因为它有反弹力,短剑就会像弓箭般坠下,刺死坐在轮椅上的王永。在专用的狭窄电梯内,坐轮椅的画家经常都是坐在同样的位置上,所以短剑下坠的方向,凶手可以事先预测出来。而王永坐电梯时很少往上看,所以根本没有注意到换气孔的短剑。

1079 公安人员留下了胡晓君。录音磁带上开始没有声音,只有轻轻的关门声便是证据。胡晓君穿旅游鞋,自然不会留下脚步声。另外两人穿的都是皮鞋,如果是她们作案,磁带上定会留下穿皮鞋走路的声响。而用录音机窃取机密,最终要取走录音机,因此作案人绝不会放轻脚步,担心自己的脚步声留在磁带上。

1080(1)赵一雄事先用钳子将手枪固定在二楼卧室窗口,枪口对准榕树。当为赵依丽拍照时,赵一雄让夫人故意将酒杯打碎,听到"砰"的一声后,瞎眼儿子扣动扳机,将站在榕树下的赵依丽打死。

(2)赵一雄手里的照相机是改装过的微型手枪,赵一雄与妻子谋划好,在对赵依丽开枪的同时,赵一雄夫人故意打碎酒杯,这样能分散人们注意力，以掩人耳目。

1081 （1）3。将右边的数字改成罗马数字。一＝Ⅰ，二＝Ⅱ，三＝Ⅲ，四＝Ⅳ，五＝Ⅴ＝2，六＝Ⅵ＝2+1＝3，七＝五+二＝Ⅴ+2＝4，八＝Ⅴ+3＝5。

（2）366。左侧代表年，右侧代表当年的天数。（注：当年份为世纪年时，能被4整除方为闰年。）

1082 设城中有家x，列方程为$x+(1/3)x=100$，解方程得$x=75$，所以城中有家75。

1083 设公鸡x只，母鸡y只，小鸡z只，由此可列一方程组：

$$\begin{cases} 5x+3y+1/3z=100 \\ x+y+z=100 \end{cases}$$

因为x、y、z必须是正整数，因此有三种可能：公鸡4，母鸡18，小鸡78；公鸡8，母鸡11，小鸡81；公鸡12，母鸡4，小鸡84。

1084 由题意可知，李白是先遇店，后见花的；且第三次见花前，壶内只有一斗酒，那么，遇店前壶内应有半斗酒（即1/2斗酒）。依次类推第二次见花前壶内有酒（1/2+1）斗，第二次遇店前壶内有酒（1/2+1）÷2＝3/4（斗），第一次见花前壶内有酒（3/4+1）斗，第一次遇店前壶内有酒（3/4+1）÷2＝7/8（斗）。即原来壶中有7/8酒斗。这实际上是一个还原问题，我们可以这样来解答：从最后的0开始，逐步向前推，见减做加，见乘做除，并注意添上括号，就可列出如下算式：{[（0+1）÷2+1]÷2+1}÷2＝7/8（斗）。算出结果即可。

1085 28人。设毕达哥拉斯的弟子共有x人，那么，$x=1/2x+1/4x+1/7x+3$。解这个方程式，得$x=28$。

1086 首先，他在甲国买10元的东西，用100元钞票付账，然后跟卖东西的人说："请找我乙国的100元。"如果是用甲国的钱，只要找90元，但用乙国的钱就得找100元了。然后，拿着找回的乙国的100元到乙国去，又买了10元的东西，并且又照之前的说法："请找我甲国的100元。"然后他再回到甲国。如此重复做这件事，交易的东西数量多了，就能赚进许多钱。

1087 狐狸设计的三条跑道是一样长的，并且每条跑道的长度都等于以起点到终点长为直径的圆周长的一半。事实上，设起点到终点的长为d，那么，第①跑道的长就是：

$$\pi d \div 2 = \frac{1}{2}\pi d$$

再设第③跑道上两半圆的直径分别为d_1、d_2，显然有$d_1+d_2=d$，那么，这条跑道的长就是：

$$\pi d_1 \div 2 + \pi d_2 \div 2 = \frac{1}{2}\pi d_1 + \frac{1}{2}\pi d_2$$

$$= \frac{1}{2}\pi(d_1+d_2) = \frac{1}{2}\pi d$$

还设第③跑道上三半圆的直径分别为d_3、d_4、d_5显然有$d_3+d_4+d_5=d$，那么，这条跑道的长就是：

$$\pi d_3 \div 2 + \pi d_4 \div 2 + \pi d_5 \div 2 = \frac{1}{2}\pi d_3 + \frac{1}{2}\pi d_4 + \frac{1}{2}\pi d_5$$

$$= \frac{1}{2}\pi(d_3+d_4+d_5) = \frac{1}{2}\pi d$$

证明了前面的结论。这个问题的一般结论是，把一条线段任意分成若干段，分别以每一段长为直径作半圆，这些半圆连成的曲线长等于以整条线段长为直径所作圆周长的一半。

1088 对付这种不正常的天平，可以记住一个窍门：把物体放在天平的某一端称一下，再放到另一端称一下，将所得的两个结果相乘，然后把乘积开平方根，结果就是物体的真正重量。已知一个角锥形砝码重1盎司，所以检查的第一次称量表明，立方体砝码的重为3/8盎司。他的第二次称量（立方体砝码放在另一只盘里）表明，立方体砝码重量为6盎司。由于6×（3/8）＝18/8，即9/4，其平方根为3/2，即1又1/2盎司，所以1只立方体砝码的重量为1又1/2盎司。因而在一台正常的天平上，8只立方体砝码同12只角锥形砝码正好能平衡。

1089 837-SXW，439-NXY，286-PST，571-RWQ。

这个推理题，可以采用"尝试与修正"的方法。例如，假定第一个XNX代表第一个三位数571，那么W=5，N=7，X-1。代入其他密码为：

□15　□5□　□□□　□57　71□
□□1　17□

这几组数和给定的439、286、837对不上。这就否定了WNX对应571的假定。再假定第二个密码SXW=571……这样做下去，只要有足够的耐心，答案总是可以找到的。"尝试与修正"是一个重要方法，在科学研究和工程设计中常要用到它。

但是，如果用比较的方法，结合综合和分析的本领来解这道题，可以较快地得到结果。例如837、286这两个三位数，在第一位和第二位出现了同一个数字8。现在来看看密码中有哪些是第一位和第二位出现同一个字母的，可以找到五组：SXW、TSX、XNS、NXY、SXW、PST、WNX、QWN、WNX、RWQ。其中SXW、TSX、WNX、QWN，这两组密码的第一位和第二位、第二位和第三位是相同的字母，四个三位数中没有这种情况；XNS、NXY这一组\密码的特点是第一、二两个字母互换位置，四个三位数中也没有这种情况。因此可以否定它们代表两个三位数的可能性。

再来看，837、286这两个三位数，除了都有一个"8"以外，其余数字都不相同，这个特点与WNX、RWQ及SXW、PST这两组字母相符。这样，再用"尝试与修正"的方法，把两个三位数和这两组字母进行比较、分析……

1090 M（小明）：三个3，两个6，两个9，三个12。

N（小强）：两个1，两个4，两个5，两个8，一个2，一个7。

很明显，小强如果拿到2（对应M为12）或7（对应M为6），就知道了生日。

小明也注意到了这一点，小明说：如果我不知道的话，小强肯定也不知道。即小强不能单独判断出生日，从而否定了2和7，同时，他说这句话时也暗示自己拿的数不是2和7所对应

的12和6。根据这一信息，则可能的生日为：

3月4日、3月5日、3月8日、9月1日、9月5日。

注意，对于N，里面有两个5。

掌握N的小强说：本来我也不知道，但是现在我知道了。第一句证实了上面的一些内容，关键在"但是现在我知道了"，这说明小强的N值对应的M是确定的，从而排除了5，即3月5日和9月5日。

现在还剩下3月4日、3月8日、9月1日。注意对于M，有两个3，此时，掌握M的小明说：哦，那我也知道了。显然，M不是3，则仅剩9月1日。

1091（1）试析猜数游戏的演算过程：

$n \times 5 = 5n$

$5n + 6$

$(5n + 6) \times 4 = 20n + 24$

$20n + 24 + 9 = 20n + 33$

$(20n + 33) \times 5 = 100n + 165$

在上述等式中，n代表你朋友选择的数。如果你从最后的得数中减去165，然后再除以100，就得到了n，即你朋友选择的数。适当地改变上述算式中所使用的数字，不难得到这个游戏的另一种玩法。

（2）这一题的演算过程是：

$n + (n+1) = 2n + 1$

$2n + 1 + 9 = 2n + 10$

$(2n + 10) / 2 = n + 5$

$n + 5 - n = 5$

如果你想和你的朋友重复玩这个游戏，你可以把第二个算式中的9改成其他奇数，例如，改成11，这样，最后的结果就会是6。

1092 设x、y分别代表甲和乙打赌开始时手中的钱。于是，根据（1），在两人打赌后，甲有$2x$元，乙有$y-x$元。

设z是乙与丙打赌前丙手中的钱，于是，根据（2），在乙与丙打赌后，乙有$(y-x) + (y-x)$元，即$2(y-x)$元，而丙有$z-(y-x)$即$z-y+x$元。

根据（3），在甲和丙打赌后，丙有 $(z-y+x)+(z-y+x)$ 元，即 $2(z-y+x)$ 元，而甲有 $2x-(z-y+x)$ 即 $x-z+y$ 元。

根据（4）可列出等式，$x-z+y=2(y-x)=2(z-y+x)$ 元。

解析这个方程，可知这样的关系：
$y=5\div 3x$，$z=4\div 3x$。

这样，打赌前，甲乙丙三人手中的钱分别是 x 元，$5\div 3x$ 元，$4\div 3x$ 元。

根据题意，三人打赌前手中的钱都是整钱，显然，$5\div 3x=50$ 元，$x=30$ 元。

这样可知，甲乙丙三人打赌钱手中的钱分别是 30 元、50 元、40 元。说话的人是乙，打赌后他手中还剩 40 元，赔了 10 元。

1093 设旧号码是用 ABCD，那么新号码是 DCBA，已知新号码是旧号码的 4 倍，所以 A 必须是个不大于 2 的偶数，即 A 等于 2；$4\times D$ 的个位数若要为 2，D 只能是 3 或 8；只要满足 $4\times(1000\times A+100\times B+10\times C+D)=1000\times D+100\times C+10\times B+A$。经计算可得 D=8，C=7，B=1，所以新号码是 8712。

1094 很明显，想从史密斯回答琼斯提的三个问题去寻找答案是毫无用处的。起始点应该是琼斯说的"如果我知道第二位数是否是 1，我就能讲出你那所房子的号码"那句话。

分析一下琼斯是怎么想的会对题目的解答很有用，尽管他的数字和结论是错误的。琼斯的想法是他认为他已将可供挑选的号码数减少到了两个，其中一个号码的第二位数是 1。

如果琼斯认为这个号码是个平方数而不是个立方数，那么供挑选的号码就太多了（从 4 到 22 各数的平方数是在 13～500 之间；而 23～36 之间各数的平方数在 500～1300 之间）。看来他一定认为这是个立方数。

有关的立方数是 27、64、125、216、343、512、729、1000（它们分别是 3、4、5、6、7、8、9、10 的立方数）；其中 64 和 729 也是平方数（分别为 8 和 27 的平方数）。

如果琼斯认为这个号码是小于 500 的平方数和立方数，那么他便没有其他可选择的号码——只有 64。如果他认为这个号码是 500 以上的平方数和立方数，那一定是 729。如果他认为这个号码不是平方数而是 500 以下的立方数，那么就有四种可能性（27、125、216、343）；但如果他认为这个号码不是平方数而是 500 以上的立方数，那么只有两种可能性——512 和 1000，前一个号码的第二位数是 1。

这个号码就是琼斯所想到的。

但从某些方面来看他想的并不对。他认为这个号码不在 500 以内，而史密斯在答复这一点时骗了他，所以它是在 500 以内。

琼斯认为这个号码不是个平方数；关于这一点，史密斯又没有向他讲真话，所以它是个平方数。

琼斯认为这是个立方数；关于这一点史密斯向他讲了真话，所以它是个立方数。

所以史密斯的门牌号是个 500 以下的平方数，也是个立方数（不是小于 13）。所以它只能是 64。

1095 "我猜不到"这句话里包含了一条重要的信息。

如果 P 先生头上是 1，S 先生当然知道自己头上就是 2。S 先生第一次说"猜不到"，就等于告诉 P 先生，你头上的数不是 1。

这时，如果 S 先生头上是 2，P 先生当然知道自己头上应当是 3，可是，P 先生说"猜不到"，就等于说：S 先生，你头上不是 2。

第二次 S 先生又说猜不到，就等于说：P 先生头上不是 3，如果是这样，我头上一定是 4，我就能猜到了。

P 先生又说猜不到，说明 S 先生头上不是 4。S 先生又说猜不到，说明 P 先生头上不是 5。P 先生又说猜不到，说明 S 先生头上不是 6。

S 先生为什么这时猜到了呢？原来 P 先生头上是 7。S 先生想：我头上既然不是 6，他头上是 7，我头上当然是 8 啦！

P 先生于是也明白了：他能从自己头上不是 6 就能猜到是 8，当然是因为我头上是 7！

实际上，即使两人头上写的是100和101，只要让两人对面反复交流信息，反复说"猜不到"，最后也总能猜到的。

这类问题，还有一个使人迷惑的地方：一开始，当P先生看到对方头上是8时，就肯定知道自己头上不会是1、2、3、4、5、6；而S先生也会知道自己头上不会是1、2、3、4、5。这么说，两人的前几句"猜不到"，互通信息，肯定是没用的了。可是说它没用又不对，因为少了一句，最后便要猜错。

1096 这组密码的意思是：寄款。我们已经知道，这组密码运用了汉语拼音的规律和"三进位制"。那么，汉语拼音的26个字母是否可以用从1到26的阿拉伯数字来代替呢？不妨试试："盼归"、"买书"、"寄款"的汉语拼音分别是"pangui"、"maishu"、"jikuan"。用阿拉伯数字代替这三组汉语拼音字母，分别是"16、1、14、7、21、9"，"13、1、9、19、8、21"，"10、9、11、21、1、14"。再把这三组数字换成三进位制，分别是"121、001、112、021、210、100"，"111、001、100、201、022、210"和"101、100、102、210、001、112"。最后一组数字与题目所给的一组密码相同，从而得知，这组密码的意思是"寄款"。

1097 $E=7, W=4, F=6, T=2, Q=0$
$7240+6760=14000$
只能是$Q+Q=Q$，而不可能是$Q+Q=1Q$，故$Q=0$
同样只能是 $W+F=10$
$T+E+1=10$
$E+F+1=10+W$
所以有三个式子
（1）$W+F=10$；
（2）$T+E=9$；
（3）$E+F=9+W$
可以推出$2W=E+1$，所以E是奇数。
另外$E+F>9$，$E≥F$，所以推算出$E=9$是错误的，$E=7$是正确的。

1098 A——甲、B——乙、C——丙。
只有AB相对，A活下来的可能性为：
$30\%+70\%×50\%×30\%+70\%×50\%×70\%×50\%×30\%+\cdots=0.3/0.65$
B活下来的可能性为：
$70\%×50\%+70\%×50\%×70\%×50\%+70\%×50\%×70\%×50\%+\cdots=0.35/0.65$，恰好等于$1-0.3/0.65$。

只有AC相对：
A活下来的可能性为30%；
C活下来的可能性为70%。
只有BC相对：
B活下来的可能性为50%；
C活下来的可能性为50%。
三人相对，A活下来有三种情况：
（1）A杀了C，B杀不死A，A又杀了B，概率$30\%×50\%×0.3/0.65$；
（2）A杀不死C，B杀了C，A杀了B，概率$70\%×50\%×0.3/0.65$；
（3）A杀不死C，B杀不死C，C杀了B，概率$70\%×50\%×30\%$。
所以A活下来的可能性为$0.105+3/13≈0.336$大于三分之一，比较幸运了。

1099 在题中的条件下进行三角决斗，命中率最差的C存活的可能性最大，百发百中的A存活可能性次之，B存活的可能性最小。

A和B两人自然互相视对方为首先要消灭的对手，在把主要对手杀死之前，是不会对准C射击的。因此，C的最佳策略是朝天开枪，直到一个对手被打死，而这时又正好轮到他射击另一个对手。这给了C最为有利的条件。

A的存活概率是比较容易计算出来的。在和B的决斗中，他首先射击的概率是1/2，在这种情况下，他将杀死B；B首先射击的概率是1/2，因为B的命中率是4/5，在这种情况下，A的存活率是1/5。因此，在和B的决斗中，A的存活率是$1/2+（1/2）×（1/5）=3/5$。在和C的决斗中，肯定是C先射击。C的命中率是50%。如果C不能命中，A将杀死C。因此，在和C的决斗中，A的存活率是1/2。所以，在整个决斗中，A的存活率是$（3/5）×（1/2）=3/10$。

B存活概率的计算比较复杂。在和A的决斗中，因为A的存活率是3/5，所以B的存活率就是2/5。在和C的决斗中，同样肯定是C先射击。C不能命中的概率是1/2，在这种情况下，B杀死C即自己存活的概率是4/5，因此，在和C的第一轮决斗中，B的存活概率（1/2）×（4/5）=4/10。但B有1/5的可能性没有命中而引发第二轮决斗。在这轮决斗中，当C射击时，B的存活概率是1/2，然后B杀死C的概率是4/5，所以在第二轮决斗中，B的存活概率是（1/2）×（1/5）×（1/2）×（4/5）=4/100。类似的，在可能出现的第三轮决斗中，B的存活概率是（1/2）×（1/5）×（1/2）×（1/5）×（1/2）×（4/5）=4/1000。在可能的第四轮决斗中，B的存活概率是4/10000。如此等等。因此，在和C的决斗中，B的整个存活概率是4/10+4/100+4/1000+4/10000…即0.444444…等于4/9。

因为在和A的决斗中，B的存活概率2/5，这里又得到在和C的决斗中B的存活概率4/9，所以在整个决斗中，B的存活概率是（2/5）×（4/9）=8/45。

因为A的存活概率是3/10，所以C的存活概率是1-8/45-3/10=47/90。

C的存活概率是47/90；A的存活概率是27/90；B的存活概率是16/90。

这道题的结论极富有哲理：在有理性的人类进行的生存斗争中，胜负的依据不光取决于个体的实力，而且取决于相互间的关系。

1100 假设A组中的黑牌数为x，那么A组中的红牌数为26-x，红牌一共26张所以B组中的红牌数为26-（26-x）=x。可以看出A组中的黑牌数和B组中的红牌数x始终相等。所以有1000次。

1101 有下列4种情况满足题中条件（1）。

情况1：4种花色牌数分别为1、1、1、3，因为1/1+1/1+1/1=3。

情况2：4种花色牌数分别为2、2、1、2，因为1/2+1/2+1/1=2。

情况3：4种花色牌数分别为3、3、3、1，因为1/3+1/3+1/3=1。

情况4：4种花色牌数分别为6、2、3、1，因为1/6+1/2+1/3=1。

但分析前三种情况，因任何两种花色牌数之和都不可能等于另一种花色的牌数，故不满足题中条件（2）。

因在情况4中，有2+1=3，满足题中条件（2），所以只有情况4才有可能是答案。

现设a、b、c、d分别为黑桃、红桃、方块、草花的张数，根据上述分析（只有4种花色牌数分别为6、2、3、1才有可能是答案）和题中条件（2）和（3），可得

$a+b+c+d=12$

$b+d=c$

$bc=a$

整理可得（b+2）c=12。

仔细分析上式，只有c=3才能满足题意，故b=2，而且由此可推出a=6，d=1。综上所述，知此人手中的牌，黑桃为6张，红桃为2张，方块为3张，草花为1张。

1102 设甲手中黑桃、红桃、方块、草花的张数分别为a、b、c、d。根据条件（3）、（4）则有：

$ac=d$（1）

$a+b=d$（2）

由式（1）以及条件（2），知a、c都不能为1。

由于甲在抓完牌后，手中有18张牌，玩了几圈后，甲手中的牌一定小于18张，因此再由式（1）可知，a、c都不能等于或大于4。

由上可知，只能有a=2，c=3或a=3，c=2这两种可能，但在后一种情况，将会出现a=b=3，与条件（2）不符。因此，只有前一种可能，这样，可推出：黑桃张数a=2，红桃张数b=4，方块张数c=3，草花张数d=6。

1103 设第一、二、三堆原有的张数分别为x、y、z，并令最后每堆牌数都为a，根据题意则有

$2(x-y)=a$（1）

$2y-z=a$（2）

$2z-(x-y)=a$（3）

由式（1）知a必为偶数，因此由式（3），知x-y必为偶数，再由式（1）知a必为4的倍

数。由于一副扑克牌只有54张及3a<54，故a只能为4、8、16这3个值中的一个。但a为4和8时，解出来的x、y、z不满足都为偶数这一条件，故a只能为16。这样，利用上面3个方程，可解出$x=22$，$y=14$，$z=12$。

1104 甲手中的牌是黑色牌，原因如下。

（1）丙看见了甲、乙手中的牌之后，不能猜出自己手中的牌的颜色，可以断定出甲、乙手中的牌绝不可能都为红色牌，这是因为红色牌只有两张，若这样，丙就知道了自己手中的牌肯定为黑色，所以只能出现下列两种情况。

情况1：甲、乙二人手中的牌都为黑色。

情况2：甲、乙二人手中的牌为一红一黑。

（2）乙听了丙回答之后，又看了甲手中的牌，而不能猜出自己手中的牌的颜色，可以断定，甲手中的牌不可能为红色。若为红色，则根据上述情况2，乙就知道了自己手中的牌肯定为黑色。只有在甲手中为黑色牌时，乙才不能猜出自己手中牌的颜色，因为此时他手中的牌为红色或黑色，二者都符合丙的回答后得出的上述两种情况的结论。

（3）所以甲听了丙和乙的回答后，立即可断定自己手中的牌为黑色。

1105 假设第六号纸牌是一张A。于是，根据（5），第七号和第八号纸牌都不能是A；根据（4），它们不能是Q；根据（2），它们也不能是K。另外，根据（3），在第七号和第八号纸牌中最多只能有一张是J。因此根据（6），第六号纸牌不可能是A。

假设第六号纸牌是一张Q。于是，根据（5），第四、五、七、八号纸牌都不能是Q；而且根据（4），它们也不能是A。另外，根据（6），第一、二、三号纸牌将是两张A和一张Q；可是根据（4）和（5），这是不可能的。因此，根据（6），第六号纸牌不可能是Q。

假设第六号纸牌是一张J。于是，根据（1），第七号和第八号纸牌都不能是A；根据（5），它们也不能是J；根据（2），它们也不能是K。另外，根据（2），在第七号和第八号纸牌中最多只能有一张是Q。因此，根据（6），第六号纸牌不可能是J。

于是，第六号纸牌只能是K。

可以确定的纸牌是第一号至第六号。由于第六号纸牌是K，根据（2）和（3），第五号或第四号纸牌是Q。如果第五号纸牌是Q，那么根据（3），第三号纸牌J。再根据（2），第二号纸牌不能是Q，而第一号和第四号纸牌则分别是K和Q。再根据（6），第二号纸牌必定是J，而这与（5）发生矛盾。因此，第五号纸牌不是Q，而第四号纸牌是Q。于是，根据（5），第一号和第三号纸牌都不是Q；根据（3），第七号和第八号纸牌也都不是Q；而根据前面的推断，第五号纸牌也不是Q。因此，第二号纸牌是Q。接着，根据（3），第三号纸牌是J；根据（2），第一号纸牌是K。随后根据（5）和（6），第五号纸牌是A。余下第七号和第八号纸牌，则分别是J和A或A和J。

1106 根据（1）和（2），至少玩了5盘；根据（1）和（3），最多玩了6盘。

如果是玩了5盘，那么根据（2），这一轮的赢家必然赢了第一、第三和第五盘。但是，根据（3）、（4）和（5），在这三盘中，每人必定会轮上一次发牌。这样，与（6）发生矛盾，因此无疑是玩了6盘。

由于是玩了6盘，根据（3）、（4）和（5），丙是最后一盘也就是第六盘的发牌者。根据（1），最后一盘也就是第六盘的赢家便是这一轮的赢家；于是根据（6），甲或乙赢了最后一盘也就是第六盘，是这一轮的赢家。

如果甲赢了第六盘，根据（6），他就不会赢第一盘或第四盘；而根据（2），他也不会赢第五盘。于是，他只会赢了第二和第三盘，这种情况与（2）有矛盾。因此，甲在第六盘中没有获胜。

这样，乙必定赢了第六盘，也就是说乙是这一轮的赢家。这一轮牌中按各盘获胜者排出的序列可能有4种（A代表甲，B代表乙，C代表丙）：

发牌者 ABCABC

Ⅰ 获胜者BABCAB
Ⅱ 获胜者BCBCAB
Ⅲ 获胜者BCABAB
Ⅳ 获胜者BCABCB

1107 由于两枚象棋的圆周是一样的，因此，你可能认为车在紧贴马"公转"一周的整个过程中，仅围绕自己的中心"自转"一周，即一个360°。但如果你实际操作一遍，就会惊奇地发现，车实际上"自转"了两周，两个360°，即720°。

1108 可以先画出一张棋盘，把棋盘画上黑白相间的圆圈，马每跳一交，其特征记下来，你一定能从"每跳一次"的"个别"事件看出规律性的东西来。如马原来在白圈，跳一次必定是黑圆，再跳一次又到白圈；跳奇数步后必定是黑圈，不可能回到白圈。

1109 D。

1110

1111 变形为罗马数字。

1112

NINE

1113

FOOL

1114 许多人马上就着手寻找各种可能的组合方案，但他们的努力是徒劳的。其实，只要略为思考一下，就会明白这种探求是毫无益处的。因为这个题是不可解的。假如100这个数可以分成25个奇数的话，那么就仿佛说奇数个奇数的和，等于100即等于偶数了，而这显然是不可能的。事实上，我们这里共有12对奇数，另外还有一个奇数。每一对奇数的和是偶数——12对偶数相加的和也是偶数，再加上一个奇数不可能是偶数，因此，100个核桃分给25个人，每个人都不许分到偶数是不可能的。

1115 首先来分析下第一个人，"可以摸出剩下的火柴数"的条件对他来说毫无意义，因此他只能拿多少算多少了。如果他拿走96根，那大家只有一起死了；如果他拿走20根以上，那他是拿的最多的，必死无疑了；如果他拿走20根以下，后面的人可以让他成为最少的；如果他正好拿走20根，这是他唯一可能存在的活路。后面的人可以通过计算来提高活的概率，而第一个人的存活概率绝对是纯靠运气。

来看看第二个人。如果第一个人拿走20根以上，哪怕是21根，第二个人100%不会死，这样就增加了50%的存活概率；如果第一个人正好拿走20根，第二个人也拿走20根，那么他就和第一个人一起死了，这种情况拿走19根是最好的选择。因此第二人存活概率是0～75%。

接下来是第三个人。如果前两个人拿走火柴的总和在40根以上，那么第三个人100%不会死，他的存活概率多了50%；如果前两个人拿走火柴的总和在40根以下，那第三个人生死的概率各50%。因此第三个人存活概率是0～75%。

最后是第四个人。如果还剩2根，那死的可不只是第四个人了，而至少是有三个人必须死；如果还剩3～20根，第四个人就能活下了；如果还剩21～39根，说明前面有人多拿，第四个人就拿20，也能活下来。因此第四个人存活概率大于75%，是最高的。

最后来分析下最后一个人。如果剩下的火柴在20根以上，他可以选择最靠近4个人的均数，因为当有余数时，舍掉余数就不会是最大的，入上去就不会是最小的，这样原有的概率就会提高一半；如果正好是均数20根，只要不都死，那最后一人肯定是活下了；如果就剩下了1根，那只有死了。因此最后一人存活率是0～50%。